Yale University
Department of French
P.O. Box 208251
New Haven, Connecticut 06520-8251

COLLECTION
FOLIO/HISTOIRE

Le Débat

Les idées
en France
1945-1988
Une chronologie

*Chronologie coordonnée et établie
par Anne Simonin
et Hélène Clastres*

Gallimard

MODE D'EMPLOI

Cette chronologie a initialement paru, pour sa plus grande part, dans le n° 50 du Débat : « *Notre histoire, matériaux pour servir à l'histoire intellectuelle de la France, 1950-1987* ». *Elle constituait la première partie d'un ensemble composant d'autre part une ébauche du* « *Dictionnaire d'une époque* », *ainsi qu'une série de témoignages de créateurs éminents : P. Boulez, A. Robbe-Grillet, É. Rohmer, P. Soulages.*

Dans notre esprit, il s'agissait d'esquisser un premier bilan des quarante dernières années dans l'ordre des idées. À une tentative d'histoire générale ou à l'approfondissement de points particuliers, nous avions préféré le croisement d'instruments délibérément modestes : notices de dictionnaires, portraits de personnalités d'influence, analyses de mots clés, coups de sonde synthétiques sur des moments tournants, repérage fin du mouvement intellectuel. C'est dans cet esprit que nous avions conçu cette « *aventure des idées* » *sous forme d'éphémérides qui a paru, à l'expérience, assez utile pour que nous soit demandé de la reprendre en livre de poche.*

Dans son premier état, cette chronologie partait de 1953, date qui marque la sortie de l'après-guerre, avec la mort de Staline et les débuts de la croissance. On se persuadera, en suivant les années 1945-1952 que nous avons complétées pour la présente édition, de ce que notre choix n'était pas aussi arbitraire qu'il aurait pu paraître, tant ces huit années d'après guerre constituent en elles-mêmes une période spécifique. Ce que nous voulions faire ressortir à partir de 1953, c'était la lente érosion d'un credo de gauche triomphant en 1945 sur l'effondrement de la droite, en même temps que la mise en place progressive d'un certain âge d'or d'une science critique de l'homme, intégrant psychanalyse, linguistique, économie, philosophie, histoire, et dont le structuralisme a été l'étiquette la plus répandue et la philosophie exprimée, mais qui, très au-delà, a défini, consciemment ou inconsciemment, la cohérence d'expressions artistiques les plus variées. D'où la diversité de notations destinées à rendre sensible la généralité du phénomène, sans pouvoir jamais par définition l'épuiser.

Là était bien le cœur de l'entreprise, que l'on pourrait indéfiniment compléter en allant plus avant dans l'enregistrement de la réception des livres, dans le suivi des institutions, dans la carrière des acteurs, dans la multiplicité des manifestations de la chose intellectuelle, depuis l'article de journal jusqu'au rapport destiné à rester confidentiel. Le domaine comporte déjà ses insolubles définitions de frontières. Car qu'est-ce qui fait au juste partie de ces idées ? Dans le simple domaine des livres, où elles s'expriment en priorité, le point de vue adopté obligeait à relever tel article ou essai de caractère ésotérique, et à négliger d'éclatantes créations d'ordre purement littéraire. Il nous obligeait également, et surtout, à faire à certains arts majeurs comme le cinéma, les arts plastiques, la musique, une portion congrue qui ne manquerait pas de heurter les amateurs et de choquer les critères esthétiques, d'autant que des arts mineurs appelaient au contraire de notre part une attention précise, comme la chanson, la couture, la publicité ou la bande dessinée.

Nous aurions pu cependant nous en tenir à cette seule sphère des pures idées. Il nous a semblé néanmoins indispensable et éclairant d'y ajouter le contrepoint de trois dimensions : le cadre politique saisi à grands repères, la modernisation matérielle qui fait le fond de la période, et les grands faits de société. D'où le caractère inhabituel du

*mélange qui en résulte et qui peut troubler la lecture et pro-
voquer d'étranges effets d'optique : une ligne pour la mort de
De Gaulle, et dix lignes pour la parution d'une éphémère
feuille gauchiste. Sans doute aurions-nous pu limiter ce
trouble de lecture en dissociant, par le procédé classique des
colonnes ou la différenciation des caractères typographiques,
les types d'événements : culturels, politiques, sociaux, etc. Ce
qui nous a paru parlant, dans leur simultanéité, c'est au
contraire l'uniformisation des données. Elle seule favorisait
la mise en contexte de l'histoire des idées que pour la première fois s'efforce de suivre sur près de quarante-cinq ans
la présente chronologie.*

*Le genre implique non seulement de croiser des données
hétérogènes, et de mêler des domaines sans en couvrir systé-
matiquement aucun, mais il oblige à mêler les critères eux-
mêmes. S'agit-il en effet de noter ce qui a compté pour un
petit milieu marginal ou ce qui a marqué le grand nombre :
la revue* Aletheia *au début des années soixante ou* Le Défi
américain *de Jean-Jacques Servan-Schreiber ? La* Cicatrice intérieure *de Philippe Garrel ou* Le Gendarme de
Saint-Tropez *? S'agit-il de relever ce qui a compté sur le
moment ou ce qui nous paraît rétrospectivement avoir eu
une vraie importance ? De la* Chine *de Mme Macciocchi,
livre emblème de la maolâtrie triomphante, ou* Les Habits
neufs du président Mao *dont la démystification tombe dans
le plus profond silence ? La réponse, capitale, est indécidable
et il est impossible, en fait, de dissocier nettement les deux
points de vue. Il est donc fatal que l'exercice prenne l'allure
d'une sorte de palmarès rétrospectif qui dégage les vraies
valeurs ; il n'a de sens en même temps que s'il restitue aussi
complètement que possible ce qui a paru sur l'instant constituer les vraies valeurs, même lorsqu'on ne les reconnaît plus
aujourd'hui. Les deux perspectives sont indissociables. L'entreprise comporte sa part irréductible d'arbitraire. Mais l'arbitraire n'est pas la partialité, et nous nous sommes efforcés,
de bonne foi, de faire leur place aux courants et aux écoles
les plus dissemblables. La bonne foi – et les faibles moyens
du bord – comportent leurs lacunes, leurs erreurs, leurs*

oublis. Nous avons d'ores et déjà tenu compte des observations que des lecteurs attentifs ont bien voulu nous adresser. Nous leur en sommes reconnaissants, et nous remercions par avance ceux qui nous permettront de faire bénéficier de futures éditions de leur lecture critique.

Si l'utilité de ce travail a cependant été reconnue, c'est que la modestie qui l'inspire s'accompagne aussi d'un effort considérable et absolument original : des quantités de chronologies, catégorielles, systématiques, existent sur le marché. Aucune ne s'est donné pour but cette insaisissable et pourtant capitale aventure des « idées » dont nous ne pouvions que chercher à suivre la secrète épine dorsale. Aucune, à notre connaissance, n'est allée jusqu'à dater, au mois près, qui a souvent son importance, la parution des livres et la sortie des films, la survenue d'une innovation technique, la parution d'un nouvel objet ou le lancement d'une campagne publicitaire. Très peu se sont efforcées de restituer, à propos de chacun de ces items, l'élément de couleur qui en fait autre chose qu'une insipide énumération. Nombre de données ici réunies, en particulier dans le domaine des faits de société, sont, chacune, d'exhumation difficile et n'ont jamais été réunies à cette échelle.

La chronologie est aujourd'hui le genre le plus pratiqué et le plus décrié. Le plus pratiqué, parce qu'il est l'outil indispensable de la ressaisie du changement accéléré et d'une information élargie. Le plus décrié, parce que réputé, au regard des exigences d'une histoire compréhensive, traditionnel, superficiel, événementiel, incapable de saisir les transformations profondes.

Nous croyons au contraire qu'un sens se dégage de la simple juxtaposition des phénomènes et que la chronologie est à réinventer, parce qu'elle constitue un des rares instruments critiques d'une histoire du contemporain. Contre les illusions de la rétrospection et du témoignage, elle permet d'intégrer chaque fait dans la constellation à laquelle il appartient. Contre le cloisonnement des séries de données, elle permet d'expliciter les connexions temporelles et d'en dégager le sens et les effets. Et dans le domaine en particulier de l'histoire intellectuelle, comme ici, contre la mythologie héroïque du créateur et la paresse scolaire de l'itinéraire d'auteur, elle oblige à mesurer les contraintes de l'inscription dans un devenir multiple et contradictoire. Elle est, en un mot, le premier moyen pour parvenir au plus difficile : une certaine objectivation *de la séquence temporelle à laquelle nous appartenons.*

Le Débat

Nous remercions chaleureusement Anne Simonin d'avoir consenti à se faire l'âme de cette entreprise, ainsi que Hélène Clastres qui a bien voulu se charger de la compléter pour les années 1945-1952.

La réalisation de ce volume n'aurait pas été possible sans l'aide de nombreuses personnes qui ont bien voulu nous faire bénéficier de leurs compétences. Le concours amical de Véronique Bedin, Jean Clair, Pierre Couperie, Pascal Fouché, Gilles Lipovetsky, Pierre-Michel Menger, Bogdan Paczowski, Nathalie Verdier, Paul Yonnet nous a été particulièrement précieux. Nous leur exprimons notre reconnaissance. Nos remerciements vont en outre à Jérôme Bourdon, Christian Bourgois, Thérèse Caroni, Jean Castel, François Cavanna, Michel Ciment, Régine Deforges, Jean-Philippe Domecq, Pierre Dumayet, Alain Ehrenberg, Maud Espérou, Jean-François Goyet, Stéphane Khémis, Jean Lacouture, Branko Lazitch, Georges Liebert, Sylvie Lindeperg, Jérôme Lindon, Maurice Nadeau, Olivier Nora, Florence Prudhomme, Pierre-Marc Renaudeau, Jean-Pierre Salgas, Bernard Sellier, Barbara Spinelli, Anne-Laurence Veyrine, Pierre Vidal-Naquet et Patrick Weil.

Un grand nombre de points évoqués dans cette chronologie à partir de 1980 ont trouvé leur écho dans les colonnes du

Débat. *Comment aurait-il pu en être autrement de la part d'une revue qui a voulu se placer au foyer même du mouvement des idées sous tous ses aspects ? Nous avons choisi de ne pas y renvoyer en détail, mais il nous sera permis d'y renvoyer en bloc le lecteur soucieux de compléter son information.*

1945

JANVIER

1er *Le Monde*, n° 13. Paraît depuis le 18 décembre 1944 sur deux pages. Discours du général de Gaulle à la une : « Une année disparaît dont l'histoire dira qu'elle fut l'une des plus grandes qu'a vécues la France. » Une « tâche sacrée », la production, impose l'oubli des divisions : « Sauf un nombre infime de malheureux qui ont consciemment préféré le triomphe de l'ennemi..., la masse immense des Français n'a jamais voulu autre chose que le bien de la patrie... Nous ne sommes pas de trop en France pour refaire la France mutilée. » La France est sinistrée à 50 %. Sa production industrielle représente 40 % de celle de 1939.

Signature par la France de la déclaration de constitution des Nations unies.

3 Rétablissement de la gratuité de l'enseignement secondaire.

Enterrement de R. Rolland, en présence de M. Thorez.

13 Grâce d'Henri Béraud, écrivain d'extrême droite, condamné à mort pour faits de collaboration.

16 Nationalisation des usines Renault (directeur, P. Lefaucheux), intervenant après celle des Houillères du Nord et du Pas-de-Calais (14 décembre 1944). Début de la grande vague des nationalisations.

19 Condamnation à mort de R. Brasillach, rédacteur en chef de *Je suis partout*. Fusillé le 6 février, malgré une pétition pour son recours en grâce signée par P. Valéry, Fr. Mauriac, P. Claudel, G. Duhamel, H. Bordeaux, J. Paulhan, J. Anouilh, A. Camus...

23-28 Premier congrès du « Mouvement de libération nationale », organisation issue de la Résistance. Rejet de la fusion avec le « Front national » d'obédience communiste.

24 Procès de Ch. Maurras et de M. Pujo, codirecteur de l'*Action française*, devant la cour de justice de Lyon. Au sortir du procès, Maurras déclare : « C'est la revanche de Dreyfus. »

Premier reportage de J.-P. Sartre sur les États-Unis dans *Le Figaro*, scandale : il accuse, sans les nommer, des journalistes d'avoir utilisé l'argent de la haute finance ou du Département d'État pour éditer un journal anti-français, *Pour la victoire*. Sartre écrira dans *Le Figaro* et dans *Combat* trente-deux articles (quelques-uns repris dans *Situations III*) sur l'homme américain, les villes américaines, le cinéma américain, le problème noir, etc.

Publication, par le contrôle militaire des Informations, de listes d'« ouvrages à retirer de la vente » pour leur esprit collaborationniste.

27 Libération du camp d'Auschwitz par l'Armée rouge.

La Pensée, nº 1 : « Revue du rationalisme contemporain », de tendance communiste. Hommage aux intellectuels du « parti des fusillés » : G. Politzer, J. Solomon, J. Decour, V. Feldman, Ch. Steber, Ch. Hainchelin.

Les Éditions de Minuit, prix Fémina. Elles ont republié à l'automne 44 l'ensemble des titres de la collection « Sous l'oppression », dont Vercors (J. Bruller), *Le Silence de la mer*, le best-seller de la Libération.

H. de Lubac, *Le Drame de l'humanisme athée* (Éd. Spes). Comte, Feuerbach, Marx, Nietzsche : du « rejet de Dieu » à « l'écrasement de la personne humaine ».

FÉVRIER

2 Création de la Commission consultative d'épuration de l'édition. Elle démissionnera le 21 décembre.

4-11 Conférence de Yalta (Roosevelt, Churchill, Staline). L'accord auquel on attribue indûment le partage du monde.

10 « La responsabilité de l'écrivain » : enquête de l'hebdomadaire *Carrefour* (Vercors, G. Marcel, Cl. Aveline, E. Mounier, É. Henriot, M.-P. Fouchet, G. Duhamel, P. Seghers). Vives polémiques autour de l'épuration dans le milieu intellectuel : A. Camus, dans *Combat,* s'oppose à Fr. Mauriac du *Figaro. Esprit,* n° 106 : « Épurer l'épuration ». J. Paulhan plaide pour le « droit à l'erreur ». Une liste des écrivains indésirables, dressée par le C.N.E. (Comité national des écrivains), circule : R. Brasillach, J. Benoist-Méchin, A. Bonnard, A. de Chateaubriant, J. Chardonne, P. Drieu La Rochelle, A. Fabre-Luce, J. Giono, S. Guitry, B. de Jouvenel, H. de Montherlant, P. Morand, L. Rebatet, A. Salmon...

22 Création des Comités d'entreprise dans les établissements d'au moins cent salariés.

Mort, en Allemagne, de J. Doriot, fondateur du Parti populaire français.

G. Bataille, *Sur Nietzsche. La volonté de chance* (Gallimard). Nietzsche, « philosophe du mal », dissocié du nazisme. Réédition du *Nietzsche* de D. Halévy (Grasset).

R. Char, *Seuls demeurent* (Gallimard). Première publication après le silence des années d'occupation.

B. Péret, *Le Déshonneur des poètes. Poésie et révolution* (édité à mille exemplaires aux dépens des amis de l'auteur à Mexico). Réplique à *L'Honneur des poètes* (L. Masson, P. Emmanuel, L. Aragon, P. Éluard...). Contre la poésie au service de la politique.

J. Vilar monte Strindberg, *La Danse de mort,* au théâtre des Noctambules. Trente représentations prévues, cent données. En juin, J. Vilar monte au Vieux-Colombier *Meurtre dans la cathédrale,* de T.S. Eliot.

Cl. Luter et le « be-bop » triomphent au « Lorientais ».

MARS

7   Les Américains franchissent le Rhin.

11   Proclamation de l'indépendance du Viêt-nam et du Cambodge par Bao Dai. Il abdiquera en août.

13-18   Premier procès jugé par la Haute Cour de justice : condamnation de l'amiral Esteva, ancien résident général de France en Tunisie, à la réclusion perpétuelle.

15   Suicide de P. Drieu La Rochelle. Ses réflexions sur son engagement sont consignées dans *Récit secret,* qui paraît en 1951 chez Gallimard. « Nous avons joué, j'ai perdu. Je réclame la mort. »

17   M. Carné, J. Prévert, *Les Enfants du paradis* (Arletty, J.-L. Barrault). Le grand film français de l'après-guerre.

L. Blum, *À l'échelle humaine* (Gallimard). Pour une démocratie vraie, c'est-à-dire ni « fausse », ni « débile », ni « bourgeoise ».

L. Aragon, *La Diane française* (Seghers, coll. « Poésie »). Réédition de *Les Yeux d'Elsa* publié en 1942 à Neuchâtel. Le poète patriote.

J. Beaufret, « À propos de l'existentialisme », *Confluences,* six articles. Kierkegaard, Heidegger, Sartre et, en conclusion, existentialisme et marxisme. « Il s'agit de savoir si le marxisme authentique n'exige pas quelque chose comme l'existentialisme. »

H. Wallon, *Les Origines de la pensée chez l'enfant*, t. I (P.U.F.). L'acquisition de l'intelligence discursive. Un classique universitaire (t. II en avril).

G. Marcel, *Homo viator. Prolégomènes à une métaphysique de l'espérance* (Aubier-Montaigne, coll. « Philosophie de l'esprit »). « Être c'est être en route. » Le versant chrétien de l'existentialisme.

B. de Jouvenel, *Du pouvoir. Histoire naturelle de sa croissance* (Éd. du Cheval ailé, C. Bourquin, Genève). « Nous assistons à une transformation capitale de la Société, à un suprême épanouissement du Pouvoir. Révolutions et coups d'État qui signalent notre époque ne sont que d'insignifiants épisodes accompagnant l'avènement du Protectorat social. »

AVRIL

3 Constitution des Éditions de la Table ronde. Directeur littéraire : R. Laudenbach. Premier titre : J. Anouilh, *Antigone*.

5 Reparution des *Nouvelles littéraires* chez Larousse.

Ch. Chaplin, *Le Dictateur*. Une charge contre Hitler (tournée en 1940).

6 Conférence de presse de P. Mendès France, ministre démissionnaire de l'Économie nationale : sa politique de rigueur est désapprouvée par de Gaulle, qui lui préfère la politique plus souple de R. Pleven, ministre des Finances.

9 Nationalisation des transports aériens. Création d'Air France.

Conférence de Vercors sur « La littérature clandestine » aux Ambassadeurs, devant une salle comble.

12 Mort du président Roosevelt, à la suite d'une hémorragie cérébrale. H. Truman, président des États-Unis.

15 Libération du camp de Bergen-Belsen par les Anglais.

17-20 Procès et condamnation à mort du général Dentz, ancien haut-commissaire en Syrie.

25 Retour en France du maréchal Pétain, interné au fort de Montrouge.

28 Exécution de Mussolini par les partisans.

29 Libération du camp de Dachau par les Américains.

30 Suicide de Hitler dans le bunker de la chancellerie du Reich.

Dans les derniers jours d'avril, l'arrivée par avion des premiers rescapés des camps de concentration et la publication des premiers documents photographiques pris lors de la libération du camp de Buchenwald révèlent la réalité concentrationnaire. (À partir du 10 juin, retour massif des prisonniers et des déportés. Ils sont environ deux millions.)

O. Messiaen, *Vingt Regards sur l'enfant Jésus,* œuvre pour piano, première audition intégrale salle Gaveau.

M. Merleau-Ponty, *Phénoménologie de la perception* (Gallimard). Phénoménologie et existentialisme.

J. Gracq, *Un beau ténébreux* (José Corti). L'expérience surréaliste dans la prose classique.

MAI

8 Capitulation de l'Allemagne. Armistice.

8-13 Émeutes à Sétif et Guelma en Algérie. Répression impitoyable. A. Camus se rend sur place pour enquêter : série d'articles dans *Combat* sur la situation algérienne (repris dans *Actuelles III*).

13 Second tour des élections municipales (premier tour 29 avril). Forte poussée socialiste et communiste. Premier vote des femmes.

15 La France, membre permanent du « Conseil de sécurité » de l'O.N.U., retrouve son « rang ».

20 Libération complète du territoire français.

29 → 29 juin Premier Salon de Mai, hommage à R. Bissière. De jeunes peintres y exposent : N. de Staël, Tal Coat, A. Manessier...

30 Création du « Comité national d'épuration des gens de lettres, auteurs et compositeurs », et du « Comité national d'épuration des peintres, sculpteurs et graveurs ». Peuvent prononcer des interdictions temporaires (deux ans) d'éditer, de faire jouer, d'exposer.

Création des Éditions sociales.

R. Gary, *Éducation européenne* (Gallimard), prix des Critiques. Des résistants en Pologne.

JUIN

5 J. Chaban-Delmas, directeur de la Radiodiffusion française.

4-15 Échange des billets de banque. Mesure anti-inflationniste destinée à évaluer la masse monétaire.

8 Mort du poète R. Desnos au camp de Terezin.

12 Suppression de la censure de guerre.

16 J. Becker, *Falbalas* (M. Presle). Le couturier J. Fath au cinéma : frivolité et gravité.

20 Condamnation à mort par contumace de M. Déat.

22 Création de l'École nationale d'administration. Réforme de la fonction publique.

24 Révocation de Bernard Faÿ, professeur au Collège de France, ancien administrateur général de la Bibliothèque nationale sous Vichy et collaborateur notoire. Condamné aux travaux forcés.

25 Regroupement des mouvements de Résistance non communistes au sein de l'Union démocratique et socialiste de la Résistance (U.D.S.R.).

26 Signature de la charte des Nations unies à San Francisco.

26-30 Xe Congrès national du P.C.F. Proposition d'une « charte d'unité » à la S.F.I.O.

Remous autour de l'existentialisme. J. Grenier, « L'existentialisme » *(Carrefour)*, s'interroge sur le succès politique et littéraire d'A. Camus et J.-P. Sartre. H. Lefebvre, « Existentialisme et marxisme » *(Action)*, réplique à Sartre (« À propos de l'existentialisme », *Action*, déc. 1944). Peut-on concilier existentialisme et marxisme ?

G. Cohen, *La Grande Clarté du Moyen Âge* (Gallimard). Une analyse de la sensibilité médiévale.

Saint-John Perse, *Exil* suivi de *Poème à l'étrangère, Pluies, Neiges* (Gallimard). « J'habiterai mon nom... » Le destin d'Alexis Léger.

JUILLET

2 Prix Goncourt 1944 attribué à E. Triolet pour son recueil de nouvelles : *Le premier accroc coûte 200 francs* (Denoël). Le Goncourt 1945 sera attribué le 10 décembre à J.-L. Bory pour *Mon village à l'heure allemande* (Julliard). Clochemerle sous l'occupation.

10 Retour de la *Joconde* au Louvre. Réouverture du musée.

10-14 États généraux de la Renaissance française au palais de Chaillot. Tentative communiste de récupération des mouvements issus de la Résistance.

11 V. Fleming, *Autant en emporte le vent* (C. Gable et V. Leigh). Arrivée tardive d'une superproduction américaine de 1939.

Procès et condamnation à mort de P. Ferdonnet, « le traître de Stuttgart », chargé de la propagande allemande à la radio.

13 Robert Denoël acquitté en Cour de justice. Sa société reste poursuivie.

Création de l'Union des architectes français (président : M. Croizé) regroupant cinq mouvements de Résistance. Pour informer sur les problèmes d'urbanisme et de reconstruction. Reparution de *L'Architecture aujourd'hui*. En septembre, *L'Urbanisme* (P.U.F., coll. « Que sais-je ? ») par G. Bardet.

18 → 2 août Conférence de Potsdam (Staline, Churchill, Truman) : scelle l'avenir de l'Allemagne et de la Pologne.

20 Mort de P. Valéry. Funérailles nationales.

21 M. Thorez, discours de Waziers : « Produire, c'est aujourd'hui la forme la plus élevée du devoir de classe. »

23 Procès du maréchal Pétain, défendu par Mᵉ Isorni, devant la Haute Cour de justice. Il lit une déclaration où il se dit innocent et annonce qu'il ne répondra à aucune question. Condamné à mort le 15 août. Peine commuée en détention perpétuelle par le général de Gaulle.

M. Brod, *Kafka* (Gallimard). Fr. Kafka, *Journal intime*, introduction et traduction de P. Klossowski (Grasset) et *La Colonie pénitentiaire*, traduction et préface de J. Starobinski (Égloff). En 1946, Marthe Robert, *Introduction à la lecture de Kafka* (Le Sagittaire), Fr. Kafka, *L'Amérique* (Gallimard). L'auteur du *Procès* (traduit avant la guerre) installé au cœur de la culture de l'« Absurde ».

Cl. Roy, *Louis Aragon* (Seghers, coll. « Poètes d'aujourd'hui », créée en mai 1944 avec *Paul Éluard* par L. Parrot). Titres suivants : *Max Jacob* par A. Billy, *Jean Cocteau* par R. Lamy, *Henri Michaux* par R. Bertelé.

AOÛT

6-9 Bombes atomiques américaines sur Hiroshima et Nagasaki. Le 14, l'empereur Hiro-Hito annonce à la radio la capitulation du Japon.

12-15 Congrès de la S.F.I.O. Rejet de l'unité organique avec le P.C.F. (motion J. Moch).

18   Création de la Direction des Bibliothèques de France et de la lecture publique auprès du ministère de l'Éducation nationale.

19   Instauration de la représentation proportionnelle.

24   Décret organisant la Direction générale des arts et lettres sous la direction de J. Jaujard.

30   Création des Messageries françaises de presse, après la réquisition le 8 janvier des immeubles des Messageries Hachette.

Protestation d'A. Camus dans *Combat* contre les injustices de l'épuration. « Le mot épuration est déjà pénible... la chose est devenue odieuse. » Cl. Morgan dans *Les Lettres françaises* réclame sa poursuite. Le 30 septembre, premier bilan : 2 366 condamnations à mort ; 12 426 peines d'emprisonnement ; 4 101 acquittements.

SEPTEMBRE

2   Proclamation par Hô Chi Minh de la République et de l'indépendance du Viêt-nam.

15   Mort d'A. Tardieu, ancien président du Conseil de la IIIe République.

Mort, en Autriche, d'A. Webern, le compositeur le plus influent de l'école de Vienne sur l'avant-garde des années 50.

R. Bresson, *Les Dames du bois de Boulogne,* dialogues de J. Cocteau. Une nouvelle esthétique cinématographique : le dépouillement.

17   Procès et condamnation à mort de Jean-Hérold Paquis, chroniqueur du Radio-journal de Paris : « L'Angleterre comme Carthage sera détruite. »

26   Mort à New York de B. Bartók. L'une des figures du panthéon de la modernité musicale.

Révélation de G. Philipe dans *Caligula* de Camus au théâtre Hébertot. Le premier acteur anti-acteur.

Deuxième Salon d'automne : Matisse et les Fauves.

Création de la « Série noire » par M. Duhamel chez Gallimard.

J.-P. Sartre, *Les Chemins de la liberté (Le Sursis, L'Âge de raison)* [Gallimard]. S. de Beauvoir, *Le Sang des autres* (Gallimard). « Le tumulte que nous soulevâmes nous surprit... je fus projetée dans la lumière publique... On associa mon nom à celui de Sartre que brutalement la célébrité saisit » (parution du tome III des *Chemins de la liberté, La Mort dans l'âme,* en 1949).

R. Vailland, *Drôle de jeu* (Corréa). Prix Interallié en décembre. Le jeu de l'amour et de la guerre.

OCTOBRE

1er *Les Temps modernes,* n° 1. Comité de rédaction : R. Aron, S. de Beauvoir, M. Leiris, M. Merleau-Ponty, A. Ollivier, J. Paulhan. « Présentation » de J.-P. Sartre, « l'écrivain en situation ». Nombreuses et vives réactions, exprimées, notamment, dans la série d'interviews faites par D. Aury, dans *Les Lettres françaises* en novembre et décembre. G. Marcel : Il y a un existentialisme positif, l'existentialisme chrétien. R. Garaudy : Sartre, un faux prophète. A. Gide : un « progrès vers la barbarie » (*Terre des Hommes,* n° 8).

Nomination à la Sorbonne d'H.I. Marrou, professeur d'histoire du christianisme. La génération des professeurs de la Résistance : E. Perroy, P.-M. Schuhl, V. Jankelevitch...

Premier cours de génétique dans une université française : B. Ephrusi, professeur (Sorbonne).

4-9 Procès et condamnation à mort de P. Laval. « Vous étiez tous aux ordres de mon gouvernement sous l'occupation. » Il est fusillé après une tentative de suicide.

4-19 Création de la Sécurité sociale obligatoire pour tous les salariés.

10	Exécution de J. Darnand, ancien secrétaire général au Maintien de l'ordre puis secrétaire d'État à l'Intérieur (en mai 1944).

17	J. Painlevé, *Le Vampire*. L'épouvante scientifique, au cinéma.

18	Création du Haut-Commissariat à l'énergie atomique. R. Dautry, administrateur général. F. Joliot, haut-commissaire en novembre.

21	Référendum. Première question, abandon de la Constitution de 1875, 96,4 % de oui. Deuxième question, « maintien du gouvernement du général de Gaulle tant que siégera la Constituante », 66,3 % de oui. Échec du P.C.F. qui préconisait le non pour la deuxième question.

Élections à l'Assemblée constituante. Elles fixent la nouvelle carte politique : un quart des voix au P.C.F., un quart au M.R.P., presque un quart aux socialistes.

24	Création de l'Institut national d'études démographiques (I.N.E.D.), sous la responsabilité du ministère de la Santé publique et de la population. Sa revue, *Population,* paraît en janvier 1946. Son directeur, A. Sauvy, publie avec le professeur R. Debré *Des Français pour la France* (Gallimard, 1946).

28	Conférence de J.-P. Sartre, « L'existentialisme est un humanisme » au Club Maintenant. L'affluence est telle que des assistants s'évanouissent et qu'il ne peut se faire entendre. (Publication, mars 1946, éd. Nagel, coll. « Pensées ».)

29	S. de Beauvoir, *Les Bouches inutiles,* première aux Bouffes du Nord.

G. Fessard, *France, prends garde de perdre ta liberté !* (éd. du Témoignage chrétien). Après sa mise en garde contre le nazisme (*France, prends garde de perdre ton âme,* premier cahier clandestin du « Témoignage chrétien »), la dénonciation du nouveau péril, le communisme.

R. Aron, *De l'armistice à l'insurrection nationale* (Gallimard). La France sous l'occupation analysée dans *La France libre.*

Démarrage des Éditions du Seuil, créées en 1935, mais qui commencent réellement leur activité sous l'impulsion de J. Bardet et P. Flamand. Deux collections : « Pierres vives » (Cl.-E. Magny, B. d'Astorg, M. Nadeau, P. Klossowski...) et « Esprit » (G. Gadoffre, H. Perrin, *Journal d'un prêtre-ouvrier en Allemagne*). Une revue : *Dieu vivant,* tentative d'ouverture des milieux catholiques (J. Daniélou, G. Marcel, L. Massignon) aux autres confessions et à l'intelligentsia agnostique (M. Merleau-Ponty, J. Lacan, J. Hyppolite...).

M. Nadeau, *Histoire du surréalisme* (premier titre de la collection « Pierres vives »). M. Blanchot, « Quelques réflexions sur le surréalisme » (*L'Arche,* nº 8). J. Monnerot, *La Poésie moderne et le sacré* (Gallimard). A. Breton, *Situation du surréalisme entre les deux guerres* (Fontaine). De la transgression à la consécration historienne.

NOVEMBRE

1er   Suppression de la carte de pain.

6   Première séance de l'Assemblée constituante.

12   Prix Nobel de médecine : A. Fleming, W. Florey, E.B. Chain, inventeurs de la pénicilline.

13   Élection à l'unanimité du général de Gaulle, président du gouvernement, par l'Assemblée constituante. Le 21, entrée des communistes au gouvernement : F. Billoux, Économie nationale ; A. Croizat, Travail ; M. Paul, Production industrielle. Ils n'ont obtenu aucun des trois « grands ministères » réclamés par M. Thorez : la Diplomatie, l'Armée, la Police.

14   Ouverture du procès des criminels de guerre allemands à Nuremberg.

16   Création à Londres de l'Unesco.

21   *Elle,* nº 1. La femme moderne américaine, à la française (directrice Hélène Gordon-Lazareff).

23 Première maison préfabriquée en France, à Noisy-le-Sec. Elle vient du Canada. Bois et aluminium, quatre pièces tout confort. Prix de revient, 160 000 francs (moitié moins que les baraques démontables en bois). Fin novembre, exposition « L'habitation ouvrière », gare des Invalides, pour informer le public sur le préfabriqué.

Fautrier, « Les Otages », exposition à la galerie Drouin, catalogue préfacé par A. Malraux : « Des hiéroglyphes de la souffrance ».

DÉCEMBRE

2 Nationalisations du Crédit lyonnais, de la Société générale, du Comptoir national d'escompte, de la B.N.C.I. et de la Banque de France. Création du Comité national du crédit.

Assassinat de l'éditeur Denoël, dans des circonstances restées mystérieuses.

7 Ouverture de la galerie Maeght. Exposition H. Matisse.

Achat, par les Musées nationaux, de trois chefs-d'œuvre de Matisse : *Luxe* (1907), *Le Peintre et son modèle* (1917), *Nature morte au magnolia* (1941).

13-16 Deuxième Congrès national du Mouvement républicain populaire (M.R.P.) [président : M. Schumann], créé les 25 et 26 novembre 1944. « Fidélité au général de Gaulle », pour la « Révolution de l'humanisme total ».

21 Création du Commissariat général au plan (commissaire général : J. Monnet). Création du C.N.P.F.

26 Dévaluation de 66 % du franc. Approbation, par l'Assemblée constituante, des accords monétaires de Bretton-Woods, mise en place du *gold exchange standard*.

28 Rétablissement de la carte de pain (300 g).

Le film d'A. Malraux, *L'Espoir*, prix L. Delluc (tourné en 1939).

Retour à Chartres des vitraux (démontés en 1939 et conservés en Dordogne). Un an de travail prévu pour leur remise en place.

Création des Éditions de la Table ronde, à la suite de la revue du même nom.

P. Hervé, *La Libération trahie* (Grasset, « Les témoins »). L'occasion manquée de passer de la Résistance à la Révolution.

J. Prévert, *Paroles* (Éd. Point du jour, « Le calligraphe »). « Une pierre, deux maisons, trois ruines, quatre fossoyeurs, un jardin, des fleurs, un raton laveur... ». Le poète grand public de l'après-guerre.

A. Sauvy, *Chances de l'économie française* (P.U.F.). Pour une « troisième voie » entre le collectivisme et la propriété privée.

MI-VAINQUEUR, MI-VAINCU

Il n'y eut pas de jour J de la Libération. Et si cette chronologie obéissait au vécu de l'histoire plutôt qu'aux lois d'un genre, c'est le 26 août 1944 qu'elle aurait dû commencer, avec la descente triomphale des Champs-Élysées par le général de Gaulle entouré des représentants de la Résistance. Image doublement symbolique, qui marque pour tous les Français, beaucoup plus que l'armistice du 8 mai 1945, ce qui fut, en dépit de la poursuite de la guerre, un avant et un après de la libération du territoire. Mais qui efface aussi une autre image, la même descente des Champs-Élysées par les troupes allemandes, quatre ans auparavant. Entre les deux, combien d'eau coulée, mêlée de sang et de larmes, sous combien de ponts effectivement brisés ! Inoubliable explosion de la liberté retrouvée, plus forte encore d'être, elle aussi, mêlée d'inquiétude et d'angoisse.

De tous les pays d'Europe occidentale en effet, la France des lendemains de la Libération est le seul à connaître le sort des pays vainqueurs, mais à travers l'héritage des pays vaincus. Les forces françaises participent à la bataille d'Al-

sace et seront les premières à entrer à Berchtesgaden ; mais il s'agit d'une armée hétéroclite et infiniment moins nombreuse que les 1 200 000 prisonniers qui rentrent d'Allemagne à partir du printemps 1945. La France au 8 Mai reçoit bien la reddition du Reich aux côtés des Alliés, mais elle est absente de toutes les conférences décisives, Yalta, San Francisco, Potsdam qui engagent le sort de l'Europe d'après-guerre. 70 % des Français approuvent de Gaulle de ne pas se rendre à Alger à l'invitation de Roosevelt, mais l'année n'est pas terminée que le gouvernement mendie un demi-milliard de dollars au Fonds monétaire international nouvellement créé. La France est une puissance qui n'a plus, malgré un de Gaulle plus cambré que jamais dans sa volonté de lui rendre son « rang », aucun des vrais moyens de la puissance. Elle a retrouvé son Empire, mais devant les aspirations à l'indépendance qui se sont partout allumées, elle ne sait pas choisir entre la fermeté et la négociation, ne rétablissant l'ordre à Sétif que par le massacre et perdant définitivement le contact avec l'Indochine. Un formidable appétit de vivre et de jouir, qui fait choisir à de Gaulle, contre les adjurations de Mendès France, une politique économique de douceur ; mais une nécessité vitale de produire, dans un pays sinistré, aux communications anéanties, où la production industrielle est à peine au tiers de celle de 1938, et où même Thorez en est à prêcher le calme social et les manches retroussées. Une forte poussée d'orgueil national, mais combinée à un immense espoir de fraternité des peuples libres et un messianisme révolutionnaire et régénérateur. Un pays qui s'enivre de sa victoire, de son héroïsme dans la lutte antifasciste, mais qui ne peut se regarder en face, et condamne une bonne partie de lui-même – celle, précisément, qui était la plus installée dans sa légitimité supérieure et son droit divin à la représentativité nationale – à passer sinon au poteau, du moins à la trappe. Épuration impossible à faire, mais impossible à ne pas faire, et qui pour être restée plus clémente et plus modérée que dans tous les autres pays occupés – on le sait aujourd'hui qu'en est fait l'exact bilan –, n'en laissa pas moins des traces plus pro-

*fondes parce qu'elle ne touchait pas seulement aux cir-
constances exceptionnelles, mais à la nature de l'identité
nationale.*

*Or c'est sur cette identité nationale, sur la conscience et la
psychologie françaises qu'une fois levée la chape de plomb, se
sont mises à peser les contradictions les plus lourdes. Pour la
bonne raison que dans ce vaste décloisonnement de la Libération, ce que les Français ont commencé à découvrir au
moment où elle commençait de finir, c'est que la guerre
avait eu lieu. Jusque-là chacun avait vécu la sienne, selon
sa ville et son village, selon son âge et ses moyens, selon sa
famille, sa condition, ses choix idéologiques. Mais tout à
coup, la multiplicité des destins individuels devenait une
manière de destin collectif et les chemins de la guerre pre-
naient leur poids de réalité et leur signification générale. Il y
avait eu l'Occupation, dont on apprenait les petites et les
grandes misères, et qui avait, notamment, creusé entre le
Nord et le Midi une profonde ligne de démarcation. Il y
avait les Oradour qu'on découvrait. Il y avait la Résistance,
vécue par définition secrète et cloisonnée et qui prenait au
grand jour une consistance inattendue, avec ses aspirations
unitaires et ses divisions acharnées, sa saga, ses usurpateurs,
ses dirigeants, son programme. Il y avait toute la gamme des
vichystes et des collaborateurs, visibles à travers les vedettes,
à commencer par Pétain, et ses exécutions, à commencer par
celle de Brasillach. Il y avait la France libre et l'homme du
18 Juin, personnage si longtemps mythique et qui, pour se
faire connaître, multipliait les voyages en province. Il y
avait les communistes, à qui les « 75 000 fusillés », Stalin-
grad et les F.T.P. avaient donné une légitimité nationale qui
allait bien au-delà de la vague d'adhésions pourtant énorme
au Parti : 500 000 en douze mois. La guerre de chacun était
devenue la chose de tous. Et à ce fond national, à ce règlement de compte familial et idéologique, de grands coups de
massue, comme la bombe d'Hiroshima et le retour des déportés qui révélait soudain la réalité concentrationnaire,
allaient donner, au printemps 1945, une dimension proprement métaphysique. Il ne s'agissait plus d'Allemands, de*

*guerre ou de nazisme, mais de l'homme qui avait pu faire
« ça » à l'homme.*

Rares sont les époques d'intrusion aussi brutale et concen-
trée du tragique dans l'histoire. Elle explique assez le succès
foudroyant de l'existentialisme qui fait très précisément à
l'automne sa percée publique. Sartre est partout, sur la
scène, avec Huis clos, *dans le roman, avec les deux pre-*
miers volumes des Chemins de la liberté, *au titre-*
programme. Le 1er octobre, sortent Les Temps modernes,
autre titre emblématique avec sa « Présentation », texte-
boulet de canon, terroriste et pulvérisateur : « Le but loin-
tain que nous nous proposons est une *libération. Puisque*
l'homme est une totalité, il ne suffit pas, en effet, de lui
accorder le droit de vote sans toucher aux autres facteurs qui
le constituent : il faut qu'il se délivre totalement, c'est-à-dire
qu'il se fasse autre, en agissant sur sa constitution biologique
aussi bien que sur son conditionnement économique, sur ses
complexes sexuels aussi bien que sur les données politiques
de sa situation. » *En cette année où la droite est décidément
sur la touche, où la guerre froide n'est pas encore venue
imposer ses contraintes et ses choix, nul n'a mieux exprimé
la vérité de l'époque, son absurde, sa gravité ; son besoin de
comprendre, la nécessité d'un renouvellement complet.
Quand le 28 du même mois, au Club Maintenant, il prononce sa fameuse conférence : « L'existentialisme est un
humanisme », l'affluence est telle qu'il ne peut se faire
entendre. Titre également génial dans sa simplicité, le
champ intellectuel tout entier se distribuant entre l'humanisme chrétien et l'humanisme marxiste, seuls systèmes
assez forts, assez logiques et totalisants pour affronter la
dureté des temps. La théorie de l'engagement peut aujour-
d'hui faire sourire avec ses formules à l'emporte-pièce. En ce
début d'après-guerre, elle entraînait avec elle un véritable
projet anthropologique : une autre culture intellectuelle, qui
amenait au centre du paysage Marx et Freud, jusque-là
marginaux, et mettait en pleine lumière courants et auteurs
demeurés confidentiels ou clandestins – le surréalisme dont
Nadeau publiait l'histoire, Kafka, Faulkner et Dos Passos,*

Leiris et son Âge d'homme, *Blanchot,* Sade, *bientôt la*
« *Série noire* » ; *une autre morale, celle du* Silence de la
mer – *on disait encore à l'époque* « Sartre et Vercors » –, *de*
Sisyphe, *d'*Antigone *et de* Caligula, *qui faisait des édito-
riaux de Camus, dans* Combat, *autant d'événements ; une
autre culture politique, dominée par un horizon qui ne pouvait être que révolutionnaire.*

*C'est en définitive et pour une fois dans le domaine intel-
lectuel que l'immédiat après-guerre s'est le plus intensément
exprimé. L'année 1945 n'est pas commencée que le spectre
d'une prise de pouvoir communiste est écarté. Elle s'achève
à la veille du départ de De Gaulle. Les deux hypothèques
majeures de chambardement politique sont levées. En dépit
d'un vaste glissement à gauche de l'opinion, le long provisoire de la Libération n'accouchera, somme toute, que de la
IVᵉ République. Sans doute a-t-il entraîné, dès 1945, de
profondes réformes de structures : les nationalisations, la
Sécurité sociale, la création de l'E.N.A., pour ne rappeler
que les principales. Mais pour qu'elles fassent sentir leurs
vrais effets, il faut attendre qu'elles embrayent sur la croissance. Saint-Germain-des-Prés, en revanche, n'a pas
attendu si longtemps pour faire le tour du monde !*

Pierre Nora.

1946

1er « Deux documents sur Heidegger », *Les Temps modernes*, n° 4 (M. de Gandillac et A. de Towarnicki). N.D.L.R. : « Il sera nécessaire de rechercher ce qui dans l'existentialisme de Heidegger pouvait motiver l'acceptation du nazisme... Quand on fera cette analyse elle lavera de toute suspicion l'essentiel de sa philosophie. » Réaction de K. Loewith (*T.M.*, novembre 1946) : la notion heideggérienne d'existence a des implications national-socialistes. Réponses d'A. de Waelhens et d'E. Weil (*T.M.*, juillet 1947) : la philosophie de Heidegger est à dissocier de son action politique. Début d'une controverse qui sera reprise terme pour terme quarante ans plus tard.

Action, 18 janvier, reportage de Ph. Desanti : « Entretiens avec Heidegger et Jaspers » (deux hommes « politiquement peu évolués par la faute même de leur philosophie »). Heidegger, à propos de l'existentialisme français : « Je n'ai pas voulu ça ! » Préfère Merleau-Ponty à Sartre.

6-7 Autorisation de paraître rendue aux actualités filmées.

11 Première assemblée des Nations unies à Londres. P. H. Spaak, belge, président.

20 Démission du général de Gaulle de la présidence du gouvernement provisoire. Le 26, formation du ministère F. Gouin (S.F.I.O.).

25 « Le café de Flore », article de R. Scipion sur deux pages *(Action)* : il paraît que c'est là qu'on « les » trouve...

26 → 1ᵉʳ février Grève de la presse parisienne.

F. García Lorca, *La Maison de Bernarda,* au théâtre des Champs-Élysées. La découverte, en France, du poète dramaturge fusillé par les franquistes.

J. Dos Passos, *La Grosse Galette* (Gallimard). La révolution dans la technique du récit, par l'auteur de *Manhattan Transfer* (traduit en 1928).

P. Éluard, *Poésie ininterrompue* (Gallimard), t. I (t. II en 1953). Prélude aux publications en cascade : *Le Livre ouvert* (1947), *Les Mains libres, Poèmes politiques* (1948)...

J. Monnerot, *Les faits sociaux ne sont pas des choses* (Gallimard). « Que peut être une sociologie ? Une phénoménologie régionale se référant à la description d'un vécu social. »

A. Koestler, *Le Zéro et l'Infini.* Inaugure la collection « Traduit de », dirigée par M. Sperber (Calmann-Lévy). La métaphysique des procès de Moscou. Un livre-événement, 300 000 exemplaires en un an. Tentative d'opposition des communistes à la parution du livre, puis campagne de presse contre l'auteur. J.-P. Sartre : la « dure règle marxiste », définir une conduite par son « sens objectif » (*Temps modernes,* octobre 1946). M. Merleau-Ponty : « Une fois arrêté, l'opposant Roubachov devient en vérité un traître » *(Humanisme et terreur) ;* Cl. Roy : l'auteur adopte le « postulat trotskyste » de l'innocence des accusés, « tout cela sonne faux » (*Action,* avril 1946).

Annales, n° 1 (Économies, Sociétés, Civilisations), nouvelle série des *Annales d'histoire économique et sociale.*
Comité de direction : L. Febvre, F. Braudel, G. Friedmann, Ch. Morazé. *Manifeste des Annales nouvelles,*
« Face au vent » : « Fini le monde d'hier... L'Histoire,
réponse à des questions que l'homme d'aujourd'hui se
pose nécessairement. »

H. Michaux, *Épreuves, Exorcismes* (Gallimard). Rendre
en mots l'expérience de la souffrance.

FÉVRIER

1er « Le communisme et les jeunes », *Esprit,* enquête
auprès d'une soixantaine de jeunes gens de 20 à 30 ans.
Attrait puissant exercé par le communisme, résistances
non moins puissantes. Alarme, chez les chrétiens, devant
la tentation communiste : Fr. Mauriac : « Les catholiques
d'extrême gauche ont perdu le sens de l'Église » (*Le
Figaro,* 10-11 mars). G. Bernanos, « Apostasie ! » (*Temps
présent,* 29 mars). J. Daniélou, « Tentation du communisme » (*Études,* avril 1946).

15 « Art et Résistance », exposition organisée par les
amis des Francs-Tireurs et Partisans français, au musée
d'Art moderne de Paris.

16 J. Hyppolite, « L'existentialisme chez Hegel »,
conférence à l'Institut d'études germaniques.

25 Rétablissement de la semaine de 40 heures.

« Œuvres de malades mentaux. » Exposition de peintures à Sainte-Anne. Catalogue présenté par H. Mondor.
Au croisement d'investigations scientifiques, philosophiques et artistiques.

MARS

5 Discours de W. Churchill à Fulton (Missouri) :
« Un rideau de fer est descendu à travers le Continent...

Les communistes [...] cherchent partout à s'emparer d'un contrôle totalitaire. »

6 Indochine. Accord Sainteny-Hô Chi Minh. Reconnaissance par la France de l'« État libre » du Viêtnam appartenant à l'Union française.

8 R. Clément, *La Bataille du rail.* Un film-mythe : la Résistance des cheminots.

14 S. M. Eisenstein, *Ivan le Terrible,* première partie. L'apologie de la dictature par l'histoire.

15 Création du Centre d'études sociologiques, sous les auspices du C.N.R.S. Comité directeur : A. Bayet, L. Febvre, G. Davy, L. Gerret, G. Gurvitch, G. Le Bras, M. Leenhardt, M. Mauss, L. Massignon, P. Rivet, H. Wallon... Former des sociologues et mener une enquête sociale sur la France d'après-guerre, y compris la France d'outre-mer. Premières enquêtes : la pratique religieuse (G. Le Bras), les conflits de groupe (G. Gurvitch), les budgets ouvriers (G. Lutfalla).

J. Genet, *Le Miracle de la rose* (Lyon, Barbezat), édition limitée à 475 exemplaires. Encart publicitaire de J.-P. Sartre : « Proust a montré la pédérastie comme un destin, Genet la revendique comme un choix. »

G. Sadoul, *L'Invention du cinéma* (Denoël). Premier volume d'une *Histoire du cinéma.* Naissance du cinéphile (t. II, *Les Pionniers du cinéma,* en 1947 ; t. III, *Le cinéma devient un art* en 1951 et 1952, etc.).

Collection « Espoir » dirigée par A. Camus (Gallimard). « Nous sommes dans le nihilisme... Mais nous n'en sortirons pas en faisant mine d'ignorer le mal de l'époque... le seul espoir est de le nommer au contraire. » Premier titre, J.-L. Bost, *Le Dernier des métiers.*

A. Van Gennep, *Manuel de folklore français contemporain* (A. et J. Picard et Cie), vol. I, 2, *Du berceau à la tombe. Mariage, funérailles* (vol. I, 1, 1943 ; vol. I, 7, 1958). Le monument des coutumes de la France.

AVRIL

1er Fr. Perrin, professeur de physique atomique au Collège de France.

6 Adoption du scrutin proportionnel pour les élections législatives.

8 Nationalisations de l'électricité (E.D.F.) et du gaz (G.D.F.).

8 → 14 XXVIe Congrès de la C.G.T. (Paris). La nécessité de produire élevée au rang de « devoir national » pour les travailleurs (B. Frachon).

13 Loi Marthe Richard ordonnant la fermeture des « maisons closes ».

16 Nouveau statut des délégués du personnel, élus dans toutes les structures employant plus de dix salariés.

18 Dissolution de la Société des Nations à Genève.

21 Mort de l'économiste anglais J. M. Keynes.

23 Dissolution des Comités d'organisation professionnelle instaurés par Vichy.

25 Nationalisation des trente-quatre principales compagnies d'assurances.

J. Steinbeck, *Des souris et des hommes,* au théâtre Hébertot. La violence tragique de l'Amérique rurale.

Violette Leduc, *L'Asphyxie* (Gallimard, coll. « Espoir »). « Authenticité » et révolte : le J. Genet de S. de Beauvoir. (En 1948, publiera *L'Affamée*.)

Ch. Morazé, *La France bourgeoise* (A. Colin), préface de L. Febvre. La France contemporaine à la lumière de l'école des Annales.

G. Bouthoul, *Cent Millions de morts* (Sagittaire). De la nécessité d'une « science des guerres » que l'on pourrait baptiser « polémologie ».

R. Char, *Feuillets d'Hypnos* (Gallimard, coll. « Espoir »). Carnets écrits durant les années de maquis, « dans la tension, la colère, la peur, l'émulation, le dégoût, la ruse, le recueillement furtif, l'illusion de l'avenir, l'amitié, l'amour ».

Fr. Ponge, *L'Œillet, la guêpe, le mimosa* (Mermod). « Relever le défi des choses au langage. Par exemple ces œillets défient le langage. » Par le poète du *Parti pris des choses* (1942). En octobre, *Dix Courts Traités sur la méthode* (Seghers).

MAI

5 Référendum. Rejet du projet constitutionnel, défendu par les communistes et les socialistes (53 % de non).

8 A. Cavalcanti, *Au cœur de la nuit*. Le film de l'épouvante psychologique.

10 P. Claudel, *Le Père humilié* au théâtre des Champs-Élysées. Troisième volet de la trilogie : *L'Otage, Le Pain dur*. (En juin, reprise de *L'Otage* et de *L'Annonce faite à Marie*.)

17 Nationalisation des Houillères. Création des Charbonnages de France.

« Faut-il brûler Kafka ? », enquête d'*Action* sur la littérature noire : est-elle « moralement nocive » et « socialement réactionnaire » ? Centralité d'un auteur : tout le milieu littéraire répond.

22 *Pinocchio,* dessin animé en couleurs de Walt Disney, au Rex et à l'Empire.

Extension des assurances sociales à l'ensemble de la population, salariée ou non.

24 « L'Église en marche », Jean Mauduit (*Témoignage chrétien*, 24, 31 mai, 7 juin). Les prêtres-ouvriers de Montreuil, débuts d'une expérience (dont va s'inspirer G. Cesbron dans *Les saints vont en enfer*, Laffont, 1952). À la fin de 1946, la Mission de Paris, créée quatre ans plus tôt, compte seize prêtres dont six travaillant en usine.

28 Signature des accords Blum-Byrnes à Washington. Annulation des dettes françaises (1 800 millions de dollars) ; ouverture d'un nouveau crédit (500 millions de dollars). En contrepartie, franchise douanière pour les produits américains et instauration d'un quota en faveur des films américains (51 % de la programmation).

Condamnation de B. Grasset, par la Commission nationale interprofessionnelle d'épuration, à trois mois de suspension d'exercice de sa profession.

M. Bloch, *L'Étrange Défaite* (Société des éditions Franc-Tireur). La faillite des élites françaises sous le regard d'un historien, fusillé en 1944 par les Allemands.

M. Leiris, « De la littérature considérée comme une tauromachie », *Les Temps modernes*, n° 8. Préface à la nouvelle édition de *L'Âge d'homme*. Au péril de l'écriture.

H. Miller, *Tropique du Cancer* (Denoël). La révolution sexuelle en littérature. Interdit aux États-Unis et en Grande-Bretagne. En juillet, un « Cartel d'action sociale et morale » veut brûler le livre et porte plainte contre l'éditeur. (En septembre, *Tropique du Capricorne* aux Éditions du Chêne.)

C. Malaparte, *Kaputt* (Denoël). Scènes de l'Europe fasciste. (Traduction de *La Peau* en 1949.)

JUIN

1ᵉʳ Proclamation, à Saigon, d'une République de Cochinchine, par l'amiral d'Argenlieu.

2 Élection de la seconde Assemblée constituante. Succès du M.R.P. (28,1 % des suffrages exprimés), stabilité du P.C.F. (26 %), recul S.F.I.O. (21,1 %).

7 Journée A. Artaud au théâtre Sarah-Bernhardt et à la galerie Pierre organisée par Adamov, Barrault, Dubuffet, Gide, Paulhan... Exposition-vente de plus de quarante œuvres (Braque, Picasso...). À l'occasion de sa sortie de l'hôpital de Rodez.

16 Discours du général de Gaulle à Bayeux. Plaidoyer pour la restauration de l'État et pour un exécutif fort.

26 Investiture du gouvernement G. Bidault. Maintien du tripartisme (M.R.P.-S.F.I.O.-P.C.F.).

R. Aron et A. Ollivier, en désaccord politique, quittent la rédaction des *Temps modernes.*

B. Gavoty *(Études)* enregistre le succès des Jeunesses musicales de France (J.M.F.) fondées en 1941. Plus de 150 000 adhérents.

J. Hyppolite, *Genèse et structure de la phénoménologie de l'esprit* (Aubier, coll. « Philosophie de l'esprit »). La thèse du traducteur de la *Phénoménologie,* qui impose les études hégéliennes en France.

L.-R. des Forêts, *Le Bavard* (Gallimard). Le silence au cœur de la parole.

D. Rousset, *L'Univers concentrationnaire* (Éd. du Pavois). Révélation, par un ancien déporté, de l'organisation intérieure des camps. (En 1947, D. Rousset, *Les Jours de notre mort.* R. Antelme, *L'Espèce humaine,* chez R. Marin.)

Critique, n° 1. Directeur G. Bataille. Comité de rédaction : M. Blanchot, P. Josserand, J. Monnerot, A. Ollivier, E. Weil. « Études sur les ouvrages et articles paraissant en France et à l'étranger, se proposant de donner un aperçu, le moins incomplet possible, sur les diverses activités de l'esprit humain dans les domaines de la création littéraire, des recherches philosophiques, des connaissances historiques, scientifiques, politiques et économiques. »

Dans les numéros 1 et 2, A. Koyré, « L'évolution philosophique de Heidegger » (à propos de *De l'essence de la vérité*, 1943. Traduction française chez Vrin, 1947, par A. de Waelhens et W. Biemel, approuvée par l'auteur).

JUILLET

2 F. Lang, *La Femme au portrait*. Un grand cinéaste au service du film policier.

6 O. Welles, *Citizen Kane*. O. Welles par lui-même.

7 Victoire d'Y. Petra à Wimbledon. Première victoire d'un Français depuis 1929.

23-26 Procès de P.E. Flandin, successeur de P. Laval en décembre 1940, devant la Haute Cour de justice. Condamné à cinq ans de dégradation nationale (dont il est aussitôt relevé).

25 Essai atomique à Bikini. Des savants expriment leur inquiétude. À l'O.N.U., la commission de l'Énergie atomique siège pour réglementer son utilisation.

27 Conférence du Palais-Royal. Augmentation des salaires de plus de 25 %.

29 → 4 août Grève générale des postes.

Fontaine, n° spécial, *Hölderlin*. Poème et correspondance, textes de Heidegger et de Rilke.

AOÛT

6 Augmentation substantielle (de 47 millions à 105 milliards de francs) des prestations familiales.

12-14 Procès des amiraux Laborde, Marquis, Abrial, responsables du sabotage de la flotte. Condamnés à des peines de prison ou de travaux forcés, et à la dégradation nationale à vie. L'amiral Auphan sera jugé par contumace.

Esprit, n° spécial, *Monde moderne, monde chrétien.*
D. de Rougemont, É. Gilson, J. Benda, P. Depierre, abbé
Pierre, Teilhard de Chardin... « Aspirations et inquiétudes autour du communisme ; fidélité et tourments dans
le monde chrétien : les deux zones vives de la conscience
contemporaine. »

Les Temps modernes, n° spécial, *Les États-Unis.* En
novembre, *Esprit,* n° spécial, *L'Homme américain.* Au-
delà de l'engouement ou de l'hostilité, tenter de
comprendre.

SEPTEMBRE

10 Échec des négociations entamées le 6 juillet à
Fontainebleau avec le Viêt-minh (Hô Chi Minh).

17 Mort du philosophe B. Groethuysen.

17-20 Grève quasi générale des fonctionnaires.

20 Mort de Raimu.

Premier Festival de Cannes (Ph. Erlanger). En compétition : *La Symphonie pastorale* (J. Delannoy), *La Bataille
du rail* (R. Clément), *Brève Rencontre* (D. Lean)...

22 Discours du général de Gaulle, hostile au projet
constitutionnel. Sa rentrée politique.

26 *Tintin,* n° 1 (Hergé, Jacobs, Cuvelier et Landy).
Première aventure de Blake et Mortimer, *Le Secret de
l'Espadon.*

28 *La Psychogenèse et les troubles psychiques,* entretiens de Bonneval organisés par H. Ey : L. Bonnafé,
S. Follin, H. Hécaen, J. Lacan... J. Lacan : « Propos sur
la causalité psychique » : « La folie est vécue toute dans le
registre du sens », contre H. Ey : « Les maladies mentales
sont des insultes et des entraves à la liberté. Elles ne sont
pas causées par l'activité libre, c'est-à-dire purement psychique. »

30 Suppression de l'Office professionnel du Livre,
qui avait succédé au Comité d'organisation du Livre créé
par Vichy.

G. Duveau, *La Vie ouvrière en France sous le second Empire* (Gallimard, coll. « La suite des temps »). Un nouvel objet historique.

D. Guérin, *La Lutte des classes sous la Ire République* (Gallimard, coll. « La suite des temps »). Un point de vue gauchiste sur la révolution jacobine.

E. Mounier, *Traité du caractère* (Éditions du Seuil, coll. « Esprit-la condition humaine »). La caractérologie à la lumière du personnalisme.

Fr. Goguel, *La Politique des partis sous la IIIe République* (Éditions du Seuil, coll. « Esprit-la cité prochaine »). Une des grandes thèses de l'histoire politique de l'après-guerre : fatalité des antagonismes français ?

OCTOBRE

1er Jugement du tribunal de Nuremberg à l'encontre des vingt-deux criminels de guerre allemands : neuf condamnations à mort.

G. Davy professeur de sociologie à la Sorbonne.

3 Ouverture du 33e Salon de l'auto à Paris. Présentation de la 4 CV Renault. La première voiture populaire française. Succès foudroyant.

4 G. Mollet secrétaire général de la S.F.I.O.

J. Delannoy, *La Symphonie pastorale*. M. Morgan chez A. Gide.

11 Création de la Caisse nationale des lettres.

13 Référendum constitutionnel : 8 millions d'abstentions, 8 millions de non, 9 millions de oui.

Adoption de la Constitution de la IVe République par référendum.

25 → 16 novembre « Stabiles et mobiles », exposition Calder à la galerie Carré. Catalogue de J.-P. Sartre (repris dans *Situations III*).

26 Création du Centre national de la cinématographie.

L. Aragon, *L'Homme communiste*, t. I (Gallimard). Le « héros permanent des temps modernes ».

A. Koestler, *Le Yogi et le commissaire* (Charlot). Essais. Changer l'homme par le dedans ou par le dehors ? M. Merleau-Ponty, « Le yogi et le prolétaire » (*Les Temps modernes,* octobre 1946-janvier 1947). Du côté du commissaire. (Ce texte est le point de départ de la brouille entre A. Camus, reprochant aux *Temps modernes* de justifier les procès de Moscou, et J.-P. Sartre, défendant les positions de M. Merleau-Ponty.) En juin 1950, J. Kanapa, *Le Traître et le prolétaire* (Éditions sociales). Contre « Koestler and C° », un argument de poids, l'injure.

Cahiers internationaux de sociologie, n° 1. Directeur : G. Gurvitch. Comité de rédaction : A. Bayet, G. Davy, L. Febvre, G. Friedmann, E.W. Burgess, H. Lowie... La « vocation actuelle » de la sociologie.

Création du Club français du livre, qui inaugure un nouveau mode de présentation et de diffusion du livre.

« Hommage à Paul Klee », n° spécial des *Cahiers d'art* (Chr. Zervos, J. Bousquet, G. Bataille, Ph. Soupault, R. Crevel, R. Char, Tr. Tzara, J. Prévert).

NOVEMBRE

1ᵉʳ → décembre Première session de l'Unesco, à Paris. Conférence de J.-P. Sartre à la Sorbonne : « Responsabilité de l'écrivain ». Du bon usage de la violence, morale et politique.

8 *Morts sans sépulture* et *La Putain respectueuse* au théâtre Antoine. Mise en scène de M. Vitold, décors d'A. Masson. Scandale provoqué par les scènes de torture. J.-P. Sartre : « J'ai voulu montrer cette espèce d'intimité qui finit par naître entre le bourreau et sa victime » (*Combat,* 30 novembre). Hostilité de la critique. La première pièce ne sera plus reprise à Paris. Le titre de la seconde sera expurgé.

J. Cocteau, *La Belle et la Bête* (J. Day, J. Marais). Le conte au cinéma. Prix L. Delluc en décembre.

10   Élections législatives. Le P.C.F. confirme sa place de « premier parti de France » (28,2 % des suffrages exprimés) ; recul S.F.I.O. (17,9 %) ; stabilité M.R.P. (26 %).

13   Premier Salon de la photographie à la galerie Mansart.

14   H. Hesse, prix Nobel de littérature. Traductions du *Voyage en Orient*, décembre 1947 ; *Le Loup des steppes*, mai 1948 ; *Le Jeu des perles de verre*, novembre 1955 (Calmann-Lévy, coll. « Traduit de »).

20-21   Incidents de Haiphong opposant le Viêt-minh aux troupes françaises.

28   D. Lean, *Brève Rencontre*. Un classique du cinéma intimiste.

Controverse chez les écrivains communistes, à la suite de l'intervention de Jdanov contre M. Zochtchenko et A. Akhmatova. « Il n'y a pas d'esthétique communiste ! » R. Garaudy (*Arts de France*, n° 9) et P. Hervé (*Action*, 22 novembre). Rappel à l'ordre d'Aragon : « Hérésie !... Le parti communiste a une esthétique, le réalisme » (*Les Lettres françaises*, 22 novembre).

Psyché, n° 1 (Maryse Choisy). Revue internationale de psychanalyse et des sciences de l'homme.

G. Friedmann, *Problèmes humains du machinisme industriel* (Gallimard). La rencontre du sociologue et du travail ouvrier.

J.-P. Sartre, *Réflexions sur la question juive* (P. Morihien). Il n'y a pas de Juifs mais seulement des antisémites : « La situation du Juif est d'être l'homme que les autres désignent comme Juif. » Un passage du livre mettant en cause L.-F. Céline (réfugié au Danemark) provoque la virulente réplique « À l'agité du bocal » (1947).

V. Sullivan, *J'irai cracher sur vos tombes,* traduit par B. Vian (Éditions du Scorpion). Scandale. « Miller dépassé !... » R. Kanters (*Le Spectateur,* 26 novembre) demande à voir l'original. *Carrefour* (12 décembre) :

« B. Vian ne serait-il pas l'auteur ? » Février 1947, plainte du Comité d'action sociale et morale. 23 avril 1948, première représentation (théâtre Verlaine) de la pièce tirée du roman par B. Vian : déception, ni obscénité ni viol sur scène ! Vian n'est donc pas l'auteur du livre. 24 novembre 1948, Vian reconnaît, devant le juge d'instruction, être l'auteur. 3 juillet 1949, interdiction du livre par arrêté ministériel. 17 avril 1950, début du procès. 13 mai, Vian et J. d'Halluin condamnés chacun à cent mille francs d'amende.

DÉCEMBRE

3 V. Auriol, président de l'Assemblée nationale.

13 M. Carné, J. Prévert, *Les Portes de la nuit* (Y. Montand, N. Nattier). D'après un ballet pour lequel J. Kosma compose la chanson « Les feuilles mortes ».

16 Formation d'un gouvernement socialiste homogène, dirigé par L. Blum.

18 B. Wilder, *The Lost Week-end (Le Poison)*. Le plus noir des films noirs.

19 Mort du physicien P. Langevin.

Indochine. Début des hostilités à Hanoi. Envoi de troupes par le gouvernement.

20 Fr. Capra, *Arsenic et vieilles dentelles*. Un classique du burlesque.

27 A. Salacrou, *Les Nuits de la colère* au théâtre Marigny. Résistance et critique sociale.

Démission de Jean Paulhan du C.N.E. pour protester contre le maintien sur la liste noire de J. Giono, M. Jouhandeau, H. de Montherlant.

J. Wahl, *Tableau de la philosophie française* (Fontaine). Descartes, Pascal, Maine de Biran, Bergson...

M. Leroy, *Histoire des idées sociales en France* (Gallimard). I. De Montesquieu à Robespierre. II. De Babeuf à Tocqueville. III. De Comte à Proudhon. L'originalité de la tradition française.

1947

1er Mise en application de l'assurance-vieillesse.

40 517 923 habitants en France selon les résultats du recensement *(Journal officiel)*, soit 1 389 123 de moins qu'en 1936.

M.-J. Durry, première femme nommée professeur à l'université de Paris (histoire littéraire du XIXe siècle français).

2 Baisse générale de 5 % des prix (qui ont augmenté de 50 % dans le second semestre 1946). Début de l'expérience Blum.

Entrée en application du Plan d'équipement et de modernisation (plan Monnet). 30 % de l'activité industrielle est concernée. En 1950, la production devra être supérieure de 25 % à celle de 1929.

13 Conférence d'A. Artaud au Vieux-Colombier, à la suite de la publication des *Lettres écrites de Rodez*, vol. II (G.L.M.). Le tout-Paris est là. Il ne peut aller jusqu'au bout, Gide et Adamov mettent fin à la séance. Il avait auparavant publié *Au pays des Tarahumaras* (Fontaine, 1945). En 1947 : *Van Gogh ou le suicidé de la société* (K.), *Artaud le Momo* (Bordas).

16   Élection de V. Auriol à la présidence de la République, par l'Assemblée nationale et le conseil de la République réunis en congrès à Versailles.

17   Démission de L. Blum de la présidence du Conseil.

21   É. Herriot, président de l'Assemblée nationale.

20-24   Procès de R. Hardy, fondateur de Résistance-fer, jugé responsable de l'arrestation de J. Moulin. Acquitté, il est de nouveau arrêté le 23 mars. Début de l'« affaire Hardy ».

23   Mort du peintre P. Bonnard.

Ouverture du musée de l'Orangerie : exposition Van Gogh.

29   P. Ramadier, président du Conseil, soumet son gouvernement à l'approbation de l'Assemblée. Précédent qui fonde la tradition de la « double investiture » et dévoie les institutions de la IVe République.

Esprit, numéro spécial sur l'énergie atomique. E. Mounier : « Pour un temps d'Apocalypse » ; J.R. Oppenheimer : « Le contrôle international de l'énergie atomique » ; Mémorandum du Comité des savants atomistes de Grande-Bretagne ; traduction de textes parus dans les revues et journaux américains. (En 1946, D. de Rougemont, *Lettres sur la bombe atomique*, Gallimard).

J. Burnham, *L'Ère des organisateurs* (Calmann-Lévy). Fin du capitalisme et « révolution directoriale ».

J.-P. Sartre, *Baudelaire* (Gallimard) [première édition, tirage limité, en novembre 1946 aux éditions Point du jour]. Une « psychanalyse existentielle » du « choix fondamental » du poète.

FÉVRIER

10   Signature à Paris des traités de paix avec l'Italie, la Roumanie, la Bulgarie et la Hongrie.

14 → 15 mars   Grève de la presse.

15 G. Rouquier, *Farrebique*. Cinéma-vérité : la vie paysanne.

Création du Collège philosophique (relais du Centre d'études philosophiques fondé en 1944 par M.-M. Davy). Direction : J. Wahl, J. Paulhan, A. Bayet... Première conférence (6 février) par R. Aron : « Actuelles tentatives de synthèse entre existentialisme et marxisme. » Débat avec M. Merleau-Ponty.

J. Cavaillès, *Sur la logique et la théorie de la science* (P.U.F., coll. « Bibliothèque de philosophie contemporaine »). Œuvre posthume, écrite en 1942 à Montpellier où J. Cavaillès était emprisonné pour faits de résistance. « Ce n'est pas une philosophie de la conscience mais une philosophie du concept qui peut donner une doctrine de la science. »

J.-P. Sartre, « Qu'est-ce que la littérature ? » (*Temps modernes*, février-juillet). Défense et illustration de l'« engagement ».

P. Gourou, *Les Pays tropicaux* (P.U.F., coll. « Pays d'outre-mer »). Climats, sols, civilisations.

G. Bernanos, *La France contre les robots* (R. Laffont, édition originale publiée en 1944 au Brésil). « Obéissance et irresponsabilité, voilà les deux Mots Magiques qui ouvriront demain le Paradis de la Civilisation des Machines » (suivi de : *Le Chemin de la croix des âmes*, 1948, *Les Enfants humiliés*, 1949).

A. Malraux, *Romans* dans la « Pléiade ».

MARS

10-12 Discours de Truman sur la Grèce, inaugure la doctrine du « containment ».

10 → 24 avril Conférence de Moscou (France, Grande-Bretagne, États-Unis, U.R.S.S.). Échec d'une réorganisation commune de l'Allemagne.

13 Discours de réception de P. Claudel à l'Académie française. Son théâtre est publié dans la « Pléiade » à la fin de l'année.

18 G. Monnerville, président du Conseil de la République.

22 Refus des communistes de voter les crédits pour l'Indochine.

29 Émeutes indépendantistes à Madagascar. Terrible répression. Arrestation de deux députés et de deux conseillers de la République du « Mouvement démocratique de rénovation malgache ». Protestations communistes. Le 16 mai, dissolution du M.D.R.M.

30 Discours du général de Gaulle à Bruneval. Il réaffirme son hostilité au « régime des partis ».

31 Création du salaire minimum vital.

« Peter Cheney et le roman policier anglais » *(Études),* « Peter Cheney » *(Les Temps modernes,* octobre). Le roman policier genre littéraire de plein droit ? Six titres traduits en français : *Cet homme est dangereux* et *La Môme vert-de-gris* (Gallimard, coll. « Série noire »), *Les Courbes du destin* (Librairie des Champs-Élysées), *Duel dans l'ombre, Sinistre rendez-vous* et *Les étoiles se cachent* (Les Presses de la Cité).

R. Queneau, *Exercices de style* (Gallimard). Les lettres de noblesse de la « littérature potentielle ». Seront mis en scène par les Frères Jacques à la « Rose rouge ».

E. Mounier, *Introduction aux existentialismes* (Denoël). L'existentialisme comme courant de la philosophie occidentale de l'Antiquité à nos jours.

Qu'est-ce que le personnalisme ? (Le Seuil, coll. « Esprit - la condition humaine »). Contre « les deux aliénations contemporaines », marxisme et subjectivisme, la « réconciliation de l'homme total ».

P. Klossowski, *Sade mon prochain* (Le Seuil, coll. « Pierres vives »). L'auteur des *Cent vingt journées de Sodome* entre psychanalyse et théologie.

R. Leibowitz, *Schoenberg et son école* (J.-B. Janin, coll. « La flûte de Pan »). A. Schoenberg, A. Berg, A. Webern.

J. Paulhan, D. Aury, *La patrie se fait tous les jours* (Éditions de Minuit). De l'unanimité patriotique de la République des Lettres.

A. Girard, *Désirs des Français en matière d'habitation
urbaine* (Cahiers de l'I.N.E.D., n° 3, P.U.F.). Résultats
d'une enquête par sondage effectuée en 1945, sous la
direction de J. Stoetzel, introducteur en France de cette
technique. (Il organise le premier sondage d'opinion en
juillet 1938, crée l'I.F.O.P. en décembre 1938 et la revue
Sondages en juin 1939.)

B. Vian, *L'Écume des jours* (Gallimard). L'amour
romantique et l'écriture de la dérision (suivi de *L'Automne à Pékin*, Éd. du Scorpion).

AVRIL

7   Création du « Rassemblement du peuple français »
sous la direction du général de Gaulle. « Le R.P.F. ne
sera pas un parti de plus. »

24   Première élection des administrateurs des Caisses
primaires de sécurité sociale et des Caisses d'allocations
familiales. C.G.T. : 65 % des suffrages exprimés.

25 → 16 mai   Grève aux usines Renault de Boulogne-
Billancourt. 25 000 grévistes, le 29. La C.G.T. est débor-
dée. Le 30, les ministres communistes ne soutiennent
plus la politique de blocage des prix et des salaires menée
par le gouvernement.

30   J. Ford, *La Poursuite infernale* (H. Fonda,
V. Mature). Un haut lieu du western : O.K. Corral.

31 → 11 juin   Grèves du gaz et de l'électricité. Réquisition du personnel le 25 mai.

A. Kojève, *Introduction à la lecture de Hegel* (Gallimard). Cours publiés à l'initiative de R. Queneau. La dialectique de la reconnaissance comme ressort de la *Phénoménologie*. Hegel à la lumière de Marx et de Heidegger.

I. Isou, *Introduction à une nouvelle poésie et à une nouvelle musique* (Gallimard). Le lettrisme de A à Z. (En octobre, *L'Agrégation d'un nom et d'un messie*).

P. Foulquié, *L'Existentialisme* (P.U.F., coll. « Que sais-je ? »). Que l'existence précède l'essence. À l'usage des écoles.

Cl. Simon, *La Corde raide* (Sagittaire). Le premier livre du futur prix Nobel.

J. Genet, *Les Bonnes* au théâtre de l'Athénée (L. Jouvet). Célébration du crime : les sœurs Papin. Heurte le public et les critiques : « Le sujet est traité de travers » (J. Tardieu, *Les Temps modernes,* mai). « Du sous-Musset tourmenté de super-Sartre » (*Arts,* 2 mai).

MAI

1er Réduction de la ration quotidienne de pain à 200 g.

Emprunt de 250 millions de dollars auprès de la Banque internationale de Reconstruction, quasiment épuisés à l'automne.

3 « Voici comment vivent les troglodytes de Saint-Germain-des-Prés », reportage de *Samedi-Soir.* « Au printemps et en été, de 11 h à 1 h : bain de soleil au " Flore ". À 1 h : déjeuner, le plus souvent à crédit, dans l'un des bistrots du quartier. De 3 h à 6 h : café au " Flore ". De 6 h à 6 h 30 : travail dans l'une des chambres où l'un des rares existentialistes a pu, jusqu'à présent, se maintenir. De 6 h 30 à 8 h : " Flore ". De 8 h à minuit : " Bar Vert ". De minuit à 10 h du matin : " Tabou ". Le dimanche, le " Flore " est remplacé par les " Deux Magots ". Le samedi, le " Tabou " par le " Bal Nègre ". »

5 Révocation des ministres communistes par P. Ramadier, après leur refus de voter la confiance au gouvernement sur la question des prix et des salaires.

21   E. Lubitsch, *To be or not to be (Jeux dangereux).*
Un chef-d'œuvre du cinéma comique : dérision du
nazisme.

23   Augmentation des salaires. Instauration de
« primes collectives à la production » afin d'éviter les
dérapages inflationnistes.

25-26   Ier congrès de l'Union démocratique et socialiste de la Résistance. Président : R. Pleven. Membres :
Fr. Mitterrand, Cl. Petit, É. Bonnafous.

30   Exposition G. Braque à la galerie Maeght.
Ouverture du musée des Impressionnistes au Jeu de
paume, sous la responsabilité de R. Huyghe.

Les Cahiers de la Pléiade, n° 2, directeur J. Paulhan
(n° 1, avril 1946). « Et vive la littérature dégagée ! » :
Paulhan couvre la rentrée littéraire de Jouhandeau.

H. Lefebvre, *À la lumière du matérialisme dialectique*
(Éditions Sociales). Une contribution à « l'élaboration
matérialiste de la dialectique hégélienne ».

Fr. Perroux, *Le Revenu national, son calcul et sa signification.* Résultats d'une mission effectuée à la demande du
Commissariat général au Plan, pour mettre au point une
méthode de calcul du revenu national et de son emploi,
et remédier au retard de la France en matière d'économie quantitative par rapport aux méthodes anglaise et
américaine.

M. Curtiz, *Casablanca* (H. Bogart). Histoire d'amour
sur fond de Résistance.

Ch. Vidor, *Gilda.* Le film noir psychanalytique et
l'érotisme de Rita Hayworth.

JUIN

2-12   Grève des chemins de fer. Le 4, P. Ramadier
dénonce à l'Assemblée nationale une « sorte de mouvement giratoire des grèves » qui semble obéir à un « chef
d'orchestre clandestin ».

3 Cl. Bourdet prend la direction de *Combat* : fin de
l'époque Camus. Du moralisme au neutralisme.

5 Discours de Harvard. Propositions du général
Marshall pour le redressement économique des pays
européens. Acceptation de l'aide américaine par la
France et la Grande-Bretagne (le 17). Refus de l'U.R.S.S.
(2 juillet) et de la Tchécoslovaquie (12).

10 W. Wyler, *Les Plus Belles Années de notre vie.* La
technique d'un maître de la forme cinématographique.

19 Grève des banques, des mines du Pas-de-Calais et
des grands magasins parisiens.

21 *Rupture inaugurale* (Éditions surréalistes), manifeste du groupe « Cause » pour « définir son attitude pré-
judicielle à l'égard de toute politique partisane » : oui aux
fins du communisme, non aux moyens utilisés. J. Bousquet, A. Breton, P. Mabille, H. Parisot... *La cause était
entendue,* réponse d'un groupe « surréaliste-révolution-
naire » : fidélité au P.C.F. : N. Arnaud, P. Dumayet,
J. Laude.

25-29 XIᵉ Congrès du P.C.F. à Strasbourg. Thorez
donne des directives aux écrivains : « Nous préconisons
une littérature optimiste... exaltant l'effort, la solidarité,
la marche vers une société meilleure. » (Publication, aux
éditions du P.C.F., de L. Casanova, *Le Communisme, la
pensée et l'art.* La bible en la matière.)

Ouverture, à Avignon, de l'exposition « Peintures et
sculptures contemporaines ». Tous les grands noms de
l'art contemporain réunis au palais des Papes. C'est la
première fois qu'un large public a accès à ces œuvres.
Exposition majeure, qui fut le point de départ du Festival
d'Avignon.

Ouverture, à Paris, du musée d'Art moderne. P.
Picasso fait don de dix toiles dont *L'Aubade* (1942) et *La
Casserole émaillée* (1945).

M. Leenhardt, *Do Kamo. La personne et le mythe dans
le monde mélanésien* (Gallimard). La mentalité primitive
restituée de l'intérieur.

M. Mauss, *Manuel d'ethnographie* (Payot, coll. « Bibliothèque scientifique »). Cours donnés à l'Institut d'ethnologie de Paris de 1926 à 1939. Les questions classiques de la discipline.

J. Steinbeck, *Les Raisins de la colère* (Gallimard). Les conséquences sociales de la crise de 1929 aux États-Unis. (Sera porté à l'écran par J. Ford.)

M. Dufrenne et P. Ricœur, *Karl Jaspers et la philosophie de l'existence* (Le Seuil, coll. « Esprit. La condition humaine ». Un exposé de la pensée de l'autre philosophe allemand de l'existence.

A. Camus, *La Peste* (Gallimard). Prix des Critiques. Près de 100 000 exemplaires vendus à l'automne. Lu comme une allégorie des années d'occupation.

JUILLET

1er « Le cas Nizan », J.-P. Sartre *(Les Temps modernes)*. En défense de la mémoire de P. Nizan, tué au front en 1940, accusé par les communistes d'avoir été un indicateur de police à la suite de son refus du pacte germano-soviétique. Mis en demeure de prouver leurs accusations *(Combat,* 5 avril, texte signé par R. Aron, S. de Beauvoir, A. Breton, P. Brisson, M. Merleau-Ponty, B. Parain...), les communistes dans leur réponse persistent sans apporter de preuve.

10 → 17 août Exposition internationale de l'urbanisme et du logement (R. Auzelle, avec le concours du ministère de la Reconstruction). Le Corbusier y présente la maquette de l'habitation qui va être commencée à Marseille.

18 Arraisonnement, par une force navale britannique, de l'*Exodus 1947* faisant route vers la Palestine avec 4 500 émigrants juifs, qui sont refoulés vers la France.

20 Premier Tour de France cycliste de l'après-guerre, remporté par J. Robic.

27 Discours du général de Gaulle à Rennes, pour la première fois très nettement anticommuniste – les « séparatistes ».

Exposition internationale du Surréalisme à la galerie Maeght, organisée par A. Breton et M. Duchamp. 87 participants. En 1947 comme aux débuts du mouvement, refuser « les impératifs utilitaires, rationnels, esthétiques et moraux » (A. Breton, *Le Surréalisme en 1947,* Éditions Pierre à feu, Maeght). Hostilité de T. Tzara, *Le Surréalisme et l'après-guerre.*

W. Kapps, *Plume la poule.* Un chef-d'œuvre méconnu du cinéma surréaliste.

V.A. Kravchenko, *J'ai choisi la liberté* (Éditions Self). La révélation, à travers le déroulement d'une carrière, du fonctionnement de la bureaucratie soviétique : le règne de la terreur, les purges, les camps. Première apparition du mot « Goulag ». Grand retentissement. Une « Suite à Koestler ». Réaction du P.C. le 13 novembre : le livre est un faux dû à un agent secret américain, et Kravchenko un ivrogne (Cl. Morgan, *Les Lettres françaises*). Kravchenko porte plainte en diffamation contre *Les Lettres françaises.*

AOÛT

1er *Les Temps modernes,* numéro spécial (août-septembre), *L'Italie.* Présentation et textes inédits des deux grandes figures politiques victimes du fascisme, A. Gramsci et P. Gobetti.

6 H. Hawks, *Le Grand Sommeil.* D'après R. Chandler. (Le couple H. Bogart, L. Bacall.)

27 La ration quotidienne de pain passe à 150 g.

Grève à Peugeot-Sochaux.

SEPTEMBRE

1er Grèves chez Berliet puis chez Michelin, dans les mines de la Loire et du Nord, dans les minoteries du Nord.

16 Deuxième Assemblée générale des Nations unies (Flushing-Meadows). L'U.R.S.S. et la Pologne opposées aux autres puissances (→ 29 novembre).

17 R. Rossellini, *Paisa*. Après *Rome ville ouverte* (1946), le développement du cinéma néo-réaliste.

20 R. Clément, *Les Maudits* (P. Bernard, H. Vidal, M. Auclair). L'obsession de la guerre dans l'après-guerre.

Promulgation du nouveau statut de l'Algérie : création d'une Assemblée algérienne élue par deux collèges numériquement égaux.

J.-F. Gravier, *Paris et le désert français* (Le Portulan). La sur-centralisation française.

S. de Beauvoir, *Pour une morale de l'ambiguïté* (Gallimard). Une morale de l'existentialisme ?

Lagarde et Michard, *Moyen Âge. Les grands auteurs français du programme* (Bordas). La relève des manuels, après Chevallier et Audiat.

J. Cayrol, *Je vivrai l'amour des autres*, 2 vol. (Le Seuil et La Baconnière, coll. « Les cahiers du Rhône »). Le nouveau roman catholique. (En 1950, *Lazare parmi nous*.)

OCTOBRE

4 Mort en Allemagne de M. Planck, prix Nobel de physique en 1918 (découverte des quanta).

H.-G. Clouzot, *Quai des Orfèvres* (L. Jouvet, Ch. Dullin, B. Blier, S. Delair). Prix de la mise en scène à la Biennale de Venise. Après *Le Corbeau* (1943), le film noir à la française.

5 Communiqué annonçant la création, à Belgrade, du Kominform. (Neuf partis communistes européens : U.R.S.S., Yougoslavie, Bulgarie, Hongrie, Tchécoslovaquie, Pologne, France, Italie.)

14 L'avion américain Bell XI franchit pour la première fois le mur du son.

16 Discours de L. Blum sur la « troisième force ».

17 Rétrospective P. Bonnard au musée de l'Orangerie. Préface Ch. Tarasse.

19-26 Élections municipales. Triomphe du R.P.F. (38 % des suffrages exprimés). Le 27, de Gaulle demande la dissolution de l'Assemblée et la révision de la Constitution.

20 « La tribune des temps modernes ». Émission radiophonique hebdomadaire confiée à J.-P. Sartre par le gouvernement Ramadier. Il y aura six émissions. L'épisode est raconté par S. de Beauvoir dans *La Force des choses*.

23 A. Gide, prix Nobel de littérature.

24 Rétrospective M. Chagall au musée d'Art moderne. Présentation J. Cassou.

28 « Aide intérimaire d'urgence » accordée à la France par les États-Unis : 104 millions de dollars.

Arrivée du stylo à bille (Reynolds, Bic) sur le marché.

J. Audiberti, *Le mal court,* à la Comédie des Champs-Élysées. Le plaisir des mots.

E. Kogon, *L'Enfer organisé* (La Jeune Parque). L'organisation concentrationnaire. (Republié au Seuil sous le titre *L'État S.S.*)

J. Kanapa, *L'existentialisme n'est pas un humanisme* (Éditions sociales, coll. « Problèmes »). Autres titres de la collection : R. Vailland, *Le Surréalisme contre la Révolution,* R. Garaudy, *Une littérature de fossoyeurs.* Le P.C.F. tire sur tout ce qui bouge.

NOVEMBRE

3   Décret de fondation de la VIe section de l'E.P.H.E.
Directeurs d'études : L. Febvre (président), F. Braudel,
Ch. Morazé, E. Labrousse (professeur titulaire à la Sor-
bonne depuis le 1er octobre, auteur de *La Crise écono-
mique française à la fin de l'Ancien Régime,* 1944),
P. Petot, A. Koyré, G. Le Bras. Nominations en 1948 de
Cl. Lévi-Strauss, P. Francastel, et Ch. Bettelheim.

6   Deuxième conférence internationale de l'Unesco à
Mexico. Discours de J. Maritain à la séance inaugurale,
« La voie de la paix ». Pour l'instauration d'une commu-
nauté supranationale.

10   Début d'une nouvelle vague de grèves. Le 15,
grève générale à Marseille, grève dans les houillères du
Nord et dans la métallurgie parisienne. Heurts violents.
Extension du conflit → 10 décembre. Adoption par l'As-
semblée nationale d'un projet de loi sur la « défense de la
République » et rappel de 80 000 réservistes.

12   Adhésion du M.R.P. à la « troisième force ».

25 → 15 déc.   Conférence de Londres (Grande-
Bretagne, États-Unis, France, U.R.S.S.). Échec, pas de
solution commune concernant l'Allemagne.

27   Investiture du gouvernement R. Schuman
(M.R.P.) par l'Assemblée nationale (J. Moch, S.F.I.O.,
ministre de l'Intérieur).

29   Adoption par l'O.N.U. du partage de la Palestine,
à l'expiration du mandat britannique (31 mai 1948).

J. Giono, *Un roi sans divertissement* (Gallimard). La
rentrée littéraire de l'écrivain après l'épuration.

M. Merleau-Ponty, *Humanisme et terreur. Essai sur le
problème communiste* (Gallimard). La justification des
procès de Moscou grâce à la notion de « responsabilité
objective », fondement de l'accusation.

Collection « Liberté de l'esprit » (Calmann-Lévy) dirigée par Raymond Aron : « On a reproché à la collection
d'être " orientée ". À coup sûr, elle est orientée si l'on
entend par là que tous les auteurs appartiennent à une
même famille. Je ne songe pas, sous prétexte de libéralisme, à accueillir ceux qui refuseraient la discussion ou
qui déformeraient les faits pour les plier à leur système. »
Premiers titres : J. Burnham, *Pour la domination mondiale*, Liddell Hart, *Défense de l'Europe*, 1951, S. de
Madariaga, *Christophe Colomb*, 1952, A. Bevan, *Pour
vaincre la peur*, 1952.

DÉCEMBRE

7 « Aide intérimaire » accordée à la France par les
États-Unis : 150 millions de dollars.

8 Funérailles nationales du général Leclerc.

10 Fin de la vague de grèves.

15 Découverte de l'effet transistor dans les laboratoires de la Bell Telephone Company. Annoncée le
30 juin 1948 au cours d'une conférence de presse.

19 Scission à la C.G.T., les groupes « Force
ouvrière » quittent la Confédération.

Cl. Aveline, J. Cassou, A. Chamson, G. Friedmann,
L. Martin-Chauffier, Vercors, *L'Heure du choix* (Éditions
de Minuit). La bible du compagnonnage de route.

LES JEUX SONT FAITS

*En un an, le décor a insensiblement, mais irrévocable-
ment, tourné. En politique intérieure, avec le passage du tripartisme à la troisième force. En matière coloniale, avec
l'engagement définitif dans la guerre d'Indochine. Dans le
domaine international, avec la coupure du monde en deux
blocs et le début de la guerre froide.*

L'alliance des trois grands partis réunis depuis la Libéra-

tion au gouvernement, S.F.I.O., P.C. et M.R.P., n'a pas survécu longtemps à l'institutionnalisation de la IVᵉ République, qui démarre au 15 janvier avec l'élection de son président Vincent Auriol et la formation du gouvernement Ramadier. Après une série d'accrochages, en mars, sur les crédits militaires et l'abstention des communistes dans le premier vote de confiance, puis, en avril, sur la levée de l'immunité des parlementaires malgaches compromis dans l'insurrection, la rupture intervient, là où personne ne l'attendait. Une grève sauvage s'est déclarée brutalement chez Renault, dont le parti communiste s'est empressé de prendre la direction. Ramadier, qui se refuse à casser sa politique de blocage des prix et des salaires, pose une seconde fois la question de confiance. Les communistes ayant voté contre, Ramadier, le surlendemain, met fin aux fonctions de leurs cinq ministres. Épisode ou tournant décisif ? Décision logique ou provocation unilatérale ? Initiative purement nationale ou alignement sur la politique internationale ? On en discutera longtemps. Sur le moment, aucun remous. Mais après coup, l'éviction des communistes, qui ne reviendront au pouvoir que trente-quatre ans plus tard, en 1981, marque une grande date : le vrai début de la Quatrième.

Même glissement dans le domaine colonial, où la France, victorieuse et restaurée, vit encore sur l'assurance de sa grandeur impériale l'année même où, partout, s'allument les étincelles d'un autre âge : à Madagascar, celui des maquis, des parachutistes, de la torture, avec, déjà, le soulèvement des Européens contre les autorités réputées trop clémentes ; au Maroc, avec l'arrivée d'un résident, le maréchal Juin, dont le nom restera associé à la déposition du sultan ; en Algérie, où l'échec du statut, dix ans après celui du projet Blum-Viollette, marque la dernière des occasions perdues ; en Indochine enfin, et surtout, où, de saccade en saccade, après la conférence de Fontainebleau qui n'a rien réglé, l'année d'avant, les paliers de la chute sont les plus nets et les plus décisifs. De l'attaque de Hanoi, le 19 décembre 1946 à l'arrivée de Bao Dai en Europe, le 24 décembre 1947, les épisodes se succèdent qui engagent *irrémédiablement la guerre: c'est le refus du général Leclerc de retourner en Indochine, puis le refus de l'armistice proposé par Hô Chi Minh, puis l'interminable émasculation du discours libéral que le gouverneur Bollaert se proposait de prononcer à Hadong, puis l'entrevue de la baie d'Along qui ouvre la voie à la solution Bao Dai. La parole est aux militaires, et le restera jusqu'au désastre de Diên Biên Phu.*

Tous ces durcissements étaient-ils, ou non, l'effet du partage du monde? Car c'est bien sur le théâtre international que s'est joué le grand opéra. Rétrospectivement, l'air paraît connu et les rôles fixés d'avance. Mais c'est oublier l'immense incertitude qui a accompagné le halètement de l'année et les questions presque sans réponses que soulevaient les grandes manœuvres diplomatiques des six premiers mois et le virage officiel des six derniers. Que signifiait au juste le discours de Truman sur le soutien à la Grèce, le 12 mars, soit deux jours après l'ouverture de la conférence internationale qui devait régler le sort de l'Allemagne? Il inaugurait en fait la longue politique du containment *et du* rollback*. Et l'échec de la conférence de Moscou, qui marque le vrai début de la guerre froide, voulait-il dire, à l'époque, que toute entente avec Staline était devenue impossible? Et le 4 juin, quelle était l'exacte portée de la proposition Marshall, qui, dans son principe, n'excluait aucun pays d'Europe centrale et orientale et dont le refus tardif et final de la Tchécoslovaquie allait faire le symbole de la machine de guerre anticommuniste?*

Encore ces grands coups de cymbales ne doivent-ils pas étouffer la basse continue qui fait de cette année tournante une autre année terrible. La modernisation des années cinquante a fait oublier cette France aux ponts brisés, aux villes encore détruites, aux salaires de misère, dont la production n'a pas retrouvé, en fin d'année, le niveau, déjà très bas, de 1938. France du XIXe siècle où l'agriculture reste la préoccupation principale – la récolte de blé n'arrive pas au tiers de celle de l'avant-guerre –, et qui retrouve les émeutes de la faim dont elle se croyait sortie depuis un siècle. Fin août, la *ration de pain tombe au-dessous de deux cents grammes par jour. Le leitmotiv de l'année, avec les complots policiers, ce sont les grèves. Au printemps, elles se sont succédé dans tous les secteurs, au gré du « chef d'orchestre clandestin » que dénonce celui que l'opinion a baptisé Ramadiette. Et à l'automne, de Marseille à Lille, elles ont pris un caractère nettement insurrectionnel qui motive la loi Pleven sur la Défense du travail et de la République. Le naufrage n'est pas loin, le salut n'est dû qu'au plan intérimaire et à l'aide américaine d'urgence. « De profundis clamavi ad te, murmure dans son Journal le nouveau président de la République, impies ceux qui n'entendront pas cet appel angoissé de la France... »*

C'est sur ce fond d'impuissance nationale, d'assistance économique et de misère sociale que prend tout son relief le péril conjugué que va faire peser sur la République au berceau la double opposition de De Gaulle et des communistes. Le 30 mars, après six mois de silence, le Général est rentré en scène pour annoncer, à Bruneval, que « le jour va venir, où rejetant les jeux stériles où s'égare la nation et se disqualifie l'État, la masse immense des Français se rassemblera sur la France ». Et le 7 avril, à Strasbourg, il annonce le Rassemblement du peuple français qui, « dans le cadre des lois, va faire triompher, par-dessus les différences des opinions, le grand effort de salut commun et la réforme profonde de l'État ». Le parallèle avec le déchaînement communiste n'a pu que frapper, en dépit de son caractère sacrilège : mêmes moments, mêmes prétentions à la légitimité nationale, mêmes disqualifications du régime légal, mêmes capacités de mobilisation, mêmes déploiements politiques de masse par rapport aux combinaisons de cabinet. Et aux municipales d'octobre, même triomphe : 40 % de voix au R.P.F., 30 % aux communistes, c'est plus de 70 % des votants qui sont hostiles au régime. Entre Malraux d'un côté et Aragon de l'autre, la République de Vincent Auriol apparaît dès le départ sans gloire, sans panache, sans idéologie, sans défenseurs.

Politiquement, c'est elle pourtant qui va l'emporter et

faire déboucher le navire sur les eaux plus calmes de la troisième force. Car la tornade des gaullistes et des communistes ne doit pas faire illusion : l'année s'achève pour eux sur un échec. En dépit de son score personnel, le général de Gaulle, comme Hannibal après Cannes, ne sait pas prendre Rome. Même échec pour les communistes, pour qui cette année fracassante est, en réalité, une suite ininterrompue de catastrophes politiques. En mai, ils ont perdu le pouvoir, en septembre, ils se sont fait laver la tête par Jdanov pour « crétinisme parlementaire », en novembre, ils dissimulent l'échec des grèves derrière un « repli stratégique » et voient finalement F.O. se séparer de la C.G.T. Dans les deux cas, le bilan est lamentable : l'image immaculée du chef de la France libre va se ternir dans les ornières du R.P.F. et le P.C. blanchi et nationalisé de l'après-guerre va se figer dans le monolithisme stalinien. Si faible et limitée qu'elle soit dans son élan et ses moyens, la Quatrième naissante a su faire passer plus des deux tiers des Français pour des extrémistes : des « factieux » d'un côté, des « moscoutaires » de l'autre. De l'échec de 1947, de Gaulle mettra onze ans à se remettre, et pour le P.C., en dépit des apparences, le début de la fin date peut-être de là.

Mais sur le plan idéologique et moral, il en va tout autrement. Une certaine unité nationale forgée dans la lutte contre la nazisme est atteinte. Tout paraît retombé de l'« esprit de la Résistance » : la Quatrième ne s'est trouvée qu'en retrouvant la Troisième, dont on ne voulait pourtant plus ; de Gaulle est provisoirement devenu une sorte de général Boulanger menaçant pour la République ; et la gauche est retombée dans sa division structurelle, avec un parti communiste de plus en plus stalinien, mais qui n'en mobilise pas moins le quart du corps électoral. En décidant de continuer à gouverner sans lui, les socialistes se sont condamnés à lui laisser le monopole de l'opposition et à se rapprocher progressivement de la droite. Entre une droite intellectuellement inavouable et une gauche politiquement impossible, entre Jdanov et McCarthy, la France est pour longtemps coincée. De tous les pays d'Europe, c'est elle qui

*va le plus profondément intérioriser la guerre froide et en
vivre les grands enjeux – la décolonisation et le communisme – dans la passion, l'usure et l'obsession, dans l'insta-
bilité politique et la schizophrénie mentale, jusqu'à l'épuise-
ment.*

Pierre Nora.

1948

JANVIER

1er Indice de la production industrielle supérieur à celui de 1938.

Entrée en vigueur du G.A.T.T. (Accord général sur les tarifs douaniers et le commerce).

7 Création du Fonds de modernisation et d'équipement.

10 Constitution de la « troisième force » (S.F.I.O., M.R.P., certains radicaux).

15 Ch. Chaplin, *Monsieur Verdoux*. L'affaire Landru : Chaplin sans Charlot.

17 Loi sur l'assurance-vieillesse des non-salariés.

24 Dévaluation du franc de 44,44 %.

25 N. Védrès, *Paris 1900*. Naissance du film de montage d'actualités.

26 H. de Montherlant, *Le Maître de Santiago* au théâtre Hébertot. Permanence d'une tradition classique.

Revue de géographie humaine et d'ethnologie, n° 1. (P. Deffontaines et A. Leroi-Gourhan.) Les derniers feux de la discipline géographique dans la culture générale.

FÉVRIER

1er Interdiction de l'émission radiodiffusée d'A. Artaud : « Pour en finir avec le jugement de Dieu ». Vives protestations.

25 Nice. Premier festival international de jazz (R. Stewart, L. Armstrong, Cl. Luter, Mezz Mezzrow). Directeur : H. Panassié.

Tchécoslovaquie. Coup de force communiste à Prague.

28 Formation du Rassemblement démocratique révolutionnaire (J.-P. Sartre, D. Rousset, J. Rous...). Initiative soutenue par *Combat* et *Franc-Tireur*. « Entre les pourrissements de la démocratie capitaliste... et la limitation du communisme à sa forme stalinienne... la démocratie révolutionnaire. » Le 10 mars, conférence de presse présentant le nouveau parti.

A. Malraux, *Les Noyers de l'Altenburg* (Gallimard). De la Résistance au sentiment de la nation.

MARS

1er Indochine. Attaque du convoi Saigon-Dalat par le Viêt-minh : 150 morts. Multiplication des embuscades.

4 Mort d'A. Artaud.

14 Autorisation de parution des journaux sur six pages (à huit francs).

17 Traité de Bruxelles. Coopération économique, sociale et culturelle, assistance militaire automatique en cas d'agression, entre le Benelux, la France et la Grande-Bretagne. « Pierre angulaire de la construction européenne » (G. Bidault).

23 Fondation de la Fédération de l'Éducation nationale (F.E.N.).

31 Bilan de l'aide intérimaire des États-Unis à la France : plus de 6 millions de tonnes d'approvisionnement en denrées alimentaires, matières premières, produits élaborés.

Saint-Exupéry, *Citadelle* (Gallimard). La métaphysique du Petit Prince.

É. Gilson, *L'Être et l'Essence* (Vrin). Défense et illustration du thomisme existentiel en philosophie, par le rénovateur des études de philosophie médiévale en France. (Publication de *La Philosophie au Moyen Âge*, Payot, 1922.)

L. Néel, « Sur le ferrimagnétisme et l'antiferromagnétisme » (*Annales de physique*, mars-avril). L'importance industrielle des ferrites sera comparable à celle des transistors. (Sa contribution lui vaudra le prix Nobel en 1970.)

Les Cahiers du Sud, numéro spécial, *Les grands courants de la pensée mathématique.* Présentation de P. Le Lionnais. N. Bourbaki, E. Cartan, A. Weil... R. Queneau, Le Corbusier, L. Brunschwicg. L'article de Bourbaki, « L'architecture des mathématiques » analyse la notion de « structure ».

AVRIL

2 Création des Nouvelles Messageries de la presse parisienne.

3 Entrée en vigueur du plan Marshall concernant seize pays européens. La France obtient 20 % des crédits alloués par les Américains.

4-12 Élections en Algérie. Fraude organisée. Triomphe du R.P.F. et de l'Union algérienne.

5 A. Malraux, « Appel aux intellectuels », lors d'un meeting du R.P.F. salle Pleyel. L'Amérique n'est pas une menace pour notre culture, le communisme soviétique, oui.

12-13   Ier congrès constitutif C.G.T.-F.O. (Paris). Président : L. Jouhaux.

13   Constitution d'un Comité pour la libération du maréchal Pétain. (Président, L. Madelin, de l'Académie française.)

14   Banquet des Mille (Parc des expositions). Réunion du personnel politique compromis sous l'occupation (P. É. Flandin, P. Faure).

16   Constitution de l'Organisation européenne de coopération économique (O.E.C.E.) regroupant l'ensemble des pays bénéficiaires du Plan Marshall.

16-17   Premières assises nationales du R.P.F. (Marseille). 1,5 million d'adhérents. Demande de nouvelles élections générales.

21   Élection de R. Dion au Collège de France (géographie). Auteur de *Le Val de Loire* (1933) et de *Les Frontières de la France* (1947).

30   Acquittement des Éditions Denoël par la Cour de justice.

J.-P. Sartre, *Les Mains sales,* théâtre Antoine. Le problème du réalisme politique, inspiré par l'assassinat de Trotski.

E. Halévy, *Histoire du socialisme européen* (Gallimard). Rédigée d'après des notes de cours par un groupe d'amis et d'élèves : C. Bouglé, R. Aron, J.-M. Jeanneney, P. Laroque, É. Mantoux, R. Marjolin. « Le socialisme, depuis sa naissance au début du XIXe siècle, souffre d'une contradiction interne. D'une part il est présenté... comme une libération du dernier asservissement qui subsiste... Mais d'autre part... il nous propose une nouvelle organisation par la contrainte. »

G. Bachelard, *La Terre et les rêveries de la volonté,* suivi de *La Terre et les rêveries du repos* (José Corti). L'imagination de la matière : I, hostilité, II, intimité.

MAI

16 Christian-Jaque, *La Chartreuse de Parme*. (Stendhal et G. Philipe.)

20 Condamnation par contumace de B. Grasset à la dégradation nationale et à cinq ans d'interdiction de séjour. 16 juin, dissolution et confiscation du patrimoine des Éditions Grasset à concurrence de 99 %. 16 décembre, V. Auriol remet la dissolution et transforme la confiscation en amende. Amnistie le 23 octobre 1953. Les Éditions seront reprises par B. Privat.

22 Décret Poinso-Chapuis sur l'aide à l'école libre. Jamais appliqué.

L. D. Trotski, *Staline* (Grasset). « Louis XIV ne s'identifiait qu'avec l'État. Les papes de Rome s'identifient à la fois avec l'État et avec l'Église... Staline peut dire à bon droit : " La Société, c'est moi. " »

H. Bazin, *Vipère au poing* (Grasset). « Familles, je vous hais. »

JUIN

5 Indochine. Accords de la baie d'Along. Reconnaissance par la France de l'« indépendance » du Viêt-nam au sein de l'Union française.

6 Mort de Louis Lumière.

8 G. Braque, grand prix de peinture à la Biennale de Venise.

10 Création d'une section de psychologie pathologique à l'Institut de psychologie. D. Lagache y donne un cours de psychanalyse théorique à partir de novembre.

20 Discours de Verdun du général de Gaulle : « C'est alors qu'on vit un grand chef de la guerre, celui-là même qui avait rendu au pays l'impérissable service de gagner la bataille de Verdun, emporté sous l'effet de l'âge, par le torrent des abandons. »

24 Blocus de Berlin par les Soviétiques. Mise en place (le 26) par les États-Unis et la Grande-Bretagne d'un pont aérien pour ravitailler les secteurs ouest de la ville.

25 J. Huston, *Le Trésor de la Sierra Madre* (H. Bogart). Le western au-delà des stéréotypes.

28 Condamnation de Tito par le Kominform. Des intellectuels du P.C.F. emboitent le pas : R. de Jouvenel, *Maréchal des traîtres,* D. Desanti, *Masques et visages de Tito* (La Bibliothèque française).

H. I. Marrou, *Histoire de l'éducation dans l'Antiquité* (Le Seuil, coll. « Esprit - la vie neuve »). De 1000 av. J.-C. à 500 ap. « Le monde méditerranéen antique a bien connu *une* éducation classique, *un* système d'éducation cohérent et déterminé. »

M. Leiris, *Biffures. La Règle du jeu I* (Gallimard). Un nouveau style d'autobiographie.

C. Levi, *Le Christ s'est arrêté à Eboli* (Gallimard). Le livre emblématique de l'antifascisme italien.

K. Jaspers, *La Culpabilité allemande* (Éditions de Minuit). Quelle issue pour une Allemagne en accusation ?

A. Varagnac, *Civilisation traditionnelle et genre de vie* (Albin Michel). Le monde spirituel que nous avons perdu : « Cette masse de croyances et d'usages, foncièrement apparentés à ce que L. Lévy-Bruhl qualifie de " mentalité primitive " vient de s'évanouir sous nos yeux en quelques décades. Il y a donc bien là le " passage d'un âge de l'humanité à un autre âge de l'humanité ". »

JUILLET

5 Mort de G. Bernanos.

11 S. Guitry, *Le Diable boiteux*. Une leçon d'histoire : de Talleyrand à la collaboration.

19 Démission du Cabinet R. Schuman (M.R.P.).

26 Formation du gouvernement A. Marie (radical). P. Reynaud (indépendant) ministre des Finances : réapparition de la droite au gouvernement.

29 Ouverture du premier festival de musique d'Aix-en-Provence.

S. Kierkegaard, *Étapes sur le chemin de la vie* (Gallimard). Philosophie et autobiographie, par l'un des auteurs majeurs de la pensée de l'existence (dont plusieurs livres importants ont été traduits avant la guerre).

R. Aron, *Le Grand Schisme* (Gallimard). La conjoncture politique mondiale, « paix impossible, guerre improbable ». (En 1951, *Les Guerres en chaîne*.)

AOÛT

25-28 Pologne. Congrès de Wroclaw. Naissance du « Mouvement de la paix », animé par les communistes.

28 Démission du cabinet A. Marie.

Sondage de l'I.F.O.P. sur l'épuration *(Les Temps modernes)* :

63 % jugent qu'il n'est pas temps de passer l'éponge ;

47 % que l'épuration n'a pas été assez dure ;

47 % que Pétain doit rester à l'île d'Yeu (37 % avaient réclamé son exécution).

R. Nimier, *Les Épées* (Gallimard). Apparition d'un jeune premier de la droite littéraire.

SEPTEMBRE

11 Formation du ministère H. Queuille (radical). « Il n'y a pas de problème que l'absence de solution ne puisse résoudre. »

12 *Combat* publie les résultats d'un référendum organisé parmi les lecteurs sur les dix plus grands écrivains français vivants. Classement : A. Gide, A. Camus, J.-P. Sartre, A. Malraux, H. de Montherlant, P. Claudel, Fr. Mauriac, J. Romains, R. Martin-du-Gard, Colette.

17 J. Cocteau, *Les Parents terribles* (J. Marais, J. Day, G. Dorziat, Y. de Bray). Adaptation cinématographique d'une pièce à succès jouée plus de cinq cents fois.

21 M. Cerdan, champion du monde des poids moyens.

Au Salon d'automne, une toile de Fougeron, « Parisiennes au marché », est présentée comme la première œuvre répondant aux critères du réalisme socialiste et constitue le point de départ du « nouveau réalisme » en peinture. Communistes mis à part, elle fait l'unanimité contre elle (« Le plus mauvais tableau du monde », G. Limbour, *Les Temps modernes*).

Fr. Ponge, *Proêmes* (Gallimard). « C'est à un homme simple que nous tendons. Blanc et simple. Nouveau classicisme. »

« L'Art brut », exposition aux Éditions Gallimard. « À la recherche d'un art autre, celui des artisans, des fous, des simples. » Manifeste signé par J. Dubuffet, J. Paulhan, A. Breton, M. Tapié.

OCTOBRE

4 Début de la grève dans les houillères, attribuée par J. Moch (ministre de l'Intérieur) à la main du Kominform. Extension des mouvements de grève à l'ensemble du service public. Le 25, intervention des forces de réserve de la gendarmerie pour dégager les mines. Bilan : trois morts.

5 P. Schaeffer, *Cinq études de bruit* à la R.T.F. Première composition de musique concrète, réalisée au studio d'essai de la R.T.F.

17 Dévaluation du franc de 23 % : le « franc Queuille ».

28 Édition française du journal belge *Tintin*.

Europe, n° 23. Publication du rapport sur « l'état de la science biologique » présenté par Lyssenko au mois d'août, rejetant la génétique « idéaliste » de Mendel et faisant condamner ses partisans. La matière vivante est une et les caractères acquis transmissibles. En dépit des protestations des savants (J. Rostand, Ch. Daumas, M. Prenant, J. Monod, *Combat,* 9-15 septembre), les intellectuels du P.C.F. s'enthousiasment pour la nouvelle théorie, défendue par L. Aragon.

Ph. Ariès, *Histoire des populations françaises et de leurs attitudes devant la vie depuis le XVIIIᵉ siècle* (Self). Les statistiques démographiques au service du « grand mystère des mœurs ». Le livre matriciel du futur historien des mentalités.

J. Grenier, *Entretiens sur le bon usage de la liberté* (Gallimard). Le maître de Camus.

NOVEMBRE

4 T.S. Eliot, prix Nobel de littérature.

7-14 Élections du Conseil de la République. Succès du R.P.F. G. Monnerville (R.G.R.), président.

8 Naissance à Paris du mouvement d'art expérimental « Cobra » (Copenhague-Bruxelles-Amsterdam). A. Jorn, K. Apel, Constant, Corneille, O. Dotremont, J. Noiret.

11 Échauffourées entre manifestants communistes et service d'ordre. Saisies de *L'Humanité* et de *Ce soir* à cause de comptes rendus tendancieux. Le 13, grève générale à Paris, déclenchée par la C.G.T.

17 Transfert des cendres des physiciens J. Perrin et P. Langevin au Panthéon.

28 R. Rossellini, *Allemagne, année zéro.* Un regard néo-réaliste sur l'après-guerre allemand.

Cl.-E. Magny, *L'Âge d'or du roman américain* (Le Seuil, coll. « Pierres vives »). L'influence du cinéma sur le roman. Dos Passos, Hemingway, Faulkner.

M. Griaule, *Dieu d'eau. Entretiens avec Ogotommêli* (Éditions du Chêne). L'explication de l'homme et du monde par un sage dogon. Un classique singulier dans la littérature ethnologique. (En 1947, publication d'*Arts de l'Afrique noire,* Éditions du Chêne.)

L. Sedar-Senghor, *Anthologie de la poésie nègre et malgache de langue française* (P.U.F.). L'affirmation de la « négritude ». Préface de J.-P. Sartre, « Orphée noir » : « Le plus authentique projet révolutionnaire et la poésie la plus pure sortent de la même source. »

DÉCEMBRE

10 Adoption par l'O.N.U. de la Déclaration universelle des droits de l'homme.

15 Mise en route de Zoé, première pile atomique française.

28 Accord sur la Ruhr, démilitarisée et placée sous le contrôle d'une Autorité internationale.

M. Merleau-Ponty, *Sens et non-sens* (Nagel). Cézanne, la politique, l'existentialisme...

La Nouvelle Critique, n° 1. Rédacteur en chef : J. Kanapa. Équipe de rédaction : A. Besse, P. Daix, J. Fréville, J. Desanti, Victor Leduc, H. Lefebvre. Pour promouvoir le marxisme-léninisme stalinien : « Le véritable marxiste doit pouvoir mériter l'épithète enthousiasmante de " stalinien ". »

N. Sarraute, *Portrait d'un inconnu* (Robert Marin), préface de J.-P. Sartre, notant « l'apparition... d'œuvres vivaces et toutes négatives qu'on pourrait nommer des anti-romans ».

1949

2 Condamnation et mise à l'Index de la totalité des livres de J.-P. Sartre par le Saint-Office. Sartre enfin maudit !

18 Création par l'U.R.S.S. d'un « Conseil pour une aide économique réciproque » (Comecon).

22 Lancement d'un « emprunt à la reconstruction ». 100 milliards de francs en huit jours.

24 Reconnaissance *de facto* de l'État d'Israël par la France.

Ouverture du procès Kravchenko contre *Les Lettres françaises*. Une majorité d'intellectuels, communistes et sympathisants réunis, contre Kravchenko. E. d'Astier, P. Cot, L. Martin-Chauffier, R. Garaudy, Fr. Joliot-Curie, Vercors... viennent affirmer à la barre qu'il n'y a pas de camps en U.R.S.S. Le 24 février, un témoignage remarqué, l'un des rares à l'appui du livre de Kravchenko (*Le Monde,* 26 février ; *Les Temps modernes,* avril), celui de Margarete Buber-Neumann. Son livre, *Déportée en Sibérie,* est publié en avril (Le Seuil et La Baconnière).

25 « Le *Faust* de Goethe et la *Phénoménologie* de Hegel », conférence à la Sorbonne de G. Lukács, professeur à l'université de Budapest.

27   G. Leclerc, « La psychanalyse, idéologie de basse police et d'espionnage » *(L'Humanité).* Début de la croisade du P.C.F. contre « la psychanalyse façon yankee ». (En décembre 1948, condamnation de la psychanalyse par les médecins et les psychiatres du P.C.F.) Dans *La Nouvelle Critique* (numéro de juin 1949), condamnation de la psychanalyse par les psychanalystes eux-mêmes : S. Lebovici, L. Bonnafé, J. Kestemberg, S. Follin... (en septembre 1948, ils avaient constitué avec des sympathisants marxistes un « Cercle d'études pour une psychiatrie rationnelle » et affirmé la compatibilité du marxisme et de la psychanalyse).

M. Chagall fait don à l'État de plusieurs œuvres capitales dont *À la Russie, aux ânes et aux autres* (1911) et le *Double portrait au verre de vin* (1917).

S. Nacht succède à J. Leuba à la tête de la Société psychanalytique de Paris.

G. Greene, *La Puissance et la Gloire* (Laffont). Préface de Fr. Mauriac : « Ce livre s'adresse providentiellement à la génération que l'absurdité d'un monde fou prend à la gorge... aux jeunes contemporains de Camus et de Sartre. » L'utilisation du péché par la Grâce.

FÉVRIER

22   Dans *L'Humanité,* réaction de M. Thorez à une enquête de *Carrefour :* que feriez-vous si l'Armée rouge occupait la France ? « L'U.R.S.S. ne peut pas être en position d'agresseur. » Si, pour sa défense, elle envahissait la France, les travailleurs français se comporteraient comme ceux des pays de l'Est. Déclarations reprises dans toute la presse et qui soulèvent un tollé. L'éditorialiste du *Figaro* (P. André) réclame la mise hors la loi du P.C. Le 24, débat à l'Assemblée. Perquisitions dans les journaux communistes et chez les dirigeants.

Liberté de l'Esprit, Cahiers mensuels destinés à la jeunesse intellectuelle, n° 1 (Cl. Mauriac). La revue des intellectuels du R.P.F.

S. Weil, *L'Enracinement. Prélude à une déclaration des devoirs envers l'être humain* (Gallimard, coll. « Espoir »).

G. Bataille, *La Part maudite* (Éditions de Minuit). Du potlatch au Plan Marshall : théorie de la consumation.

Fr. Perroux, *Les Comptes de la nation. Apparences et réalités dans notre comptabilité contemporaine* (P.U.F., coll. « Pragma »). Les fonctions cruciales d'une comptabilité nationale.

MARS

2 « L'alternative », premier d'une série de vingt-cinq articles, d'É. Gilson dans *Le Monde,* défendant une neutralité « fortement armée » de l'Europe. Le dernier article (7 septembre 1950) est un constat d'échec. Ces articles suscitent une violente campagne contre Gilson, accusé de défaitisme et de trahison.

4 A. Hitchcock, *Le Procès Paradine.* Du suspense comme un grand art.

20 et 27 Élections cantonales au scrutin majoritaire. Le P.C.F. obtient 23 % des voix et 2 % des sièges ! Recul du R.P.F. (25 % des voix).

J. Fourastié, *Le Grand Espoir du XXe siècle* (P.U.F.). Le progrès technique et les perspectives de la croissance : la vulgarisation des thèses de Colin Clark en France. « Rien ne sera moins industriel que la civilisation née de la révolution industrielle. »

G. Dumézil, *L'Héritage indo-européen à Rome* (Gallimard). La tripartition des fonctions à Rome et hors de Rome.

Socialisme ou barbarie, n° 1 (C. Castoriadis, Cl. Lefort). « Un siècle après le *Manifeste communiste,* trente années après la Révolution russe... le mouvement révolutionnaire semble avoir disparu... Le « socialisme »... apparaît inséparable des camps de concentration, de l'exploitation sociale la plus intense, de la dictature la plus atroce, du crétinisme le plus étendu... La constitution objective de la bureaucratie en couche exploiteuse rend évident que l'avant-garde ne saurait s'organiser que sur la base d'un programme essentiellement dirigé contre la bureaucratie et ses racines. »

Déclaration universelle des droits de l'homme (département de l'information de l'O.N.U.). Texte définitif (adopté à la 3ᵉ session de l'O.N.U. le 10 décembre 1948). Trente articles et un préambule.

G. Bachelard, *Le Rationalisme appliqué* (P.U.F., coll. « Bibliothèque de philosophie contemporaine »). Le dialogue philosophique du rationaliste et de l'expérimentateur, par l'auteur du *Nouvel Esprit scientifique.*

G. Burdeau, *Traité de science politique,* t. 1, *Le Pouvoir politique* (L.G.D.J.). Une somme en huit volumes.

AVRIL

4 Signature du Pacte atlantique par douze pays (États-Unis, Canada, les Cinq, Norvège, Danemark, Italie, Portugal, Islande). Assistance militaire quasi automatique en cas d'agression.

16 Mise en vente libre des produits laitiers.

20 Congrès mondial des combattants de la paix sous la présidence de Fr. Joliot-Curie. Picasso a dessiné la colombe.

28 Retour de l'empereur Bao Dai en Cochinchine.

« Ma cabane au Canada », grand prix du Disque français (Line Renaud, L. Gasté).

F. Braudel, *La Méditerranée et le monde méditerranéen à l'époque de Philippe II* (Armand Colin). Au-delà des annales des rois, l'espace méditerranéen véritable acteur de l'histoire. Pour une « géohistoire ».

M. Éliade, *Le Mythe de l'éternel retour* (Gallimard). Le temps sacré des sociétés sans histoire.

S. de Beauvoir, *Le Deuxième Sexe* (Gallimard), t. I (t. II en septembre). Succès mondial. Réactions violemment hostiles, dont Fr. Mauriac, aux *Temps modernes*: « J'ai tout appris sur le vagin de votre patronne. »

MAI

Reprise de l'agitation sociale.

8 Création de la « République fédérale d'Allemagne », « État fédéral, démocratique et social ».

11 Admission d'Israël à l'O.N.U.

12 Fin du blocus de Berlin.

17 J. Tati, *Jour de fête*. Prix du meilleur scénario à Venise le 2 septembre. Le premier long métrage de J. Tati. La campagne française à l'heure de l'Amérique.

19 Publication dans *Combat* de quelques phrases d'un manuscrit présenté comme un inédit d'A. Rimbaud, *La Chasse spirituelle*. A. Breton met aussitôt en doute son authenticité. Le 25 mai, les auteurs du pastiche se font connaître. A. Breton consacre un petit livre à l'affaire, *Flagrant Délit*.

Cl. Lévi-Strauss, *Structures élémentaires de la parenté* (P.U.F., coll. « Bibliothèque de philosophie contemporaine »). La prohibition de l'inceste comme opérateur du passage de la Nature à la Culture et la logique de l'échange des femmes. L'acte de fondation du structuralisme en France.

A. Maurois, *À la recherche de Marcel Proust* (Hachette). La première biographie documentée.

M. Bloch, *Apologie pour l'Histoire ou Métier d'historien* (Armand Colin, Cahiers des *Annales*, 3). Le discours de la méthode du fondateur des *Annales*.

JUIN

3 Rattachement de la Cochinchine au Viêt-nam. Consécration de l'unité vietnamienne.

26 Premier journal télévisé à base de reportages en direct (P. Sabbagh, P. Tchernia, P. Dumayet, G. De Caunes, J. Sallebert...).

« Bibliothèque de psychanalyse et de psychologie clinique » (P.U.F.), direction D. Lagache. Premiers titres : A. Freud, *Le Moi et les mécanismes de défense ;* H. Deutsch, *La psychologie des femmes ;* S. Nacht, *De la pratique à la théorie psychanalytique ;* A. Hesnard, *L'Univers morbide de la faute.*

J. Genet, *Journal du voleur* (Gallimard). (En février, *Haute Surveillance.)* « La trahison, le vol et l'homosexualité seront les sujets essentiels de ce livre. Un rapport existe entre eux. »

J. Monnerot, *Sociologie du communisme* (Gallimard). La déformation de Marx en « marxisme soviétique » ou l'« Islam du xxᵉ siècle ».

M. Blanchot, *La Part du feu* (Gallimard). Kafka, Mallarmé, Hölderlin, Nietzsche : « La littérature et le droit à la mort ».

Débuts de Juliette Gréco dans la chanson, à « L'Œil de Bœuf » puis à « La Rose rouge » : « Si tu t'imagines » (R. Queneau), « L'éternel féminin » (J. Laforgue), « La rue des Blancs-manteaux » (J.-P. Sartre), musiques de J. Kosma.

JUILLET

6 Exposition P. Gauguin à l'Orangerie. Plus de cent toiles.

Suppression des cours de justice.

13 Excommunication de « tous les membres et sympathisants » des partis communistes par Pie XII.

16 Loi « sur les publications destinées à l'enfance et à la jeunesse ».

L. Aragon, *Les Communistes* (février 1939-janvier 1945), t. I (Éd. Féret) (sixième et dernier tome en 1951). Le roman-feuilleton à la gloire du Parti.

M. Blanchot, *Lautréamont et Sade* (Éditions de Minuit). La littérature de la transgression.

AOÛT

8 Réunion du premier Conseil de l'Europe à Strasbourg. Douze nations y participent.

29 Première explosion atomique soviétique, annoncée simultanément par les États-Unis, l'Angleterre et le Canada.

30 V. de Sica, *Le Voleur de bicyclette*. Le film le plus important de l'immédiat après-guerre. Le cinéma anti-romanesque : la vie quotidienne comme drame.

SEPTEMBRE

2 *Manon* de H.-G. Clouzot, grand prix du Festival de Venise.

16-24   Procès et condamnation à mort de L. Rajk à Budapest. Exécuté le 15 octobre. Dans la presse communiste de novembre, plusieurs articles sur l'affaire : Rajk était un indicateur de police, son exécution est une victoire du peuple hongrois. Fr. Fejtö : « Une nouvelle affaire Dreyfus internationale » (*Esprit,* novembre). (Rajk sera réhabilité en 1956.)

19   Dévaluation du franc de 22,4 %.

20   Clouzot, Cayatte, Dreville, *Retour à la vie.* L'après-guerre, avec le recul.

21   Naissance de la République populaire de Chine.

L. Lévy-Bruhl, *Les Carnets* (P.U.F., coll. « Bibliothèque de philosophie contemporaine). Le théoricien de la « mentalité prélogique » revient sur cette notion, donnant en partie raison à ses critiques.

Cl. Roy, *Premières Clefs pour la Chine. Une vie de Mao-Tsé-Tung* (Les Éditeurs français réunis). R. Payne, *Journal de Chine* (Stock). J.-J. Brieux, *La Chine* (Le Seuil). Mao-Tsé-Tung, *Artistes et écrivains dans la Chine nouvelle* (Seghers). « Une grande lueur à l'Est du monde vient de se lever. » Parution en 1951 de P. Naville, *La Chine future* (Éditions de Minuit) et J. Belden, *La Chine ébranle le monde* (Gallimard).

E.M. Cioran, *Précis de décomposition* (Gallimard). « Comment se remettre de sa naissance ? »

OCTOBRE

1er   M. Merleau-Ponty, professeur de psychologie de l'enfant à la Sorbonne.

5   Exposition F. Léger au musée d'Art moderne.

6   Démission du gouvernement H. Queuille.

7   G. de Santis, *Riz amer* (la révélation de S. Mangano).

12   Création de la République démocratique allemande (R.D.A.).

16   Élections municipales partielles. Recul du R.P.F.

20 C. Reed, *Le Troisième Homme.* (Vienne sous l'occupation soviétique, O. Welles et la musique de film la plus célèbre de l'après-guerre.) Grand prix du Festival de Cannes.

28 Formation du ministère G. Bidault (M.R.P.).

R. Merle, *Week-end à Zuydcoote* (Gallimard). Prix Goncourt. Le désastre de Dunkerque.

P. Ricœur, *Philosophie de la volonté,* I, *Le volontaire et l'involontaire* (Aubier, coll. « Philosophie de l'Esprit »). « L'expérience vive de la liberté incarnée. » Recherches phénoménologiques dans la ligne de G. Marcel et de K. Jaspers (suivi de *Finitude et culpabilité*).

NOVEMBRE

3 Triomphe de L. Armstrong, salle Pleyel.

12 D. Rousset *(Le Figaro littéraire)* : appel à tous les anciens déportés pour la création d'une commission d'enquête sur le « Goulag... un des plus grands trusts économiques de l'U.R.S.S. ». Le 17, réponse et contre-attaque de P. Daix *(Les Lettres françaises)* : les camps de « rééducation » sont une « magnifique entreprise » et D. Rousset un menteur. Nouveau procès en diffamation (ouverture le 25 novembre 1950).

25 Grève générale de 24 heures à l'initiative de F.O.

26 Premier Salon de l'Enfance au Grand Palais.

26-27 « Les partis politiques », journées d'études de l'Association française des sciences politiques. R. Aron, M. Duverger, M. Prelot, G. Vedel...

30 Suppression du haut-commissariat au Ravitaillement.

DÉCEMBRE

1 Leçon inaugurale de G. Dumézil au Collège de France. « Au-delà de l'histoire des civilisations romaine, indienne, iranienne, une *« ultrahistoire »*.

10   J. Becker, *Rendez-vous de juillet,* prix Louis Del-luc. La jeunesse de Saint-Germain-des-Prés dans l'après-guerre.

11   Mort de Ch. Dullin, acteur et metteur en scène.

15   A. Camus, *Les Justes* au théâtre Hébertot. *Les Mains sales,* version Camus : de l'illégitimité du terro-risme.

21   70ᵉ anniversaire de Staline, fêté à l'échelle mon-diale.

J. Margoline, *La Condition inhumaine* (Calmann-Lévy). Les camps en U.R.S.S.

L.-F. Céline, *Casse-pipe* (Frédéric Chambriand). Le retour de Céline sur la scène littéraire.

1950

1er « Les jours de notre vie » *(Les Temps modernes)*. Sartre et Merleau-Ponty prennent acte des informations sur les camps soviétiques : « Il n'y a pas de socialisme quand un citoyen sur vingt est au camp. » Mais l'éditorial critique l'initiative de D. Rousset et la publication, dans *le Figaro littéraire,* du « Code de travail correctif ». (Nombreuses réactions de lecteurs à cet éditorial, et réponse embarrassée : nous savions sans savoir... *Les Temps modernes*, juillet).

19 Reconnaissance par la République populaire de Chine de la République populaire du Viêt-nam. Première reconnaissance diplomatique du Viêt-minh.

26 Révocation de G. Tessier, directeur du C.N.R.S., en raison de son refus de se désolidariser d'une organisation para-communiste à laquelle il appartient. Protestations des universitaires et grève le 1er février.

30-31 Reconnaissance d'Hô Chi Minh par Moscou.

Tartuffe à l'Athénée, dans une mise en scène de L. Jouvet dont le réalisme fait scandale.

Exposition Picasso, sculptures et dessins, à la Maison de la Pensée. Catalogue de L. Aragon.

E. Husserl, *Idées directrices pour une phénoménologie* (Gallimard). La traduction en français d'un des livres fondamentaux du créateur de la phénoménologie.

M. Lowry, *Au-dessous du volcan* (Corrêa). L'alcool, l'amour, l'imminence de la guerre : une parabole de l'autodestruction.

R. Char, *Les Matinaux* (Gallimard). « Ce qui vous fascine par endroit dans mon vers, c'est l'avenir, glissante obscurité d'avant l'aurore, tandis que la nuit est au passé déjà. »

FÉVRIER

1er-27 Amplification de la campagne pour la paix en Indochine lancée par la C.G.T., grèves et sabotages de matériel militaire.

4 Démission des ministres socialistes du gouvernement Bidault. Fin de la « troisième force ».

10 B. Brecht, *L'Exception et la règle* au théâtre de Poche par la compagnie J.-M. Serreau. Une des premières représentations de Brecht en français.

11 Adoption du salaire minimum garanti (S.M.I.G.).

12 Adoption de la loi sur les conventions collectives.

24 Première pièce télévisée en direct de la Comédie-Française, *Le Jeu de l'amour et du hasard*.

A. Kastler, « Le pompage optique » *(Journal de physique)*. Article essentiel pour le développement de l'électronique quantique, lasers, masers (lui vaudra le prix Nobel).

J. Gracq, *La Littérature à l'estomac* (José Corti). Pamphlet. La crise du jugement littéraire en France : « L'écrivain français se donne à lui-même l'impression d'exister bien moins dans la mesure où on le lit que dans la mesure où on en parle. » Gracq avait refusé le prix des Critiques pour *Un beau ténébreux*.

MARS

Reprise de l'agitation sociale. Grèves dans la métallurgie, les transports.

3 Accords franco-sarrois. Exploitation des mines remise à la France jusqu'au traité de paix avec l'Allemagne.

10-12 Assises nationales des « Combattants de la paix et de la liberté ». (Président : abbé Boulier). La campagne de vote aurait recueilli 8 millions de suffrages.

15 R. Clair, *La Beauté du diable* (M. Simon, G. Philipe). Une variation cinématographique sur Faust.

18 Création de *Symphonie pour un homme seul* de P. Henry et P. Schaeffer à l'occasion du premier concert public de musique concrète.

18-25 Grand succès de l'appel de Stockholm contre la bombe atomique : 3 millions de signatures.

30 Mort de Léon Blum.

A. Jdanov, *Sur la littérature, la philosophie, la musique* (Éditions de la Nouvelle Critique). Les principales interventions du maître à penser en matière de création réaliste-socialiste.

Esprit, numéro spécial, *Médecine quatrième pouvoir ?* Enquête sur les méthodes d'« intervention psychologique » (lobotomies, médications de choc, barbituriques, psychanalyse). « Ces méthodes peuvent-elles être maniées (ou le sont-elles déjà) de manière à imposer de l'extérieur un destin aux individus ? » Peut-on « définir un inviolable » ? Réponses de Baruk, Kressmann, Minkowski, Koupernik, Daumézon, Duchêne, Sauguet, Tosquelles, le Père Beirnaert.

G. Canguilhem, *Essai sur quelques problèmes concernant le normal et le pathologique* (Les Belles Lettres). Réédition de la thèse de médecine (1943) du maître de l'histoire des sciences en France.

AVRIL

6 Organisation de la Comptabilité nationale. Création d'un Comité d'experts et d'une Commission de la Comptabilité nationale composée de hauts fonctionnaires, présidée par P. Mendès France et inspirée par Cl. Gruzon.

11 Réhabilitation du maréchal Pétain par un article du colonel Rémy, ancien résistant, dans *Carrefour*. « La France de Juin 1940 avait à la fois besoin du maréchal Pétain et du général de Gaulle, d'un bouclier en même temps que d'une épée. » Rémy rapporte un propos du général de Gaulle : « Il fallait que la France ait deux cordes à son arc. » Grande émotion, et démenti du chef du R.P.F.

13 *France-Observateur*, n° 1 (hebdomadaire). R. Stéphane, G. Martinet, Cl. Bourdet. Un format inhabituel, une présentation austère, une équipe indépendante, un commentaire à l'anglo-saxonne. Les débuts de la campagne neutraliste : « Aux vents de l'Atlantique » (H. de Galard).

27 Assouplissement de la politique du crédit par la Banque de France.

28 Révocation de Fr. Joliot-Curie, haut-commissaire à l'Énergie atomique, intervenant peu après la révocation de G. Tessier. Mise à l'écart des savants communistes des grandes directions scientifiques.

29 P. Boulez, *Deuxième sonate pour piano* en audition. Une des rares œuvres importantes que Boulez n'ait pas remaniées (composée en 1948).

« Bibliothèque de sociologie contemporaine » (P.U.F.), direction G. Gurvitch. Premiers titres : G. Gurvitch, *La Vocation actuelle de la sociologie* et *Vers une sociologie différentielle ;* M. Halbwachs, *La Mémoire collective.*

Dans la même collection : M. Mauss, *Sociologie et anthropologie*. Une importante préface de Cl. Lévi-Strauss impose l'œuvre jusqu'alors confidentielle du disciple de Durkheim, mort au début de l'année.

Anne Frank, *Journal* (Calmann-Lévy). Préface de Daniel-Rops. Une famille juive cachée pendant l'occupation sous les yeux d'une adolescente, qui mourra en déportation. En novembre 1957, début de la campagne mettant en cause l'authenticité du *Journal*.

MAI

9 Plan Schuman. Proposition de placer la production franco-allemande de charbon et d'acier sous une Haute Autorité commune. Prodrome de la C.E.C.A.

11 E. Ionesco, *La Cantatrice chauve* (mise en scène de N. Bataille) au théâtre des Noctambules. « Une sorte d'effondrement du réel... quelque chose comme la tragédie du langage. » (En 1951, *La Leçon.*) Une pièce jouée sans interruption depuis sa création.

24 J. Cocteau, *Orphée*. Une tentative de cinéma poétique.

P.-J. Jouve, *Diadème* (Éditions de Minuit). Grand prix de poésie de l'Académie française, décerné pour la première fois.

M. Duras, *Un barrage contre le Pacifique* (Gallimard). L'enfance indochinoise de Marguerite. Premier épisode.

O. Mannoni, *Psychologie de la colonisation* (Le Seuil, coll. « Esprit-frontière ouverte »). « Les réactions réciproques qui finissent par faire de l'indigène un colonisé, et de l'Européen un colonial. »

G. Orwell, *1984* (Gallimard). Du « Petit Père des Peuples » à « Big Brother » : une investigation littéraire du totalitarisme. (L'auteur est mort le 21 janvier.)

Arrestation du marin Henri Martin pour diffusion de tracts contre la guerre d'Indochine. Il est condamné à cinq ans de réclusion. La campagne pour sa libération conduite par les communistes s'étendra sur les trois années suivantes. Cf. *L'Affaire Henri Martin*, Sartre, Prévert, Vercors (Gallimard, 1953). H. Martin sera libéré en août 1953.

JUIN

3   M. Herzog, P. Lachenal, G. Rebuffat, L. Terray atteignent le sommet de l'Annapurna.

8-15   Renouvellement des Conseils d'administration des Caisses de sécurité sociale et des allocations familiales. La C.G.T. (43 % des suffrages) subit les conséquences de la scission F.O.

20-23   Conférences de R. Jakobson à l'Institut d'ethnologie : « Les sons et le sens dans la linguistique actuelle », « La mythologie slave ».

23-25   Troisièmes Assises nationales du R.P.F. à Paris. 250 000 « Compagnons » sont revendiqués.

24   Chute du gouvernement Bidault.

25   Début de la guerre de Corée. Intervention des troupes américaines en faveur de la Corée du Sud le 1er juillet.

M.-A. Sechehaye, *Journal d'une schizophrène* (P.U.F., coll. « Bibliothèque de psychanalyse »). L'expérience de la folie en direct.

JUILLET

6   L. Tinayre-Grenaudier, première femme au Conseil de l'Ordre des avocats.

12   Formation du ministère R. Pleven (U.D.S.R.).

13   Entrée de la R.F.A. au Conseil de l'Europe.

18 Création, au théâtre des Champs-Élysées du *Soleil des eaux* de P. Boulez sur le texte de R. Char. Direction : R. Désormières. (Création radiophonique de la version « musique de scène » en avril 1948.)

Exposition Matisse au musée d'Art moderne, « Œuvres récentes ». Catalogue préfacé par Aragon. Grand prix de la Biennale de Venise en juin.

AOÛT

2 Max Ophüls, *La Ronde* (S. Signoret, D. Darrieux, S. Reggiani, G. Philipe...). Une adaptation d'A. Schnitzler. Le retour de M. Ophüls en France.

4 Consécration de l'église Notre-Dame-de-Toute-Grâce, sur le plateau d'Assy. Architecture de M. Novarina. Le Christ, dû à Germaine Richier, sera enlevé par l'évêque d'Annecy.

9 A. Cayatte, *Justice est faite*. Le cinéma d'intervention : pour l'humanisation de la justice. L'année suivante, *Nous sommes tous des assassins*.

27 Suicide de C. Pavese, écrivain italien. (Parution de *Le Bel Été* en 1951 chez Corrêa.)

R. Caillois, *L'Homme et le Sacré* (Gallimard). Nouvelle édition augmentée de trois appendices sur le jeu, le sexe, la guerre dans leurs rapports avec le sacré (1re édition, 1939).

SEPTEMBRE

6 L. Schwartz, médaille Fields. La plus haute distinction internationale dans le domaine des mathématiques, pour la première fois décernée à un Français.

J. Ford, *La Charge héroïque*. Un autre haut lieu du western : Little Big Horn.

19 Création de l'Union européenne de paiement (U.E.P.), organisation d'une compensation multilatérale entre les pays d'Europe occidentale.

R. Nimier, *Le Hussard bleu* (Gallimard). La guerre désacralisée.

R. Bénédict, *Échantillons de civilisations* (Gallimard). Une caractérologie des cultures.

R. Bastide, *Sociologie et psychanalyse* (P.U.F., coll. « Bibliothèque de sociologie contemporaine »). Au-delà de Freud, l'invocation de la diversité des cultures : « Il y aura autant de types d'inconscient qu'il y aura de types de société. »

M.-D. Chenu, *Introduction à l'étude de saint Thomas d'Aquin* (Université de Montréal-Vrin). Un renouvellement de la lecture de saint Thomas et de l'histoire de la théologie.

OCTOBRE

3 Indochine. Désastre de Cao Bang. Disparition de 3 000 soldats français.

11-18 Indochine. Désastre de Dông Khe et évacuation de Lang Son par les troupes françaises.

26 Refus du réarmement allemand par l'Assemblée nationale. Débuts de la querelle de la Communauté européenne de défense (C.E.D).

27 Création du S.H.A.P.E, haut-commandement militaire de l'O.T.A.N., basé à Rocquencourt.

28 Extension du service militaire de 12 à 18 mois.

Premier congrès mondial de psychiatrie sous la direction de H. Ey. M. Bonaparte, R. Laforgue, J. Lacan, Fr. Dolto, S. Lebovici, J. Roudinesco, en présence d'A. Freud et de M. Klein. Les participants sont reçus à l'Élysée par V. Auriol.

R. Queneau, *Petite Cosmogonie portative* (Gallimard). La même année : *Bâtons, Chiffres et Lettres*.

L. Mumford, *Technique et civilisation* (Le Seuil). Les trois vagues de la modernité technique.

R. Derathé, *J.-J. Rousseau et la science politique de son temps* (P.U.F., coll. « Bibliothèque de science politique »). Rousseau replacé dans le développement du droit naturel moderne. En 1947, B. de Jouvenel, *Essai sur la politique de Rousseau.* En 1949, B. Groethuysen, *Jean-Jacques Rousseau.* Au-delà de l'écrivain, la reconnaissance d'un philosophe de plein droit.

NOVEMBRE

4 Signature de la Convention européenne des droits de l'homme.

6 Révocation, par le ministère de l'Intérieur, des quatre maires communistes de Paris et des vingt-huit maires adjoints.

6-25 Intervention des forces chinoises dans la guerre de Corée.

14 A. Adamov, *L'Invasion,* au théâtre des Champs-Élysées. (Le 11, *La Grande et la Petite Manœuvre* au théâtre des Noctambules.) Le théâtre de l'absurde.

15 « 1 % des crédits ouverts pour les constructions scolaires et universitaires sera réservé aux travaux de décoration » *(Journal officiel).*

24 Présentation du plan français d'armée européenne intégrée, à laquelle participeraient les Allemands (plan Pleven).

A. O'Frederiks, *Nous voulons un enfant.* Le premier accouchement au cinéma.

K. Jaspers, *Nietzsche* (Gallimard). Une existence extrême et une forme neuve de philosophie : avec Kierkegaard, l'autre grande voix de la pensée après Hegel.

J. Piaget, *Introduction à l'épistémologie génétique* (P.U.F., coll. « Bibliothèque de philosophie contemporaine »). Une « théorie de la connaissance scientifique fondée sur l'analyse du développement de cette connaissance ».

DÉCEMBRE

1er   Leçon inaugurale de F. Braudel au Collège de France. « Un nouveau monde. Pourquoi pas une nouvelle histoire ?... Tout ressaisir, pour tout resituer dans le cadre général de l'histoire. »

6   J. Huston, *The Asphalt Jungle (Quand la ville dort)*. Un des plus célèbres cambriolages de l'histoire du cinéma.

13   Premier déficit de la Sécurité sociale. 30 milliards de francs.

17   Le général de Lattre de Tassigny, haut-commissaire et commandant des forces armées en Indochine.

G. Friedmann, *Où va le travail humain ?* (Gallimard). La nature du milieu technique et les formes nouvelles de la sensibilité.

Ch. Bettelheim et S. Frère, *Une ville française moyenne. Auxerre en 1950. Étude de structure sociale et urbaine.* (Armand Colin). Préface de L. Febvre. La première monographie statistique d'une ville en France.

R. Leibowitz, *L'Artiste et sa conscience* (L'Arche). Préface de J.-P. Sartre : « Esquisse d'une dialectique de la conscience artistique ». Réponse à A. Jdanov... et à Sartre (les rapports de l'artiste et de la société).

R. Caillois, *Description du marxisme* (Gallimard). De l'orthodoxie : « Loin que le marxisme garantisse la force et la raison du parti communiste, c'est partout le parti communiste avec l'empire qui l'épaule qui font, et eux seuls, la force et la raison de la doctrine marxiste. »

1951

5 Première grande loi d'amnistie concernant les faits de guerre, à la demande de personnalités « aux titres de Résistance incontestables », comme G. Bidault et Éd. Michelet.

8 R. Bresson, *Journal d'un curé de campagne,* d'après G. Bernanos. Un drame spirituel porté au cinéma.

11 Loi Deixonne sur l'enseignement des langues régionales.

18 *Rivarol,* n° 1. La réapparition de l'Action française.

20 Église et art moderne : une commission diocésaine d'art sacré accepte dix-sept esquisses de Léger, la maquette d'une mosaïque de Bazaine, les plans de Le Corbusier pour l'église de Ronchamp. Le 25 juin, l'évêque de Nice consacre la chapelle du Rosaire à Vence, conçue par Matisse.

24 Manifestation, à l'initiative des communistes, contre la venue du général Eisenhower à Paris. Sévère répression : plus de trois mille arrestations.

Création de l'Institut de psychanalyse. S. Nacht, directeur.

G. Dieterlen, *Essai sur la religion bambara* (P.U.F.). La première description minutieuse et systématique des rituels d'une population.

J. Fourastié, *Machinisme et bien-être* (Éditions de Minuit). Vers une « civilisation de l'intellect ».

La Raison. Cahiers de psychopathologie scientifique, n° 1. Président, H. Wallon ; rédacteur en chef, L. Le Guillant. Un « document fondamental » : les réflexes conditionnés d'I. Pavlov. Les commmunistes en psychiatrie.

Revue française de science politique, n° 1 (A. Siegfried). « Donner à la science politique la place qui doit être la sienne en France. »

Exposition F. Léger, *Les Constructeurs,* à la Maison de la Pensée. Présentation Cl. Roy.

FÉVRIER

19 Mort d'A. Gide.

21 D. Daves, *La Flèche brisée.* Le western au service de la réhabilitation des Indiens.

25-26 Commission internationale contre le régime concentrationnaire (C.I.C.R.C.) créée à Bruxelles. Proposition d'envoi de commissions d'enquête dans six pays (Grèce, Yougoslavie, Tchécoslovaquie, Espagne, Allemagne de l'Est, U.R.S.S.). Refus de l'U.R.S.S., qui répondra par des insultes à l'adresse de D. Rousset (*Preuves,* 2 avril 1951).

28 Démission du gouvernement Pleven (U.D.S.R.).

J. Genet, *Œuvres complètes,* t. II (Gallimard). Consécration précoce d'un écrivain. Le tome I est l'introduction de J.-P. Sartre, qui paraîtra l'année suivante.

MARS

9 Formation du gouvernement H. Queuille (radical-socialiste). « La politique ne consiste pas à résoudre les problèmes mais à faire taire ceux qui les posent. »

V. Serge, *Mémoires d'un révolutionnaire (1901-1941)* (Le Seuil). Une traversée politique du demi-siècle, de l'anarchisme à l'antistalinisme en passant par la révolution bolchévique.

S. Beckett, *Molloy* (Éditions de Minuit). (En décembre, *Malone meurt.)* Le livre qui lance Beckett.

J.L. Borges, *Fictions*. Premier titre de la collection « La Croix du Sud » dirigée par R. Caillois. Un fantastique philosophique.

Preuves, n° 1 (F. Bondy). Cahiers mensuels du Congrès pour la liberté de la culture, créé à Berlin en juin 1950. La critique du totalitarisme : « ... il y a aussi des camps de déportation individuelle où les barbelés et les miradors s'appellent foi aveugle dans un pays, dans une politique, dans une doctrine. » (R. Aron, P. Emmanuel, D. de Rougemont, M. Sperber...)

AVRIL

5 Condamnation à mort de J. et E. Rosenberg par le tribunal fédéral de New York. Elle mobilise contre la « chasse aux sorcières » et le maccarthysme. Campagne internationale pour demander la grâce des Rosenberg animée par les communistes. Le 17 novembre, leur dernier pourvoi sera rejeté.

17→2 mai Exposition N. de Staël à la galerie J. Dubourg. L'exposition qui le fait connaître.

18 Plan Schuman instituant une Communauté européenne du charbon et de l'acier, C.E.C.A. (France, R.F.A., Benelux, Italie).

19 J. Mankiewicz, *Ève.* (B. Davis et le premier rôle de M. Monroe.)

B. Wilder, *Sunset Boulevard (Boulevard du Crépuscule).* Le mythe hollywoodien.

25 L. Buñuel, *Los olvidados,* prix de la meilleure mise en scène au Festival de Cannes. Le grand retour du réalisateur.

28   Nomination de Fr. Perrin, haut-commissaire au C.E.A. en remplacement de Fr. Joliot. En novembre, nomination de P. Guillaumat, en remplacement de Dautry. Changement d'orientation du C.E.A. qui entre dans une phase d'industrialisation.

29   Mort de Ludwig Wittgenstein, philosophe autrichien. Son premier livre, *Tractatus logico-philosophicus*, ne sera traduit en français que dix ans plus tard.

J. Rostand, *Les Grands Courants de la biologie* (Gallimard). L'humanisme scientifique.

L. Dumont, *La Tarasque* (Gallimard, coll. « L'espèce humaine »). La méthode ethnographique au service d'un fait de folklore local.

Les Cahiers du cinéma, n° 1 (Lo Duca, J. Doniol-Valcroze). L'organe qui va donner sa dignité théorique à la critique cinématographique.

MAI

9   Loi électorale instituant le système des apparentements, pour déjouer les extrêmes, communistes et R.P.F.

A. Stil, *Le Premier Choc.* I. *Au château d'eau* (Les Éditeurs français réunis). Un modèle du roman réaliste-socialiste. Prix Staline.

G. Guareschi, *Le Petit Monde de Don Camillo* (Le Seuil). Les nouveaux personnages de la Commedia dell'arte : le curé et le communiste. Succès mondial.

L. Poliakov, *Bréviaire de la haine* (Calmann-Lévy). Documents sur l'extermination nazie. Essai d'explication.

G. Marcel, *Les hommes contre l'humain* (La Colombe). « Plus les techniques progressent, plus la réflexion est en recul. »

Au Salon de mai, P. Picasso expose *Massacre en Corée.* Mécontentement au P.C.F. : l'art de Picasso n'est pas un « art de masse » (A. Lecœur, *Les Lettres françaises).*

JUIN

2 Mort du philosophe Alain (E. A. Chartier). Un numéro spécial de *La N.R.F.* lui sera consacré l'année suivante.

7 J.-P. Sartre, *Le Diable et le Bon Dieu*. Première représentation au théâtre Antoine (mise en scène L. Jouvet. P. Brasseur, J. Vilar, M. Casarès...). Vives réactions des écrivains catholiques : « Sartre, l'athée providentiel » (Fr. Mauriac, *Le Figaro*, 26 juin) ; « Le Blasphème dérisoire » (Daniel-Rops, *L'Aurore*, 9-10 juin). Les impératifs de l'action politique.

Création de *Quatre Études de rythme* d'O. Messiaen par Y. Loriod. La deuxième pièce, *Modes de valeurs et d'intensités*, est à l'origine du sérialisme généralisé.

8 Première grande exposition de Giacometti en France, à la galerie Maeght.

17 Élections législatives. Succès des partis gouvernementaux apparentés. Le P.C.F. perd 500 000 voix.

A. Dupont-Sommer, *Aperçus préliminaires sur les manuscrits de la mer Morte* (Maisonneuve, coll. « L'Orient ancien illustré »). Découverts au printemps 1947. Vers une nouvelle image de l'histoire du judaïsme et des origines chrétiennes.

JUILLET

10 Démission du gouvernement H. Queuille.

13 Mort d'A. Schoenberg, compositeur autrichien créateur de la musique dodécaphonique.

23 Mort du maréchal Pétain.

Organisation de l'École de physique des Houches (première école d'été européenne) à l'initiative de C. Morette-De Witt. But : faire rattraper à la France son retard en physique quantique et en microphysique fondamentale. Financée par le C.N.R.S. et l'Enseignement supérieur, elle invitait des professeurs du monde entier et était ouverte aux étudiants français et étrangers.

5ᵉ Festival d'Avignon : *Henri IV, Le Cid, Le Prince de Hombourg*... Triomphe de G. Philipe et consécration de J. Vilar. La mise en valeur d'un texte sans décor ni artifice.

AOÛT

10 Formation du gouvernement R. Pleven (U.D.S.R.).
16 Mort de L. Jouvet.

SEPTEMBRE

1ᵉʳ Mort de L. Lavelle. [Publication, aux P.U.F., du t. I du *Traité des valeurs*.]
21 Loi prolongeant la propriété littéraire d'une durée égale à la période du 3 septembre 1939 au 31 décembre 1947.

Loi Barangé instituant une allocation de 1 000 francs par enfant scolarisé dans les établissements publics ou privés.

J. Gracq, *Le Rivage des Syrtes* (José Corti). Prix Goncourt le 3 décembre, refus de Gracq.

M. Duverger, *Les Partis politiques* (Armand Colin, coll. « Sciences politiques »). Pour une « stasiologie » : organisation interne et lois de fonctionnement des systèmes de partis.

Trän Dúc Tháo, *Matérialisme dialectique et phénoménologie* (Éditions Minh-Tān). Une démonstration : le marxisme accomplissement de la phénoménologie.

La question raciale devant la science moderne (Unesco, Paris) :

A. M. Rose, *L'Origine des préjugés.*

J. Comas, *Les Mythes raciaux.*

M. Leiris, *Race et civilisation.*

L. C. Dunn, *Race et biologie.*

O. Klineberg, *Race et psychologie.*

Cl. Lévi-Strauss, *Race et histoire* (1952).

M. Gordey, *Visa pour Moscou.* (Premier titre de la collection « L'air du temps » dirigée par P. Lazareff, directeur de *France-Soir,* Gallimard.) Un reportage critique.

H. Piéron, *Vocabulaire de la psychologie* (P.U.F.) L'institutionnalisation d'une discipline.

OCTOBRE

1er   D. Lagache, professeur de psychologie à la Sorbonne. Légitimité universitaire de la psychanalyse.

4   Ouverture du Salon de l'Automobile au Grand Palais.

27   A. Antonioni, *Chronique d'un amour.* Premier long métrage. Le cinéma d'analyse.

31   A. Hitchcock, *L'Inconnu du Nord-Express.* Du cinéma commercial qui sera célébré par la Nouvelle Vague.

« Un nouveau genre littéraire, la science-fiction », S. Spriel et B. Vian *(Les Temps modernes).* R. Queneau avait été le premier en France à en parler *(Critique,* n° 46).

E. Morin, *L'Homme et la mort dans l'histoire* (Corrêa). Vers l'« amortalité » de l'homme.

Collection « Écrivains de toujours » (Le Seuil). Premiers titres : *V. Hugo par lui-même,* H. Guillemin ; *Stendhal par lui-même,* Cl. Roy ; *Montaigne par lui-même,* Fr. Jeanson ; *Flaubert par lui-même,* La Varende ; *Colette par elle-même,* G. Beaumont et A. Parinaud.

A. Camus, *L'Homme révolté* (Gallimard). La révolte de l'auteur contre le totalitarisme. Bien accueilli par la droite, vivement critiqué par la gauche. (Fr. Jeanson, *Les Temps modernes,* mai 1952. A. Breton, *Arts,* 16 novembre 1951.)

M. Yourcenar, *Mémoires d'Hadrien* (Plon). La fiction savante.

A. Malraux, *Les Voix du silence* (Gallimard). L'introduction à la philosophie de l'art de Malraux.

Parution des *Tableaux du commerce international* de L'Institut scientifique de recherches économiques et sociales (fondé par Ch. Rist). La mise en place des instruments de la comptabilité nationale.

NOVEMBRE

2 *Hommage à A. Gide,* numéro spécial de *La N.R.F.* (Gallimard). Le 13 juillet, l'ensemble de ses livres a été condamné et mis à l'index par le Saint-Office.

16 Plan d'austérité présenté par R. Mayer.

18 Création du Théâtre national populaire (T.N.P.) par Jean Vilar. Première représentation de *Mère Courage* de B. Brecht au théâtre de la Cité-Jardin à Suresnes. (Traduction et adaptation de G. Serreau et B. Besson).

24 Première mission scientifique de *La Calypso* sous la direction du commandant Cousteau. H. Tazieff en fait partie.

Th. Maulnier, *La Face de méduse du communisme* (Gallimard). « Nous sommes entrés dans le monde de la terreur. » Anatomie du phénomène soviétique par une des figures de la droite intellectuelle.

K. Goldstein, *La Structure de l'organisme* (Gallimard). Contre le réductionnisme des psychologies scientifiques, une théorie de l'organisme comme totalité, à l'appui du mouvement phénoménologique.

DÉCEMBRE

4 Leçons inaugurales au Collège de France de M. Guéroult (Histoire et technologie des systèmes philosophiques), et R. Huygue (Psychologie des arts plastiques).

19 Jaillissement de gaz à Lacq.

24 Dijon. Dans le cadre de l'offensive de l'Église contre le paganisme de la fête, le Père Noël est brûlé sur le parvis de la cathédrale, devant les enfants des patronages. Dans *Les Temps modernes* de février 1952, Cl. Lévi-Strauss analysera le sens du rite pour les adultes (« Le Père Noël supplicié »).

26 Discours de P. Mendès France à l'Assemblée nationale. Les dépenses de la guerre d'Indochine représentent « 500 milliards d'inflation et de misère ».

31 Bilan de l'aide américaine à la France depuis 1948 dans le cadre du Plan Marshall : près de 2,5 milliards de dollars.

J. Wahl, *La Pensée de l'existence* (Flammarion, coll. « Bibliothèque de philosophie scientifique »). Kierkegaard, Jaspers, Heidegger.

R. Queneau, *Le Dimanche de la vie* (Gallimard). La fable philosophique.

K. Horney, *Les Voies nouvelles de la psychanalyse* (L'Arche, coll. « Psyché »). La révision de l'héritage de Freud par le culturalisme américain.

N. Bourbaki, *Théorie des ensembles, fascicule I, Résultats* (Hermann, 2e édition). Découverte d'un courant majeur de la pensée mathématique dont les premières publications (1939) n'avaient touché que le cercle étroit des spécialistes.

1952

7 Démission du gouvernement R. Pleven (U.D.S.R.).
11 Mort du général de Lattre de Tassigny. Funérailles nationales (le 16). Maréchal de France à titre posthume.
18 Fait divers à la une de *L'Humanité* : « Deux existentialistes plongeaient leurs mains sales dans la poche des touristes. »
20 Formation du gouvernement Ed. Faure (radical).

FÉVRIER

12-15 Création du Conseil provisoire de l'Organisation européenne de recherche nucléaire (C.E.R.N.). Décision d'installer à Genève un laboratoire européen doté du plus grand accélérateur de particules du monde. Le 1er juillet, signature d'une convention par douze pays européens. Entrée en vigueur le 29 septembre 1954 avec les ratifications française et allemande.
19 Suspension de la libération des échanges, vu la position débitrice de la France à l'Union européenne des paiements (280 millions de dollars).

20 Ouverture à Poitiers du procès de Marie Besnard, l'« empoisonneuse de Loudun ».

29 Démission du gouvernement Ed. Faure.

J. Paulhan, *Lettre aux Directeurs de la Résistance* (Éditions de Minuit). Le procès de l'épuration et de sa récupération par les communistes. Scandale. Répliques de L. Martin-Chauffier et de R. Stéphane. Développement d'une polémique.

MARS

3 Max Ophüls, *Le Plaisir* (G. Morlay, J. Gabin, M. Renaud). Maupassant au cinéma.

6 Formation du gouvernement A. Pinay (républicain indépendant).

7 Première exposition entièrement consacrée au peintre américain J. Pollock, à Paris.

21 Christian-Jaque, *Fanfan la Tulipe*. Le rajeunissement du film de cape et d'épée par G. Philipe. Le lancement international de G. Lollobrigida.

28 E. Kazan, *Un tramway nommé désir* (V. Leigh, M. Brando, d'après la pièce de T. Williams).

A. Sauvy, *Théorie générale de la population* (P.U.F., coll. « Bibliothèque de sociologie contemporaine ». Prémisses à une « histoire chiffrée des temps modernes ».

Fr. Chevalier, *La Formation des grands domaines au Mexique. Terre et société aux XVIe et XVIIe siècles* (Institut d'ethnologie). La société latifundiaire, sa logique et sa persistance.

AVRIL

1er Violent article de Ch. Maurras, grâcié le 19 mars, sur les « atrocités » de l'épuration *(Aspects de la France)*. Me Isorni demande des précisions sur l'épuration. M. Martinaud-Déplat, garde des Sceaux, lui répond : 10 522 exécutions régulières et irrégulières.

18 J. Becker, *Casque d'or* (S. Signoret, S. Reggiani). Des mauvais garçons et une belle fille.

30 A. Kurosawa, *Rashomon*. (T. Mifuné.) La découverte du cinéma japonais.

« La nature morte de l'Antiquité à nos jours », première exposition thématique et scientifique à l'Orangerie dirigée par Ch. Sterling (→ septembre).

H. Breuil, *Quatre cents siècles d'art pariétal* (Centre de documentation préhistorique. Montignac). Altamira, Font de Caume, Lascaux... Les origines magiques de l'art.

MAI

9 R. Clément, *Jeux interdits* (B. Fossey). Le livre de F. Boyer, *Les Jeux inconnus,* porté à l'écran. Les amours enfantines, sur fond de guerre.

17 Traité de Paris instituant la C.E.D., Communauté européenne de défense.

26 Lancement d'un emprunt indexé sur l'or, aux intérêts nets d'impôt : 428 milliards de francs souscrits le 23 juillet.

Adhésion de la R.F.A. à la C.E.D.

28 Manifestations communistes contre la venue en France du général Ridgway, accusé d'être responsable de la guerre bactériologique en Corée : « Ridgway la Peste. » Un mort, 718 arrestations dont le secrétaire général du P.C.F. J. Duclos, inculpé le 29 d'« atteinte à la sûreté intérieure de l'État », à cause de deux pigeons « voyageurs » découverts dans sa voiture. Remis en liberté le 1er juillet.

« Œuvres du XXe siècle », festival de musique, littérature et arts plastiques, organisé par le Congrès pour la liberté de la culture, en réponse au réalisme socialiste.

« Du génie de l'enfance à l'enfance du génie », exposition de dessins d'enfants et de tests de Rorschach au Musée pédagogique (Fr. Minkowska).

P. Mus, *Viêt-nam. Sociologie d'une guerre* (Le Seuil, coll. « Esprit – frontière ouverte »). Par un professeur au Collège de France, envoyé de De Gaulle auprès de la Résistance indochinoise.

Positif, n° 1 (B. Chardère). Le cinéma « est *aussi* un art. Il a fallu 50 ans aux professeurs pour l'admettre ; encore un demi-siècle et ils feront des thèses pour essayer de reconstituer tel chef-d'œuvre disparu... »

JUIN

18 Adoption d'un plan quinquennal de développement de l'énergie atomique « à des fins exclusivement pacifiques ».

24 Électrification de la ligne de chemin de fer Paris-Lyon.

N. de Staël fait don à l'État des *Toits* (1952). Il peint, la même année, *Les Footballeurs,* après avoir assisté à la rencontre France-Suède au Parc des Princes.

Trente-deux prix Nobel demandent à Fr. Joliot-Curie d'apporter aux Nations unies les preuves de son accusation sur la guerre bactériologique en Corée, pour examen par une commission indépendante.

J.-P. Sartre, *Saint Genet comédien et martyr* (Gallimard). Pour préface aux œuvres de Genet, 700 pages d'analyse existentielle.

M. Proust, *Jean Santeuil,* 3 vol. (Gallimard). *La Recherche* avait une genèse.

F. Fanon, *Peau noire masques blancs* (Le Seuil, coll. « Esprit – la condition humaine »). « L'aliénation du Noir » : un « sociodiagnostic ».

JUILLET

8   Adoption de l'échelle mobile des salaires.

23   F. Zinnemann, *Le train sifflera trois fois* (G. Cooper et Grace Kelly). L'intrusion de la tragédie grecque dans le western.

30   V. Minelli, *Un Américain à Paris* (Gene Kelly et Leslie Caron). Le Paris des peintres vu par la comédie musicale américaine.

J. Dutourd, *Au bon beurre ou dix ans de la vie d'un crémier* (Gallimard). Le règne des B(eurre) O(eufs) F(romage).

J.-P. Sartre, « Les communistes et la paix », I (*Les Temps modernes*. II, octobre-novembre). Du R.D.R. au rapprochement avec les communistes. De la nécessité du Parti pour l'existence même de la classe ouvrière.

AOÛT

10   J. Monnet, président de la C.E.C.A.

A. Camus, « Lettre au directeur des *Temps Modernes* », à propos du compte rendu de *L'Homme révolté* par Fr. Jeanson (*T.M.*, mai). Scelle la brouille de Sartre et de Camus. « Je commence à être fatigué de me voir, et de voir surtout de vieux militants qui n'ont jamais rien refusé des luttes de leur temps, recevoir sans trêve des leçons d'efficacité de la part de censeurs qui n'ont jamais placé que leur fauteuil dans le sens de l'histoire. » Réponse de Sartre : « Où est Meursault, Camus ? Où est Sisyphe ? Où sont aujourd'hui ces trotskystes du cœur, qui prêchaient la révolution permanente ? » Et de Jeanson : Camus « grand prêtre de la morale absolue ».

SEPTEMBRE

12 Blocage des prix décidé par A. Pinay. L'expérience sera un succès et vaudra à son auteur une extraordinaire popularité.

16 Début de l'affaire Marty-Tillon au sein du P.C.F. où ils sont accusés de « travail fractionnel ». Le 30 décembre, A. Marty est exclu, Ch. Tillon destitué de toute fonction de direction.

27 Inauguration du port pétrolier de Lavéra (Port-de-Bouc).

P. Chombart de Lauwe, *Paris et l'agglomération parisienne* (P.U.F., coll. « Bibliothèque de sociologie contemporaine »). L'une des premières grandes enquêtes de sociologie et d'ethnologie urbaine en France.

OCTOBRE

2 Inauguration de l'usine Renault à Flins. Sortie de la « Frégate ».

14 Inauguration, par Claudius-Petit, ministre de la Reconstruction, de la « Cité radieuse » de Le Corbusier (à Marseille), plus connue sous le nom de la « maison du fada ».

16 Inscription à l'ordre du jour de l'O.N.U. des questions tunisienne et marocaine.

25 Inauguration du barrage de Donzère-Mondragon.

29 Le « Mystère II » (Société M. Dassault) premier avion français à franchir le mur du son.

T. Mende, *L'Amérique latine entre en scène* (Le Seuil, coll. « Esprit – frontière ouverte »). G. Freyre, *Maîtres et esclaves* (Gallimard, coll. « La Croix du Sud »). Domination, sexualité, métissage. *À travers les Amériques latines.* (Armand Colin, Cahiers des Annales, 1949). L. Febvre, R. Bastide, R. Caillois, F. Braudel, M. Bataillon, P. Chaunu...

J. de Castro, *Géopolitique de la faim* (Les Éditions ouvrières). Prix Roosevelt 1952. Les incidences politiques de la faim dans le monde.

NOVEMBRE

Fin de la construction du pipe-line Le Havre-Paris (commencée en 1949).

4   Eisenhower, président des États-Unis.

5   Suppression de la Haute Cour de justice instituée par l'ordonnance du 18 novembre 1944.

16   Mort de Ch. Maurras.

18   Mort de P. Éluard. Fait l'objet d'une annonce officielle du P.C.

R. Étiemble, *Le Mythe de Rimbaud* (Gallimard). Sa thèse. La rationalité à l'assaut de la géographie rimbaldienne.

E. Hemingway, *Le Vieil Homme et la mer* (Gallimard). Une fable : l'héroïsme de l'échec.

N. Wiener, *Cybernétique et Société* (Deux-Rives). L'homme à l'image de la machine : « Je soutiens que le fonctionnement de l'individu vivant et celui de quelques machines très récentes de transmission sont, précisément, parallèles. »

Esprit, numéro spécial, *La gauche américaine,* sous la direction de M. Crozier. « La grande tradition des fondateurs de l'indépendance, des abolitionnistes, des pionniers qui firent des États-Unis la première terre de liberté dans le monde n'est pas morte. Il est opportun de le rappeler à un moment où la pression de Washington, la faiblesse politique et morale de nos dirigeants à son égard, nous conduisent à des attitudes d'opposition qui, dans l'ardeur de la lutte, font qu'on nous reproche quelquefois un anti-américanisme systématique. » (M. Crozier, *Usines et syndicats en Amérique,* Éditions ouvrières, 1951.)

Ch.-A. Julien, *L'Afrique du Nord en marche. Nationa-
lismes musulmans et souveraineté française* (Julliard).
L'éveil des nationalismes et la volonté d'indépendance en
Algérie, Tunisie, Maroc.

DÉCEMBRE

1er *Esprit,* numéro spécial, *Misère de la psychiatrie.*
« Une civilisation se juge en partie à la définition qu'elle
se donne, consciemment ou non, de la folie, et au genre
d'effort qu'elle lui consacre. » P. Sivadon, G. Daumezon,
F. Tosquelles, H. Ey, L. Le Guillant et L. Bonnafé, sous
l'impulsion de Ph. Paumelle.

10 A. Schweitzer, Prix Nobel de la paix.

Fr. Mauriac, prix Nobel de littérature.

23 Démission du gouvernement A. Pinay.

B. Frank, « Grognards et hussards » *(Les Temps
modernes).* Le phénomène littéraire de la droite épinglé
par un critique de vingt-deux ans qui passe pour le phénomène littéraire de la gauche.

J. Fourastié, *La Productivité* (P.U.F., coll. « Que sais-
je ? »). La vulgarisation d'une notion.

Fr. Fejtö, *Histoire des démocraties populaires* (Le Seuil).
L'assimilation progressive des pays de l'Est au « système
politique, économique et culturel de l'U.R.S.S. ».

1953

3-5 S. Beckett, *En attendant Godot*, monté par R. Blin au théâtre de Babylone. Le succès est immédiat (plus de deux cents représentations). Seulement cent vingt-cinq exemplaires du texte avaient été vendus en 1952.

15 M. Merleau-Ponty, leçon inaugurale au Collège de France, « Éloge de la philosophie ». Il affirme l'importance philosophique des découvertes de F. de Saussure : « Saussure pourrait bien avoir esquissé une nouvelle philosophie de l'histoire. »

30 A. François-Poncet prononce, à l'Académie française, l'éloge du récipiendaire au disparu Ph. Pétain : « Pétain est désormais une figure populaire. Aux yeux de tous, il est le vainqueur de Verdun. »

Procès Slansky (secrétaire général du P.C. tchécoslovaque) à Prague. Officialisation de l'antisémitisme dans le mouvement communiste (F. Fejtö, « Le procès de Prague », *Esprit*, mars-avril 1953).

G. Brassens, « Gare au gorille ». La chanson sera longtemps interdite sur les ondes.

FÉVRIER

10 Ouverture du Marché commun du charbon, du minerai de fer et de la ferraille établi par la C.E.C.A. Le marché de l'acier le sera en mai.

13 Procès d'Oradour-sur-Glane (Bordeaux). Les accusés sont condamnés à mort ou à de lourdes peines de prison. Les Alsaciens (les « Malgré nous ») seront amnistiés par l'Assemblée nationale (le 18).

J. Renoir, *Le Carrosse d'or* (A. Magnani). D'après Mérimée. Le retour de Renoir : audace formelle sur une intrigue traditionnelle.

27 J. Tati, *Les Vacances de monsieur Hulot*. Le Français moyen happé par les loisirs de masse.

La profession de psychologue est officiellement reconnue.

A. Robbe-Grillet, *Les Gommes* (Éditions de Minuit), salué par l'ensemble de la presse comme une réussite, le livre est classé « roman policier ».

H. Filipacchi lance le « livre de poche » (Librairie générale française, filiale du groupe Hachette). Premier titre : P. Benoit, *Kœnigsmark*. Une bonne partie des premiers titres sont fournis par le fonds Gallimard : A. de Saint-Exupéry, *Vol de nuit* (n° 3).

Cl. Roy, *Clés pour la Chine* (Gallimard). Un des tout premiers voyages en Chine rouge.

M. Dufrenne, *La Personnalité de base. Un concept sociologique* (P.U.F.). Kardiner et l'anthropologie culturelle américaine.

MARS

1er Difficultés de la presse communiste : *Ce Soir*, quotidien national, cesse de paraître.

5 Mort du maréchal Staline annoncée par l'agence Tass. Le 6, son portrait par Picasso occupe la première page des *Lettres Françaises* (« Staline est mort »). Le rajeunissement et la brutalité des traits choqueront les militants. Le portrait sera officiellement condamné par le P.C.F.

J.-B. Duroselle, *Histoire diplomatique de 1919 à nos jours* (Dalloz). Un (futur) classique universitaire.

Renouveau des revues littéraires au service de la littérature : premiers numéros de *La Nouvelle Nouvelle Revue française* (Gallimard) ; des *Lettres nouvelles* (M. Nadeau/ Julliard). Depuis janvier, J. Laurent dirige *La Parisienne*.

R. Girardet, *La Société militaire dans la France contemporaine. 1815-1939* (Plon, coll. « Civilisation d'hier et d'aujourd'hui »). L'histoire des mentalités dans l'histoire militaire.

R. Barthes, *Le Degré zéro de l'écriture* (Le Seuil, coll. « Pierres vives »), développe des articles parus dans *Combat* (1947-1950) autour des liens existant entre la forme littéraire et l'Histoire : « Pour eux [les écrivains d'aujourd'hui] la recherche d'un non-style, ou d'un style oral, d'un degré zéro ou d'un degré parlé de l'écriture c'est en somme l'anticipation d'un état absolument homogène de la société. »

M. Heidegger, *Kant et le problème de la métaphysique* (Gallimard, coll. « Bibliothèque de Philosophie »). Le premier livre fondamental du philosophe en français. Une traduction (partielle) de *Être et temps* suivra en 1964.

AVRIL

4 Réhabilitation des médecins juifs arrêtés dans le cadre du « Complot des blouses blanches ». C'est la première « erreur » du stalinisme publiquement reconnue.

15 H.-G. Clouzot, *Le Salaire de la peur* (Y. Montand), un « mec ».

25 Publication dans *Nature* annonçant la découverte de la structure de l'acide désoxyribonucléique (« la double hélice »), par Watson et Crick.

Fondation de la clinique de la Borde à Cour Cheverny, haut lieu de l'innovation dans le domaine psychiatrique.

MAI

6 Création d'une commission de la recherche scientifique et technique dans le cadre du Commissariat au plan (la recherche avait été « oubliée » dans le premier plan). La commission publiera un important rapport en novembre 1954.

Création du C.E.T.E.L.E.M., organisme de crédit à l'équipement électroménager.

8 Le jour anniversaire de la Libération est, pour la première fois, férié et chômé.

16 *L'Express. Les Échos du samedi :* hebdomadaire politique grand format sur papier journal (directeurs : J.-J. et J.-Cl. Servan-Schreiber) destiné à « Monsieur bien sous tous les rapports désir(ant) connaître, en vue redressement français, personnes espérances correspondantes » (« L'homme qui nous lira »). Dans une interview, P. Mendès France affirme : « La France peut supporter la vérité. »

17 Pose de la première pierre du Mémorial du Martyr juif inconnu, consacrant les efforts du rabbin Schneersohn, créateur du Centre de documentation juive le 28 avril 1943 à Grenoble, en zone occupée par les Italiens (devient le C.D.J.C. après la guerre).

29 L'Everest est vaincu par l'expédition Hunt (Grande-Bretagne). Le livre, *Victoire sur l'Everest*, est tiré à plus de 300 000 exemplaires.

P. Dumayet, P. Desgraupes, Max-Pol Fouchet, « Lectures pour tous », première émission. Interview-confidence d'un auteur.

L. Febvre, *Combats pour l'histoire* (Armand Colin), recueil d'articles du fondateur de l'école des Annales.

G. Duby, *La Société aux XIe et XIIe siècles dans la région mâconnaise* (repris chez SEVPEN, 1971). Thèse illustrant l'idée de Marc Bloch sur les « deux âges féodaux».

A. Resnais, Chr. Marker, *Les statues meurent aussi*, court-métrage anticolonial, interdit jusqu'en 1965.

Coll. « Recherches en sciences humaines » (Plon) où paraissent : R. K. Merton, *Éléments de méthode sociologique* ; T. Parsons, *Éléments pour une sociologie de l'action* ; L. Strauss, *Droit naturel et histoire* ; K. Popper, *Misère de l'historicisme*. En 1966, la collection sera reprise par E. de Dampierre.

M. Guéroult, *Descartes selon l'ordre des raisons,* vol. I (Aubier). Au-delà de l'œuvre, la logique d'un système de pensée.

JUIN

2 Retransmission en direct à la télévision du couronnement de la reine d'Angleterre, Élisabeth II, commenté par L. Zitrone. C'est le début de l'Eurovision.

6 « Les comptes de la nation », *L'Express* ; S. Nora, « L'économie française, prospérité ou décadence » (*Le Monde*) : plaidoyer en faveur d'une « expansion continue et rapide de la production ». Première utilisation publique des travaux de la Commission des comptes de la nation créée en février 1952 et présidée par P. Mendès France.

16 Scission à la Société psychanalytique de Paris (S.P.P.) : D. Lagache, Fr. Dolto, Favez-Boutonnier créent la Société française de psychanalyse (S.F.P.). J. Lacan les rejoint.

17-19 Soulèvements ouvriers à Berlin-Est écrasés par les Soviétiques.

19 États-Unis : exécution des époux Rosenberg, accusés d'espionnage atomique pour le compte des Soviétiques, deux ans après leur condamnation à mort. J.-P. Sartre, « Attention ! L'Amérique a la rage » (*Libération*, 22 juin 1953).

26 Les enfants Finaly, deux jeunes Israélites confiés à une demoiselle qui les avait élevés dans la religion catholique pendant l'Occupation, sont rendus, par une décision de justice, à leur famille. Ils partent pour Israël.

27 Chute de Beria, responsable de la Sécurité en Union soviétique. Elle révèle au monde la difficile succession de Staline.

Exposition du groupe Espaces créé en 1951 par A. Bloch. Tribune de l'abstraction géométrique où puiseront les bâtisseurs des barres et des tours des années cinquante et soixante.

JUILLET

27 Signature de l'armistice en Corée.

Liberté de l'esprit, revue dirigée par Cl. Mauriac, rassemblant certaines des plus brillantes signatures de droite (R. Aron, A. Malraux, G. Picon,...), ne survit pas au Rassemblement du peuple français (R.P.F.).

Séance inaugurale de la S.F.P. au grand amphithéâtre de l'hôpital Sainte-Anne par J. Lacan.

Le Tour de France a cinquante ans. C'est la première fois qu'il est suivi par hélicoptère.

J.-J. Pauvert édite le texte extrême de Sade, *La Nouvelle Justine ou les malheurs de la vertu*.

AOÛT

6 La grève déclenchée dans les P.T.T. par le syndicat Force ouvrière gagne les transports et de nombreux services publics (S.N.C.F./mineurs/E.D.F.-G.D.F.). Près de quatre millions de grévistes. Le plus important mouvement populaire en France depuis 1936.

8 Première bombe H soviétique.

9 Cotisation de 1 % sur les salaires pour financer le logement des salariés.

20 Le sultan du Maroc et ses deux fils sont écartés du pouvoir par le gouvernement Laniel. Fr. Mitterrand, ministre délégué au Conseil de l'Europe, démissionne.

SEPTEMBRE

7 N. Khrouchtchev, premier secrétaire du P.C.U.S.

26-27 J. Lacan au Congrès de psychanalyse de Rome : « L'inconscient est structuré comme un langage. »

Répartition de 41 % du revenu des Français en 21 % propriété foncière et 20 % lingots, 2 % seulement en actions étrangères.

D. Mascolo, *Le Communisme* (Gallimard), relance la polémique sur les rapports des intellectuels avec le communisme. C. Audry, « Le communisme » (*Les Temps modernes*, novembre 1953) ; M. Blanchot (*La N.N.R.F.*, décembre 1953) ; les « mardis » de *Preuves* organisent deux débats (5 janvier et 9 février 1954). Les communistes répliquent : J. Kanapa, « Un nouveau révisionnisme à l'usage des intellectuels » (*L'Humanité*, 22 février 1954) ; A. Besse : « Le communisme selon Mascolo et... selon les communistes » (*La Nouvelle Critique*, février 1954).

Pie XII refuse de recevoir Lacan.

Y. Bonnefoy, *Du mouvement et de l'immobilité de douve*, Mercure de France. La révélation d'un poète.

OCTOBRE

7 Présentation des premiers microfilms au Salon de l'équipement du bureau.

15 Sir Winston Churchill, prix Nobel de littérature pour ses *Mémoires*.

Ouverture du Salon de la télévision et de la radio : 60 000 postes de T.V. devraient être vendus en 1953-1954 contre 35 000 en 1952-1953.

NOVEMBRE

20 Installation du camp de l'armée française à Diên Biên Phu.

29 P. Poujade, papetier à Saint-Céré, constitue l'Union pour la défense des commerçants et des artisans (U.D.C.A.).

DÉCEMBRE

23 R. Coty, président de la République après treize tours de scrutin au Congrès réuni à Versailles. Les Français ont pu suivre les débats précédant l'élection en direct à la télévision.

P. Klossowski, *Roberte ce soir* (Éditions de Minuit). Esthétique de la perversion.

C. Milosz, *La Pensée captive. Essai sur les logocraties populaires* (Gallimard, coll. « Les Essais »).

P. Boulez, directeur musical de la troupe J.-L. Barrault-M. Renaud, crée l'Association culturelle du Domaine musical qui donnera son premier concert le 13 janvier 1954. Le 10 avril 1954, un concert au théâtre Marigny révélera au public les pièces de l'*Opus 10* de Webern. Le succès est immédiat. Seront par la suite présentées les œuvres de Berg, Stravinski, Stockhausen. Dès

1955, le Domaine musical crée *Livre d'Orgue* d'O. Messiaen, *Structures* (Livre I) de P. Boulez, *Mobile* d'H. Pousseur.

M. Crozier, « Les intellectuels et la stagnation française » (*Esprit*) dénonce le « complexe de stagnation », « tarte à la crème de la France (de) 1953 ».

ENTRE LE PARTI
ET LA CROISSANCE

Rarement le décalage aura été aussi grand entre le mouvement profond de l'histoire et son expression intellectuelle tenue pour la plus légitime. La mort de Staline signe la fin du communisme comme foi. L'adhésion idéologique totale passait par l'identification du régime à un homme. Après la disparition de l'« égocrate », jamais plus, même avec Mao, l'engagement totalitaire ne retrouvera cette ferveur mobilisatrice sans partage. Dès juin, l'exécution de Beria révèle le déchirement des héritiers. C'en est fait de la compacité de granit que son résumé sous une tête unique assurait au système soviétique. Khrouchtchev ne sera en aucun cas le même incarnateur omnipotent que son prédécesseur. Le soulèvement ouvrier de Berlin-Est fait apparaître les fissures au sein du bloc que le desserrement de l'étau ne fera qu'accentuer.

Mais pendant ce temps, la fièvre des compagnons de route est à son plus haut. Ils sont tout à la défense des bonnes causes, des Rosenberg à Henri Martin. Claude Lefort ose-t-il critiquer les thèses surréalistes développées par Sartre dans Les Communistes et la Paix *et selon lesquelles la classe ouvrière n'est rien sans le parti ? Il se fait foudroyer en des termes sans appel. La grande affaire qui continue d'occuper les esprits, en dehors même du parti, reste la théorie du communisme, à laquelle Dionys Mascolo consacre le livre dont on parle entre initiés.*

Pourtant, de manière discrète, les données d'une autre histoire, aussi bien matérielle que culturelle, se mettent en

place. Le parti modernisateur acquiert son organe, avec
L'Express, *au service de son leader, Pierre Mendès France.
En 1953, la France entre dans une période de croissance
sans précédent – « les vingt glorieuses ». Le keynésianisme
s'implante. Une nouvelle régulation de l'économie
commence à s'installer, assurant une expansion forte par la
hausse des revenus des ménages. Ceux-ci croissent de 5 à
6 % par an entre 1953 et 1957, ce qui n'empêche pas le
P.C.F. et la C.G.T. de faire campagne en 1955 sur le thème
de la paupérisation absolue du prolétariat. Crédit, automobile, électroménager : la société de consommation se dessine à l'horizon, non sans soubresauts (le poujadisme), tandis que la société de communication s'éveille en balbutiant
(ce sont les débuts de l'Eurovision). Bref, si c'est l'Union
soviétique qui est dans les têtes, c'est dans les faits l'Amérique qui s'impose.*

*Sous cet angle, on ne peut qu'être frappé, en revanche,
par la concomitance entre ce tournant de la modernisation
économique et sociale et le changement de culture qui s'esquisse. Tandis que sont posées les bases de la prospérité qui
s'épanouira dans les années soixante, les idées et la sensibilité qui fleuriront sur le terreau de la haute croissance
pointent le bout du nez. L'*Éloge de la philosophie *que
Merleau-Ponty prononce dans sa leçon inaugurale annonce
le glissement du modèle phénoménologique à l'empire des
sciences humaines. La place qu'il accorde à Saussure
témoigne de la montée du langage au centre de la réflexion.
Au même moment, d'ailleurs, Lacan, qui vient d'opérer une
première scission avec les tenants de l'orthodoxie médicale
au sein de la psychanalyse, consacre l'originalité de son
orientation en plaçant « la fonction et le champ de la parole
et du langage » à la base de son enseignement. Les réformateurs de la psychiatrie déploient leurs premières initiatives
(création de la clinique de La Borde), alors que Michel Foucault écrit l'esquisse de ce qui deviendra l'*Histoire de la
folie *(*Maladie mentale et Personnalité *paraîtra en 1954).
Avec les écrivains des éditions de Minuit (*En attendant
Godot, Les Gommes), une nouvelle esthétique littéraire*

prend corps, à laquelle la création du Domaine musical fournit son pendant. Le livre de poche fait entrer la littérature dans l'âge de la société de masse – la future université du baby-boom est dotée d'un de ses vecteurs informels mais parmi les plus puissants. Mais n'oublions pas l'Amérique : en 1954, Bill Haley, Elvis Presley enregistrent leurs premiers titres rock. C'est d'outre-Atlantique, décidément, jusqu'au plus fort des tentations de la langue de l'Est, que viendra le son des années de révolte.

Marcel Gauchet.

1954

Fr. Truffaut, « Une certaine tendance du cinéma français » (*Cahiers du cinéma*, n° 30). Pour un « cinéma d'auteurs » (J. Renoir, R. Bresson, J. Tati,...) privilégiant l'écriture cinématographique sur les adaptations d'œuvres littéraires. L'article assoit les *Cahiers* : « Désormais, il y avait une doctrine, la " politique des auteurs " » (J. Doniol-Valcroze).

R. Aron, « L'essence du totalitarisme » *(Critique)*, analyse le livre de H. Arendt *The Origins of Totalitarism* (1951). Il n'existe pas d'« essence » du totalitarisme. « Les phénomènes totalitaires (...) ont été liés à la fois à un parti révolutionnaire, à une bureaucratie autoritaire et à des événements extrêmes, guerre ou accumulation forcenée du capital. »

L. Bernot, R. Blancard, *Nouville, un village français* (Institut d'ethnologie). Au-delà des études de folklore, la première monographie d'ethnologie française.

Les laboratoires Roc lancent la crème « écran total » : le soleil sans risque.

FÉVRIER

1er Appel de l'abbé Pierre à la population parisienne pour préserver les sans-logis de la vague de froid. Ch. Chaplin donne deux millions de francs : « Je ne fais pas un don, je rembourse une dette, celle de Charlot à l'égard de son public. » Le 23 mars, création de l'organisation humanitaire « Emmaüs ».

15 B. Vian écrit et interprète « Le déserteur ». Repris en 1955 par Mouloudji, le disque sera retiré de la vente et interdit à la radio.

S. Guitry, *Si Versailles m'était conté*. L'histoire sur le lit de Procuste de « l'esprit français ».

20-23 Cinémathèque (rue d'Ulm), rétrospective du cinéma italien « du temps où il était pauvre et excellent » *(L'Express)* : *Rome, ville ouverte ; Le Voleur de bicyclette*.

R. Rémond, *La Droite en France de 1815 à nos jours. Continuité et diversité d'une tradition politique* (Aubier), dégage trois tendances au sein de la droite française : les ultras, l'orléanisme, le nationalisme. « (...) c'est de ces trois traditions (...) que la conjoncture forme le faisceau improprement appelé la droite française. »

G. Cesbron, *Chiens perdus sans collier* (R. Laffont). Une nouvelle figure : le juge pour enfants.

MARS

1er Explosion de la première bombe H américaine dans une île de l'atoll de Bikini.

14 J. Becker, *Touchez pas au grisbi* (J. Gabin). Le sacre de la langue verte.

31 Création du tiercé.

R. Bradbury, *Chroniques martiennes* (Denoël, coll. « Présence du futur »), rend à la littérature d'anticipation ses lettres de noblesse. La collection lancée l'année précédente publiera Asimov, Lovecraft...

Fr. Sagan, *Bonjour Tristesse* (Éditions Julliard).
Énorme succès et scandale : « On ne tolérait pas qu'une
jeune fille de dix-sept ou dix-huit ans fît l'amour sans
être amoureuse avec un garçon de son âge et n'en fût pas
punie », dira Fr. Sagan.

AVRIL

1er I. Bergman, *Monika*. L'érotisme venu de Suède.

10 Fr. Mauriac transfère son *Bloc-Notes* de la revue
La Table ronde à *L'Express* (qui est) « fier d'avoir pu s'assurer la publication régulière des notes où le grand écrivain catholique commente librement et avec le courage
que l'on sait les événements de l'actualité littéraire et
politique ».

12 Bill Haley enregistre *Rock around the Clock*. Il
lance la vogue mondiale du rock'n roll.

14 L. Benedek, *L'Équipée sauvage* (M. Brando).
Moto, blousons noirs et violence.

M. Foucault, *Maladie mentale et Personnalité* (P.U.F.,
coll. « Initiation philosophique »). Une analyse historique
de la folie marquée par le marxisme. « Si on a fait de
l'aliénation psychologique la conséquence ultime de la
maladie, c'était pour ne pas voir dans la maladie ce
qu'elle était réellement, la conséquence des contradictions sociales dans lesquelles l'homme s'est historique-
ment aliéné. »

Entrée en application de la Taxe à la Valeur Ajoutée
(T.V.A.).

E. Ionesco, *Amédée ou comment s'en débarrasser ?* créé
par J.-M. Serreau au théâtre de Babylone.

G. Trigano, P.-D.G. du Club Méditerranée (fondé par
G. Blitz en 1950). De la « valeur des vacances » ou de la
« vacance des grandes valeurs » ?

R. Barthes, *Michelet par lui-même* (Le Seuil, coll.
« Écrivains de toujours »). Au-delà de l'historien officiel,
l'homme Michelet et son inconscient.

MAI

7 Chute de Diên Biên Phu.

Le cinémascope conquiert le public parisien : *Comment épouser un millionnaire* ? (M. Monroe, L. Bacall, B. Grabble).

B. Brecht, *Mère Courage* pour la première présentation en France du Berliner Ensemble lors du premier festival de Paris. La critique sera dithyrambique.

Léo Ferré, premier passage à l'Olympia (« Paris-Canaille »).

J. Ellul, *La Technique ou l'enjeu du siècle* (Armand Colin). La victoire sur la nécessité naturelle « au prix d'une soumission plus grande à une nécessité plus rigide, la nécessité artificielle qui domine nos vies ».

JUIN

18 P. Mendès France, président du Conseil. Il prend le portefeuille des Affaires étrangères.

19 Création du secrétariat d'État à la Recherche.

28 Début de l'« affaire des fuites ». Le P.C.F. serait informé des séances du Comité de défense nationale.

XIIIe congrès du P.C.F., exclusion d'A. Lecœur.

Esprit, numéro spécial, « Réforme de l'enseignement » (R. Brun, L. Althusser, P. Naville, G. Friedmann...) : « La crise actuelle de l'Université est, dans son essence, une crise de croissance. » En vingt-cinq ans, le nombre des étudiants a doublé. Ils sont 150 000, 209 000 en 1964.

T. Mende, *L'Asie du Sud-Est entre deux mondes* (Le Seuil, coll. « Esprit »), illustre une littérature d'émancipation coloniale.

Débuts des « médicales » (E. Lalou/I. Barrère) et de « La Piste aux étoiles » (G. Margaritis) à la télévision.

1 % des ménages possèdent un téléviseur.

P. Réage, *Histoire d'O* (Éditions J.-J. Pauvert). Préface de J. Paulhan, « Du bonheur dans l'esclavage ». Une femme amoureuse. Scandale.

JUILLET

6 E. Presley enregistre *That's allright* et *Blue Moon of Kentucky* sous le label Sun.

20 Accords de Genève : fin de la guerre d'Indochine.

Du 15 au 20 juillet, J.-P. Sartre livre ses impressions de retour d'U.R.S.S. au journal *Libération* : « Vers 1960, avant 1966, si la France continue à stagner, le niveau de vie moyen en U.R.S.S. sera de 30 à 40 % supérieur au nôtre. » Il déclenche un tollé dans le monde intellectuel parisien. P. Lazareff *(France-Soir)*, M. Merleau-Ponty, Cl. Lefort *(Les Temps modernes)*, G. Martinet, R. Stéphane *(France-Observateur)* le réfutent.

R. Barthes, « Littérature objective » *(Critique*, juillet-août), première réflexion théorique élaborée d'une nouvelle esthétique romanesque à partir des *Gommes* d'A. Robbe-Grillet.

AOÛT

3 Colette décédée sera enterrée civilement. En dépit des protestations de G. Greene, l'archevêque de Paris, Mgr Feltin, refuse d'absoudre la romancière pour sa conduite inconvenante.

10 P. Mendès France obtient les pouvoirs économiques spéciaux. E. Faure (ministre des Finances) crée un Fonds de reconversion de l'industrie et un fonds de reconversion de la main-d'œuvre.

30-31 Rejet de la Communauté européenne de défense (C.E.D.) par l'Assemblée nationale (question préalable). D. Mayer, J. Moch, M. Lejeune, opposés au projet, sont exclus de la S.F.I.O. En dépit de la Guerre froide, la méfiance envers l'Allemagne reste forte.

J.-P. Serre, médaille Fields de mathématiques.

SEPTEMBRE

10 Libération de 65 % des échanges extérieurs de la France.

23 G. Brassens passe en vedette à l'Olympia.

Création de la F.N.A.C. (Fédération Nationale d'Achats des Cadres).

J. Guitton, élu à la chaire de philosophie à la Sorbonne, est chahuté par les étudiants à cause de ses opinions pétainistes.

C. Vausson, *Autriche* inaugure la collection « Petite Planète » (dirigée par Chr. Marker au Seuil). Suivront A. Gatti, *La Chine* ; V. Monteil, *L'Iran* ; F.-R. Bastide, *La Suède*. L'étranger se familiarise.

OCTOBRE

21 Juliette Gréco à Bobino (« Si tu t'imagines »).

25 Général de Gaulle, *Mémoires de guerre*, t. I, *L'Appel (1940-1942)* (Plon).

Accords de Paris. La R.F.A. recouvre sa souveraineté et intègre l'O.T.A.N.

« Un automobiliste sur deux roule dans une voiture qui ne lui appartient pas » : le Conseil national du crédit déplore l'excès de crédit à la consommation.

M. Proust, *À la recherche du temps perdu*, entre dans la Pléiade. Paraît simultanément *Contre Sainte-Beuve*, présenté par B. de Fallois.

Marie-Claire reparaît en formule mensuelle (après l'interruption de la formule hebdomadaire en 1941).

A.-C. Kinsey, *Le Comportement sexuel de la femme* (Amiot-Dumont), traduit de l'américain. Choc : les réalités sexuelles objet d'enquête.

R. Aron, *Histoire de Vichy* (Fayard). Première histoire du régime du Maréchal Pétain.

NOVEMBRE

1er Toussaint sanglante en Algérie. Début de l'insurrection dans les Aurès. Le gouvernement Mendès France et le ministre de l'Intérieur, Fr. Mitterrand, se refusent à dramatiser : « Le calme le plus complet règne dans l'ensemble des populations. »

3 Mort d'H. Matisse.

12 P. Mendès France crée un ministère de la Jeunesse (A. Moynet).

Fr. Mitterrand au Parlement : « L'Algérie, c'est la France. »

28 G. Dominici, paysan de soixante-dix-sept ans, meurtrier présumé de la famille Drummond est condamné à mort, puis gracié. Au terme du procès, J. Giono, qui l'avait suivi, calcule que le « vieux Gaston » s'est défendu avec un vocabulaire de trente-cinq mots. La France des villes découvre la réalité de la France des champs.

H. I. Marrou, *De la connaissance historique* (Le Seuil, coll. « Esprit »). « L'œuvre historique est une œuvre d'art. »

Les Prêtres-ouvriers (Éditions de Minuit). Œuvre collective. Ni plaidoyer, ni manifeste, un livre d'information.

DÉCEMBRE

2 Première audition de *Déserts,* E. Varèse au Théâtre des Champs-Élysées. Scandale amplifié par la diffusion sur les ondes de la R.T.F. qui réalisait sa première retransmission d'un concert en stéréophonie. Première tentative majeure d'associer les instruments traditionnels de l'orchestre avec des sons traités électroniquement sur bande magnétique.

6 S. de Beauvoir, *Les Mandarins*, prix Goncourt. La seule interview qu'elle accorde paraît dans *L'Humanité-Dimanche* : « Je considère que les intellectuels de gauche doivent travailler avec les communistes. »

10 E. Hemingway, prix Nobel de littérature.

J.-P. Richard, *Littérature et Sensation* (Le Seuil, coll. « Pierres vives »). La nouvelle critique thématique.

1955

6 G. Braque, couverture de la *Théogonie* d'Hésiode : première œuvre abstraite dans les colonnes des *Lettres françaises*.

15 Cl. Bourdet, « Votre Gestapo d'Algérie » *(France-Observateur)*, interpelle P. Mendès France et Fr. Mitterrand sur l'inadmissible comportement de la police française.

21 E. Kazan, *Sur les quais*, lance Marlon Brando en jeune révolté.

26 J. Soustelle, ethnologue, personnalité de gauche de réputation libérale est nommé gouverneur général en Algérie.

Premières machines à laver le linge. En 1968, un foyer sur deux en possédera une.

J. Fath. « Fath Université », griffe diffusée en boutique et dans les grands magasins : une des premières expériences d'un prêt-à-porter de grand couturier.

H. Cartier-Bresson, *D'une Chine à l'autre* (Delpire). Recueil de photos, préface de J.-P. Sartre. « La Chine sans lotus ni Loti. »

H. Lüthy, *À l'heure de son clocher. Essai sur la France* (coll. « Liberté de l'esprit », Calmann-Lévy). Arrêt sur image : un pays qui refuse les choix.

FÉVRIER

6 P. Mendès France se voit refuser la confiance à l'Assemblée nationale. Rompant avec les usages, il remonte à la tribune : « Les hommes passent, les nécessités nationales demeurent. »

20 Grand meeting poujadiste au Vel d'Hiv'.

23 Mort de P. Claudel.

A. Hitchcock, *Le crime était presque parfait* ; H. G. Clouzot, *Les Diaboliques* : vogue du film noir.

N. Ray, *Johnny Guitar*. La féminisation du western.

MARS

11 F. Fellini, *La Strada* (G. Massina, A. Quinn). Le populisme onirique.

16 Suicide de Nicolas de Staël.

24 G. Martinet, « La nouvelle gauche ne sera pas le parti des petits propriétaires » *(France-Observateur)*, donne une définition de la « nouvelle gauche » : « un phénomène complexe qui répond à une situation dominée par les impératifs de la politique internationale. Sur le plan social, elle compte des intellectuels, des ouvriers, des fonctionnaires, des membres des classes moyennes. Sur le plan politique, des marxistes, des sociaux-démocrates, des socialistes chrétiens et des anciens radicaux de gauche (...) » Il s'élève contre les visées hégémoniques du P.C.F.

31 L'état d'urgence est décrété en Algérie.

M. Thorez, « La situation économique de la France : mystification et réalités » (*Les Cahiers du communisme*, n° 3), affirme « l'aggravation de la paupérisation relative et absolue du prolétariat ».

Exposition « Le Mouvement » à la galerie Denise René, organisée par Pontus Hulten. Vasarely : « Le manifeste jaune ». Débuts du cinétisme.

3 Premières émissions régulières d'Europe n° 1. Une nouvelle conception de l'information.

16 Première liste des best-sellers dans *L'Express*. 150 titres ont dépassé 60 000 exemplaires depuis dix ans en France : G. Guareschi, *Le Petit Monde de don Camillo*, 780 000 ; N. Kravchenko, *J'ai choisi la liberté*, 503 000 ; A. Koestler, *Le Zéro et l'Infini*, 420 000.

18 Mort d'A. Einstein. Il a légué son cerveau à la science.

18-24 Conférence de Bandoeng réunissant vingt-neuf pays d'Afrique et d'Asie. Les leaders nationaux, Nasser, Nehru, Chou En-lai sont présents. Le tiers monde entre sur la scène internationale.

K. von Clausewitz, *De la guerre* (traduit par P. Naville, Éditions de Minuit). Première traduction française intégrale du grand théoricien militaire.

A. Robbe-Grillet, *Le Voyeur* (Éditions de Minuit), prix des Critiques. Le roman abandonne l'histoire : « (son) œuvre générale aura une valeur de démonstration (...) comme tout acte littéraire authentique, elle sera bien mieux encore que littérature, institution même de la littérature » (R. Barthes, « Littérature littérale », *Critique*, septembre-octobre).

M. Merleau-Ponty, *Les Aventures de la dialectique* (Gallimard), attaque nommément les positions défendues par J.-P. Sartre dans « Les communistes et la paix ». S. de Beauvoir l'accuse d'être un mauvais disciple : « Il est vrai que Merleau-Ponty n'a jamais compris Sartre » (« Merleau-Ponty et le pseudo-sartrisme », *Les Temps modernes*, juin-juillet 1955). La rupture entre les deux hommes est consommée.

MAI

22   Première retransmission télévisée d'un match de football.
26   MM. Khrouchtchev, Boulganine rencontrent Tito à Belgrade. Une voie nationale vers le socialisme est reconnue.
27   Premier vol de la Caravelle, avion civil à réaction français.

Adoption du IIe Plan.

R. Aron, *L'Opium des intellectuels* (Calmann-Lévy, coll. « Liberté de l'esprit »). L'intoxication au marxisme de l'intelligentsia de gauche.

P. Chaunu, *Séville et l'Atlantique, 1504-1650* (Armand Colin). Préface de L. Febvre : la thèse exemplificatrice de l'histoire sérielle.

JUIN

12-17   Le congrès de la C.G.T. adopte les thèmes d'inspiration communiste sur la « paupérisation absolue ».

P. Boulez, *Le Marteau sans maître,* sur des poèmes de René Char, première audition à Baden-Baden. La partition la plus célèbre de « l'artisan furieux » du sérialisme.
30   Création du Fonds de développement économique et social (F.D.E.S.).

J.-P. Sartre, *Nekrassov,* monté au théâtre Antoine par S. Berriau. Tableau caricatural de la presse « bourgeoise ».

H. Bourguiba rentre en Tunisie après trois ans de prison et d'exil en France.

Rétrospective Picasso, 1900-1955, au Musée des arts décoratifs.

Esprit, numéro spécial, « Les paysans » (H. Mendras, J. Fauvet, P. Fraisse...) : le « prolétariat oublié » d'une France en expansion (R. Dumont).

Les Temps modernes, numéro spécial : « La gauche ». Réunion d'anciens communistes (D. Mascolo), de trotskistes (P. Naville), d'indépendants (G. Lavau, M. Duverger), de communistes (V. Leduc, J. Desanti) afin de montrer la possibilité d'un « Front populaire ». S. de Beauvoir affirme : « La vérité est une, l'erreur multiple. Ce n'est pas par hasard si la droite professe le pluralisme » (« Définitions »).

M. Blanchot, *L'Espace littéraire* (Gallimard). Quand l'« œuvre critique » devient philosophie de la littérature.

A. Touraine, *L'Évolution du travail ouvrier aux usines Renault* (C.N.R.S.). Monographie de référence. L'ouvrier spécialisé remplace l'ouvrier professionnel.

Élection de R. Aron à la chaire de sociologie de la Sorbonne.

JUILLET

18 Inauguration du parc d'attraction proche de Los Angeles : Disneyland.

26 Vote personnel à l'Assemblée nationale pour lutter contre l'absentéisme des députés.

M. Béjart, *Symphonie pour un homme seul,* chorégraphie sur une musique de P. Henry et P. Schaeffer. La critique parle de « cubisme chorégraphique ».

Louison Bobet, vainqueur du Tour de France pour la troisième fois consécutive, consacre un « nouveau type de sportif plus calculateur qu'athlète » (R. Barthes).

Inauguration de l'église de Ronchamp, première œuvre sacrée de Le Corbusier.

AOÛT

15 Premier voyage de M. Heidegger en France organisé par J. Beaufret et K. Axelos. Le philosophe participe aux entretiens de Cerisy-la-Salle et prononce une conférence : « Qu'est-ce que la philosophie ? »

17 Mort de F. Léger.

24-28 Décrets ordonnant le rappel sous les drapeaux des classes démobilisées.

Arrivée du mobilier en formica.

SEPTEMBRE

15 R. Barrat, « Un journaliste français chez les hors-la-loi algériens », *France-Observateur :* premier reportage sur la réalité de la révolte algérienne.

30 Mort accidentelle de James Dean (Californie). Naissance d'un mythe : « le Shelley de la culture de masse » (E. Morin).

Le jean se répand en Europe ; 150 millions d'Américains le portent déjà.

Lancement de la politique des grands ensembles. Une opération de 10 000 logements fera passer la population de Sarcelles de 8 000 à 40 000 habitants. Un nouveau terme est né : la « sarcellite ».

OCTOBRE

13 *L'Express*, quotidien pour soutenir le retour de P. Mendès France à la présidence du Conseil.

Cl. Lévi-Strauss, *Tristes Tropiques* (Plon, coll. « Terre humaine »). Au travers de son autobiographie, l'auteur des *Structures élémentaires de la parenté* fait découvrir le structuralisme ethnologique à un large public.

19 E. Kazan, *À l'est d'Eden* (J. Dean). La révolte adolescente.

20-22 Premier colloque à Paris sur les neurolep-
tiques. Le Largactil (mis sur le marché à l'automne 1952)
est reconnu comme une découverte majeure dans le traitement des maladies mentales.

Création de l'Association française du cinéma d'art et
d'essai, contemporaine de la crise de fréquentation cinématographique : 424 millions d'entrées en 1947, 356 millions en 1952.

Les Temps modernes se font l'écho des attaques violentes de l'Américain F. Wertham contre les *comic books*
(une campagne de censure contre les bandes dessinées
américaines importées est orchestrée en France depuis
1949).

P. Teilhard de Chardin, premier volume de ses
Œuvres posthumes, *Le Phénomène humain* (5 vol. jusqu'en 1959, Le Seuil). L'évolution et l'esprit : la conversion du catholicisme à l'optimisme historico-cosmique.

I. Xenakis, *Metastasis,* créé à Donaueschingen. Contre
le système sériel, le recours aux modèles de la théorie des
probabilités et de la théorie des jeux.

NOVEMBRE

Création du Comité d'action des intellectuels contre la
poursuite de la guerre en Afrique du Nord : A. Mandouze (catholique), E. Morin, R. Antelme, D. Mascolo
(ex-P.C.F.), Fr. Mauriac, J.-P. Sartre.

Esprit, numéro spécial, « Arrêtons la guerre d'Algérie »
(J. Sénac, G. Lavau, O. Rosenfeld,...) : « Si l'Algérie n'est
pas la France, c'est parce que la France n'est plus elle-
même. »

Les Temps modernes, « L'Algérie n'est pas la France »
(J. Cohen, M. Chérif Sahli) : le problème de l'indépendance algérienne est posé.

Création de la collection « Themis » aux Presses universitaires de France (P.U.F.) en fonction du nouveau régime de la licence en droit, sous la direction de M. Duverger : J. Ellul, *Histoire des institutions* (t. I) ; R. Barre, *Économie politique* (t. I).

G. Canguilhem, *La Formation du concept de réflexe aux XVIIᵉ et XVIIIᵉ siècles* (P.U.F.). Les cohérences conceptuelles cachées en histoire des sciences, contre la mythologie des précurseurs. ·

DÉCEMBRE

2 Dissolution de l'Assemblée nationale par le président du Conseil, E. Faure. C'est la première fois depuis le 2 décembre 1851. Il est exclu du parti radical. Le Front républicain regroupant l'U.D.S.R., les républicains sociaux, la S.F.I.O. se constitue en vue des élections.

A. Kurosawa, *Les Sept Samouraïs*. La percée du cinéma japonais.

23 Appel des intellectuels catholiques (G. Suffert, H. I. Marrou, P.-H. Simon, Fr. Mauriac, R. Rémond) : « Il faut que les catholiques sachent qu'ils peuvent voter à gauche » *(Le Monde)*.

29 J. Daniel publie dans *L'Express,* « Des faits terribles qu'il faut connaître », cinq photos extraites d'une bande d'actualité projetée dans le monde entier : un soldat français exécute froidement un Algérien pour permettre aux cinéastes présents de tourner un document sur la guerre d'Algérie.

Fr. et C. Jeanson, *L'Algérie hors la loi* (Le Seuil) : une analyse pro-F.L.N. du problème algérien. À son propos, J. Daniel hésite : « entre le chagrin et le haussement d'épaules » *(L'Express,* 13 janvier 1956).

1956

2 Élections législatives : succès du Front républicain.

3 L'Église (Pie XII) accepte l'accouchement sans douleur.

25 Lancement de la Dauphine par Renault.

27 Congrès salle Wagram du Comité des intellectuels : A. Mandouze, R. Barrat, J.-P. Sartre, A. Césaire, D. Mascolo, A. Diop, J. Amrouche parlent en faveur de la « solution du problème algérien ».

L. Goldmann, *Le Dieu caché,* étude sur la vision tragique dans les *Pensées* de Pascal et dans le théâtre de Racine (Gallimard) : tentative, dans la ligne de G. Lukács, d'une sociologie marxiste de la littérature classique dans ses liens avec le jansénisme. La même année paraît R. Picard, *La Carrière de Jean Racine* (Gallimard).

Le Dr Marie-Andrée Lagroua-Weill-Hallé fonde le premier centre de la « maternité heureuse », embryon du Planning familial.

FÉVRIER

1er G. Mollet, président du Conseil. P. Mendès France, ministre sans portefeuille. Le général Catroux, ministre résident en Algérie.

6 Manifestation des populations européennes à Alger contre G. Mollet lors de son voyage. R. Lacoste remplace le général Catroux.

8 Le commandant Cousteau, *Le Monde du silence*, son premier documentaire en couleurs.

25 Rapport Khrouchtchev, XXᵉ congrès du P.C.U.S. : le Premier secrétaire authentifie des faits (camps, terreur stalinienne) qui relevaient jusqu'alors de la calomnie antisoviétique et dénonce le « culte de la personnalité ». Seules les directions des partis communistes ont connaissance de ce texte.

P. Hervé, *La Révolution et les Fétiches* (La Table ronde, coll. « Essais »). Un communiste critique. J.-P. Sartre l'accable : « Porté par l'histoire, le parti communiste manifeste une extraordinaire intelligence objective : il est rare qu'il se trompe » (« Le réformisme et les fétiches », *Les Temps modernes,* février 1956) et suscite les répliques polémiques de P. Naville : « Les mésaventures de Nekrassov » (*France-Observateur,* 8 mars et 19 avril).

L. Visconti, *Senso :* le festival de Venise boudera le film considéré comme un documentaire de mauvais goût.

MARS

2 « L'indépendance dans l'interdépendance » (E. Faure) est reconnue au Maroc par la France.

12 Loi sur les pouvoirs spéciaux en Algérie. Les communistes s'associent au vote. Le ministre résident dispose désormais d'« un pouvoir véritablement dictatorial ».

20   Indépendance de la Tunisie.

28   Création du Fonds national de solidarité.

La Psychanalyse, n° 1 (P.U.F.), « Recherche et enseignement freudien de la Société française de psychanalyse ». Le « retour à Freud » sous l'impulsion de J. Lacan qui ouvre la psychanalyse à la philosophie et aux sciences humaines. Autour du thème : « De l'usage de la parole et des structures de langage dans la conduite et dans le champ de la psychanalyse » sont réunis É. Benveniste, J. Hyppolite, M. Heidegger (traduction de J. Lacan), D. Lagache.

N. Sarraute, *L'Ère du soupçon* (Gallimard, coll. « Les Essais »). Autour du renouvellement du roman.

Début de la construction de la « Cité des 4 000 » à La Courneuve, dont les barres deviendront un symbole de la dégradation urbaine.

AVRIL

1ᵉʳ   Cl. Bourdet, incarcéré à la prison de la Santé pour « entreprise de démoralisation de l'armée » à cause d'un article : « Disponibles, quel sursis ? » *(France-Observateur)* où il dénonçait l'envoi de cent mille jeunes Français en Algérie.

7   A. Resnais, J. Cayrol, *Nuit et Brouillard,* court-métrage sur les camps de concentration, retiré de la sélection officielle du Festival de Cannes à la demande de l'ambassade d'Allemagne.

10   Perquisition au domicile d'H. I. Marrou, le « cher professeur » (M. Bourgès-Maunoury) à cause d'une « libre opinion » dans *Le Monde* (5 avril) : « France, ma patrie ».

12   Décret portant rappel sous les drapeaux des disponibles.

N. Ray, *La Fureur de vivre* (James Dean), film sur la révolte de la jeunesse américaine, interdit par la censure française aux moins de dix-huit ans.

J.-M. Jeanneney, *Forces et faiblesses de l'économie française* (Armand Colin, coll. « Sciences politiques »). Premier bilan d'ensemble chiffré.

MAI

23   Démission de P. Mendès France du gouvernement G. Mollet.

A. Camus, *La Chute* (Gallimard). Règlement de comptes avec les intellectuels sartriens et remise en cause de lui-même.

J. Derogy, *Des enfants malgré nous* (Éditions de Minuit) fait le point sur l'avortement et parle de « parenté planifiée » à un moment où la contraception est assimilée à l'interruption de grossesse.

É.-M. Cioran, *La Tentation d'exister* (Gallimard). L'égotisme ironique de la désespérance.

JUIN

6   Compte rendu intégral du rapport Khrouchtchev dans *Le Monde* (deux numéros) sous le titre : « Le département d'État (américain) rend public le texte intégral du rapport secret de M. Khrouchtchev. » L'agence américaine United Press n'en garantit pas l'authenticité.

20   Général de Gaulle, *L'Unité (1942-1944),* Plon, deuxième tome des *Mémoires de guerre.* Le troisième tome, *Le Salut (1944-1946),* paraîtra en octobre 1959.

L'Humanité fait allusion au « rapport attribué à N. Khrouchtchev ».

23   Loi-cadre qui institue le suffrage universel et le collège unique dans les colonies.

27   Création du Fonds national vieillesse. Le financement en est assuré par la création d'une taxe sur les véhicules, la vignette.

A. Artaud, *Œuvres complètes*, t. I (Gallimard).

Rétrospective Fernand Léger au Musée des arts décoratifs.

JUILLET

12 Cl. Lefort, « Le totalitarisme sans Staline. L'U.R.S.S. dans une nouvelle phase » *(Socialisme ou Barbarie)*, analyse le stalinisme comme un phénomène historique ayant permis l'émergence d'une nouvelle classe dirigeante : la bureaucratie ; d'une nouvelle forme de régime : le totalitarisme.

26 Nationalisation du canal de Suez par le colonel Nasser.

A. Robbe-Grillet, « Une voie pour le roman futur » *(La N.N.R.F.)*, s'oppose aux conceptions humanistes du roman traditionnel : « Dans cet univers romanesque futur, gestes et objets seront " là ", avant d'être " quelque chose ". »

É. Littré, *Dictionnaire de la langue française*, rééd. par J.-J. Pauvert, dans une maquette originale.

AOÛT

14 Mort de B. Brecht.

SEPTEMBRE

19-22 Premier Congrès international des écrivains et artistes noirs à la Sorbonne. A. Diop, L. S. Senghor, A. Césaire, F. Fanon,... réunis autour du thème : « La culture moderne et notre destin » *(Présence africaine,* n° 8-10).

28 Production d'électricité d'origine nucléaire à Marcoule. C'est la première fois en Europe continentale.

30 Premiers attentats à la bombe perpétrés par le
F.L.N. dans les cafés d'Alger. En octobre, la question
algérienne est inscrite à l'ordre du jour de l'Assemblée
générale de l'O.N.U.

La notion de sous-développement entre dans le *Robert*.

OCTOBRE

22 Arraisonnement en vol de l'avion transportant
Ben Bella et quatre autres chefs du F.L.N. A. Savary,
secrétaire d'État aux Affaires tunisiennes et marocaines,
démissionne.

31 Début de l'intervention franco-anglo-israélienne
en Égypte, interrompue sous la pression conjuguée des
États-Unis et de l'U.R.S.S. (le 6 novembre).

G. Friedmann, *Le Travail en miettes. Spécialisations et
loisirs* (Gallimard). Un titre-choc : les méfaits psychologiques de la division taylorienne du travail.

K. Yacine, *Nedjma* (Le Seuil) : l'Algérie en littérature.

NOVEMBRE

4 Intervention des troupes soviétiques à Budapest
(Hongrie). Parmi les intellectuels communistes, Cl. Roy,
R. Vailland, Cl. Morgan, Tr. Tzara, protestent dans *Le
Monde, L'Express, L'Observateur,* alors que Picasso,
H. Parmelin, Ed. Pignon, G. Wallon, réaffirment leur
fidélité (*Le Monde*, 22 novembre 1956). J.-P. Sartre rompt
bruyamment avec le P.C.F. : « Le fantôme de Staline »
(*Les Temps modernes,* numéro triple « La révolte de la
Hongrie » sous la direction de F. Fejtö). Il déclare à *L'Express* (9 novembre) : « (...) avec les hommes qui dirigent
en ce moment le P.C.F., il n'est pas, il ne sera jamais possible de reprendre des relations ». Vercors, A. et G. Philipe, Y. Montand et S. Signoret s'éloignent du P.C.F.

R. Vadim. *Et Dieu créa la femme.* Br. Bardot : une nou-velle image de la féminité, remodelée par l'émancipation sexuelle.

A. Sauvy, directeur de l'I.N.E.D., publie un cahier intitulé *Le Tiers Monde, sous-développement et développe-ment,* qui consacre l'expression qu'il avait créée dans un article de *L'Observateur* (15 août 1952) : « ... car enfin ce tiers monde, ignoré, exploité, méprisé comme le Tiers État, veut lui aussi être quelque chose ».

R. Bresson, *Un condamné à mort s'est échappé.* Vers un cinéma abstrait.

DÉCEMBRE

8 Clôture des XVIᵉ jeux Olympiques à Melbourne. Écrasante suprématie des sportifs soviétiques. A. Mimoun, médaille d'or du marathon.

22 *Arguments,* nº 1 (Éditions de Minuit). Un « bulle-tin de recherche » austère réunissant de jeunes intellec-tuels de la gauche post-stalinienne (E. Morin, C. Audry, R. Barthes, J. Duvignaud, D. Mascolo, K. Axelos...).

S. Hoffmann, *Le Mouvement Poujade* (Cahiers de la Fondation nationale des sciences politiques) : première étude universitaire consacrée au poujadisme, son implan-tation, sa structure, son idéologie.

Procès de J.-J. Pauvert pour l'édition des *Œuvres complètes* de Sade (1947-1972). G. Bataille, J. Cocteau, A. Breton, J. Paulhan viendront témoigner en sa faveur.

Transformation du Golf Drouot par H. Leproux. Arri-vée du « juke-box ».

LA GAUCHE FRANÇAISE
ENTRE DANS L'APRÈS-GUERRE

Deux événements marquent en 1956, pour la gauche française, la fin tardive de la Seconde Guerre mondiale. La crise idéologique du communisme commence. Le parti socialiste s'enfonce dans la guerre d'Algérie.

Depuis la mort de Staline (1953), des craquements se font entendre dans la gestion de l'héritage au Kremlin. Couronnant une série de manœuvres préparatoires qui ont laissé filtrer une critique de son fameux prédécesseur, Khrouchtchev a prononcé en février 1956, devant le XXe congrès du P.C.U.S., un rapport sur les crimes liés à ce qu'il a appelé « le culte de la personnalité ». Lu en séance secrète, le texte n'est destiné qu'aux délégués du congrès et aux dirigeants des principaux partis frères. Précaution dérisoire eu égard à l'importance de l'enjeu. L'Union soviétique brise ce jour-là le charme que lui avaient donné sur l'opinion les victoires de l'Armée Rouge ; le marxisme-léninisme a perdu son ressort et sa magie. Car le mal n'est pas réparable si la dénonciation s'alimente à la même source qui en a vanté les bienfaits : avec Khrouchtchev l'antisoviétisme a gagné sa légitimité à gauche.

L'idée arrive pourtant dans une intelligentsia française peu préparée à l'accueillir, intimidée par le P.C.F., prisonnière de ses propres errements mais déjà ébranlée dans ses certitudes. La publication de L'Opium *des intellectuels marque à cet égard un repère. Beaucoup en proie au doute y ont découvert une exacte description de leurs états d'âme. C'est l'écrasement de l'insurrection hongroise par les chars russes, en novembre, qui donne le signal public du dégel : comme si la force des choses avait plus de pouvoir que celle des idées. Sartre, qui avait vanté en février, contre Hervé, « l'extraordinaire intelligence objective » du parti communiste, rompt avec ses dirigeants en novembre. Aron, sorti de l'éditorialisme militant où la guerre froide l'avait enfermé pour devenir maître en Sorbonne, sera le grand interlocuteur des émancipés du stalinisme.*

La guerre d'Algérie noue, elle, le drame de l'autre gauche. Elle a commencé à la Toussaint 1954, c'est vrai. Mais elle ne prend un rôle central dans la vie publique française qu'en 1956, avec le ministère Guy Mollet. Son extension illustre un autre cortège des causes et des conséquences.

Guy Mollet a été appelé en janvier par René Coty, président de la République, à former le gouvernement, alors que l'opinion attendait Pierre Mendès France, l'autre vainqueur des élections législatives remportées de justesse par le Front républicain. Le nouveau chef du gouvernement a nommé le général Catroux, réputé libéral, ministre résident en Algérie ; mais il recule devant l'émeute des pieds-noirs à Alger et substitue finalement Robert Lacoste à son choix initial. Il inaugure ainsi une dérive nationaliste « de gauche » du P.S. ; pleins pouvoirs votés à Robert Lacoste par l'Assemblée, avec l'accord du P.C. ; dictature de l'armée et usage de la torture en Algérie ; arraisonnement de l'avion transportant Ben Bella et les chefs algériens en septembre. Le mouvement est couronné par l'intervention des parachutistes français à Suez à l'automne ; contre Nasser, qui a nationalisé le canal en juillet, Guy Mollet a fait alliance avec les Anglais et les Israéliens.

La gauche socialiste, qui se souvient d'avoir été trop pacifiste à Munich, fait l'erreur inverse. Elle prend Nasser pour Hitler, et veut vaincre le F.L.N. en prenant des gages en Égypte. Elle se trompe de guerre et d'époque. Le monde arabe prend feu et flamme contre la France. L'hostilité conjointe des Américains et des Russes à l'expédition des grandes puissances du XIXᵉ siècle rappellera vite Londres et Paris aux réalités du XXᵉ siècle. Les conséquences de cette aventure curieusement anachronique ne seront pas durables sur le plan international, sauf sans doute pour Israël, conforté dans des illusions européennes dont son opinion publique vivra mal la dissipation.

La politique socialiste en Algérie entraîne en revanche le début d'une crise de la gauche non communiste française, après celle de la gauche communiste. Mendès France a démissionné du gouvernement de mai, et Savary suit son exemple en septembre, après le détournement de l'avion de Ben Bella. Personne ne le comprend encore, mais l'année 1956 a ouvert la voie à une longue domination intérieure de la droite française.

Double exil, politique et philosophique. Il n'est plus d'es-

*pérance révolutionnaire que dans les mouvements de libéra-
tion nationale du tiers monde dont l'Algérie fournit l'image
proche, mais dont Bandoeng, l'année précédente, a dessiné la
cause à l'échelle planétaire. Le secret des sociétés ne se livre
plus à Billancourt ; il faut aller le chercher sous les* Tristes
Tropiques *magiquement révélés par Lévi-Strauss. Le
structuralisme s'apprête à prendre la relève du marxisme et
de l'existentialisme.*

François Furet.

1957

JANVIER

7 Alger : l'ensemble des pouvoirs de police confié au général Massu.

L'expertise psychiatrique est rendue obligatoire pour l'admission du candidat au noviciat.

J. Castel ouvre « L'Épi's club », le premier club-discothèque à Paris.

FÉVRIER

R. Barthes, *Mythologies* (Le Seuil, coll. « Pierres vives ») : sociologie de l'aliénation quotidienne.

« Dossier Jean Muller », *Cahiers de Témoignage chrétien* (n° 23), lettres d'un scout tué en Algérie. Un témoignage accablant sur l'existence de la torture.

J. Le Goff, *Les Intellectuels au Moyen Âge* (Le Seuil, coll. « Le temps qui court ») : « Introduction à une sociologie historique de l'intellectuel occidental ».

R. Champigny, « Portée satirique d'un comic américain : Pogo », *Critique*. Premier article en français favorable à la bande dessinée.

MARS

1er Les dépenses des Français en appareils électroménagers doublent entre 1954 et 1956 (de 68 à 121 millions A.F.). Elles concernent essentiellement l'acquisition de machines à laver (Ch. Morazé, E. Morin, E. Lisle, C. Audry, « La machine à laver tourne-t-elle dans le sens de l'histoire ? », *L'Express*).

17 Soutenance de la thèse d'A. Dupront, *Le Mythe de croisade. Essai de sociologie religieuse*. 2 700 pages jamais publiées et devenues elles-mêmes mythiques. L'image-force de l'Occident par l'un des inspirateurs secrets de l'anthropologie historique à la française.

18 Création de l'I.N.S.A. (Institut national des sciences appliquées) à Lyon. Première école d'ingénieurs où l'on accède sur dossier.

24 R. Capitant suspend son cours à la Sorbonne à l'annonce du « suicide » à Alger d'un de ses anciens élèves (Ali Boumendjel).

25 Traité de Rome instituant la Communauté économique européenne et l'Euratom.

28 Le général Paris de Bollardière, protestant contre la torture en Algérie, demande à être relevé de son commandement. Il ne démissionne pas de l'armée.

P.-H. Simon, *Contre la torture* (Le Seuil) : un ancien officier catholique dénonce la pratique de la torture par l'armée française en Algérie. H. Beuve-Méry lui répond en première page du *Monde* (« Sommes-nous les vaincus de Hitler ? »).

Comité de résistance spirituelle : « Des rappelés témoignent », recueil de témoignages d'officiers ou de soldats ayant combattu en Algérie dénonçant « les méthodes de pacification » de l'armée française.

Triennale de Milan : présentation de la D.S. 19 suspendue sans roues pour mieux mettre en valeur sa forme aérodynamique.

R. Vailland, *La Loi* (Gallimard). Le libertinage communiste.

I. Xenakis, *Pithopratka,* composition stochastique, créée à Munich. Première incarnation d'envergure du projet du compositeur : traitement de la substance musicale par masses, à l'opposé du pointillisme post-webernien.

AVRIL

5 Création de la Commission de sauvegarde des droits et des libertés en Algérie. *Le Monde* publiera son « Rapport de synthèse » (14 décembre 1957) accompagné du texte d'une brochure décrivant les « atrocités » commises par les fellagha.

12 Pie XII se prononce contre la torture.

18 J.-Fr. Revel, *Pourquoi des philosophes ?* (Éditions Julliard), pamphlet virulent qui dénonce la faillite de la philosophie universitaire traditionnelle et les impasses des nouveaux maîtres à penser (Merleau-Ponty, Lévi-Strauss, Lacan). J. Lacan piétinera le livre en séminaire. L'ouvrage suscite une intense polémique à laquelle J.-Fr. Revel répondra : *La Cabale des dévots* (Éditions Julliard, 1962).

R. Bonnaud, « La paix des Némentchas » *(Esprit),* témoignage accablant d'un rappelé sur le massacre de Bou Kammech perpétré par l'armée française.

A. Memmi, *Portrait du colonisé,* précédé d'un « Portrait du colonisateur » (Éditions Buchet-Chastel), met en évidence la réciprocité des liens unissant colonisé et colonisateur et l'inévitable impasse de la situation coloniale.

R. Rouleau, *Les Sorcières de Salem,* d'après A. Miller, au cinéma. Scénario de J.-P. Sartre. Une dénonciation du maccarthysme, avec le couple Signoret-Montand.

MAI

22 E. Henriot, rendant compte de *La Jalousie* d'A. Robbe-Grillet et de *Tropismes* de N. Sarraute (Éditions de Minuit), titre : « Nouveau Roman » (« La vie littéraire », *Le Monde*). Il lance le terme... et la polémique : « Je crois même que ce sont des livres comme celui-là, *La Jalousie,* qui finiront par tuer le roman en dégoûtant le lecteur. »

27 G. Balandier, *Afrique ambiguë* (Plon) après *Sociologie actuelle de l'Afrique noire* (P.U.F., 1955), *Sociologie des Brazzavilles noires* (A. Colin, 1955) : appréhender la situation coloniale en tant que système.

J.-J. Servan-Schreiber, *Lieutenant en Algérie* (Éditions Julliard), dénonciation de la guerre par une personnalité de gauche, officier rappelé : « Nous sommes tous des bougnoules. »

G. Bachelard, *Poétique de l'espace* (P.U.F.). Pour une « phénoménologie de l'imagination ».

Les *Cahiers du cinéma,* numéro spécial : « La situation du cinéma français » (A. Bazin, J. Doniol-Valcroze, P. Kast, R. Leenhart, J. Rivette, E. Rohmer,...) déplorent son « académisme » : « Il reste encore un cinéaste intègre, c'est Bresson. C'est le seul. Et puis il y a quelques jeunes (...) » (J. Rivette).

Moulinex lance le moulin à café électrique.

JUIN

R. Aron, *La Tragédie algérienne* (Plon, coll. « Tribune libre »). Une seule issue rationnelle à une guerre « pas comme les autres » : « ne plus s'opposer, en principe, aux revendications des nationalistes ». La France ne dispose pas des moyens économiques et moraux pour mener une autre politique.

L.-F. Céline, *D'un château l'autre* (Gallimard). Le Céline d'après-guerre sur sa guerre.

G. Picon, *Panorama des idées contemporaines* (Gallimard). L'avant-garde à la portée des écoles.

JUILLET

G. Tillion, *L'Algérie en 1957* (Éditions de Minuit, coll. « Documents »), dénonce la « clochardisation » du pays mais prône l'interdépendance entre la métropole et la colonie. Le livre fera l'objet de commandes gouvernementales.

M. Crozier, C. Eichisky, *Le Climat humain et les Rapports entre groupes professionnels dans les manufactures de tabac de l'État* (Institut des sciences sociales du travail) : première étude systématique en France des réactions de groupes humains dans une organisation complexe.

G. Debord, A. Jorn, création de l'Internationale situationniste par fusion de l'Internationale lettriste et du groupe Cobra.

SEPTEMBRE

P. Boulez, *Troisième sonate pour piano,* créée à Darmstadt. L'esthétique de l'œuvre ouverte.

E. Morin, *Les Stars* (Le Seuil, coll. « Le temps qui court »), analyse un phénomène original né avec le cinéma : le « star-system ».

Organisation du réseau d'aide au Front de libération nationale (F.L.N.) dirigé par Fr. Jeanson : le « réseau Jeanson ». Un journal polytypé, *Vérités pour,* « Centrale d'information sur le fascisme et l'Algérie », sera publié en septembre 1958.

I. Ehrenbourg, *Le Dégel* (Gallimard). Le titre du livre donnera son nom à l'après-guerre froide.

P. Renouvin, *Histoire des relations internationales* (Hachette). « Les forces profondes » : l'histoire classique découvre la longue durée.

OCTOBRE

1er I. Bergman, *La Nuit des forains*. Métaphysique du couple : la révélation d'un cinéaste.

4 Spoutnik I, premier satellite artificiel soviétique.

24 Mort de Christian Dior.

29 Cl. Simon, *Le vent* (Éditions de Minuit). La critique le classe « Nouveau romancier » (E. Henriot, *Le Monde*, 29 octobre 1957 ; O. de Magny, *Lettres nouvelles*, décembre 1957).

G. Bataille, *La Littérature et le Mal* (Gallimard), *L'Érotisme* (Éditions de Minuit), *Le Bleu du ciel* (J.-J. Pauvert). Un cocktail au bar du Pont-Royal est organisé par les trois éditeurs. Cette « opération » assure la reconnaissance d'un auteur dont l'œuvre reste sulfureuse : le *Journal de la librairie* refuse d'enregistrer *L'Érotisme* !

R. Musil, *L'Homme sans qualités* (Le Seuil, trad. de Ph. Jaccottet). La révélation d'un Proust viennois.

Première émission de « La caméra explore le temps » (elle remplace « Les Énigmes de l'histoire » créée en 1956).

NOVEMBRE

Esprit, nouvelle série n° 1. Sous la direction de J.-M. Domenach s'opèrent une « relève des générations » (J. Lacroix, H. I. Marrou se retirent du comité directeur) et un recentrage de la revue : « Il n'y a plus de classe révolutionnaire (...) il n'y a pas de honte à se dire réformiste. »

G. Arnaud, J. Vergès, *Pour Djamila Bouhired* (Éditions de Minuit, coll. « Documents »), plaidoyer pour une jeune Algérienne emprisonnée et torturée par l'armée française. A. Frossard, dans *L'Aurore* (11 novembre 1957) lance le livre : « Non, non et non ! »

M. Crouzet, P. Vidal-Naquet, L. Montagnier, P. Gillet

constituent le comité Maurice-Audin chargé d'éclaircir les conditions mystérieuses de la disparition du mathématicien communiste arrêté le 11 juin à Alger. Le 2 décembre, à la Sorbonne, soutenance *in abstentia* de la thèse de M. Audin.

Création du Salon du prêt-à-porter. Il devient international en 1963.

DÉCEMBRE

5 *L'Express,* « Exclusif. Le document de l'année. Le rapport sur la jeunesse », publie les résultats de l'enquête sur la « Nouvelle Vague » : « La fraction des Français qui est en train de s'engager dans le présent et sur laquelle se fonde l'avenir de la Nation se compose d'environ huit millions d'hommes et de femmes de dix-huit à trente ans. » Fr. Giroud, *La Nouvelle Vague, portrait de la jeunesse* (Gallimard), commentera l'abondant courrier des lecteurs suscité par cette enquête (été 1958).

6 Échec du lancement du premier satellite américain.

20 M. Butor, *La Modification* (Éditions de Minuit), prix Renaudot. L'ouvrage est tiré à près de cent mille exemplaires. C'est avec ce titre que le « Nouveau Roman » atteint le grand public. La même année, A. Robbe-Grillet vend 746 exemplaires de *La Jalousie.*

A. Camus, prix Nobel de littérature. À Stockholm, interpellé par un jeune militant du F.L.N., il déclare à propos de l'Algérie : « Je crois à la justice, mais je défendrai ma mère avant la justice. »

1958

JANVIER

1er Mise en place des institutions européennes à Bruxelles. W. Hallstein préside la C.E.E., L. Armand l'Euratom.

15 Première collection Yves Saint Laurent pour la griffe Christian Dior. Lancement de la ligne « Trapèze ».

31 Premier satellite américain, Explorer I.

L. Malle, *Ascenseur pour l'échafaud,* prix Louis Delluc, premier film réalisé avec un petit budget indépendamment des grands circuits de production.

M. Duras, *Moderato Cantabile* (Éditions de Minuit). Une version singulière du Nouveau Roman.

J. Starobinski, *J.-J. Rousseau. La Transparence et l'Obstacle* (Plon), Rousseau renouvelé par les moyens modernes de la critique.

G. Dumézil, *L'Idéologie tripartie des Indo-Européens* (Latomus, Bruxelles). Première synthèse sur les trois fonctions : force, souveraineté, fécondité.

R. Barrat, R. Marin, M. Pagat, *Témoignages et Documents* (Centre de coordination pour la défense des libertés et de la paix), n° 1 : un journal qui dénonce la guerre en Algérie.

Le Corbusier, *La Charte d'Athènes* (Éditions de Minuit). Les grands principes de l'urbanisme moderne.

E. Morin, « Tintin, héros d'une génération », *La Nef*. Analyse bienveillante.

FÉVRIER

8 Bombardement du village de Sakhiet, base du F.L.N. en Tunisie, par l'aviation française.

26 H. Alleg, *La Question* (Éditions de Minuit, coll. « Documents »), l'ancien directeur d'*Alger républicain*, communiste, raconte les tortures qu'il a subies lors de son arrestation par les parachutistes du général Massu à Alger en juin 1957. Cinq semaines après sa parution, vendu à 65 000 exemplaires, le livre est saisi.

H. Lefebvre, *Critique de la vie quotidienne*, t. 1 (L'Arche). Une sociologie marxiste de la quotidienneté.

MARS

6 J.-P. Sartre, « Une victoire », *L'Express*. À propos d'H. Alleg : « (...) nous pouvons dire qu'il a payé le prix le plus élevé pour le simple droit de rester un homme parmi les hommes ». Le journal est saisi.

Cl. Lévi-Strauss, *Anthropologie structurale* (Plon). Recueil des articles fondateurs de la méthode structurale en anthropologie sur le modèle de la linguistique.

Lancement des zones à urbaniser en priorité (Z.U.P.). La rénovation urbaine sur le principe de la table rase (Montparnasse, Italie). Achèvement du C.N.I.T. à la Défense et du siège de l'Unesco à Paris (B. Zehrfuss).

R. Devos au théâtre des Trois-Baudets. « J'en ris, j'en pleure. » Le comique de la langue.

AVRIL

15 R. Martin du Gard et Fr. Mauriac, prix Nobel, aux côtés d'A. Malraux et J.-P. Sartre signent une « Adresse solennelle au président de la République », protestant contre la saisie de l'ouvrage d'H. Alleg et exigeant « (des) pouvoirs publics, au nom de la Déclaration des droits de l'homme et du citoyen (qu'ils condamnent) sans équivoque l'usage de la torture qui déshonore la cause qu'il prétend servir ».

17 Bruxelles, ouverture de l'Exposition universelle. Elle recevra 42 millions de visiteurs jusqu'en octobre. E. Varèse et Le Corbusier composent un « poème électronique » pour le pavillon Philips.

28 Exposition-manifeste « Le vide » de Y. Klein à la galerie Iris Clerc. Aucun objet. Juste des murs blancs peints par l'artiste. Cocktail bleu pour les visiteurs.

A. Soboul, *Les Sans-Culottes parisiens en l'an II* (Librairie Clavreuil). Thèse. Après Mathiez et G. Lefebvre, la troisième génération des historiens communistes de la Révolution.

MAI

10 J. Tati, *Mon Oncle*. Un huron chez les ultramodernes.

13 Alger : constitution d'un comité de salut public sous la présidence du général Massu qui lance un appel au général de Gaulle. P. Pflimlin est investi président du Conseil.

Création du Club J. Moulin, à l'initiative d'anciens résistants (D. Cordier, S. Hessel, Ph. Viannay) afin de « résister au fascisme ».

15 Le général de Gaulle se déclare « prêt à assumer les pouvoirs de la République ».

19 Conférence de presse du général de Gaulle : « Croit-on qu'à soixante-sept ans je vais commencer une carrière de dictateur ? »

22 P. Vidal-Naquet, *L'Affaire Audin* (Éditions de Minuit, coll. « Documents »), reconstitue le probable assassinat de M. Audin par les parachutistes. La guerre d'Algérie, nouvelle affaire Dreyfus ?

24 Création de Comités de salut public en Corse.

25 Création d'un Comité national universitaire de défense de la République à l'initiative des professeurs Kastler, Jankélévitch, Schwartz, Ricœur, Rodinson, Madaule.

28 Manifestation pour la défense de la République de Nation à République.

P. Morand, ancien ambassadeur de Vichy, échoue d'une voix à l'Académie française. Il lui faudra attendre 1968, vingt-trois ans après la fin de la Seconde Guerre mondiale, pour être élu.

Festival de Cannes. M. Kalatozov, *Quand passent les cigognes,* première fois qu'un film d'Europe de l'Est obtient la Palme d'or.

Apparition du collant sur le marché (firme DD).

Léo Ferré, « Poètes, vos papiers ».

JUIN

1ᵉʳ Investiture du général de Gaulle par l'Assemblée nationale. Il dispose des pleins pouvoirs. Les pouvoirs spéciaux sont reconduits en Algérie.

4-7 Voyage du général de Gaulle en Algérie.

Le 9, le général Salan gouverneur général en Algérie est décoré de la médaille militaire.

20 Le général de Gaulle refuse le transfert des cendres du maréchal Pétain à Douaumont.

L'Internationale situationniste, n° 1 (directeur :
G. Debord) : « Une association internationale de situationnistes peut être considérée (...) comme une tentative
d'organisation de révolutionnaires professionnels dans la
culture. »

JUILLET

27 A. Malraux, ministre délégué à la présidence du
Conseil chargé du « rayonnement et de l'expansion de la
culture française ».

AOÛT

22 Mort de R. Martin du Gard.

Esprit, numéro spécial « Nouveau Roman ». Sont
regroupés sous l'étiquette « nouvelle école du roman »,
« nouveau réalisme » ou encore « l'anti-roman » :
M. Butor (Minuit), A. Robbe-Grillet (Minuit), N. Sarraute (Minuit), S. Beckett (Minuit), J. Cayrol (Le Seuil),
M. Duras (Minuit), Cl. Simon (Minuit), R. Pinget
(Minuit), K. Yacine (Le Seuil), J. Lagrolet (Gallimard).

En 1959, la photographie prise par le journaliste italien, M. Dondero, immortalisera une autre série de portraits : Cl. Ollier, A. Robbe-Grillet, N. Sarraute, Cl. Mauriac, J. Lindon, R. Pinget, S. Beckett, Cl. Simon.

R. Thom, médaille Fields de mathémathiques.

SEPTEMBRE

1ᵉʳ I. Bergman, *Le Septième Sceau.* Le jeu avec la
mort et la quête de Dieu dans un Moyen Âge de légende.

4 Présentation de la Constitution de la Vᵉ République par le général de Gaulle, place de la République.
Le projet sera ratifié par référendum.

16 Le congrès national de la S.F.I.O. opte pour le « oui » au référendum. MM. Depreux, Savary, Verdier, Rosenfeld créent le parti socialiste autonome (P.S.A.) qui fait campagne par le « non ».

24 Création de l'Union pour la Nouvelle République (U.N.R.) présidée par J. Soustelle.

28 Adoption de la nouvelle constitution par 79 % des suffrages exprimés en métropole. À l'exception de la Guinée, les territoires d'outre-mer se prononcent en faveur du projet.

Chr. Rochefort, *Le Repos du guerrier* (Grasset, coll. « La Galerie ») : les tourments du couple en proie à la « libération ». Le livre sera porté à l'écran par R. Vadim (Br. Bardot, R. Hossein).

S. de Beauvoir, *Mémoires d'une jeune fille rangée* (Gallimard), premier tome d'une autobiographie complétée par *La Force de l'âge* (1960), *La Force des choses* (1963). Le couple modèle de l'existentialisme à l'usage des jeunes générations.

H. de Montherlant, *Théâtre,* dans la Pléiade.

Création de la maison de disques Harmonia Mundi. L'élargissement du répertoire classique.

OCTOBRE

13 Scrutin majoritaire uninominal à deux tours : le P.C.F. devrait voir diminuer sa représentation à l'Assemblée nationale, le paysage politique français se simplifier.

16 W. Gombrowicz, *Ferdydurke* (Éditions Lettres nouvelles, Julliard), traduction d'un roman contestataire polonais de 1938, suscite un grand intérêt.

29 Le cardinal A.-J. Roncalli élu pape sous le nom de Jean XXIII.

L. Chevalier, *Classes laborieuses, classes dangereuses* (Plon, coll. « Civilisation d'hier et d'aujourd'hui »). Une histoire nouvelle de la peur sociale et du Paris criminel de la Restauration et de la monarchie de Juillet.

L. Aragon, *La Semaine sainte* (Gallimard). Géricault et les Cent-Jours : le roman de la complexité historique.

M. Carné, *Les Tricheurs*. La jeunesse de Saint-Germain-des-Prés à l'usage des parents.

Ph. Sollers, *Une curieuse solitude* (Le Seuil). Aragon et Mauriac au berceau d'un jeune écrivain.

Fondation du Groupe de recherches musicales dirigé par Pierre Schaeffer au sein de la R.T.F. La patrie de la musique électro-acoustique.

NOVEMBRE

23-30 Élections législatives. Succès de la droite parlementaire : 133 députés pour les indépendants, 189 pour l'U.N.R. J. Chaban-Delmas préside l'Assemblée nationale.

P. Bourdieu, *Sociologie de l'Algérie* (P.U.F., coll. « Que sais-je ? »). Analyse de la désagrégation sociale provoquée par la situation coloniale.

DÉCEMBRE

10 Boris Pasternak, prix Nobel de littérature, le refuse sous la pression des autorités soviétiques. Son œuvre n'est pas diffusée en U.R.S.S.

21 Le général de Gaulle, élu au suffrage indirect « président de la République et de la Communauté ».

F. Braudel, « La longue durée » (*Annales E.S.C.*, n° 4). Pour une « pluralité du temps social », la « longue durée » permettra seule de dégager une méthodologie commune aux sciences de l'homme.

1959

1er Entrée en vigueur du Marché commun.
Succès de la révolution castriste à Cuba.

3 P. Desgraupes, P. Dumayet, I. Barrère, P. Lazareff, « Cinq colonnes à la une » (magazine télévisé mensuel), révolutionne l'information télévisée. Début du règne du direct.

8 M. Debré, Premier ministre.

10-12 Colloque sur le mot « Structure » (VIᵉ section de l'École pratique des hautes études). Une confrontation interdisciplinaire (ethnologie : Cl. Lévi-Strauss ; économie : A. Marchal ; E. Malinvaud ; linguistique : É. Benveniste ; sociologie : G. Gurvitch ; philosophie : M. Merleau-Ponty) pour définir le vocable devant figurer dans le futur *Dictionnaire des sciences sociales*.

21 Mort de C. B. De Mille.

25 Jean XXIII annonce la réunion en concile de l'Église catholique qui n'avait pas eu lieu depuis 1870.

28 P. Massé, commissaire au Plan, succède à E. Hirsch.

P. Cardin présente la première collection de prêt-à-porter couture au grand magasin Le Printemps : « J'ai fondé le T.N.P. de la couture. »

Exposition « Jackson Pollock et la nouvelle peinture américaine » au Musée national d'art moderne (organisée par le Museum of Modern Art de New York).

FÉVRIER

2 La radio-télévision française est transformée en établissement public à caractère industriel et commercial mais demeure sous l'autorité du ministre de l'Information.

A. Malraux, premier ministre des Affaires culturelles.

Adoption du IIIe Plan.

Fr. Maspero, libraire à « La joie de lire » depuis 1957, devient éditeur d'ouvrages politiques. La collection « Cahiers libres » publiera une série d'ouvrages contre la guerre d'Algérie (F. Fanon, *L'An V de la révolution algérienne*, n° 3 ; M. Maschino, *Le Refus*, n° 7 ; *Le Droit à l'insoumission*, n° 14). Nombre d'entre eux seront saisis.

MARS

14 Les grandes vacances scolaires sont fixées du 1er juillet au 15 septembre.

E. Morin, *Autocritique* (Éditions Julliard), récit de son engagement et de son exclusion du P.C.F. (été 1943-juin 1951). Un parcours générationnel : R. Antelme, D. Mascolo, M. Duras ont tous été exclus quelques mois avant lui.

Les séchoirs électriques remplacent le casque et facilitent le lavage des cheveux chez soi.

AVRIL

2 Jean XXIII ratifie la décision du Saint-Office contre l'alliance des catholiques et des communistes.

10 A. Sauvy, leçon inaugurale au Collège de France, chaire de démographie sociale. « La population ignore dramatiquement la population. » Il publie le même mois *La Montée des jeunes* (Calmann-Lévy).

14 Création de l'Union démocratique du travail (U.D.T.), organisation des gaullistes de gauche.

29 Le général de Gaulle, « L'Algérie de papa est morte » *(L'Écho d'Oran).*

M. Weber, *Le Savant et le Politique* (Plon, coll. « Recherches en sciences humaines », préface de R. Aron). Première traduction française de M. Weber. Deux textes de conférences prononcées en 1919 : « on ne peut pas être *en même temps* homme d'action et homme d'études (...) sans manquer à la vocation de l'un et de l'autre (métier) ».

S. Mallet, « Aspects nouveaux de l'industrie française. Une usine déconcentrée, la compagnie des machines Bull » *(Les Temps modernes),* note les « modifications profondes » qui affectent la classe ouvrière française, nécessitant de repenser les formes et les modalités de son action revendicatrice.

J. Touchard, *Histoire des idées politiques* (P.U.F., coll. « Thémis »). Un manuel.

R. Queneau, *Zazie dans le métro* (Gallimard). Les enfants terribles : une gamine à la gouaille décapante.

Vl. Nabokov, *Lolita* (Gallimard), après parution en anglais à Paris (Girodias) faute d'éditeur aux États-Unis. Les enfants terribles : une gamine perverse.

J. Michelet, *Journal*, t. I (Gallimard, éd. P. Viallaneix). Les abîmes de l'homme privé sous l'historien officiel.

MAI

Festival de Cannes. Renouveau du cinéma français : M. Camus, *Orphée noir* obtient la Palme d'or. Cl. Chabrol : *Les Cousins* ; Fr. Truffaut, *Les Quatre Cents Coups :* triomphe de la Nouvelle Vague ; *Kanal* d'A. Wajda : apparition du cinéma polonais.

JUIN

19 *La Gangrène* (Éditions de Minuit, coll. « Documents »), recueil de cinq plaintes d'Algériens torturés au siège de la sûreté du territoire à Paris. Le livre est saisi deux jours plus tard.

23 Mort de Boris Vian.

Esprit, numéro spécial, « Le loisir », « En moins de cinquante ans, le loisir s'est affirmé non seulement comme un droit mais comme une valeur » (J. Dumazedier, « Loisir et idéologie »).

A. Resnais, *Hiroshima mon amour* (scénario de M. Duras), écarté de la sélection officielle du festival de Cannes pour des raisons politiques. La critique salue la radicale nouveauté du film : « *Hiroshima* fera date (...). A. Resnais est un grand homme, un des premiers cinéastes de ce temps » (G. Sadoul, *Les Lettres françaises*).

Inauguration du couvent de la Tourette de Le Corbusier.

AOÛT

11 Modification des règles de contrôle des sursis d'incorporation accordés aux étudiants. Nombreuses protestations.

SEPTEMBRE

14 Le Saint-Office décide l'arrêt total de l'expérience des prêtres-ouvriers.

16 Le général de Gaulle reconnaît le droit à l'autodétermination de l'Algérie.

A. Chamson, directeur des Archives nationales.

22 Inauguration du premier câble téléphonique sous-marin entre les États-Unis et l'Europe.

Yves Saint Laurent lance la « guerre du genou » en le dévoilant.

L. Althusser, *Montesquieu. La politique et l'histoire* (P.U.F., coll. « Initiation philosophique ») : une lecture marxiste de Montesquieu.

« Salut les copains », émission quotidienne sur Europe n° 1. Le rock à la sortie du lycée.

Collection « Le chemin », sous la direction de G. Lambrichs, chez Gallimard. Premiers titres : J. Serguine, *Les Fils de rois*, G. Perros, *Papiers collés*, G. Rolin, *Le secret des autres*.

OCTOBRE

J. Cocteau dessine la couverture du numéro 100 des *Cahiers du cinéma* (« Le 100 d'un poète »).

J. Genet, *Les Nègres* (théâtre de Lutèce, mise en scène de R. Blin), avec une troupe d'acteurs noirs, les « Griots ». La pièce passera le cap des cent représentations.

A. Ollivier remplace J. d'Arcy à la direction des programmes télévisés. La dramatique filmée va se substituer à la dramatique en direct.

Pilote, n° 1 (R. Goscinny, A. Uderzo). Apparition d'Astérix. Le journal imposera dans les années soixante la bande dessinée pour adultes (Gotlib, Bretecher).

NOVEMBRE

16 A. Schwarz-Bart, *Le Dernier des justes,* prix Goncourt.

Le premier livre lancé par la télévision *(Lectures pour tous)* et l'un des principaux succès Goncourt (220 000 ex.). Polémiques autour du plagiat qu'aurait commis l'auteur.

24   Mort de Gérard Philipe.
Jacques Brel, consacré à Bobino (« Ne me quitte pas »).

DÉCEMBRE

2   Rupture du barrage de Malpasset : 405 victimes, près de 24 milliards de francs de dégâts.
30   Johnny Hallyday participe à l'enregistrement public d'une émission de radio, « Paris-Cocktail ». Début du mythe Hallyday.
Rétrospective Max Ernst au musée d'Art moderne.

1960

1er Mise en circulation du nouveau franc : « franc lourd ».

Mort d'Albert Camus dans un accident de voiture où périt également Michel Gallimard.

5 Cl. Lévi-Strauss, leçon inaugurale au Collège de France : « L'anthropologie sociale devant l'histoire », « (...) mes dernières paroles (seront) pour ces sauvages dont l'obscure ténacité nous offre encore le moyen d'assigner aux faits humains leurs vraies dimensions (...) parmi vous, je voudrais ne pas cesser d'être leur élève, et leur témoin. »

19 Rappel du général Massu à Paris à la suite de ses déclarations au journal allemand *Suddeutsche Zeitung*.

24-1er Alger : semaine des Barricades.

K. Papaioannou, « Marx et le despotisme » *(Le Contrat social)*, premier article d'une série d'exégèses critiques du marxisme, parmi lesquelles, « Classes et lutte de classes » (mai-juin 1961) ; « Le parti totalitaire » (mai-août 1966).

Tiers Monde, n° 1/2 (P.U.F.), directeur : H. Laugier. Étudier le problème du sous-développement dans ses dimensions politiques, économiques et culturelles.

J. Kerouac, *Sur la route* (Gallimard), traduction de l'auteur phare de la « beat generation » (paraîtra dans l'année l'anthologie *Trente-cinq jeunes poètes américains* par A. Bosquet).

FÉVRIER

2   R. Rocca, J. Grello, P. Tchernia, « La Boîte à sel », émission satirique qui, refusant de subir la censure préalable, se saborde.

2-3   Le gouvernement dispose des pleins pouvoirs pendant un an.

13   Explosion de la première bombe atomique française à Reggane (Sahara).

24   Arrestation de responsables F.L.N. en métropole et découverte du « réseau de soutien » organisé par Fr. Jeanson.

13 % des ménages ont la télévision.

Vivagel commercialise les premiers surgelés (filets de poisson, épinards, pâtes à pâtisserie).

MARS

3-7   Le général de Gaulle fait « la tournée des popotes » en Algérie afin d'expliquer sa politique aux officiers.

15   Circulaire du ministère de la Santé prônant la politique de secteur comme politique de base en psychiatrie.

18   Le général de Gaulle refuse la convocation du Parlement demandée par 287 députés.

25 G. Lukács, *Histoire et Conscience de classe* (Éditions de Minuit, premier volume de la coll. « Arguments » ; trad. par K. Axelos et J. Bois). « Le livre maudit du marxisme » condamné par la III⁰ Internationale en 1924, désavoué par son auteur, est pour la première fois intégralement traduit.

26 *Télé sept jours*, numéro 1. La famille autour de la télévision. Le plus fort tirage de la presse française.

Tel Quel, n⁰ 1 (Le Seuil) : une revue animée par des jeunes gens : J.-E. Hallier est secrétaire général, Ph. Sollers, J.-R. Huguenin, R. Matignon font partie du comité de rédaction. Pour une littérature « dégagée » : « Les idéologues ont suffisamment régné sur l'expression pour que celle-ci se permette enfin de leur fausser compagnie, de ne plus s'occuper que d'elle-même, de sa fatalité et de ses règles particulières. »

P. Nizan, *Aden Arabie* réédité par Fr. Maspero, préfacé par J.-P. Sartre qui ressuscite un Nizan communiste héroïque et incorruptible. La cellule des étudiants communistes de l'École normale supérieure est baptisée « cellule P. Nizan ».

J.-L. Godard, *À bout de souffle* (J.-P. Belmondo, J. Seberg) : un film-événement tant sur le plan technique (caméra mobile) que sur celui du scénario (écrit au fur et à mesure du tournage). Succès commercial : plus de 250 000 entrées à la fin de l'année.

AVRIL

5 Fondation du Parti socialiste unifié (P.S.U.), fusion de l'Union de la gauche socialiste (Cl. Bourdet), du Parti socialiste autonome (E. Depreux), et de Tribune du communisme (J. Poperen).

9-13 Le congrès de l'Union nationale des étudiants de France (U.N.E.F.) vote une motion réclamant des négociations avec le F.L.N.

15 Conférence de presse clandestine de Fr. Jeanson à Paris. G. Arnaud qui en rendra compte dans *Paris-Presse-L'Intransigeant* (« Les étranges confidences du professeur Jeanson », 20 avril) sera arrêté.

J.-P. Sartre, *Critique de la raison dialectique* (Gallimard) : « Le marxisme est l'horizon indépassable de notre temps. »

Vance Packard, *Les Obsédés du standing* (Calmann-Lévy, coll. « Liberté de l'esprit »). Radioscopie de la société américaine.

MAI

11 Lancement au Havre du paquebot *France* en présence du général de Gaulle.

18 J. Genet, *Le Balcon*, mise en scène de P. Brook.

20 F. Fellini, *La Dolce Vita*, palme d'Or du festival de Cannes. La bourgeoisie pourrissante.

Adoption du IVe Plan.

Ph. Ariès, *L'Enfant et la Vie familiale sous l'Ancien Régime* (Plon, coll. « Civilisation d'hier et d'aujourd'hui »), dévoile, contre l'évidence naturelle, le caractère historique de la perception de l'enfance.

Le congélateur s'installe dans les campagnes. Les citadins attendront 1975 pour reconnaître son utilité.

Salon de mai : César, exposition de compressions de voiture en parallèles rectangles d'une tonne. Scandale.

JUIN

2 S. de Beauvoir, « Pour Djamila Boupacha » (*Le Monde*, « Libre opinion »), lance le Comité de défense de la jeune Algérienne torturée. Un livre publié en 1962 (Gallimard) rendra compte des différentes démarches du comité.

Réforme du titre XII de la Constitution : « Un État membre de la Communauté peut également, par voie d'accords, devenir indépendant sans cesser de ce fait d'appartenir à la Communauté. »

Fr. Jeanson, *Notre Guerre* (Éditions de Minuit, coll. « Documents »), justifie son action aux côtés du F.L.N. par la démission de la gauche française. Le livre est saisi le 29.

25-29 Échec des négociations de Melun avec le F.L.N.

30 Déclaration commune de la C.G.T., la C.F.T.C., la F.E.N., l'U.N.E.F. demandant des négociations entre le gouvernement français et le gouvernement provisoire de la République algérienne.

Maurienne, *Le Déserteur* (Éditions de Minuit, coll. « Documents ») ; M. Maschino, *Le Refus* (Maspero, coll. « Cahiers libres »), deux témoignages concernant la désertion de jeunes appelés en Algérie. Ils seront saisis. Un procès sera intenté aux Éditions de Minuit (J. Lindon) pour « provocation à la désobéissance ».

Esprit, numéro spécial, « Cinéma français » (A. Resnais, M. Mesnil, M.-Cl. Wuilleumier, G. Sadoul, R. Thévenet,...). Mise au point sur le « jeune cinéma français ».

« Les sources du xxe siècle », première exposition pluridisciplinaire, au Musée national d'art moderne, organisée par G.C. Argan, J. Cassou et N. Pevsner.

JUILLET

9 Décret autorisant la construction d'autoroutes à péage. Le premier tronçon de l'autoroute du Sud sera inauguré dans l'année.

20 Fondation du Mouvement anticolonialiste français (M.A.F.) en Suisse.

21   Rapport Armand-Rueff : *Les Obstacles à l'expansion économique*. Contre les scléroses et les blocages, rétablir la concurrence par la vérité des prix et la suppression des privilèges.

Ornette Coleman enregistre *Free-Jazz*, l'album à l'origine du courant du même nom.

SEPTEMBRE

5   Discours du général de Gaulle : « L'Algérie algérienne est en marche. » Procès du réseau Jeanson devant le tribunal permanent des forces armées de Paris (rue du Cherche-Midi). Pendant vingt-cinq jours, grâce à la pugnacité des avocats (R. Dumas, J. Vergès), aux larges comptes rendus de la presse française, ce procès offrira une incomparable tribune aux partisans de l'indépendance algérienne. Le 20, la lettre de J.-P. Sartre, rédigée par Cl. Lanzmann et M. Péju, lue à l'audience par R. Dumas, lance l'expression « porteurs de valise ».

6   *Le Monde* annonce par une brève (p. 12) que « 121 écrivains et artistes ont signé une déclaration sur le " droit à l'insoumission dans la guerre d'Algérie " ». Aucun grand journal ne prendra le risque de publier ce texte.

22-29   Sanctions contre les appels à l'insoumission. Plusieurs signataires des 121 sont suspendus dans l'exercice de leur fonction.

Cl. Simon, *La Route des Flandres* (Éditions de Minuit). « L'empreinte » de la débâcle et la reconnaissance d'un style.

M. Antonioni, *L'Avventura* (M. Vitti). Le cinéma de l'intériorité et de l'incommunicabilité.

Colloque de Bonneval sur l'inconscient sous la direction de H. Ey. La pensée de Lacan et ses propres interventions sont au centre des discussions. Les actes seront publiés en 1966 chez Desclée De Brouwer.

Hara-Kiri, n° 1, « Honni soit qui mal y panse » qui devient « Journal bête et méchant » en avril 1961. Mensuel. Choron, Cavanna, Fred, Wolinski, Reiser, Cabu.

OCTOBRE

1er Verdict du procès Jeanson : Fr. Jeanson, condamné par contumace. Des peines de prison frappent les membres de son réseau.

7 185 intellectuels français « condamnent les apologistes de la désertion et de l'insoumission » *(Le Figaro)*, défendent l'armée française et l'intégrité du territoire national : l'Algérie en fait partie (D. Halévy, A. Blondin, M. Déon, R. Girardet, colonel Rémy,...).

8 B. Brecht, *Arturo Ui*, mise en scène de J. Vilar au T.N.P. Actualité de la dictature ?

12-14 L'assemblée des cardinaux et archevêques de France condamne l'insoumission et les outrages à la personne humaine.

21 J. Roy, *La Guerre d'Algérie* (Éditions Julliard). Un écrivain-officier, ami d'Albert Camus, substitue le vrai terme à l'hypocrite expression officielle des « événements ». Un succès fulgurant : cent mille exemplaires en un mois.

27 Manifeste des Nouveaux Réalistes (Y. Klein, Tinguely, César, M. Raysse, Niki de Saint-Phalle). Néo-dadaïsme et pop art.

Meeting à la Mutualité à l'appel de l'U.N.E.F., la C.F.T.C. et la F.E.N. pour la paix en Algérie. Les communistes et la C.G.T. n'y participent pas. Échauffourées violentes avec la police.

P. Goubert, *Beauvais et le Beauvaisis de 1600 à 1730* (SEVPEN) : contribution à l'histoire sociale de la France du XVIIe siècle. Essai d'histoire totale sur la longue durée assise sur une base démographique.

Sempé et Goscinny, *Le Petit Nicolas* (Denoël). De la vie scolaire.

A. Hitchcock, *Psychose*. L'inconscient au service du suspense.

NOVEMBRE

4 Le général de Gaulle définit la « République algé-rienne ».

8 J. F. Kennedy, démocrate, président des États-Unis.

L. Pauwels, J. Bergier, *Le Matin des magiciens* (Galli-mard). Le merveilleux du monde moderne. Best-seller.

Création massive de postes à la VIe section de l'École pratique des hautes études, obtenue par F. Braudel : soixante chefs de travaux sont élus d'un coup, parmi les-quels R. Barthes, L. Bianco, Fr. Héritier, Fr. Furet, M. Godelier, S. Mallet.

Les bébés sans peine avec le « Babygro », la première grenouillère et les petits pots désormais vendus dans les épiceries.

DÉCEMBRE

1er J.-P. Sartre convoque une conférence de presse pour protester contre l'inculpation de trente cosignataires des 121 : « Je réclame donc mon inculpation (...). »

10 Saint-John Perse, prix Nobel de littérature.

14 L'Organisation européenne de coopération économique (O.E.C.E.) devient l'Organisation de coopé-ration et de développement économique (O.C.D.E.).

16 Rétrospective Dubuffet, 1942-1960, au Musée des arts décoratifs.

J.-L. Godard, *Le Petit Soldat*. L'Algérie et la torture.

1961

JANVIER

8   Le référendum sur l'autodétermination et l'organisation des pouvoirs publics en Algérie est accepté par 75,2 % des suffrages exprimés.

L'Homme, n° 1, « Revue française d'anthropologie » (Cl. Lévi-Strauss, É. Benveniste, P. Gourou), consécration de la place centrale de l'anthropologie parmi les sciences humaines.

Première diffusion de la pilule contraceptive.

A. Philipe, *Gérard Philipe. Souvenirs et portraits* (Gallimard). Le mythe de l'anti-star.

FÉVRIER

23   Limogeage de Servin et Casanova, membres du Bureau politique du P.C.F.

A. Schoenberg, *Moïse et Aaron*, opéra joué pour la première fois à Paris au théâtre des Champs-Élysées dans le cadre du festival des Nations.

A. Koyré, *La Révolution astronomique. Copernic, Kepler, Borelli* (Hermann, coll. « Histoire de la pensée »). Les trois étapes de la nouvelle représentation du monde.

MARS

M. Antonioni, *La Notte* (J. Moreau). La difficulté d'être moderne.

J.K. Galbraith, *L'Ère de l'opulence* (Calmann-Lévy, coll. « Liberté de l'esprit »), conseiller du président Kennedy, pose les problèmes du sur-développement.

E. Lévinas, *Totalité et infini. Essai sur l'extériorité* (Nijhoff). « La transcendance de l'infini se produisant dans le visage d'autrui. »

Ouverture de l'aérogare d'Orly, le bâtiment le plus visité des années soixante (G. Bécaud, « Le Dimanche à Orly »).

AVRIL

7   Premiers tracts de l'Organisation de l'armée secrète (O.A.S.). Nombreux attentats en métropole du 3 au 10.

11   Israël : ouverture du procès d'A. Eichmann, responsable de la solution finale, condamné à mort le 15 décembre.

12   Y. Gagarine, premier homme dans l'espace à bord du satellite soviétique Vostok I.

17-20   Échec des anticastristes dans la baie des Cochons.

22-25   Alger. Putsch des généraux Challe, Salan, Jouhaud, Zeller. Un discours télévisé du général de Gaulle en tenue militaire ridiculise la rébellion par une formule choc : « un quarteron de généraux à la retraite ». L'article 16 est mis en application.

28   Institution d'un Haut Tribunal militaire.

H. Arendt, *Condition de l'homme moderne* (Calmann-Lévy, coll. « Liberté de l'Esprit »). Le travail, l'œuvre et l'action.

L. Wittgenstein, *Tractatus logico-philosophicus* (Gallimard, trad. P. Klossowski). Le tournant linguistique de la philosophie au XXe siècle.

MAI

1ᵉʳ Cuba, république démocratique socialiste.

3 Décès brutal de M. Merleau-Ponty. Un numéro spécial des *Temps modernes* lui sera consacré (« Maurice Merleau-Ponty », sept./oct.). À côté d'articles de J. Hyppolite, J. Lacan, Cl. Lefort, J. Wahl, J.-B. Pontalis, Sartre consacrera soixante-dix pages au récit du déchirement d'une amitié : « (...) un anticommuniste est un chien, je ne sors pas de là, je n'en sortirai jamais (...) Il n'y a rien à conclure sinon que cette longue amitié (...) reste en moi comme une blessure indéfiniment irritée. »

14 L. Buñuel, *Viridiana*. Le cinéma libertaire (huit mois d'interdiction).

15 Jean XXIII publie l'encyclique « Mater et Magistra » sur la question sociale.

Exposition « La réalité dépasse la fiction. Le Nouveau Réalisme à Paris et à New York » à la Galerie Rive Droite. Y. Klein, Arman, Tinguely, Rauschenberg, J. Johns.

M. Foucault, *Histoire de la folie à l'âge classique* (Plon, coll. « Civilisation d'hier et d'aujourd'hui »), issue d'une thèse soutenue en avril 1960 sous la direction de G. Canguilhem, impose le thème du « Grand Renfermement » et ouvre la recherche aux exclus de l'Histoire.

Niki de Saint-Phalle, « Feu à volonté » à la galerie J. Tir à la carabine sur des tableaux comportant des sachets de peinture. Scandale.

P. Nora, *Les Français d'Algérie* (Éditions Julliard). Le titre symbolise la prise de conscience d'une des réalités du drame algérien.

R. Queneau, *Cent Mille Milliards de poèmes* (Gallimard). Poésie « combinatoire ».

Concours pour le réaménagement du site de la gare d'Orsay. Le Corbusier propose de remplacer le bâtiment par une tour de 105 mètres de haut.

Les Cahiers de l'Herne, n° 1 (D. de Roux, H. Keller-bach). Semestriel. Numéros spéciaux autour d'un auteur. N° 1 : René-Guy Cadou, n° 2 : Bernanos.

JUILLET

1er   Mort de L.-F. Céline.
2   Suicide d'E. Hemingway.
S. Leclaire, J. Laplanche, « L'inconscient » *(Les Temps modernes)*, explicitent les théories de J. Lacan : « L'inconscient est la condition du langage. »

AOÛT

11-22   Multiplication des attentats O.A.S. à Paris.
13   Début de la construction du mur de Berlin.

SEPTEMBRE

8   Attentat manqué contre le général de Gaulle sur la route de Colombey-les-Deux-Églises.
30   Fin de l'application de l'article 16.
Arguments, « Chine sans mythe », critique le nouveau mythe de la gauche. « La plus grande mythologie de ce début de la deuxième moitié du xxᵉ siècle se concentre sur la Chine. »
Partisans, n° 1 (direction : Fr. Maspero), bimestriel. Naissance du tiers-mondisme : « (...) nous appuyons (...) la Révolution algérienne. Nous l'appuyons dans un contexte beaucoup plus vaste dont elle n'est qu'un élément : l'émergence du tiers monde. Nous pensons que notre époque, et probablement toute la seconde moitié du xxᵉ siècle sera dominée par ce phénomène gigantesque, brusquement inauguré en Chine (...) » (Vercors).

A. Uderzo, R. Goscinny, *Astérix le Gaulois* (Dargaud), la modernisation de « nos ancêtres les Gaulois ». Premier album.

OCTOBRE

17-18 Manifestations musulmanes à Paris contre l'instauration du couvre-feu. 12 000 arrestations, 250 morts, M. Papon, préfet de police, au Conseil municipal de Paris le 27 : « La police a fait ce qu'elle devait faire. »

F. Fanon, *Les Damnés de la terre* (Fr. Maspero, coll. « Cahiers libres »). La préface de J.-P. Sartre est d'une rare violence : « Abattre un Européen, c'est faire d'une pierre deux coups, supprimer en même temps un oppresseur et un opprimé, restent un homme mort et un homme libre (...) ». F. Fanon mourra peu de temps après, le 6 décembre, d'une leucémie.

A. Resnais, A. Robbe-Grillet, *L'Année dernière à Marienbad* (Lion d'Or au festival de Venise). Un tract est distribué à l'entrée des salles pour prévenir le spectateur de ne pas chercher un sens au film qu'il va voir mais de se laisser prendre par un climat, un envoûtement. Fr. Truffaut parlera de « cinéma-Minuit ».

Planète, n° 1 (directeur : L. Pauwels). La revue est placée sous le patronage du père Teilhard de Chardin : « À l'échelle du cosmique, seul le fantastique a des chances d'être vrai. » Elle totalisera rapidement plus de 10 000 abonnés.

J. Lacouture crée une collection au Seuil sous un titre qui fera fortune : « L'Histoire immédiate » (J. Lacouture, *Cinq Hommes et la France* ; C.-H. Favrod, *L'Afrique seule* ; G. Perrault, *Les Parachutistes*).

NOVEMBRE

2-20 Grève de la faim des détenus algériens à Fresnes. Ils obtiennent le statut de prisonniers politiques.

Communications (Centre d'études des communications de masse, Le Seuil), n° 1 (directeur : G. Friedmann avec E. Morin, R. Barthes, J. Dumazedier, P.-F. Lazarsfeld, J. Cazeneuve,...) : « (...) soumettre à l'analyse sociologique l'ensemble des phénomènes que l'on est convenu de grouper, faute de mieux, sous le nom de " communication de masse " (...) ».

G. Brassens à l'Olympia (« Le Mécréant », « La Mauvaise Réputation »).

G. Bernanos, *Œuvres romanesques,* dans la Pléiade.

DÉCEMBRE

19 Création du Centre national d'études spatiales (C.N.E.S.).

Manifestation syndicale (49 organisations dont la C.G.T. et le P.C.F.) contre l'O.A.S.

31 Brigitte Bardot, « À vos souhaits » (F. Chatel), show télévisé de fin d'année.

Le club J.-Moulin, *L'État et le Citoyen* (Le Seuil). Pour une nouvelle citoyenneté.

1962

14 Mise en place de la Politique agricole commune (P.A.C.).

15 Cent résistants lancent un appel pour « se retrouver et agir au grand jour contre l'O.A.S. ».

18 Valéry Giscard d'Estaing, ministre des Finances.

23-24 22 attentats O.A.S. pour l'anniversaire de la semaine des Barricades.

27 Fr. Truffaut, *Jules et Jim* (J. Moreau). Bonheur et cruauté du couple à trois.

Collection « Idées » (Gallimard) sous la direction de Fr. Erval : les essais en poche. Textes classiques et contemporains : J.-P. Sartre, *Réflexion sur la question juive* ; A. Camus, *Le Mythe de Sisyphe* ; S. Freud, *Trois Essais sur la théorie de la sexualité.*

Débuts des échanges quotidiens d'actualités Eurovision (Evn).

E. Morin, *L'Esprit du temps*, essai sur la culture de masse (Grasset, coll. « La Galerie »), lecture des valeurs, mythes et rêves des sociétés développées au début des années soixante.

Collection « Petite Bibliothèque Payot ». Parmi les premiers titres : S. Freud, *Introduction à la psychanalyse.*

W. Rostow, *Les Étapes de la croissance économique* (Le Seuil). Les conditions du « take-off ».

FÉVRIER

8   Manifestation anti-O.A.S. : huit morts au métro Charonne, une centaine de blessés. Le 13, des dizaines de milliers de personnes assisteront aux obsèques des victimes. Grève générale contre l'O.A.S.

Cacharel réinvente le « chemisier » pour femmes dans un style simple proche de la chemise d'homme.

G. Deleuze, *Nietzsche et la philosophie* (P.U.F.). « Que le multiple, le devenir, le hasard soient objet d'affirmation pure, tel est le sens de la philosophie de Nietzsche... Elle forme une antidialectique absolue. »

Cl. Nougaro, « Les Don Juan ».

MARS

7   Recensement : la France compte 46 530 000 habitants, chiffre porté à 47 500 000 le 1er janvier 1963 avec l'inclusion des rapatriés d'Algérie.

11   Mesures destinées à l'accueil et au reclassement professionnel et social des Français d'outre-mer.

14   Le Quinze de France remporte, pour la quatrième année consécutive, le tournoi des Cinq Nations.

18   Signature des accords d'Évian. En Algérie, le cessez-le-feu est effectif le 19 à partir de midi.

30   Création du Conseil national de la Résistance (C.N.R.) par le général Salan en métropole.

Clarté, mensuel de l'Union des étudiants communistes de France, nouvelle formule. Premier magazine à utiliser les procédés polychromes.

J. Brel, « Les Bourgeois » et « Les Paumés du petit matin ».

AVRIL

8 Référendum : 90,7 % des suffrages exprimés approuvent les accords d'Évian.

11 Le Haut Tribunal militaire condamne à mort l'ex-général Jouhaud.

14 G. Pompidou, Premier ministre.

18 Y. Robert, *La Guerre des boutons*. La France à l'heure de la sortie de l'école : « Si j'avais su, j'aurais pas venu. »

A. Varda, *Cléo de 5 à 7*. Deux heures qui changent deux êtres.

Collection « Le monde en 10/18 » sous la direction de M. Cl. Jalard (Plon) où paraîtront : K. Marx, F. Engels, *Manifeste du parti communiste* ; Cl. Lévi-Strauss, *Tristes Tropiques* ; M. Foucault, *Histoire de la folie*.

MAI

15 Conférence de presse du général de Gaulle qui défend « l'Europe des États ». Démission des ministres M.R.P. du gouvernement.

23 Le Haut Tribunal militaire condamne l'ex-général Salan à la réclusion perpétuelle, après lui avoir reconnu les « circonstances atténuantes ».

26 Suppression du Haut Tribunal militaire, remplacé, le 30, par une Cour militaire de justice.

P. Vidal-Naquet, *La Raison d'État* (Éditions de Minuit, coll. « Documents »), publie un recueil de documents officiels initialement secrets, entérinant la torture et s'interroge sur les transformations subies par l'État français depuis sept ans.

R. Aron, *Paix et guerres entre les nations* (Calmann-Lévy). Stratégie et philosophie de la dissuasion.

JUIN

6 Mort d'Y. Klein à 34 ans.

14 Création du Centre européen pour la recherche spatiale (C.E.R.S.).

17 L'accord signé entre le F.L.N. et l'O.A.S. met effectivement fin à la guerre d'Algérie.

22 Adoption du IVe Plan de développement économique et social par l'Assemblée nationale.

27 M. Jazy bat le record du monde du 3 000 m.

R. Benayoun, « Le roi est nu » (*Positif*), dénonce l'imposture cinématographique de la « nouvelle vague » : « une Weltanschauung de l'incompétence » et l'orientation droitière du parti pris formaliste.

JUILLET

1er Mort de l'éditeur R. Julliard.

3 Reconnaissance officielle de l'indépendance de l'Algérie. J.-M. Jeanneney, premier ambassadeur français.

6 Mort de W. Faulkner.

9 Le port de la soutane devient facultatif dans la plupart des diocèses.

11 Première émission de télévision en mondovision grâce au satellite américain Telstar.

Salut les copains, n° 1. L'organe central du yé-yé. J. Halliday en couverture, en prime Sylvie en couleurs.

AOÛT

5 Suicide de Marilyn Monroe, la main sur le téléphone.

9 Mort de Hermann Hesse. Ses livres, en particulier *Le Loup des steppes* et *Siddharta*, deviendront des références de la mouvance hippie.

14 Achèvement du tunnel du Mont-Blanc (travaux commencés en 1959).

22 L'attentat du Petit-Clamart organisé par l'O.A.S. manque de tuer le général de Gaulle et sa femme.

24 J.-L. Godard, *Vivre sa vie*, prix spécial du jury du festival de Venise. A. Karina : portrait d'une femme qui voulait être libre.

29 Conseil des ministres : le général de Gaulle annonce son intention de faire élire le président de la République au suffrage universel.

SEPTEMBRE

4-9 Voyage spectaculaire de De Gaulle en Allemagne : l'accord franco-allemand à la base de l'Europe.

20 Le général de Gaulle annonce le recours au référendum pour modifier la Constitution. G. Monnerville, président du Sénat, parle de « forfaiture » (30 septembre), P. Sudreau démissionne du gouvernement (2 octobre) ; le Conseil d'État estime la procédure inconstitutionnelle (11 octobre) ; à l'exception du P.C.F., les partis politiques hostiles se rassemblent dans un « cartel des non ».

Le congé hebdomadaire des écoliers est fixé le mercredi.

L. Bodin, *Les Intellectuels* (P.U.F., coll. « Que sais-je ? »). La constitution d'un sujet.

OCTOBRE

5 Vote de la motion de censure déposée contre le gouvernement. G. Pompidou démissionne (le 6) ; le général de Gaulle dissout l'Assemblée nationale.

11 Première réunion du concile Vatican II à Saint-Pierre de Rome.

G. Lux, S. Garnier, L. Zitrone, « Intervilles », jeux télévisés.

D. Zanuck, *Le Jour le plus long*. Un débarquement hollywoodien : 20 000 figurants, cinquante stars. Un des plus grands succès du cinéma depuis vingt ans.

15   Début de la « crise des fusées » à Cuba qui met aux prises les États-Unis et l'U.R.S.S. N. Khrouchtchev cède le 28.

19   Annulation de l'ordonnance instituant la Cour militaire de justice par le Conseil d'État.

20   P. Boulez, *Pli selon pli*, version définitive, création à Donaueschingen. Boulez avec Mallarmé.

26   Ultime appel du général de Gaulle en faveur du « oui ».

28   Référendum : 61,8 % des suffrages exprimés se prononcent en faveur de l'élection du président de la République au suffrage universel.

J.-P. Vernant, *Les Origines de la pensée grecque* (P.U.F.). Le lieu de naissance entre la démocratie et la philosophie : « La raison grecque est fille de la cité. »

P. Berenson, S. McBride créent Amnesty International.

R. Dumont, *L'Afrique noire est mal partie* (Le Seuil, coll. « Esprit »). Avec la décolonisation, le problème du développement.

NOVEMBRE

4   Mort de L. Massignon.

20   R. Aron, *Dix-Huit Leçons sur la société industrielle* (Gallimard, coll. « Idées »), publication d'un cours professé à la Sorbonne 1955-1956.

22   Mort de R. Coty.

18-25   Élections législatives. Victoire de l'U.N.R., qui ne dispose cependant pas de la majorité absolue. J. Chaban-Delmas présidera la nouvelle Assemblée nationale (6 décembre).

A. Koyré, *Du monde clos à l'univers infini* (P.U.F.). La révolution intellectuelle du XVIIᵉ siècle, destruction du cosmos et géométrisation de l'espace.

DÉCEMBRE

1ᵉʳ Marthe Robert, « La révolution psychanalytique » : série d'émissions radiophoniques sur l'histoire de la psychanalyse sur France III (chaîne nationale).

12 J. Steinbeck, prix Nobel de littérature.

21 O. Welles, *Le Procès*. Kafka par un monstre sacré du cinéma.

29 Quatrième semaine de congés payés à la régie Renault.

31 *Time Magazine* décerne à Jean XXIII le titre d'« homme de l'année » pour la convocation du concile de Vatican II.

Les *Cahiers du cinéma*, numéro spécial « Nouvelle Vague ». Cl. Chabrol, J.-L. Godard, Fr. Truffaut reconnaissent la « crise du jeune cinéma français ». Un dictionnaire regroupe les cent soixante-deux « nouveaux cinéastes français ».

J. Dumazedier, *Vers une civilisation du loisir ?* (Le Seuil, coll. « Esprit »). Une étude pionnière.

Arguments, dernier numéro, s'ouvre sur un « Éloge de l'inconséquence » (Kolakowski). La revue se saborde alors qu'elle diffuse à plus de 3 000 exemplaires.

Cl. Lévi-Strauss, *La Pensée sauvage* (Plon), met en valeur l'aspect logique et conceptuel de la pensée des peuples sans écriture. *Esprit* lui consacre un numéro spécial : « *La Pensée sauvage* et le structuralisme » (novembre 1963). La formule de P. Ricœur, « un kantisme sans sujet transcendantal » fera date.

Rétrospective Mark Rothko au Musée d'art moderne de la ville de Paris.

LA RÉUSSITE GAULLIENNE

1962 fut pour Charles de Gaulle l'année de tous les succès. Les deux actions qui lui assurent sa place dans l'histoire récente et qui font de lui le père de la France moderne, fin de la décolonisation et mise en place des institutions nouvelles, c'est en 1962 qu'il les a accomplies. À condition, bien sûr, d'ajouter sans tarder que rien de cela n'eût été possible s'il n'avait été en 1940 l'homme qui sauva le pays de la désespérance et qui lui permit à la fin de la guerre de s'asseoir à la table des vainqueurs.

La liquidation de la guerre d'Algérie n'est pourtant pas un chef-d'œuvre impérissable. L'indéfendable aveuglement dont ont fait preuve à l'époque ses adversaires de droite comme de gauche ne doit pas aujourd'hui, par compensation, nous empêcher de regarder en face la vérité : pendant quatre ans, de mai 1958 quand il revint aux affaires, jusqu'à mars 1962, date de la signature des accords d'Évian, le général de Gaulle a bafouillé et cafouillé. À propos de la guerre d'Algérie, il a successivement tout envisagé : la paix des braves, l'Algérie française, l'association de type fédéral, la partition, l'indépendance enfin. Pendant près d'un an, les négociations d'Évian ont achoppé sur trois points : le statut du Sahara, le maintien en Algérie des « pieds-noirs » avec la double nationalité, le repli en bon ordre de la France. Sur chacun de ces points, l'échec du général de Gaulle a été total, voire sanglant. Tout au plus peut-on souligner que son prestige et son sang-froid ont empêché que se transforme en guerre civile l'accumulation des erreurs poursuivies, tous régimes confondus, de 1954 à 1962. C'est pourtant ce résultat médiocre qui, avec le consentement des partis, a fait l'objet de l'approbation la plus large du peuple français. Plus de 90 % des votants ! Il est vrai que, ce faisant, de Gaulle liquidait définitivement l'O.A.S., en démontrant, avec l'aide des Français, que l'organisation factieuse ne disposait pas de base politique en métropole.

Brillante en revanche, victorieuse, et digne du colonel de

chars de Montcornet fut l'opération d'automne qui en quel-
ques semaines bouscula le Cartel des Non et permit d'asseoir
pour douze ans la république gaullienne : je veux dire le
référendum établissant l'élection du président de la Répu-
blique au suffrage universel. Passons sur la façon dont de
Gaulle violenta les institutions qu'il avait lui-même fait
ratifier quatre ans plus tôt. « Forfaiture », prononça le pré-
sident Monnerville. À quoi de Gaulle aurait répondu : « On
ne viole pas sa femme. » À l'époque c'était encore vrai. Mais
qui veut considérer la suite des événements, ralliement pro-
gressif de la gauche aux institutions, marginalisation du
P.C.F., élection en 1981 d'un président de gauche, fin des
guerres de religions politiques entre les Français, stabilité du
régime, ne saurait contester qu'il s'agit là pour la Répu-
blique – et pas seulement pour la Cinquième – d'une
seconde naissance.

Reste qu'en cette fin d'année 1962 la France avait cessé
d'être un empire. Longtemps les Français avaient considéré
l'Hexagone comme l'épicentre d'une idée destinée à gagner,
par vagues successives, les confins de l'univers : cette idée,
c'était la France elle-même. La ruse de l'histoire est d'avoir
confié au dernier connétable de la France éternelle la mis-
sion d'amener le drapeau de notre universalité : « épouser
son siècle » avait-il lancé, à la fois comme excuse et comme
programme.

Il est vrai qu'en quatre ans la France avait beaucoup
changé et s'apprêtait à le faire plus encore. À son retour
d'Algérie, un jeune sous-lieutenant du contingent s'enten-
dait dire par l'un de ses amis, Jean-Marie Domenach, que
les intellectuels étaient en train de se convertir au réalisme,
et à cette réalité nouvelle dont il s'efforçait d'accréditer
l'appellation : « société de consommation ».

Beaucoup eurent alors l'impression que quelque chose,
dans l'ordre de l'esprit – quelque chose qui avait commencé
avec Zola –, était en train de se terminer avec la guerre
d'Algérie et les derniers feux de Jean-Paul Sartre : nouvelle
erreur. Le mot d'« engagement » avait été brandi à la Libé-
ration comme un programme et comme une excuse. C'était

le mot rétrospectif de tous ceux qui avaient appartenu à la génération de la Résistance sans s'y jeter à corps perdu. L'engagement prit alors la forme d'un compagnonnage avec les partis politiques et notamment avec le parti communiste. La mobilisation des intellectuels contre la guerre d'Algérie – tandis que le P.C.F. hésitait entre son idéologie et sa sociologie – marqua le début de la rupture, et la fin de ce long cauchemar que l'intelligence progressiste s'était forgé de toutes pièces : la répulsion-fascination pour le communisme.

La guerre d'Algérie ne fut donc pas, pour les intellectuels, comme on le dit souvent, la fin d'une période. Ce fut au contraire le début de quelque chose qui s'est épanoui depuis : le rejet de la tutelle tyrannique des partis politiques, le retour à leur vocation originelle, la défense des droits de l'homme. Insensiblement était en train de se reconstituer une communauté intellectuelle, avec ses règles propres. Pour ne l'avoir pas compris, le P.C.F. de 1962 à 1968 y perdit tout, jusqu'à sa chemise. C'était la fin de la trahison des clercs.

Jacques Julliard.

1963

JANVIER

11 Création de la Cour de sûreté de l'État.

14 Conférence de presse du général de Gaulle qui se prononce contre l'entrée de la Grande-Bretagne dans le Marché commun et pour le maintien de la force de frappe nationale.

Ouverture du théâtre de l'Est parisien confié à G. Rétoré en plein cœur du XXᵉ arrondissement dans une salle de cinéma désaffectée. Succès immédiat : 18 000 adhésions lors de l'inauguration.

FÉVRIER

21 J. Vilar annonce sa démission du Théâtre national populaire le 1ᵉʳ septembre. Dans une lettre à A. Malraux, il invoque « des raisons d'ordre personnel ». Ses désaccords avec le pouvoir gaulliste sont patents. G. Wilson accepte sa succession (le 2 mai).

28 A. Soljenitsyne, *Une journée d'Ivan Denissovitch* (Éditions Julliard). L. Aragon impose une préface de P. Daix à un livre signalé à l'éditeur par J. Cathala, « Voici un livre majeur », où les communistes reconnaissent l'existence des camps de concentration dans l'U.R.S.S. stalinienne.

R. Lœwy, *La Laideur se vend mal ou comment rendre beaux les objets nécessaires* (Gallimard, coll. « L'Air du temps »). Par le promoteur de « l'esthétique industrielle » émigré aux États-Unis.

MARS

1er La grève des mineurs, débutée au mois de janvier, se transforme en une grève générale. Le décret de réquisition reste sans effet. La crise ne sera résolue qu'au mois d'avril après l'intervention d'un Comité des sages.

5 Triomphe de J. Brel à l'Olympia.

11 Le colonel J. Bastien-Thiry, auteur de l'attentat du Petit-Clamart, est fusillé. Le général de Gaulle a refusé sa grâce.

M. Mead, *Mœurs et sexualité en Océanie* (Plon, coll. « Terre humaine »). Une autre adolescence, sous le signe de la liberté sexuelle.

Fr. Bloch-Lainé, *Pour une réforme de l'entreprise* (Le Seuil, coll. « Histoire immédiate »). Plaidoyer pour une véritable « démocratie industrielle ».

Commencement des travaux de la « Cité lacustre » à Port-Grimaud (Var). Tentative pour recréer un paysage traditionnel de vacances qui trouvera des prolongements chez les architectes post-modernes.

AVRIL

15 Fr. Rossif, *Mourir à Madrid* (texte : M. Chapsal, musique : M. Jarre) sur les écrans parisiens après deux mois d'ajournement dus à l'intervention de l'ambassade d'Espagne.

25 Inauguration du complexe sidérurgique Usinor à Dunkerque.

R. Barthes, *Sur Racine* (Le Seuil, coll. « Pierres vives »), propose une lecture de Racine empruntant à la fois à la psychanalyse et au structuralisme. Il attaque la prétendue « objectivité » de la critique universitaire : « Ne sera-t-il plus sacrilège un jour de psychanalyser l'Université ? »

M. Foucault, *Naissance de la clinique. Une archéologie du regard médical* (P.U.F.). Une « analyse structurale » de la formation de la médecine positive : le langage, l'espace et la mort.

MAI

11-12 Colloque de Royaumont, « Les intellectuels et la culture de masse » (avec P. Lazarsfeld, R. Mandrou, M. Tardy, J. Dumazedier, R. Barthes, G. Friedmann,...).

14 L. Visconti, *Le Guépard* (A. Delon, Cl. Cardinale), Palme d'or du festival de Cannes. B. Blier, *Hitler connais pas* (interdit aux moins de 18 ans), portrait de la jeune génération qui ne se définit plus par rapport à la guerre, est projeté hors concours.

31 F. Fellini, *Huit et demi*. Le fantasme, matériau du cinéaste.

Fin de l'état d'urgence en vigueur depuis le putsch d'Alger du 22 avril 1961.

M. Foucault, *Raymond Roussel* (Gallimard, coll. « Le Chemin »). Littérature et langage : « (...) l'angoisse du signifiant, c'est cela (...) qui fait de la maladie de cet homme notre problème (...) ».

Première caméra Éclair 16 mm, silencieuse, qui va révolutionner les informations télévisées puis la dramatique.

Le Nouveau Commerce, n° 1 (A. Dalmas, M. Fonfreide). Le langage de la littérature (J. Paulhan, L. Massignon, G. Perros).

JUIN

3   Mort de Jean XXIII.

15   Premier hypermarché Carrefour à Sainte-Geneviève-des-Bois.

La Soviétique V. Terechkova est la première femme dans l'espace.

18   Pour le cinquantième anniversaire de la première audition du *Sacre du printemps* de Stravinsky, Boulez dirige l'œuvre à la tête de l'orchestre national de la R.T.F. et obtient son premier grand succès de chef d'orchestre.

21   Élection par le conclave du cardinal Montini qui devient Paul VI.

22   « Nuit des copains à la Nation » : le concert rock organisé par D. Filipacchi place de la Nation attire plus de 150 000 jeunes. Choc des générations : « Mais voici que se lève immense, bien nourrie, ignorante en Histoire, opulente, réaliste, la cohorte dépolitisée et dédramatisée des Français de moins de vingt ans » (Fr. Nourissier, « Née en 44, le temps des " zidoles " », *Nouvelles littéraires* ; « Salut les voyous ! », *Paris-Presse*).

27   P. Henry, *Variations pour une porte et un soupir* en première audition à Paris. L'organisation musicale du bruit des choses.

27 *L'Express*, numéro spécial, la France « Dans dix ans ». L'avenir est rose : doublement du niveau de vie, trois fois plus de voitures, deux fois plus de départs en vacances.

R. Jakobson, *Essais de linguistique générale* (Éditions de Minuit, coll. « Arguments »). Le livre des fondements du structuralisme.

G. Lapassade, *L'Entrée dans la vie*. Essai sur l'inachèvement de l'homme (Éditions de Minuit, coll. « Arguments »). Le problème de l'adolescence dans les sociétés modernes.

JUILLET

6-8 E. Morin, « Salut les copains » *(Le Monde)*, analyse du « phénomène yé-yé » : « Le mot clef n'est pas idole, comme l'avaient cru les marchands de disques, mais " copain " (...) on peut être copain même jusqu'à trente ans à condition d'avoir le je-ne-sais-quoi copain (...) » L'adolescence devient une classe d'âge : « les décagénaires ».

SEPTEMBRE

12 Présentation du « plan de stabilisation » par Valéry Giscard d'Estaing.

19 *L'Express* lance la candidature de M. X à la présidence de la République. *Le Canard enchaîné* dévoile l'identité du candidat : G. Defferre.

29 Deuxième session du concile Vatican II.

Création des collèges d'enseignement secondaire (C.E.S.).

G. Lukács, *Théorie du roman* (Denoël-Gonthier, coll. « Médiations »), traduction d'un classique de 1920. Formes sociales et formes littéraires.

A. Hitchcock, *Les Oiseaux*. L'agression par la nature.

OCTOBRE

4 A. Resnais, J. Cayrol, *Muriel*. Torture de la mémoire : la guerre d'Algérie. Échec commercial.

10 Gogol, *Le Manteau* ; W. Shakespeare, *Le Roi Lear* : premiers spectacles du T.E.P. La critique est enthousiaste.

11 Mort de J. Cocteau et d'É. Piaf à quelques heures d'intervalle.

12 Première des *Raisins verts* de J.-C. Averty.

21 S. Beckett, *Oh ! les beaux jours*, mise en scène de R. Blin au théâtre de France.

31 H. Marcuse, *Éros et civilisation* : contribution à Freud (Éditions de Minuit, coll. « Arguments »). Il s'en vend mille exemplaires la première année.

R. Garaudy, *D'un réalisme sans rivages* (Plon). Préface de Louis Aragon : « un événement ». Un brevet de réalisme socialiste à Saint-John Perse, Kafka, Picasso.

S. Mallet, *La Nouvelle Classe ouvrière* (Le Seuil, coll. « Esprit »). Trois monographies d'entreprise dont la réédition simultanée (une seule est inédite) remet en question la notion marxiste de « classe ouvrière ».

S. Hoffmann, Ch. P. Kindleberger, L. Wylie, J.R. Pitts, J.-B. Duroselle, Fr. Goguel, *A la recherche de la France* (Le Seuil, coll. « Esprit »), rédigé par des chercheurs du Centre des affaires internationales de Harvard, un recueil d'essais mettant en évidence certaines des transformations qui ont affecté la France entre les années trente et les années soixante.

L. Malle, *Le Feu follet*. Le retour de Drieu la Rochelle.

NOVEMBRE

4 M. Béjart, *La Reine verte* (M. Callas ; théâtre Hébertot). Une tentative de « spectacle complet » qui déclenche une « nouvelle bataille d'Hernani » *(Combat)*.

18 J.-M. G. Le Clézio, *Le Procès-Verbal* (Gallimard, coll. « Le Chemin ») ; premier roman d'un écrivain de vingt-trois ans, prix Renaudot.

19 La Société française de psychanalyse prononce l'exclusion de J. Lacan.

22 Assassinat du président Kennedy à Dallas. E. Morin parle de « télé-tragédie planétaire ». Le vice-président Lyndon Johnson le remplace.

24 A. Bergeron, secrétaire général de Force ouvrière.

H. Gault, Chr. Millau, *Guide Julliard de Paris*. Le premier du genre : être parisien au meilleur rapport qualité/prix.

O. Lewis, *Les Enfants de Sanchez* (Gallimard). Récit en direct d'une famille pauvre de Mexico.

Lui, n° 1. Mensuel. L'érotisme pour cadres à grand tirage.

DÉCEMBRE

9 R. Hochhuth, *Le Vicaire* (mise en scène F. Spira ; théâtre de l'Athénée) : la pièce dénonce la passivité de Pie XII lors du génocide nazi. L'extrême droite perturbe la représentation.

11 A. Robbe-Grillet, *Pour un nouveau roman* (Éditions de Minuit) : recueil d'articles à allure de manifeste.

20 J.-L. Godard, *Le Mépris* (B. Bardot, M. Piccoli). Le cinéma anti-star avec la star.

24 Mort de Tr. Tzara.

M. Crozier, *Le Phénomène bureaucratique* (Le Seuil), essai sur les tendances bureaucratiques des systèmes d'organisation moderne et leur relation, en France, avec le système social et culturel. Intronisation universitaire du thème.

1964

4 Entrée dans la théorie physique et le langage de la notion de « quark », la plus petite unité indivisible de la matière. Mot emprunté à J. Joyce.

5 J. Lacan ouvre son séminaire rue d'Ulm, dans une salle mise à sa disposition par L. Althusser en présence du Tout-Paris intellectuel.

20 Cl. Lévi-Strauss, *Le Cru et le Cuit* (*Mythologiques*, I, Plon). « Vers une science des mythes » à partir de l'exemple amérindien.

27 La France reconnaît le gouvernement de Chine populaire, contre l'avis des États-Unis.

31 Conférence de presse du général de Gaulle : il décrit le président de la République comme la « clef de voûte » des institutions et refuse de dévoiler ses ambitions présidentielles.

G. Bécaud, « Et maintenant » obtient un succès international : 176 enregistrements aux États-Unis.

M. Duras, *Le Ravissement de Lol V. Stein* (Gallimard). L'esthétique de l'ellipse.

FÉVRIER

1er-2 Le congrès extraordinaire de la S.F.I.O. approuve la candidature de G. Defferre à la présidence de la République.

9 Les sœurs Goitschel (Val d'Isère) enlèvent les deux premières places dans les slaloms spéciaux aux jeux Olympiques d'hiver à Innsbrück.

A. Berg, *Wozzeck* de G. Büchner (mise en scène de J.-L. Barrault) triomphe à l'Opéra de Paris. Consécration du chef d'orchestre, P. Boulez.

Esprit, le « Temps des copains » (R. Pascal, Casamayor, Y. Bertherat...). La revue dénonce l'exploitation commerciale du phénomène – « L'an dernier, il s'est vendu en France plus de guitares que d'autos d'occasion... » – et s'interroge sur l'apparition d'une « nouvelle espèce, étrangère à notre culture, à nos traditions et à nos goûts ».

Les Temps modernes s'intéressent aux « Problèmes étudiants », donnent la parole à M. Kravetz (étudiant, U.N.E.F.) qui analyse la crise de l'U.N.E.F. (« Naissance d'un syndicalisme étudiant ») mais surtout découvrent la condition étudiante : « Ce que l'étudiant apprend essentiellement à l'Université, c'est la passivité et la soumission » (J.-B. Pontalis, « Un couple menacé »).

J. Demy, *Les Parapluies de Cherbourg*. C. Deneuve obtient le prix Louis Delluc pour son interprétation.

G. Deleuze, *Proust et les Signes* (P.U.F.). La *Recherche* comme « expérience des signes » et comme « interprétation ». « Penser, c'est donc interpréter, c'est donc traduire. »

P. Boulez, *Penser la musique aujourd'hui* (Gonthier, coll. « Médiations »). L'interprétation des structures de l'œuvre moderne.

MARS

13   I. Bergman, *Le Silence*. Le cinéma métaphysique et l'incommunicabilité.

31   Immense succès des Beatles : cinq de leurs chansons classées premières au hit-parade américain.

Genève : première conférence des Nations-Unies pour le commerce et le développement. Che Guevara prononce une diatribe d'une rare violence à la tribune.

R. Barthes, *Essais critiques* (Le Seuil, coll. « Tel quel »). L'opposition entre « critique universitaire » et « critique d'interprétation » déclenche une polémique avec les universitaires (R. Picard, « R. Barthes et la critique universitaire », *Le Monde*, 14 mars ; E. Guitton, 23 mars ; L. Goldmann, 11 avril).

L. Sebag, *Structuralisme et Marxisme* (Payot, coll. « Bibliothèque scientifique »). Le structuralisme de Cl. Lévi-Strauss et J. Lacan comme alternative à la pensée marxiste. Premier livre d'un ethnologue, ancien communiste qui se suicidera le 9 janvier 1965.

M. Weber, *L'Éthique protestante et l'Esprit du capitalisme* (Plon, coll. « Recherches en sciences humaines »). Traduction du premier tome des *Études de sociologie de la religion*.

J.-Fr. Revel crée la collection « Libertés » (J.-J. Pauvert), « (une) littérature de combat de tous les temps et de toutes les tendances » qui publiera K. Marx, *Les Luttes de classe en France. Le 18 Brumaire de Louis Napoléon Bonaparte* ; V. Hugo, *Napoléon le Petit* ; G. Darien, *La Belle France*, mais aussi K. Papaïoannou, *L'Idéologie froide*.

AVRIL

9   É. Victor, « Les femmes aussi », première émission de la série télévisée.

13 S. Kubrick, *Le Docteur Folamour*. Guerre nucléaire et folie du pouvoir.

18 Débuts de la deuxième chaîne de télévision.

27 États généraux de la Culture à la Mutualité : la France occupe le dix-septième rang mondial pour l'enseignement et la culture, juste devant l'Espagne.

30 Première émission de « La caméra invisible » d'I. Barrère : J. Legras essaie de vendre 5 F des billets de 10 F à des passants filmés incognito.

Inauguration de la Maison de la culture de Bourges par A. Malraux : « Si nous voulons que la France reprenne sa mission, si nous voulons qu'en face du cinéma et de la télévision les plus détestables, il y ait quelque chose qui compte (...) »

J. Laplanche, J.-B. Pontalis, « Fantasme originaire, fantasme des origines, origine du fantasme », *Les Temps modernes* : illustration du retour à Freud prôné par Lacan.

P. Nora crée la collection « Archives » chez Julliard. Pour la première fois, le document inédit en poche. P. Goubert et M. Denis, *Les Français ont la parole* ; J. Humbert-Droz, *L'Œil de Moscou à Paris* ; J. Bouvier, *Les Deux Scandales de Panama* ; L. Poliakov, *Auschwitz*.

MAI

14-17 XVIIᵉ congrès du P.C.F. : Waldeck-Rochet, secrétaire général du parti. M. Thorez, président.

22 Maria Callas, *La Norma* (Bellini) à l'Opéra de Paris.

A. Kriegel, *Aux origines du communisme français* (Imprimerie nationale), thèse. Naissance d'une nouvelle discipline : la communistologie.

M. Mannoni, *L'Enfant arriéré et sa mère* (Le Seuil, coll. « Le Champ freudien »). Application de la méthode lacanienne à la psychose infantile. Du rôle primordial de la mère à la culpabilisation des parents.

Esprit, numéro spécial, « Faire l'Université ». Dossier pour la réforme de l'enseignement supérieur. Soixante-douze collaborateurs dont L. Althusser, P. Bourdieu, F. Bédarida, M. Crozier, M. Dufrenne, L. Schwartz... « Il ne s'agit pas d'une affaire de spécialistes (...). L'enseignement supérieur est devenu l'un des principaux problèmes des pays développés. »

R. Planchon, mise en scène « modernisée » de *Tartuffe* : lutte de classe et libido chez Molière. La « lecture » contre le texte.

JUIN

6 Le film de J. Huston sur Freud, *Passions secrètes*, n'obtient aucun succès. J.-P. Sartre retire son nom du générique et renie son scénario qui ne sera publié qu'en 1984.

12 Condamnation de Nelson Mandela et de ses sept coaccusés à la prison à vie par le tribunal de Pretoria.

14 « Kiki » Caron, seize ans, bat le record du monde du cent mètres dos.

19 Première victoire transatlantique d'É. Tabarly à bord du *Penduick II*.

21 J. Lacan fonde l'École freudienne de Paris.

26 La R.T.F. devient l'O.R.T.F. doté d'un conseil d'administration. Le directeur général reste nommé par le gouvernement.

30 D. Lapierre et L. Collins, *Paris brûle-t-il* ? (R. Laffont, coll. « Ce jour-là »). Le roman vrai de la Libération de Paris.

G. Brassens, « Les Copains d'abord ».

JUILLET

2 Loi sur les droits civiques des Noirs aux États-Unis.

4-8 Colloque de Royaumont, « Nietzsche » (P. Klossowski, J. Beaufret, G. Deleuze). M. Foucault, « Nietzsche, Freud et Marx », rapproche les trois « maîtres du soupçon » initiateurs de nouvelles techniques d'interprétation. Les actes seront publiés en 1966 (Éditions de Minuit).

12 Mort de M. Thorez.

14 J. Anquetil, après une lutte acharnée contre R. Poulidor, le favori du public, remporte le Tour de France pour la cinquième fois.

Guerre des dessous : Dim lance le conditionnement des collants en petits cubes. Les bas et les porte-jarretelles sont abandonnés.

Exposition « Mythologies quotidiennes » au Musée d'art moderne de la ville de Paris, organisée par G. Gassiot-Talabot. Le Pop Art made in Paris.

AOÛT

7 *Ecclesiam Suam*, première encyclique de Paul VI qui met l'accent sur le dialogue de « l'Église vivante » avec le monde.

21 Mort de P. Togliatti à Yalta.

L'Internationale situationniste (n° 9). « Que veut dire le mot situationniste ? Il définit une activité qui entend *faire* les situations, non *les reconnaître*... Combien êtes-vous ? Un peu plus que le noyau initial de la Sierra Maestra, mais avec moins d'armes. Un peu moins que les délégués qui étaient à Londres en 1864 pour fonder l'Association internationale des travailleurs, mais avec un programme plus cohérent. Aussi fermes que les Grecs des Thermopyles... mais avec un plus bel avenir. »

SEPTEMBRE

9 J. Girault, *Le Gendarme de Saint-Tropez* (Louis de Funès). La veine comique d'une décennie. La France profonde aux prises avec la France légère.

21 *L'Express*, sous la direction de J.-J. Servan-Schreiber et Fr. Giroud, devient un magazine illustré de format tabloïd. En couverture, la photo du général de Gaulle : « Le testament du général de Gaulle ».

23 Inauguration du plafond de l'Opéra commandé par A. Malraux à M. Chagall. La modernité de l'œuvre fait scandale.

30 Le best-seller américain, B. Friedan, *La Femme mystifiée* (traduction Y. Roudy) paraît dans la nouvelle collection « Femmes » dirigée par C. Audry (Éditions Gonthier).

D. Riesman, *La Foule solitaire* : anatomie de la société moderne (Arthaud, coll. « Notre temps »). Préface d'E. Morin. Un grand sociologue américain élabore le « type idéal » de l'homme moderne occidental.

J. Starobinski, *L'Invention de la liberté. 1700-1789* (Skira). Le grand retour du XVIIIᵉ siècle (suivi en 1973 de *1789. Les Emblèmes de la raison*.).

OCTOBRE

14 Martin Luther King, prix Nobel de la paix.
Limogeage de N. Khrouchtchev. L. Brejnev est élu secrétaire du Comité central du P.C.U.S.

M.-A. Antonioni, *Le Désert rouge*. L'angoisse du paysage industriel.

30 M. Wittig, *L'Opoponax* (Éditions de Minuit), prix Médicis. Cette distinction est considérée comme un succès du Nouveau Roman : trente mille exemplaires.

NOVEMBRE

4 Annonce de la candidature du général de Gaulle à la présidence de la République pour éviter « l'écroulement et la confusion ».

6-7 Déconfessionnalisation de la C.F.T.C. qui devient la C.F.D.T. lors d'un congrès extraordinaire (Paris). E. Descamps reste secrétaire général.

19 *Le Nouvel Observateur*, premier numéro (rédacteur en chef : J. Daniel), placé sous le double patronage de P. Mendès France et J.-P. Sartre.

H. Damisch, « La culture de poche. Filigrammes » *(Le Mercure de France)*, réquisitoire contre le livre de poche, vecteur d'une « culture de consommation », ouvre une discussion reprise par *Les Temps modernes*.

Communications, « Recherches sémiologiques ». R. Barthes, « Éléments de sémiologie », fonde une nouvelle discipline : la sémiologie.

J. Le Goff, *La Civilisation de l'Occident médiéval* (Arthaud, coll. « Les grandes civilisations »). Une synthèse sur les structures essentielles de la civilisation médiévale, sous le signe des mentalités et de l'anthropologie : « Mettre en valeur tout ce que la société médiévale a de primitif, et éclairer ces structures primitives dans l'agencement de la vie matérielle, de la vie biologique et de la vie mentale. »

DÉCEMBRE

1ᵉʳ E. Albee, *Qui a peur de Virginia Woolf ?* (mise en scène de Cl. Zefirelli au théâtre de la Renaissance) : six cents représentations.

10 Refus du prix Nobel de littérature par J.-P. Sartre.

19 Transfert des cendres de J. Moulin au Panthéon. La cérémonie est présidée par le général de Gaulle, le discours d'A. Malraux : « Entre ici J. Moulin, avec ton terrible cortège d'ombres défigurées... »

24-25 J.-C. Averty dirige la soirée de Noël à la télévision. Il met en image la pièce de M. Conelly, *Les Verts Pâturages*, la Bible vue par les Noirs. Le spectacle est éblouissant. Indignation d'une partie du public.

Ph. de Broca, *L'Homme de Rio* (J.-P. Belmondo) sacré « film de l'année ». Plus de six cent cinquante mille entrées.

I. Xenakis, *Eonta*, créé au Domaine musical sous la direction de P. Boulez.

1965

JANVIER

3 Fin de la messe en latin.

11 P. Bourdieu, J.-Cl. Passeron, *Les Héritiers* (Éditions de Minuit, coll. « Les Grands Documents » puis « Le Sens commun »). La réussite ou l'échec scolaire sont moins conditionnés par les inégalités économiques que par l'héritage culturel, « capital subtil fait de savoirs, de savoir-faire, de savoir-dire », dont dispose l'étudiant.

19 L'Assemblée générale du C.N.P.F. (Conseil national du patronat français) adopte une « charte libérale ». Point 12 : « En matière de gestion des entreprises, l'autorité ne peut se partager. »

24 Mort de Winston Churchill.

Les *Cahiers du cinéma* publient les « cahiers de doléances » de « tous les cinéastes français » concernant essentiellement les circuits de production et de distribution des films (« Crise du cinéma français », n° 161/162).

A. Leroi-Gourhan, *Le Geste et la Parole* (2 tomes, Albin Michel, coll. « Science d'aujourd'hui »). Renouveau des études préhistoriques.

Fr. Ponge, *Pour un Malherbe* (Gallimard). Retour à une poétique classique.

FÉVRIER

12   Vernissage au Musée d'art moderne des toiles peintes sous mescaline par H. Michaux.

R. Mandrou, *La Culture populaire aux XVII*ᵉ*-XVIII*ᵉ *siècles. La Bibliothèque bleue de Troyes* (Stock). Apparition d'un thème de recherche.

À l'initiative de l'Union des étudiants communistes, quatre mille étudiants se réunissent à la Mutualité pour écouter une conférence : « Que peut la littérature ? » (J.-P. Sartre, J. Ricardou, Y. Berger, J. Semprun, J.-P. Faye, S. de Beauvoir).

MARS

17   Léo Ferré à Bobino (les « chansons interdites »).

19   Bombardements massifs par les Américains au Viêt-nam du Nord.

22   France Gall, « Poupée de cire, poupée de son », grand prix de l'Eurovision.

Crises à l'Union des étudiants communistes (U.E.C.) où le droit de tendance est condamné et à la Jeunesse étudiante chrétienne (J.E.C.) où les désaccords avec la hiérarchie vont croissant.

L'Arc, « Lévi-Strauss », nº 26 (B. Pingaud, G. Genette, J. Pouillon...) : « (...) Jakobson prouve, par l'exemple, que la structure peut être un instrument d'analyse scientifique. Il n'a pas lui-même inventé le structuralisme. L'aventure a commencé un demi-siècle plus tôt avec le linguiste genevois F. de Saussure ; elle s'est poursuivie avec les " formalistes " russes. L'entrée en scène de Lévi-Strauss va lui ouvrir de nouveaux développements appliqués à l'ethnologie et plus généralement aux sciences humaines, " l'analyse structurale " deviendra une véritable panacée : on l'utilisera en psychologie, en sociologie, en histoire, mais aussi pour parler de peinture, de musique ou de littérature, pour étudier la mode ou la cuisine. »

Courrèges, la « Moon Girl » : le blanc et le court. La modernité géométrique du vêtement.

D. de Galard, « Dim, dam, dom », première émission. L'image de la femme sophistiquée.

Suppression de « La caméra explore le temps » de S. Lorenzi, A. Castelot, A. Decaux, émission créée en 1957.

La censure de l'album *Barbarella* de J.-Cl. Forest (Losfeld, 1964) en fait un événement parisien.

AVRIL

3 P. Bourdieu fonde la collection de sociologie « Le Sens commun » (Éditions de Minuit) : « Apporter une contribution à une ethnologie de la vie quotidienne... (mener) l'enquête hors des grands sujets consacrés par la tradition scientifique. » Seront notamment publiés : P. Bourdieu, L. Boltanski, R. Castel, J.-Cl. Chamboredon, *Un art moyen* ; É. Benveniste, *Le Vocabulaire des institutions indo-européennes* ; A.R. Radcliffe-Brown, *Structure et fonction dans les sociétés primitives*.

Les Temps modernes, numéro spécial : « Livres de poche ». Aux avis critiques : P. Thévenin, « Un faux bon marché » ; Ph. Sollers, « Une parole inoffensive », s'opposent d'ardents plaidoyers : J.-L. Ferrier, « L'éducation permanente » ; J.-Fr. Revel, « Culture de poche contre vulgarisation ».

R. Allio, *La Vieille Dame indigne*, d'après une nouvelle de B. Brecht. La libération du troisième âge.

R. Fossaert lance la collection « Société » (Le Seuil). Mises au point sur les interrogations de la société française contemporaine. Seront notamment publiés J. Derogy, P. Lescaut, *Population sur mesure* ; J. Boissonat, *La Politique des revenus* ; M. Gervais, Cl. Servolin, J. Weil, *Une France sans paysans*.

Sous la direction de Claude Samuel, le festival de Royan, fondé en 1964 devient l'équivalent des grands festivals étrangers de musique contemporaine, destiné de fait à la communauté professionnelle.

MAI

7   Fr. Jacob, leçon inaugurale au Collège de France (chaire de génétique cellulaire). La nature de l'hérédité.

25   C. Clay, champion du monde des poids lourds.

P. Schoëndorffer, *La 317e Section*, adaptation cinématographique de ses souvenirs sur la guerre d'Indochine.

W. Burrough, *Le Festin nu* (Gallimard). L'expression littéraire de la drogue.

P. Ricœur, *De l'interprétation. Essai sur Freud* (Le Seuil, coll. « L'Ordre philosophique ») : relecture des productions de l'inconscient à la lumière de l'herméneutique phénoménologique. Ricœur est accusé de « plagiat » et violemment critiqué par les lacaniens (M. Tort, « De l'interprétation ou la machine herméneutique », *Les Temps modernes*, févr.-mars 1966).

P. Massé, *Le Plan ou l'Anti-Hasard* (Gallimard, coll. « Idées ») : plaidoyer en faveur de la planification française. Le développement économique et social relève désormais de « l'aventure calculée ».

Découverte du rayonnement cosmique à 4° K par A.A. Penzias et K.W. Wilson. Confirmation observationnelle du « Big bang ».

P. Jalée, *Le Pillage du tiers monde* (Maspero, coll. « Cahiers libres »). Les chiffres de l'exploitation.

L. Aragon, *La Mise à mort* (Gallimard). « L'histoire d'un homme qui a perdu son image, peut-être... Ce pourrait être aussi le roman de la pluralité de la personne humaine..., Choisissez vous-même. »

JUIN

20 Triomphe des Beatles au palais des Sports.

O. Messiaen, *Et expecto resurrectionem mortuorum* œuvre commandée par Malraux exécutée en la cathédrale de Chartres en présence du général de Gaulle.

25 Retrait de la candidature de G. Defferre à l'élection présidentielle.

30 Opposée au financement supranational de la P.A.C., la France refuse d'envoyer ses représentants au Conseil des ministres européens. Elle pratique « la politique de la chaise vide ».

R. Devos, « Le progrès, c'est formidable ».

JUILLET

13 Autonomie bancaire de la femme mariée. Les époux sont désormais quasi égaux en matière de régime matrimonial.

16 Ouverture du tunnel du Mont-Blanc.

Diogène, numéro spécial : « Problèmes du langage » (É. Benveniste, N. Chomsky, R. Jakobson...).

AOÛT

26 Mort de Le Corbusier. A. Malraux lui rendra hommage lors de ses obsèques dans la Cour carrée du Louvre.

Socialisme ou Barbarie, n° 40. Dernier numéro. Privatisation et passivité des acteurs vident aujourd'hui de sens l'entreprise révolutionnaire, expliquera un texte distribué en 1967. « Nous l'avons déjà constaté depuis 1959... dans les sociétés du capitalisme moderne, l'activité politique proprement dite tend à disparaître. »

SEPTEMBRE

9 Fr. Mitterrand, candidat à la présidence de la République.

10 Création de la Fédération de la gauche démocrate socialiste (F.G.D.S.) qui comprend la S.F.I.O., les radicaux, l'U.D.S.R., la Convention des institutions républicaines.

L. Althusser, *Pour Marx* (Maspero, coll. « Théorie »), recueil d'articles qui mettent en évidence la « coupure épistémologique » : le Marx scientifique est postérieur à 1845.

J.-P. Vernant, *Mythe et Pensée chez les Grecs. Études de psychologie historique* (Maspero). La rencontre de l'anthropologie et des études antiques (*L'Anthropologie de la Grèce antique* de L. Gernet paraîtra en 1968 aux mêmes éditions).

R. Picard, *Nouvelle Critique ou Nouvelle Imposture* (J.-J. Pauvert, coll. « Libertés »), un pamphlet virulent qui attaque plus particulièrement *Sur Racine*. C'est le « Pearl Harbor de la Nouvelle Critique ». R. Barthes lui répondra dans *Critique et Vérité* (Le Seuil, coll. « Tel quel »).

A. Jammot, « Le mot le plus long », première émission.

« Dix millions d'images », première exposition de bandes dessinées en France, et début de la canonisation artistique d'un moyen d'expression. Son succès médiatique met fin à la période confidentielle du mouvement « bédéphile » commencé en 1962.

OCTOBRE

14 Fr. Jacob, A. Lwoff, J. Monod (équipe de l'Institut Pasteur), prix Nobel de médecine pour leurs travaux sur le code génétique. Première fois depuis 1928 que cette distinction récompense des savants français.

D. Mothé, *Militant chez Renault* (Le Seuil, coll. « Esprit »). Un délégué syndical, fraiseur aux usines Renault, ancien militant de Socialisme ou Barbarie, dévoile les réalités de l'implication des ouvriers dans le processus du travail. Contre la dégénérescence du socialisme bureaucratique.

23 Reprise de l'expérience des prêtres-ouvriers.

25 F. Fellini, *Juliette des esprits*. Freud au cinéma.

29 Enlèvement de M. Ben Barka, leader syndicaliste marocain à Saint-Germain-des-Prés. Il ne réapparaîtra pas. L'affaire, en dépit des promesses du général de Gaulle, ne sera jamais officiellement éclaircie.

J.-L. Godard, *Pierrot le Fou* (J.-P. Belmondo, A. Karina), interdit aux moins de dix-huit ans sous le motif d'« anarchisme politique et moral ».

Pariscope, n° 1. Cinéphilie, mode d'emploi.

Inauguration du drugstore Saint-Germain, décoré par Slavik.

À Antony, deux mille étudiants manifestent pour empêcher la construction devant le pavillon des filles d'une loge de concierge qui en interdirait l'accès aux garçons. Les travaux seront achevés sous la surveillance des policiers.

Ouverture du campus de Nanterre.

A. Robbe-Grillet, *La Maison de rendez-vous* (Éditions de Minuit). La fin du Nouveau Roman ?

Phénix, n° 1. Revue d'étude et d'information sur la bande dessinée.

NOVEMBRE

21 Première apparition télévisée de M. Mathieu : « Une nouvelle É. Piaf est née. » Ce sera la « chanteuse la plus populaire de l'année » en 1967.

22 G. Perec, *Les Choses*, « une histoire des années soixante » (Denoël, coll. « Lettres nouvelles »), prix Renaudot. La consommation-aliénation.

26   Lancement et mise sur orbite du premier satellite français (A.1).

30   H. Michaux refuse le Grand Prix national des lettres.

H. Pinter, *La Collection* et *L'Amant*, créés au théâtre Hébertot. C'est la deuxième fois que Pinter est joué en France mais ce sont ses vrais débuts auprès du public parisien.

L. Althusser, J. Rancière, P. Macherey, E. Balibar, R. Establet, *Lire le Capital* (Maspero), réunion d'exposés prononcés à l'E.N.S. au début de 1965 : « Nous avons tous lu, nous lisons tous *Le Capital* (...) » Philosophie du marxisme comme « discours scientifique ».

A. Sarrazin, *La Cavale* puis *L'Astragale* (J.-J. Pauvert), récit d'une enfance orpheline, des évasions, du bonheur retrouvé : cent mille exemplaires en deux mois.

DÉCEMBRE

8   Clôture solennelle du concile de Vatican II.

5-12   Élections présidentielles. Introduction de la télévision. Mise en ballottage du général de Gaulle par Fr. Mitterrand et J. Lecanuet. Il sera élu au second tour avec 55,2 % des suffrages exprimés (contre 44,8 % à Fr. Mitterrand). La campagne « à l'américaine » de J. Lecanuet introduit en France le marketing politique.

23   A. Harris, A. de Sedouy, « Zoom », magazine d'actualité destiné à promouvoir la deuxième chaîne. Au générique de la première émission : « Michel Debré parle ; les S.S. se réveillent ; chez Marcelle (la voyante). »

J. Derrida, « De la grammatologie » (*Critique*, n° 223-224) : l'écriture contre le « phonocentrisme » de la tradition métaphysique occidentale.

Le Kiosque, première librairie à Paris consacrée aux paralittératures (b.d., s.f., etc.).

LES ACTEURS DE L'AVENIR

Sous les « Golden Sixties » pointent 1968 et les années soixante-dix. De nouveaux acteurs, de nouvelles équipes se mettent en place dont on entendra parler :

– La crise du gallo-stalinisme, encore peu perceptible, éclate au maillon le plus faible de la chaîne communiste : les organisations de jeunesse. L'Union des étudiants communistes (U.E.C.) implose au terme d'une longue agonie, engendrant les « groupuscules gauchistes » du futur joli mois de mai : Jeunesse communiste révolutionnaire (trotskiste) et Union des jeunes marxistes-léninistes de France (maoïstes), ces dernières levant haut la bannière de Louis Althusser dont Maspero publie le Pour Marx *et* Lire le Capital.

Avec les bombardements américains du Nord-Viêt-nam, la guerre d'Indochine entre dans une nouvelle phase, ravivant le « péché colonial » de l'Occident quelque peu estompé en France depuis la fin de la guerre d'Algérie.

La jeunesse scolarisée s'enflamme pour le David vietnamien, contre le Goliath yankee. Elle vit durement la crise de l'Université libérale, ployant sous le nombre. Le mot d'ordre superbe des situationnistes, « vivre sans temps morts, jouir sans entraves », rencontre un grand écho en son sein. De même que Les Héritiers, *l'essai de Pierre Bourdieu et Jean-Claude Passeron – Bourdon et Passerieux pour les potaches –, montrant en quoi l'École et l'Université constituent des appareils de ségrégation et de reproduction sociale, en même temps que d'inculcation idéologique.*

– À la fureur de Georges Pompidou et au grand dam des « ailes marchantes » du patronat, le C.N.P.F. adopte la Charte libérale de Pierre de Calan, et expulse de son Conseil exécutif José Bidegain et Pierre Bruneau, représentants du Centre des jeunes patrons coupables d'avoir publiquement soutenu la reconnaissance de la section syndicale d'entreprise. « Cette plongée dans le passé me consterne », déclare Marcel Demonque, P.-D.G. des Ciments Lafarge, en don-

nant sa démission. Mais sous cet apparent immobilisme de nouvelles équipes s'installent aux commandes : Ambroise Roux et François Ceyrac, le futur « ticket » des années soixante-dix, symbole de l'aggiornamento patronal, prennent le contrôle, l'un de la Commission économique générale du C.N.P.F., l'autre de sa Commission sociale.

– L'opération « tri-forciste » de la Grande Fédération, alliant la S.F.I.O., le parti radical et les centristes de Jean Lecanuet, échoue. Son champion, Gaston Defferre, retire sa candidature à l'élection présidentielle de décembre 1965. La voie est libre pour François Mitterrand et sa stratégie d'union de la gauche. En septembre, la Fédération de la gauche démocrate et socialiste (F.G.D.S.) est portée sur les fonts baptismaux. En décembre, elle met le Général-Président en ballottage. Candidat unique de la gauche dès le premier tour, François Mitterrand incarne désormais l'image de l'unité et du redressement de la gauche française.

Henri Weber.

1966

JANVIER

3-15 Création de l'Organisation tricontinentale de solidarité des peuples d'Afrique, d'Asie, d'Amérique latine à La Havane. En France, c'est Fr. Maspero qui diffuse la revue *Tricontinental*.

7 Décret créant les instituts universitaires de technologie (I.U.T.).

13 Mort du sculpteur et peintre A. Giacometti.

17 A. Gatti, *Chant public devant deux chaises électriques* au T.N.P. L'affaire Sacco et Vanzetti.

22 Premières photos de la terre vue du Cosmos prises par les astronautes américains (mission Gemini VI/VII).

28-30 Après le « compromis de Luxembourg », la France accepte de reprendre sa place au Conseil de l'Europe.

Premières communautés hippies en Californie.

Nouvelle traduction française du *Pater* adoptée par toutes les Églises catholiques et protestantes des pays de langue française.

P. Bourdieu, A. Darbel, *L'Amour de l'art* (Éditions de Minuit, coll. « Le Sens commun »), étude des musées français et leur public : « Comme la prédication religieuse, la prédication culturelle n'a de chance de réussir que lorsqu'on atteint des convertis. » L'accès à l'œuvre d'art est le privilège des gens cultivés.

T. Todorov, *Théorie de la littérature* (Le Seuil, coll. « Tel quel » ; préface de R. Jakobson), présentation de textes de formalistes russes initiateurs d'une approche structurale des faits littéraires.

J. Farran, I. Barrère, « Face à face » : un homme politique répond en direct à des journalistes.

P. Sabbagh, « Au théâtre ce soir ». Première d'une série télévisée populaire.

Exposition « Le fauvisme français et les débuts de l'expressionnisme allemand » au Musée national d'art moderne.

FÉVRIER

10-14 U.R.S.S. : procès des écrivains Siniavsky, Daniel condamnés au bagne à cause de leur œuvre littéraire.

14 Mort de Marguerite Long, la « grande dame de la musique française » qui avait consacré sa carrière de pianiste à la diffusion de la musique de G. Fauré, M. Ravel, Cl. Debussy.

16 M. Forman, *Les Amours d'une blonde*. L'arrivée du cinéma tchèque.

Cahiers pour l'analyse, premier numéro, « La vérité » (Cercle d'épistémologie de l'E.N.S.) : « (...) présenter des textes (...) touchant à la logique, à la linguistique, à la psychanalyse, à toutes les sciences de l'analyse (...) à cette fin de contribuer à la constitution d'une théorie du discours (...) » (J.-A. Miller). La revue sera un carrefour de signatures prestigieuses : G. Canguilhem, L. Althusser, J. Derrida, G. Dumézil, J. Lacan.

Livre blanc de la psychiatrie française (Privat). Un programme réformateur.

MARS

7 La France quitte l'O.T.A.N. et demande le départ des bases et troupes étrangères situées sur son territoire national.

11-13 Session du Comité central du P.C.F. à Argenteuil. La résolution qui affirme que « le marxisme est l'humanisme de notre temps » va dans le sens d'une plus grande autonomisation de la culture : « L'on ne saurait limiter à aucun moment les droits qu'ont les créateurs à la recherche. »

15 *La Quinzaine littéraire*, premier numéro (F. Erval-M. Nadeau). R. Barthes salue avec enthousiasme la première grande biographie de M. Proust, G.D. Painter, *Marcel Proust* (Mercure de France).

Langages, premier numéro (Larousse) « Recherches sémantiques » sous la direction de T. Todorov. Au conseil de direction : R. Barthes, A.-J. Greimas. « L'étude du langage est aujourd'hui une dimension nécessaire de la culture, d'abord parce que de l'anthropologie à la philosophie, il n'est guère de discipline qui n'ait été amenée ces derniers temps à confronter la structure de son objet à la structure du langage et ses méthodes à celles de la linguistique. »

Philips lance les transistors de poche.

AVRIL

1er J. Rivette, *La Religieuse*. Le film est interdit par Y. Bourges, secrétaire d'État à l'Information, malgré l'avis deux fois favorables de la Commission de censure pour être finalement sélectionné par le festival de Cannes.

Création de *Terretêkorh* de I. Xenakis au festival de Royan, orchestre et public mêlés dans la salle.

9 Suppression par le Vatican de l'index des livres interdits aux croyants.

16 États-Unis : arrestation de T. Leary, psychologue, directeur de recherche à l'université de Harvard, chantre de « l'expérience psychédélique » et du L.S.D.

20 M. Bellochio, *Les Poings dans les poches*. La contestation de la famille.

Atomes, « Revue scientifique de niveau international », nouvelle série (directeur : M. Chodkiewicz).

M. Foucault, *Les Mots et les Choses,* essai d'ethnologie culturelle de notre société : « L'homme n'est pas le plus vieux problème, ni le plus important qui se soit posé au savoir humain. » Le livre, salué par M. Chapsal comme « la plus grande révolution depuis l'existentialisme » (*L'Express*, 23 mai), lance la « Bibliothèque des sciences humaines » (Gallimard), dirigée par P. Nora où paraissent simultanément : E. Canetti, *Masse et Puissance* ; É. Benveniste, *Problèmes de linguistique générale* ; G. Calame-Griaule, *Ethnologie et Langage*.

J.-P. Darras, *Le Partage des bénéfices. Expansion et inégalités en France* (Éditions de Minuit). Préface de Cl. Gruson.

Fondation de la Jeunesse communiste révolutionnaire (A. Krivine). Organisation membre de la IVᵉ Internationale fondée par L. Trotski.

B. Bertolucci, *Prima della Rivoluzione*. Stendhal et le prolétariat.

MAI

30-1ᵉʳ Colloque de Grenoble organisé par la C.F.D.T. et le P.S.U. sous l'égide de P. Mendès France avec la participation de clubs de gauche (Jean Moulin) et de nombreuses personnalités. Axé sur les problèmes économiques du régime de transition au socialisme.

2-8 S. Gainsbourg, compositeur de B.B., Petula Clark, Régine, France Gall, est le « roi du marché français de la chanson » *(L'Express).*

12 Rétrospective Baltus au Musée des arts décoratifs.

20 V. Schloendorff, *Les Désarrois de l'élève Torless,* marque le renouveau du cinéma allemand.

R. Bresson, *Au hasard Balthazar.* La tragédie froide.

A. Resnais, *La guerre est finie,* film sur un réseau anti-franquiste retiré de la sélection officielle du festival de Cannes à la demande du gouvernement espagnol.

J. Genet, *Les Paravents,* mise en scène de R. Blin au théâtre de l'Odéon. Manifestation des groupes d'extrême droite pour interrompre la pièce (tracts : « Genet, pédéraste sans talent »).

Aléthéia (S. Thion, P. Cahen) reparaît avec un numéro spécial consacré au structuralisme (Cl. Lévi-Strauss, R. Barthes, K. Axelos). M. Godelier cherche à opérer la jonction entre méthode structuraliste et méthode dialectique : Marx, relu à la lumière de Lévi-Strauss annonce le courant structuraliste moderne (« Remarques sur les concepts de structure et de contradiction »).

E. Le Roy Ladurie, *Les Paysans de Languedoc* (SEV-PEN), thèse. Dans un cadre régional, un essai d'histoire totale, anthropologique, climatique, démographique, économique des masses paysannes.

G. Genette, *Figures* (Le Seuil, coll. « Tel quel »). De la rhétorique à la théorie des formes littéraires.

Création du service de la musique du ministère de la Culture confié à M. Landowski. Boulez à qui G. Picon avait demandé ses idées sur la réorganisation de la vie musicale y voit l'arbitrage de Malraux en faveur du conservatisme. Il déclare au *Nouvel Observateur* « faire grève en regard de tout ce qui est organisme officiel de la musique en France ». Sa carrière se déroulera à l'étranger jusqu'en 1974.

JUIN

Numéro spécial des *Lettres françaises* sur la bande dessinée. Il marque le retournement de l'opinion de gauche, jusque-là très hostile au mouvement de réévaluation.

Cl. François, J. Gréco, L. Blondo, N. Mouskouri, S. Gainsbourg, R. Zaraï « découvrent le gadget le plus étonnant de l'année : la musicassette ».

C. Wright Mills, *Les Cols blancs* : essai sur les classes moyennes américaines (Maspero, coll. « Textes à l'appui »). Anatomie d'un nouvel acteur social, « avant-garde involontaire de la société moderne ».

Living Theatre, *The Brig* au théâtre de France. La participation du spectateur à la mort concentrationnaire.

Critique, n° 229, « Maurice Blanchot » (R. Char, J. Starobinski, M. Foucault, E. Levinas).

Antoine, « Les Élucubrations », cheveux longs sur scène et la pilule dans une chanson. J. Halliday riposte « Cheveux longs, idées courtes ».

JUILLET

20   Plan-calcul : début d'une politique française dans le domaine de l'informatique qui se soldera par bien des déboires.

Cl. Lelouch, *Un homme et une femme* (A. Aimée, J.-L. Trintignant), grand prix du festival de Cannes, rencontre une large audience.

AOÛT

1er-12   Chine : la XIe session plénière du P.C.C. publie une « Déclaration en seize points », charte de la « Grande Révolution culturelle prolétarienne » qui couve depuis le printemps.

29 San Francisco : dernier concert des Beatles. Le groupe fait ses adieux à la scène.

A. Grothendieck, médaille Fields de mathématiques.

SEPTEMBRE

14 Premier Conseil fédéral des républicains indépendants (R.I.) sous la présidence de Valéry Giscard d'Estaing.

M. Polac, « Bibliothèque de poche », magazine télévisé littéraire.

20 P. Weiss, *Marat-Sade*, mise en scène de P. Brook au théâtre Sarah-Bernhardt. Ambiguïtés de la révolution populaire.

22 Première saisie importante de drogue par la douane française à la frontière suisse : 500 kg d'opium brut, 54 kg de morphine.

Communications, numéro spécial : « Recherches sémiologiques. L'analyse structurale du récit ». R. Barthes, « Introduction à l'analyse structurale du récit » ; G. Genette, « Frontières du récit » ; U. Eco, « James Bond. Une combinatoire narrative ».

P. Goubert, *Louis XIV et vingt millions de Français* (Fayard, coll. « L'Histoire sans frontières »). « Confronter Louis à son royaume et à son temps. »

G. Duby, *L'Europe des cathédrales 1140-1280* (Skira), édition illustrée : saisir « les vrais rapports entre la naissance de l'œuvre d'art, la structure des relations sociales et les mouvements de la pensée dans une époque d'intenses bouleversements ».

Bob Dylan à l'Olympia.

OCTOBRE

1ᵉʳ Libération de deux des trois derniers condamnés de Nuremberg : A. Speer, B. von Schirach.

8   Adoption de la réforme électorale : il faut obtenir 10 % des suffrages exprimés (et non plus 5 %) pour se présenter au second tour des élections. Un temps d'antenne égal est attribué à la majorité et à l'opposition lors de la campagne électorale.

23   Suppression du « maigre » le vendredi par l'assemblée plénière de l'épiscopat français.

26   Strasbourg : une douzaine d'étudiants interrompent le cours inaugural d'un cybernéticien, A. Moles, à coup de tomates. Les perturbateurs se déclarent « situationnistes ».

Yves Saint Laurent consacre le port du pantalon pour femme en l'introduisant dans sa collection. Un (futur) classique : le smoking féminin.

J. Kuron et K. Modzelewski, *Lettre ouverte aux membres du parti ouvrier polonais* diffusée en France par les trotskistes. La critique de la bureaucratie à l'Est.

L'Homme et la Société, revue internationale de recherches et de synthèses sociologiques, n° 1, Éditions Anthropos. Au sommaire : G. Gurvitch, J. Duvignaud, H. Lefebvre, un inédit de Marx.

Fr. Bon, M.-A. Burnier, *Les Nouveaux intellectuels* (Cujas). De la république des profs à la civilisation des technocrates.

NOVEMBRE

8   J.-P. Melville, *Le Deuxième Souffle* (L. Ventura). Le polar haut de gamme.

18   Rétrospective de l'œuvre de Picasso au Grand Palais, au Petit Palais et à la Bibliothèque nationale inaugurée par A. Malraux. L'exposition-événement entre dans les mœurs.

30   Création du Comité Viêt-nam national (direction : L. Schwartz, J. Schalit, A. Krivine, B. Kouchner). Il organise « Six Heures pour le Viêt-nam » à la Mutualité. Première fête politique en France.

Exposition Dada, commémorative du cinquantenaire de la fondation du mouvement, au Musée national d'art moderne.

Lord Russel constitue un tribunal international afin de juger les crimes de guerre américains au Viêt-nam. J.-P. Sartre en accepte la présidence.

Les situationnistes s'emparent de force des locaux et du matériel de l'U.N.E.F. pour imprimer, au nom de l'Association fédérative générale des étudiants de Strasbourg (A.F.G.E.S.), une brochure anonyme : *De la misère en milieu étudiant, considérée sous ses aspects économiques, politiques, psychologiques, sexuels et notamment intellectuels et de quelques moyens pour y remédier*. Un seul mot d'ordre : « Vivre sans temps mort et jouir sans entrave. » L'auteur en est M. Khayati.

Les Temps modernes, numéro spécial : « Problèmes du structuralisme » (J. Pouillon, M. Barbut, J. Greimas, M. Godelier, P. Bourdieu, P. Macherey, J. Ehrmann). Considérant que « le structuralisme est à la mode (...) voici un numéro consacré moins au structuralisme qu'à ses problèmes (...) moins à la notion de structure qu'à ses emplois ».

Le Nouvel Observateur publie une enquête : « Voici comment vous êtes catholiques. » J. Ozouf constate l'importance du catholicisme en France (84 % des Français se disent catholiques) et le glissement à gauche d'une partie des fidèles : 47 % se déclarent prêts à engager une action commune avec les communistes.

J. Lacan, *Écrits* (Le Seuil, coll. « Le Champ freudien »), 900 pages, 5 000 exemplaires vendus avant les comptes rendus de la presse ! Lacan est désormais le « Freud français ».

Le Magazine littéraire, n° 1. Bimestriel. Directeur : G. Sitbon. Le parti pris culturel.

Premier numéro de *Rock and Folk*.

L'Arc, « Jean-Paul Sartre ». Bilan d'une fin de règne :
« Il y a à cela deux raisons d'évidence. La première est
qu'on ne peut plus lire Sartre aujourd'hui comme on le
lisait en 1945 (...) La deuxième (...) Lévi-Strauss, Lacan,
Barthes, Foucault, voilà le nom des " nouveaux maîtres "
(...) » (B. Pingaud).

P. Macherey, *Pour une théorie de la production littéraire*
(Maspero). Analyse marxiste : l'écrivain est « l'ouvrier »
de son texte.

DÉCEMBRE

1er Création de l'Agence nationale pour la valorisa-
tion de la recherche (A.N.V.A.R.).

20 Conclusion d'un accord entre la F.G.D.S. et le
P.C.F. pour assurer le succès du « candidat de la gauche
le mieux placé ». G. Pompidou dénonce la possibilité
d'une « dictature du prolétariat ».

Création de la C II par la C.G.E., Thomson, Schneider
et le groupe Rivaud dans le cadre du Plan-calcul. C'est la
première société française d'informatique.

Les *Cahiers du cinéma,* numéro spécial : « Films et
romans. Problèmes du récit » (J. Ricardou, J.-L. Godard,
R. Straus, Cl. Ollier, J.-M.G. Le Clézio, I. Calvino...).
P. P. Pasolini : le scénario est « une structure tendant vers
une autre structure » ; le cinéma est « un métalangage ».

Buren, Mosset, Parmentier, Toroni fondent le groupe
pictural B.M.P.T. Règle : la répétition illimitée d'un
même sigle de base. Expositions en 1967 au salon de la
Jeune Peinture, au Musée des arts décoratifs et à la Biennale de Paris.

1967

10 Au cours d'une conférence de presse, Valéry Giscard d'Estaing définit l'attitude des républicains indépendants au sein de la majorité par la formule : « Oui, mais » (« Oui à la majorité, mais avec la ferme volonté de peser sur ses orientations »).

L'Inconscient, premier numéro (P.U.F.) : « La transgression » (Piera Aulagnier, J. Clavreul, C. Stein). Entre lacaniens et non-lacaniens. La psychanalyse au centre de la vie intellectuelle.

L. Dumont, *Homo hierarchicus*, essai sur le système des castes (Gallimard, coll. « Bibliothèque des sciences humaines »). Une analyse structurale du système des castes indien, modèle de la société holiste.

L. Hjelmslev, *Le Langage* (Éditions de Minuit, coll. « Arguments »). L'autre développement du structuralisme, à côté du cercle de Prague : le cercle de Copenhague.

J. Ferrat, « La Montagne » et « Que serai-je sans toi ? ».

L'Éphémère, n° 1 (Fondation Maeght). A. Du Bouchet, P. Celan, Y. Bonnefoy, M. Leiris, A. Giacometti.

FÉVRIER

Fr. Furet, « Les intellectuels français et le structuralisme » *(Preuves)*. La réceptivité des intellectuels français au structuralisme comme « un rapport d'inversion où a pu s'investir la nostalgie du marxisme ».

J. Laplanche, J.-B. Pontalis, *Vocabulaire de la psychanalyse* (P.U.F.). Le retour à Freud prôné par J. Lacan trouve son instrument technique.

R. Aron, *Les Étapes de la pensée sociologique* (Gallimard, coll. « Bibliothèque des sciences humaines ») : généalogie de la pensée sociologique.

H.-F. Peters, *Ma sœur, mon épouse. À la recherche de Lou Andréas Salomé*, troisième volume de la collection « Connaissance de l'inconscient », nouvellement créée chez Gallimard sous la direction de J.-B. Pontalis (S. Freud, *Correspondance* et S. Freud, O. Pfister, *Correspondance*, novembre 1966).

H. Arendt, *Essai sur la révolution* (Gallimard, coll. « Les Essais ») : révolution américaine, révolution française.

Apparition dans *Le Monde* d'un supplément littéraire de huit pages sous la direction de J. Piatier, avec une double page consacrée à un auteur ou à un thème.

MARS

5-12 Élections législatives : faible majorité (sept sièges) des gaullistes regroupés sous l'étiquette : Comité d'action pour la Ve République.

18 Naufrage du pétrolier *Torrey-Canyon* : 80 000 tonnes de pétrole menacent les plages de Bretagne. Le plan Orsec est déclenché : première « marée noire ».

29 Cherbourg : lancement du *Redoutable*, premier sous-marin français à propulsion nucléaire en présence du général de Gaulle.

Encyclique *Populorum Progressio* sur le développement des peuples.

Mao Tsé-toung, *Le Petit Livre rouge* en français.

M. Tournier, *Vendredi ou les limbes du Pacifique*, Gallimard. « Le premier roman d'un grand romancier » (G. Deleuze, « Une théorie d'autrui », *Critique*, juin 67).

A. Glucksmann, « Un structuralisme ventriloque », *Les Temps modernes* : critique d'Althusser.

R. Lafont, *La Révolution régionaliste* (Gallimard, coll. « Idées »). Le centralisme français, colonisation interne.

Fondation de l'A.R.C. par P. Gaudibert au musée d'Art moderne de Paris. Rencontres entre les artistes et le public, concerts de musique contemporaine, expositions confiées à des critiques d'art. La même année, création du C.N.A.C. (Centre national d'Art contemporain) voué à la prospection, à l'information et à la diffusion de l'art contemporain.

AVRIL

4 S. Nora, *Rapport sur les entreprises publiques* : la gestion des entreprises nationalisées doit tenir compte des règles de l'équilibre budgétaire et des contraintes du marché.

7 Exposition « L'Art brut » au musée des Arts décoratifs.

22-24 Assises nationales des comités Viêt-nam.

A. Jammot, « Les Dossiers de l'écran », première émission.

26 R. Debray, auteur de *Révolution dans la Révolution ?* (Maspero, coll. « Cahiers libres »), jeune normalien est fait prisonnier des forces armées en Bolivie en même temps que Che Guevara (capturé et tué).

Le gouvernement Pompidou prendra par ordonnances des mesures concernant l'emploi, la participation, la réforme de la Sécurité sociale, la modernisation industrielle. Démission d'E. Pisani. Vives protestations parlementaires.

J. Kristeva, « Pour une sémiologie des paragrammes » (*Tel quel*, nº 29). Exploitant le modèle saussurien des anagrammes, l'article prétend ouvrir à une formulation mathématique du langage poétique.

R. Barthes, *Système de la mode* (Le Seuil) : le structuralisme appliqué au code vestimentaire.

G. Perec, *Un homme qui dort* (Denoël, coll. « Lettres nouvelles »). Comment s'échapper ?

M. Leiris, *Fibrilles* (Gallimard). Après *Biffures* (1948) et *Fourbis* (1955) la suite d'une autobiographie au jeu du langage.

« Bande dessinée et figuration narrative », exposition au musée des Arts décoratifs. Apogée du mouvement bédéphile.

A. Gorz, *Le Socialisme difficile* (Seuil). Quelle troisième voie ?

MAI

17 Grand défilé à la Bastille contre les pouvoirs spéciaux demandés par le gouvernement en matière économique et financière.

Esprit, numéro spécial : « Structuralismes. Idéologie et méthode », pose le problème des rapports entre personnalisme et structuralisme. « Contre la pensée froide du système qui s'édifie à l'écart de tout sujet individuel ou collectif » (J.-M. Domenach, F. Burgelin, M. Dufresne, P. Ricœur...).

M. Antonioni, *Blow up* (V. Redgrave, D. Hemmings), Palme d'or au festival de Cannes. Une fable sur la vérité.

Création du M.I.D.E.M., Marché international du disque et de la musique, par B. Chevry.

E. Le Roy Ladurie, *Une histoire du climat depuis l'an mil* (Flammarion, coll. « Nouvelle bibliothèque scientifique »). La nature, objet d'histoire.

Fr. Nietzsche, *Le Gai Savoir*, premier volume de la nouvelle édition des *Œuvres complètes*, Gallimard.

E. Panofsky, *Architecture gothique et Pensée scolastique* (Éditions de Minuit, coll. « Le Sens commun »). La pensée projetée dans les formes.

H. Mendras, *La Fin des paysans* (A. Colin). « L'agriculture s'industrialise et la paysannerie française est tuée avec cent cinquante ans de retard. »

Exposition « Lumière et mouvement » au musée d'Art moderne de la ville de Paris, organisée par Fr. Popper. Première manifestation de l'art cinétique.

JUIN

5-10 Guerre des Six Jours. Le général de Gaulle désigne Israël comme l'agresseur et met l'embargo sur les ventes d'armes. Réveil soudain d'une conscience juive en France.

11-16 G. Séguy succède à B. Frachon au secrétariat général de la C.G.T.

23-25 M. Rocard, secrétaire national du P.S.U. dont le congrès se prononce pour une association avec la F.G.D.S.

30 Adoption du « Kennedy Round » (Genève) : le désarmement douanier international s'effectuera en cinq ans.

Encyclique *Sacerdotis Coelibatus* qui réaffirme la loi du célibat obligatoire pour les prêtres.

Fr. Missoffe, ministre de la Jeunesse et des Sports, *Jeunes d'aujourd'hui* (La Documentation française) : livre blanc qui offre l'image d'une jeunesse aux contours flous, peu mobilisée par les enjeux civiques, peu sensible à la démocratisation de l'enseignement.

Les Beatles, *Lucy in the Sky with Diamonds* (L.S.D.). Succès mondial.

Henry Miller, *La Crucifixion en rose (Sexus, Plexus, Nexus)* en livre de poche. La violence du sexe.

G. Brassens, grand prix de poésie de l'Académie française.

Les Temps modernes, n° spécial, « Le conflit israélo-arabe », sous la direction de Cl. Lanzmann. Israéliens et Arabes côte à côte.

JUILLET

31 Clôture de l'exposition Toutânkhamon (Petit Palais). Succès sans précédent : 1,3 million de visiteurs.

M. Béjart, *Messe pour un temps présent*. Le bouddhisme dans la chorégraphie.

AOÛT

15 Mort de R. Magritte.

J.-L. Godard, *La Chinoise* (A. Karina, A. Wiazemski) : une jeune bourgeoise, étudiante à Nanterre, devient maoïste le temps d'un été. La brochure publicitaire du film : « Cinquante ans après la révolution d'Octobre, le cinéma américain règne sur le cinéma mondial (...) nous devons nous aussi créer deux ou trois Viêt-nam (...) [c'est-à-dire] créer des cinémas nationaux, libres, frères, camarades, amis. »

Barbara, « L'Aigle noir ».

SEPTEMBRE

Les Rolling Stones à l'Olympia.

W. Reich, *La Fonction de l'orgasme* (L'Arche). Faire bien l'amour pour faire bien la révolution ou attendre la révolution pour qu'elle libère l'amour ?

T. Duvert, *Récidive* (Éditions de Minuit). La littérature de la transgression.

Ch. Fourier, *Le Nouveau Monde amoureux* (Anthropos). Un inédit capital du grand utopiste : le socialisme sexuel.

L. Aragon, *Blanche ou l'oubli* (Gallimard). « Jusqu'ici les romanciers se sont contentés de parodier le monde. Il s'agit maintenant de l'inventer. »

OCTOBRE

1ᵉʳ Première émission en couleur sur Antenne 2. 60 % seulement des programmes sont en couleur (vingt heures, par semaine).

2 Création de Nouvelles Frontières par J. Maillot. Les vacances sous le signe du charter (le premier a été affrété en France en juillet 66, à destination de Beyrouth).

P. Guyotat, *Tombeau pour 500 000 soldats* (Gallimard). La guerre d'Algérie, anarchie tragique et lyrisme.

Charte d'Alger : le « groupe des 77 », les pays les plus pauvres du tiers monde, demande aux pays développés de consacrer 1 % de leur P.N.B. à l'aide au développement ainsi que l'instauration d'un système généralisé de préférences tarifaires.

La Pensée, en collaboration avec le Centre d'études et de recherches marxistes, numéro spécial : « Structuralisme et marxisme ». L. Sève répond à M. Godelier : « La responsabilité du marxisme dans cette conjoncture intellectuelle de haute importance est donc (...) de montrer clairement la nature et les limites de la méthode structurale. »

La parution simultanée de trois livres de J. Derrida, *La Voix et le Phénomène* (P.U.F.), *L'Écriture et la Différence* (Le Seuil), *De la grammatologie* (Éditions de Minuit) assure sa renommée.

L'Expansion, premier numéro (J.-L. Servan-Schreiber, J. Boissonnat), destiné à un public de cadres, responsables de l'orientation de la « révolution économique » française.

E. Morin, *Commune en France. La métamorphose de Plodémet* (Fayard, coll. « Le Monde sans frontières ») : la modernité au village.

A. Malraux, *Antimémoires* (t. I, Gallimard). Grands hommes, histoire et mort.

J. Mandrin (pseudonyme de J.-P. Chevènement, A.-A. Gomez et D. Motchane), *L'Énarchie* (La Table ronde, coll. « Combats »). Critique au vitriol (en trois parties) de la fabrique des élites administratives.

NOVEMBRE

3 J. Monod, leçon inaugurale au Collège de France. Chaire de biologie moléculaire. « (...) Le seul but, la valeur suprême, le " souverain bien " de l'éthique de la connaissance, ce n'est pas, avouons-le, le bonheur de l'humanité, moins encore sa puissance ou son confort (...) c'est la connaissance objective elle-même. »

14 G. Debord, *La Société du spectacle* (Buchet-Chastel). La marchandise et le règne de l'apparence. Le spectacle comme « négation visible de la vie ».

17 Afin de protester contre les équivalences définies par A. Peyrefitte dans sa réforme de l'enseignement supérieur, les étudiants du département de sociologie de Nanterre se mettent en grève. Les enseignants (H. Lefebvre, M. Crozier, A. Touraine, J. Baudrillard) sont favorables au mouvement. La grève durera dix jours. Son échec montre l'impasse du réformisme.

27 Conférence de presse du général de Gaulle. À propos d'Israël, un « peuple d'élite, sûr de lui-même et dominateur ».

Cl. Simon, *Histoire* (Éditions de Minuit), prix Médicis. Le fatras de la mémoire.

30 R. Vaneigem, *Traité de savoir-vivre à l'usage des jeunes générations* (Gallimard). « Le parti pris de la vie est un parti pris politique. Nous ne voulons pas d'un monde où la garantie de ne pas mourir de faim s'échange contre le risque de mourir d'ennui. »

La « Fenêtre rose », première nuit psychédélique au palais des Sports, organisée par J.-J. Lebel.

J.-J. Servan-Schreiber, *Le Défi américain* (Denoël). Le style « *Express* » en livre.

Apparition de la carte bleue. La France deviendra son paradis.

G. Bedos, « La police avec nous » (J.-L. Dabadie).

DÉCEMBRE

3 Première greffe du cœur sur un être humain réalisée par le Dr Barnard. Le patient, L. Washkansky, succombera le 21.

5 *Le Nouvel Observateur*, « La révolution des tranquillisants », table ronde avec Cl. Lévi-Strauss, G. Devereux, H. Laborit, P. Chauchard... autour d'un constat : l'augmentation de 50 % de la consommation des « médicaments du psychisme » au cours des cinq dernières années en France.

22 Inauguration de la voie express rive droite par G. Pompidou.

25 R. Vadim, *Barbarella* (J. Fonda). Premier western érotico-spatial.

29 Loi Neuwirth : légalisation de la contraception : la pilule est en vente libre dans les pharmacies mais non remboursée par la Sécurité sociale.

LE VRAI TOURNANT ?

Aux côtés de 1968 qui irradie et rejette dans l'ombre l'ensemble des années soixante, les réordonnant autour de ses convulsions, l'année 1967 n'existe pas. Ou seulement réduite aux déconvenues politiques de la majorité gaulliste : les élections législatives confirment les médiocres résultats enregistrés par le Général lors des présidentielles de 1965. Pourtant, c'est en 1967 qu'apparaissent les premières lézardes de la « société bloquée ».

« L'exercice solitaire du pouvoir » alimente un mécontentement diffus : traits décochés par une classe politique lasse de délivrer des blancs-seings sous peine de traîtrise, contestations dans la rue. C'est un style au moins autant qu'un projet qui s'essouffle : le baroud d'honneur anti-Israël lors de la guerre des Six Jours émeut, la fracassante déclaration concernant le « Québec libre » choque une opinion publique plus soucieuse de croissance que de prestige. La France pourrait-elle être la France sans la grandeur ?

Intégrée dans le Marché commun, elle participe au mouvement d'internationalisation qui s'empare de l'ensemble des économies développées : l'augmentation des investissements étrangers, les dispositions du Kennedy Round, les premiers vols charters de Nouvelles Frontières signalent son ouverture au monde extérieur. Le Défi américain rejoint celui des temps modernes. Il laisse pantois un pays peu habitué à mesurer à l'aune du P.N.B. et de la compétitivité la hiérarchie des nations. Le « made in U.S.A. » fascine. Témoin l'attention portée à ces managers à la française que sont les cadres : le journal L'Expansion, lancé par Jean-Louis Servan-Schreiber et Jean Boissonnat, les consacre nouvelle élite de la révolution économique en cours. La carte bleue, introduite sur le marché à l'automne, connaît un succès fulgurant. La lessiveuse, emblème ancestral d'une richesse patiemment accumulée, est reléguée dans un sombre recoin de la mémoire tandis que la campagne agonise.

La Fin des paysans, titre-choc du livre du sociologue H. Mendras, sonne le glas d'une certaine idée de la France, traditionnellement agricole où l'arbre et la terre ont toujours été investis d'une puissante symbolique. Le village devient objet d'étude, tel Plodémet érigé par Edgar Morin en laboratoire de la société française en mutation.

Le vieux pays rajeunit. Les enfants du baby-boom boule-
versent la pyramide des âges. Les enquêtes suivies de rap-
ports officiels dénombrent sans parvenir à identifier ces
Jeunes d'aujourd'hui, *davantage intéressés par les variétés*
que par la politique. Le «yé-yé» s'essouffle devant les
envolées vertigineuses de l'«acid-rock» : les Rolling Stones
passent à l'Olympia, les Beatles s'emparent des premières
places du hit-parade. Sergent Pepper *et* Eleonore Rigby
détrônent Georges Brassens et Jean Ferrat. Hallucinant. La
culture sera psychédélique ou ne sera pas. Reste que Régis
Debray, apprenti guérillero dans la Sierra Maestra, est fait
prisonnier au moment où le «Che» est tué, et que s'orga-
nisent les Comités Viêt-nam dans les lycées.

Nulle trace de ces ébranlements dans le discours intellec-
tuel dominant. La «société d'abondance» n'est pas un axe
privilégié de sa réflexion. Comme l'analyse François Furet
dans un article de la revue Preuves, *les intellectuels fran-*
çais, désireux de disposer d'un système d'intelligibilité glo-
bale du social, réinvestissent leur «nostalgie du marxisme»
dans le structuralisme. Claude Lévi-Strauss, Jacques Der-
rida, Michel Foucault, Roland Barthes, Louis Althusser
imposent la «structure» à l'Université, toutes disciplines
confondues, J. Lacan, définissant un inconscient «structuré
comme un langage», élabore une théorie originale qui
assure à la psychanalyse, encore marginale, une aura gran-
dissante.

Lorsque R. Barthes étudie Le Système de la mode, *il*
entreprend une sémiologie de la société de consommation ; les
membres de l'Internationale situationniste, eux, en élaborent
la critique radicale. Ils passent au scanner d'un style corro-
sif et péremptoire une «société du spectacle» où «la garan-
tie de ne pas mourir de faim s'échange contre le risque de
mourir d'ennui» : changer la vie comme seul mot d'ordre et
premier article d'une Révolution totale.

La morale, terreau de l'ordre économique capitaliste, doit
être subvertie. On découvre avec étonnement un texte capi-
tal jusque-là inédit du théoricien socialiste utopiste Charles
Fourier où l'Harmonie d'un Nouveau Monde amoureux

repose sur la libération totale du désir. La traduction des travaux du psychanalyste freudo-marxien Wilhelm Reich contribue à renforcer la nouvelle importance accordée au sexe. Face à la toute-puissance du Phallus, il exhibe La Fonction *(politique)* de l'orgasme, *qu'illustrent, dans le domaine littéraire, les œuvres de Tony Duvert ou de Pierre Guyotat.*

La mise en vente libre de la pilule dans les pharmacies ébranle la Famille ; l'annonce de la Révolution régionaliste menace la Patrie. Reste le Travail. Mais lequel ? Ceux qui labourent ont quasiment disparu et l'« ère des organisateurs » en est à ses balbutiements...

À l'automne 1967, les étudiants en sociologie de la faculté de Nanterre sont en grève. Ce n'est qu'un incident. Anne Wiazemsky joue à La Chinoise. *Ce n'est que du cinéma. Et la France s'ennuie.*

Anne Simonin.

1968

1ᵉʳ Concentration des firmes sidérurgiques lorraines au sein de la société Wendel-Sidélor.

5 A. Dubček, premier secrétaire du Comité central du Parti communiste tchèque.

4-11 Congrès culturel de La Havane, « colonialisme et néo-colonialisme dans le développement culturel des peuples », réunion d'intellectuels de tous les pays. Pour la France, J.-P. Sartre, A. Robbe-Grillet, J.-J. Pauvert, K. Axelos, J.-P. Vigier, P. Naville...

27 J. Derrida, « La différance », conférence à la Société française de philosophie : « (...) la différance renvoie mieux par le fonctionnement de son a à ce que le langage classique appellerait l'origine ou la production de différences (...) ».

S. Reggiani, « Le Déserteur » de B. Vian.

Scilicet, « Tu peux savoir ce qu'en pense l'École freudienne de Paris » (Le Seuil), premier numéro. Le « principe du non-signé » s'applique à tous les collaborateurs, à l'exception de J. Lacan : « Le nom d'équipe est en impasse de ce que nous poserons de fait avant d'en démontrer l'économie : c'est pour le dire, bille en tête que notre nom propre, celui de Lacan, est, lui inescamotable au programme. »

L'Arc : « Freud » (J.-B. Pontalis, M. Robert, J. Staro-binski, M. Tort...).

Jimi Hendrix à l'Olympia.

A. Penn, *Bonnie and Clyde* (F. Dunaway, W. Beatty). Le romantisme de la délinquance.

FÉVRIER

6-18 Succès de J.-Cl. Killy aux jeux Olympiques de Grenoble. Il remporte les trois épreuves de ski alpin.

9 H. Langlois, démis de la direction de la Cinéma-thèque de Chaillot. Émotion et mobilisation du monde du théâtre et du cinéma. Il sera réintégré dans ses fonctions le 22 avril.

15 Boycott des jeux Olympiques de Mexico par les pays africains après l'admission de l'Afrique du Sud.

17-18 Berlin : manifestation de la jeunesse euro-péenne contre la guerre du Viêt-nam à l'initiative du S.D.S. allemand (Rudi Dutschke) : 20 000 participants.

23 Accord P.C.F.-F.G.D.S. sur une plate-forme commune.

24 L. Althusser, « Lénine et la philosophie », confé-rence à la Société française de philosophie. Lénine contre la philosophie universitaire : « Les professeurs de philosophie sont aux yeux de Dietzgen les " larbins diplô-més " (...) la notion de vérité est une notion idéologique. C'est tout (...). »

France Gall, « Les Sucettes » (S. Gainsbourg).

W. Burroughs, *La Machine molle* ; A. Ginsberg, *Kad-dish* (Christian Bourgois). Le dérèglement des sens et de la langue.

Le Con d'Irène, anonyme, texte érotique de L. Aragon, premier livre publié par Régine Desforges (L'Or du temps). Le tirage (2 000 exemplaires) sera intégralement saisi. Réimpression le 6 mars avec un faux nom d'auteur : Albert de Routisie.

M. Dufrenne, *Pour l'homme* (Le Seuil, coll. « Esprit »). Contre « l'antihumanisme propre à la philosophie contemporaine » (Heidegger, Lévi-Strauss, Lacan, Althusser).

MARS

15 Départ-événement d'H. Beuve-Méry du *Monde*. J. Fauvet lui succède. En première page, P. Viansson-Ponté, « Quand la France s'ennuie... », diagnostique : « Ce qui caractérise actuellement notre vie publique c'est l'ennui. »

22 Occupation de la tour administrative, à Nanterre. Naissance du « Mouvement du 22 Mars ».

29 M. Duverger, « Printemps à Prague ? » *(Le Monde)*. Réconciliation du communisme et de la liberté ?

M. Mauss, *Œuvres*, t. I, *Les Fonctions sociales du sacré* (Éditions de Minuit, coll. « Le Sens commun »). La pensée-source de l'école française d'anthropologie.

P. Bourdieu, J.-Cl. Passeron, J.-Cl. Chamboredon, *Le Métier de sociologue* (Mouton-Bordas). La constitution épistémologique d'une profession.

P. Modiano, *La Place de l'Étoile* (Gallimard). Une bouffée de mémoire : les années ambiguës de l'Occupation.

D. Roche, *Eros energumène* (Le Seuil, coll. « Tel quel »). Le langage de la poésie, contre l'effusion poétique.

AVRIL

3 Premières manifestations de la « Fraction Armée Rouge » d'A. Baader : deux magasins de Francfort sont incendiés.

4 Assassinat du pasteur Martin Luther King à Memphis (Tennessee). Graves émeutes dans plusieurs villes américaines.

M. Lancelot, « Campus ». La radio jeune contre la télé des parents.

27 Succès de l'émission quotidienne de Ménie Grégoire sur R.T.L. La psychanalyse, produit de consommation courante ?

L. Wylie, *Un village du Vaucluse* (Gallimard, coll. « Témoins ») : l'archaïsme au village.

Colloque de Cluny, « Linguistique et littérature » (publié ultérieurement sous forme de numéro spécial de *La Nouvelle Critique*). *Tel quel* et *La Nouvelle Critique* : politique et littérature d'avant-garde.

Les Temps modernes, dossier « Tchécoslovaquie » (I. Iannakakis, M. Kundera, A. Liehm...), soutien du combat des intellectuels tchèques contre « la dictature de la médiocrité, de la bêtise, du primitivisme, du suivisme ».

M. Lancelot, *Je veux regarder Dieu en face. Le Phénomène hippie* (Albin Michel). Une commémoration « peace and love ».

MAI

1ᵉʳ Départ de G. Pompidou, en Iran-Afghānistān. M. Joxe, Premier ministre par intérim.

La Cause du peuple, n° 1 (Roland Castro). Organe de l'Union des jeunesses communistes marxistes-léninistes (U.J.C.M.L.). « Journal du mouvement de soutien aux luttes du peuple », qui deviendra « Journal de front populaire » (n° 2, 23 mai) : « Servir la cause du peuple. Voilà notre programme. Deux voies s'offrent aux étudiants : devenir des larbins du capital ou se mettre au service des ouvriers, travailleurs, des paysans pauvres. C'est du côté du peuple que nous avons choisi de nous ranger. »

2 Nanterre : suspension des cours à cause de l'agitation étudiante.

3 Sorbonne : intervention de la police. Suspension des cours. Dans *L'Humanité*, G. Marchais dénonce les « groupements gauchistes unifiés » dirigés par « l'anarchiste allemand Cohn-Bendit » (« De faux révolutionnaires à démasquer »). Il soulève une polémique passionnée. J. Daniel écrit : « Deux journaux seulement ont fait allusion de manière chauvine, sinon raciste à la nationalité allemande de Daniel Cohn-Bendit : *Minute* et, hélas, *L'Humanité* » (*Le Nouvel Observateur,* 8 mai).

6-7 Manifestations étudiantes. Soutien de la C.G.T. et de la C.F.D.T.

Premières inscriptions sur les murs de la Sorbonne et au quartier Latin : « Sous les pavés, la plage » ; « Oser penser, oser parler, oser agir ». Les murs prennent la parole.

7 *Action,* n° 1 (J.-P. Vigier). Créé par l' U.N.E.F., les Comités d'action lycéens, le S.N.E.S.-Sup et le mouvement du 22 Mars. « Révolution culturelle et guévarisme lyrique ». 35 000 exemplaires épuisés dans la journée. Le n° 2 tirera à 100 000 exemplaires.

8 Télégramme des prix Nobel MM. Jacob, Kastler, Lwoff, Mauriac et Monod au général de Gaulle demandant l'amnistie des étudiants condamnés et la réouverture des facultés. J.-P. Sartre, H. Lefebvre et un groupe d'écrivains et de philosophes solidaires de la contestation étudiante.

Début de la grève aux Beaux-Arts.

9 Meeting de 3 000 étudiants boulevard Saint-Michel à l'initiative de l'U.N.E.F. (J. Sauvageot) et du S.N.E.S.-Sup (A. Geismar). Aragon est violemment pris à partie.

10 Réouverture de Nanterre.

Censure du magazine hebdomadaire *Panorama* (25 millions de téléspectateurs) s'apprêtant à diffuser un document sur la contestation étudiante.

10-11 « Nuit des barricades » au quartier Latin. Dialogue, en direct, sur R.T.L. entre le vice-recteur Chalin et A. Geismar qui réclame l'amnistie des étudiants incarcérés à la suite des manifestations des 3 et 6 mai. Affirmation du rôle fondamental de la radio.

11 Allocution radiotélévisée de G. Pompidou, Premier ministre, de retour d'Afghānistān. Annonce de mesures d'apaisement.

12 Libération des étudiants appréhendés.

13 Réouverture et occupation de la Sorbonne par les étudiants.

Grève générale décrétée le 11 par l'ensemble des centrales syndicales (C.G.T., C.F.D.T., F.O., F.E.N.) et les mouvements étudiants (U.N.E.F., « 22 Mars »). Manifestation de près d'un million de personnes. Les étudiants sont en tête du cortège, « les crapules staliniennes » dans « le fourgon de queue » (D. Cohn-Bendit).

14 Départ du général de Gaulle en Roumanie.

« Zoom », magazine télévisé, projette un film concernant une semaine de manifestations et organise un débat entre MM. Geismar, Sauvageot, Cohn-Bendit, Roussel, Juquin, Fanton et le recteur Cappelle. Les C.R.S. sont sur le plateau. L'émission disparaît – tout comme « Cinq colonnes à la Une ».

15 Occupation de l'Odéon.

Occupation de Sud-Aviation à Nantes, des usines Renault de Cléon.

Création d'un comité pour le respect de l'objectivité de l'information par l'intersyndicale des journalistes de l'O.R.T.F.

16 Occupation des usines Renault de Flins et de Boulogne-Billancourt.

17 Émission sur France-Inter concernant les étudiants et ouvriers en grève.

18 Retour du général de Gaulle de Roumanie.

Fr. Truffaut, J.-L. Godard, Cl. Lelouche, Cl. Berri, L. Malle interrompent le festival de Cannes. A. Resnais, Cl. Lelouche, M. Forman retirent leurs films.

19 A l'issue du Conseil des ministres, le général de Gaulle : « La réforme, oui ; la chienlit, non. »

20 Grève de l'ensemble des services publics. Dix millions de grévistes environ.

Affaiblissement du franc sur la place de New York. Aucune cotation à la Bourse de Paris.

J.-P. Sartre chahuté par les étudiants de la Sorbonne : « Sartre, sois bref. »

21 D. Cohn-Bendit, interdit de séjour en France.

Plus de cotation du franc sur le marché de Londres. Premier communiqué du C.N.P.F. exprimant son inquiétude « devant la paralysie qui menace l'industrie française... à quarante jours de l'ouverture de nos frontières ».

Occupation des salons de l'hôtel de Massa, siège de la Société des gens de lettres, par les écrivains. Naissance de l'Union des écrivains.

22 Rejet de la motion de censure déposée par la F.G.D.S. et le P.C.F. (233 voix contre 244 requises).

23 Week-end de l'Ascension. L'alimentation en essence des pompes permet de nombreux départs.

Interdiction par le ministre des Postes et Télécommunications aux stations de radio périphériques d'utiliser les radiotéléphones. Fin des retransmissions en direct des événements.

24 Allocution radiotélévisée du général de Gaulle demandant un « mandat pour la rénovation ». Il annonce un référendum. P. Mendès France : « Un plébiscite, cela ne se discute pas, cela se combat. »

Manifestation de 30 000 étudiants en faveur de D. Cohn-Bendit. 500 blessés. Un mort. Début d'incendie à la Bourse de Paris.

L'Enragé, n° 1 (Siné). Hebdomadaire publié par J.-J. Pauvert auquel participeront Topor, Wolinski, Cabu, Bosc, Reiser, Malsen... Douze numéros en tout jusqu'en novembre 1968. Un objectif : « Unir tous les enragés du monde. » Une nouvelle conception de la presse : « Nous ne savons pas encore si nous serons hebdomadaire, mensuel, quotidien ou interdit... Si vous voulez distribuer *L'Enragé,* venez vous ravitailler. En cas de reproduction, aucun droit n'est exigé, sauf pour *Le Figaro*... »

25-27   Négociations entre les représentants des organisations syndicales (C.G.T., C.F.D.T., F.O., F.E.N., S.G.E.N., C.F.T.C., C.G.C.), patronales (C.N.P.F., P.M.E.), agricoles (F.N.S.E.A.) au ministère des Affaires sociales, rue de Grenelle.

27   Refus des accords de Grenelle – augmentation de 7 à 10 % des salaires réels, réduction de la durée du travail à quarante heures hebdomadaires, débat de ratification pour les ordonnances concernant la Sécurité sociale – par les travailleurs des usines Renault de Boulogne-Billancourt.

Meeting au stade Charléty à l'initiative de l'U.N.E.F. et de la C.F.D.T. Barjonet : « Aujourd'hui, la révolution est possible. » MM. Rocard et P. Mendès France, qui refuse de prendre la parole, sont présents.

28   Plate-forme de Villeurbanne : réunion de trente directeurs de maisons de la culture et de théâtres populaires sous la direction de R. Planchon. Tout effort culturel doit être « une entreprise de politisation, c'est-à-dire d'invention ». Fr. Jeanson invente le terme de « non public », cible désormais privilégiée.

Conférence de presse de Fr. Mitterrand. Proposition d'un « gouvernement provisoire de gestion » autour de P. Mendès France. Annonce de sa propre candidature à la présidence de la République.

Démission d'A. Peyrefitte, ministre de l'Éducation nationale. G. Pompidou assure lui-même l'intérim du ministère.

Ajournement du baccalauréat, qui ne comportera que des épreuves orales.

Retour clandestin de D. Cohn-Bendit.

29   Disparition du général de Gaulle entre 14 h et 18 h 15, heure de son arrivée à Colombey-les-Deux-Églises.

30 16 h 30. Allocution radiodiffusée du général de Gaulle : « Je ne me retirerai pas... Je ne changerai pas le Premier ministre... Je dissous aujourd'hui l'Assemblée nationale... »

Manifestation de soutien au général de Gaulle : plusieurs centaines de milliers de personnes défilent sur les Champs-Élysées.

Rétablissement du circuit radiotéléphone pour les radios périphériques.

Rétablissement du contrôle des changes. Revalorisation du S.M.I.G. de 35 %.

31 Remaniement ministériel. G. Pompidou reste Premier ministre. M. Ortoli prend l'Éducation nationale.

H. Marcuse, *L'Homme unidimensionnel* : essai sur l'idéologie de la société industrielle avancée (Éditions de Minuit, coll. « Arguments »), best-seller de l'année : le livre est vendu à plus de mille exemplaires par jour.

J.-K. Galbraith, *Le Nouvel État industriel* : essai sur le système économique américain (Gallimard, coll. « Bibliothèque des sciences humaines »). L'ère de la technostructure.

Création du « Off » au festival d'Avignon.

G. Dumézil, *Mythe et Épopée*, t. I, *L'Idéologie des trois fonctions dans les épopées des peuples indo-européens* (Gallimard, coll. « Bibliothèque des sciences humaines »). Synthèse de trente ans de recherches.

J. Baudrillard, *Le Système des objets* (Gallimard, coll. « Les Essais »). La consommation au fondement de notre système culturel.

N. Poulantzas, *Pouvoir politique et classes sociales* (Maspero). « L'autonomie relative » du politique dans un cadre marxiste.

A. Cohen, *Belle du Seigneur* (Gallimard). « L'amour fou » à l'heure de la libération sexuelle.

JUIN

6-11 Opération « Jéricho ». La marche quotidienne et silencieuse du personnel de l'O.R.T.F. autour de la Maison de la Radio en signe de protestation.

15 Amnistie du général Salan et de dix autres condamnés ayant appartenu à l'O.A.S. à l'occasion des cérémonies du 18 juin.

Les Cahiers de Mai, n° 1 (D. Anselme). 40 numéros jusqu'en 1973. Les mouvements populaires par eux-mêmes.

27 Tchécoslovaquie : « Manifeste des deux mille mots ». Soixante-dix artistes, savants et athlètes signent une déclaration soutenant le mouvement de démocratisation.

23-30 Élections législatives : l'Union pour la défense de la République (U.D.R.) remporte un succès écrasant (358 sièges sur 485). C'est une « Chambre introuvable ».

26 *Lutte ouvrière*, n° 1. Hebdomadaire trotskiste.

Une matière-reine, le plastique. Un symbole, les tabourets tam-tam dessinés par Henri Massonet.

P. Daninos, *Les Carnets du Major Thompson*, le livre le plus vendu de 1948 à 1968 : 1,4 million d'exemplaires.

Barricades. Journal des Comités d'action lycéens, n° 1 (J. Schalit).

JUILLET

10 Formation du gouvernement Couve de Murville après la démission de G. Pompidou.

25 L'encyclique *Humanae Vitae* désapprouve le contrôle des naissances et l'avortement thérapeutique. Vives réactions de protestation.

Ph. Labro, M. Manceaux, *Mai 68. Ce n'est qu'un début*, premier titre de la maison d'édition fondée par J.-C. Lattès, Éditions spéciales.

Les événements de Mai bouleversent la librairie : J. Besançon, *Les murs ont la parole* (Tchou), 70 000 exemplaires ; J.-J. Servan-Schreiber, *Le Réveil de la France* (Denoël), 150 000 exemplaires ; P. Mendès France, *Pour préparer l'avenir,* 90 000 exemplaires.

Christian Bourgois reprend la collection de poche « 10/18 ». Parmi les premiers titres sous sa direction : M. Butor, *Passage de Milan,* S. Beckett, *Malone meurt,* L. Trotski, *La Révolution trahie,* B. Vian, *L'Écume des jours,* E. Mandel, *Traité d'économie marxiste.*

AOÛT

20 Intervention des troupes du Pacte de Varsovie en Tchécoslovaquie. Un communiqué du Bureau politique du P.C.F. fait immédiatement part de « sa surprise et sa réprobation ».

23-24 Mexico : fusillade de la place des Trois-Cultures. L'affrontement des policiers et des étudiants fait officiellement dix-huit morts, officieusement plusieurs centaines.

SEPTEMBRE

5 Fr. Truffaut, *Baisers volés* (J.-P. Léaud en Antoine Doinel). L'éducation sentimentale de l'après-Mai.

18 *Rouge,* journal d'action communiste, organe de l'ancienne J.C.R. d'obédience trotskiste : « En Mai nous avons pris la parole, c'est la dernière arme qu'on nous fera déposer. »

26 S. Kubrick, *2001, l'Odyssée de l'espace.* Le film, d'un coût de cinq milliards d'anciens francs a exigé trois ans de préparation, la collaboration technique de la Nasa et d'I.B.M. Le choc du futur.

W. Reich, *La Révolution sexuelle* (Plon) : le grand classique de la synthèse freudo-marxiste.

M. Kundera, *La Plaisanterie* (Gallimard). Préface de
L. Aragon. Le roman du Printemps de Prague.

Encyclopedia Universalis, premier volume, sous la
direction de Cl. Grégory (la publication s'étalera jusqu'en
1975). L'encyclopédisme « new-look ».

OCTOBRE

1er   Mort de M. Duchamp.

12   Mexico : ouverture des XVIe jeux Olympiques.
Sur le podium, T. Smith, J. Carlos, athlètes noirs, lèvent
leur poing ganté de noir, symbole du Black Power.

16   Première réunion du Groupe d'études théoriques
constitué par *Tel quel* (J.-L. Baudry, P. Boulez, D. Hol-
lier, J. Kristeva, J. Ricardou, Ph. Sollers, P. Thévenin,
J. Thibaudeau) qui joue « la carte communiste » et se
propose de construire une « théorie d'ensemble » à partir
de la psychanalyse, la linguistique, la sémiologie, le
marxisme-léninisme.

31   Dissolution du mouvement Occident (extrême
droite).

Cent vingt-quatre livres parus sur Mai 1968 (Catalogue
Bibliothèque nationale) dont R. Aron, *La Révolution
introuvable* (Fayard), A. Glucksmann, *Stratégie et révolution en France* (Bourgois), H. Lefebvre, *L'Irruption de
Nanterre au sommet* (Anthropos), E. Morin, Cl. Lefort et
J.-M. Coudray, *La Brèche* (Fayard), A. Touraine, *Le Mouvement de mai ou le communisme utopique* (Le Seuil).

A. Kriegel, *Les Communistes français : essai d'ethnographie politique* (Le Seuil, coll. « Politique »), analyse
le P.C.F. comme une « contre-société minoritaire ».

G. García Marquez, *Cent Ans de solitude* (Le Seuil).
Une parabole de l'histoire latino-américaine.

Change, premier numéro (Le Seuil) sous l'impulsion
de J.-P. Faye. « Nous habitons les sociétés du montage –
Démonter leurs formes ne suffit pas, il faut aller jusqu'aux niveaux où elles se produisent elles-mêmes en

engendrant ce jeu de formes – pour les changer. » La revue mènera avec *Tel quel* une polémique publique dans les colonnes de *L'Humanité* et du *Monde* durant l'hiver 1969 qui aboutira au départ de *Change* des éditions du Seuil.

A. Soljenitsyne, *Le Pavillon des cancéreux* (Julliard), *Le Premier Cercle* (R. Laffont). L'écrivain-dissident soviétique devient célèbre.

O. Ducrot, T. Todorov, D. Sperber, M. Safouan, F. Wahl, *Qu'est-ce que le structuralisme ?* (Le Seuil). Qu'est-ce que l'application de la méthode structurale a changé au développement de la linguistique, la poétique, l'anthropologie, la psychanalyse, la philosophie ?

Premières publicités de marques sur la première chaîne. Deux minutes par jour.

Graeme Allright, « Qu'as-tu appris à l'école ? ».

Création de la Gauche prolétarienne (A. Geismar, B. Levy). L'alliance du maoïsme et du spontanéisme.

Sous la direction de M. Fleuret, les Semaines Musicales Internationales de Paris se tournent vers les avant-gardes et leurs précurseurs. En 1968 : Varèse, Xenakis, Berio, P. Henry.

NOVEMBRE

12 Loi d'orientation de l'enseignement supérieur (E. Faure). Création d'« unités d'enseignement et de recherche » (U.E.R.) regroupées en universités pluridisciplinaires, autonomes financièrement et administrativement. Les étudiants participent directement à la gestion. La loi est adoptée à l'unanimité.

E. Goffman, *Asiles. Étude sur la condition sociale des malades mentaux,* présentation de R. Castel (Éditions de Minuit, coll. « Le Sens commun »). Théorie de « l'institution totalitaire ».

M. Serres, *Hermès*, t. I (Éditions de Minuit, coll. « Critique »). La circulation des modèles entre littérature et savoirs.

J. Vergès, *De la stratégie judiciaire* (Éditions de Minuit). « Du procès de connivence au procès de rupture. »

La Cause du peuple, journal communiste révolutionnaire prolétarien. Directeur : Jean-Pierre Le Dantec. Le futur organe des « mao-spontex ».

G. Deleuze, *Différence et Répétition* (P.U.F., « Bibliothèque de philosophie contemporaine »). Thèse. Comment sortir de la philosophie de l'identité.

DÉCEMBRE

Les œuvres de Marshall McLuhan sont traduites en français : *La Galaxie Gutenberg* (Éditions Mame, 1967), *Message et Massage* (J.-J. Pauvert, 1968). *Pour comprendre les media* (Le Seuil, 1968).

A. London, *L'Aveu* : dans l'engrenage du procès de Prague (Gallimard, coll. « Témoins »). Témoignage d'un rescapé du procès Slansky.

Affaire Markovic. Rumeurs autour de la vie privée de l'ancien Premier ministre, G. Pompidou, et de sa femme.

S. Gainsbourg, « 69, année érotique ».

LE MYSTÈRE 68

À quoi bon ajouter un commentaire à une bibliothèque de commentaires ? L'abondance d'analyses ne paraît pas cependant avoir épuisé le mystère de l'événement. Il apparaît à beaucoup qu'il y a une énigme ou du moins une opacité spécifique de 68. C'est à la circonscrire que nous avions convié quatre analystes participants, Jacques Baynac, Hervé Le Bras, Henri Weber, Paul Yonnet, en leur proposant de concentrer leur propos autour des quatre inter-

12 La Commission d'éthique sexuelle et familiale de la Fédération protestante de France se prononce en faveur des moyens contraceptifs.

22 M. Foucault, *Qu'est-ce qu'un auteur ?*, conférence à la Société française de philosophie. « Il n'y a ni auteur, ni nom d'auteur, ni œuvre. »

A. Geismar, S. July, E. Morane, *Vers la guerre civile* (Éditions premières, coll. « Stratégies ») « ... Mai... a remis la société française sur ses pieds... Il a remis la révolution et la lutte de classe au centre de toute stratégie. Sans vouloir jouer aux prophètes : l'horizon 70 ou 72 de la France, c'est la révolution... Mai en France, c'est le début d'une lutte de classe prolongée. »

Charlie, « Journal plein d'humour et de bandes dessinées », nᵒ 1. Mensuel, « Snoopy » en couverture (Delfeil de Ton, Cavanna). « La bande dessinée, en France, n'avait pas très bonne réputation. Puis le snobisme s'en est mêlé. On a raconté plein de bêtises et on a publié n'importe quoi. Le résultat c'est que, maintenant en France, la situation est pire que jamais. » Les grandes séries étrangères.

Léo Ferré, « Ni Dieu, ni maître » ; « Les Anarchistes ».

C. Costa Gavras, *Z* (Y. Montand). Une figure du résistant dans la Grèce des colonels.

MARS

2 Premier vol du Concorde, avion supersonique, à Toulouse.

5 Première grève des petits commerçants à Paris. Prodromes du C.I.D.-U.N.A.T.I.

J. Derrida, *La Double Séance*, conférence au Groupe d'étude théorique. Platon et Mallarmé : littérature, écriture et vérité.

15 Cherbourg. Lancement du « Redoutable », sousmarin nucléaire français.

rogations principales dans lesquelles on peut décomposer le problème.

1. Interprétations. *Mai 1968 a suscité une fièvre interprétative qui fait partie de l'événement lui-même. Que reste-t-il, vingt ans après, de cette immense littérature ? Le mystère s'est-il dissipé, avec le recul, ou bien au contraire épaissi ? Si le problème est à reprendre, sous quel angle faudrait-il à votre sens l'aborder ? De quelles études aurions-nous besoin pour y voir plus clair ?*

2. Le déclenchement de l'événement. *Il survient en pleine phase de haute croissance, de plein emploi, d'optimisme économique sans bornes, d'élévation du niveau de vie et d'égalisation des conditions sans précédent. Étrange conjoncture pour un soulèvement révolutionnaire international ! D'autant plus quand l'acteur principal, la jeunesse étudiante, se trouve parmi les privilégiés de ce monde où tout paraît facile. Et quand, par surcroît, les effets naturels de cette énorme transformation des termes du problème social paraissent devoir être le désinvestissement des espérances révolutionnaires et des « idéologies » en général, diagnostiqué au demeurant dès la fin des années cinquante. Comment comprendre, dans ces conditions, le retournement par lequel une génération que rien ne paraissait y destiner s'engage dans la réinvention de l'utopie révolutionnaire la plus radicale ? Comment comprendre, d'autre part, que sur la longue durée, néanmoins, c'est la tendance lourde à la désidéologisation et presque à la dépolitisation qui l'emporte ? Quel rôle attribuez-vous dans cette évolution à la surenchère gauchiste par rapport à la tradition communiste ? N'a-t-elle pas davantage contribué au total à détacher les esprits des modèles du « socialisme réellement existant » (soviétique, chinois ou cubain) qu'elle n'a correspondu à une adhésion en profondeur à leur noyau léniniste commun ?*

3. La génération. *Elle constitue une dimension éminente du mouvement, à l'échelle internationale, dont la formation est tout sauf évidente, en l'absence d'une expérience commune lourde, créatrice d'une identité singularisante (comme l'ont connue la génération du feu ou la génération de la Résistance) et dans une période tendant à une forte intégration de la jeunesse. Chaque pays, certes, peut invoquer ses motifs particuliers (le Viêt-nam aux États-Unis, l'ordre moral gaullien en France, le poids des démocraties chrétiennes en Italie ou en Allemagne). Suffisent-ils à rendre compte de l'ampleur du phénomène ? Quels sont les facteurs susceptibles d'expliquer la rupture identitaire de la génération du baby-boom par rapport à celle de ses aînés ?*

4. Le sillage de 68. Quelles traces durables vous paraît avoir laissé l'événement si tant est qu'il en ait réellement laissées ? Crise sociale limitée ? Vraie rupture culturelle ? Psychodrame somme toute sans lendemain ? La parenthèse est-elle refermée, ou nos sociétés ne comportent-elles pas au travers de leur jeunesse et de leur système de formation un foyer d'inquiétudes et peut-être un principe de rupture destinés à exercer des effets durables ?

Nous ne pouvons reproduire ici la discussion à laquelle ce questionnaire a donné lieu. Le lecteur la trouvera dans le nº 50 du Débat, mai-août 1988, pp. 61-78. Il la complétera par les témoignages et interventions de Daniel Cohn-Bendit, Patrick Démerin, Jürgen Habermas, Jean-Franklin Narot, Diana Pinto, Éric Vigne dans le nº 51, septembre-octobre 1988, pp. 153-192.

1969

JANVIER

17 G. Pompidou, déclaration de Rome : « Je serai candidat à une élection de la présidence de la République quand il y en aura une. »

20 R. Nixon, président des États-Unis.

Cinéthique, nº 1 (M. Hanoun, G. Leblanc). « La nouvelle revue du cinéma nouveau. » *Tel quel* au cinéma Une constellation de revues d'avant-garde ; *Suppor Surface* (peinture), *Promesse* (littérature), *L'Autre Scè* (théâtre).

29 P. P. Pasolini, *Théorème*. La séduction-subversi

Création du Grand Livre du mois. La vente des n veautés par correspondance crée un second marché livre.

FÉVRIER

3 *Hara-Kiri hebdo*, nº 1, supplément hebdom au mensuel *Hara-Kiri* (Choron, Cavanna, Wo « Le point de vue bête et méchant sur des évér dont la fugacité s'accommode mal d'une périodici suelle. »

O. Lewis, *La Vida* : histoire orale d'une famille porto-ricaine, une culture de pauvreté (Gallimard, coll. « Témoins »).

M. Foucault, *L'Archéologie du savoir* (Gallimard, coll. « Bibliothèque des sciences humaines ») : explicitation de l'épistémologie mise en œuvre par les études historiques antérieures de M. Foucault.

Premières échographies permettant de voir l'enfant dans le ventre de la mère.

Partisans, « Garde-fous, arrêtez de vous serrer les coudes » (n° 46). Coup d'envoi de l'antipsychiatrie.

AVRIL

3 Paul VI promulgue le missel du concile Vatican II.

27 Référendum concernant la « rénovation » du Sénat et la création des régions dans le cadre de la politique de participation : le non l'emporte (53 % des suffrages exprimés).

28 À 0 h 11, le général de Gaulle annonce sa démission. A. Poher, président du Sénat, assure l'intérim.

29 Loi sur la quatrième semaine de congés payés.

N. Chomsky, *Structures syntaxiques* (Le Seuil, coll. « L'Ordre philosophique »), traduction en français du manifeste de la grammaire générative. Paraissent simultanément *La Linguistique cartésienne* et *L'Amérique et ses nouveaux mandarins*.

Les Temps modernes, « A... Dialogue psychanalytique », témoignagne anonyme, retranscription d'une séance d'analyse, récit de la révolte d'un analysé contre son analyste.

Poésie 1, n° 1 (Éd. Saint-Germain-des-Prés). La poésie entre le poche et le magazine : 1 F (quatre millions d'exemplaires vendus entre 1969 et 1972).

Collection « Ailleurs et demain » (Laffont), dirigée par G. Klein. La science-fiction sous couverture argentée.

JUIN

1er-15 Élections présidentielles. Au premier tour, J. Duclos (P.C.F.) obtient 21,5 % des suffrages exprimés, G. Defferre 5 %... G. Pompidou l'emporte au second tour avec 57,5 % des suffrages exprimés.

21 Les Beatles, *Yellow Submarine*. La contre-culture psychédélique.

26 J. Chaban-Delmas, Premier ministre.

31 E. Rohmer, *Ma nuit chez Maud*. Le conflit entre liberté sexuelle et fidélité en dialogues pascaliens.

Ouverture des premières boutiques de vêtements indiens. Règne du coton, de la soie, de la couleur mauve.

H. Charrière, *Papillon* (R. Laffont, coll. « Vécu »). Énorme succès : près de 100 000 exemplaires en un mois.

G. Perec, *La Disparition* (Denoël, coll. « Lettres nouvelles »). Exercice de style : un livre sans *e*, la lettre la plus courante de l'alphabet.

Chroniques de l'art vivant, n° 1 (J. Clair), mensuel, « Les avant-gardes internationales ».

JUILLET

11-13 Congrès d'Issy-les-Moulineaux : la S.F.I.O. devient le parti socialiste. A. Savary est élu premier secrétaire.

21 Alunissage de la mission Apollo II (N. Armstrong, E. Aldrin) : l'homme marche sur la Lune. Six cents millions de personnes suivent l'événement à la télévision.

« A. Decaux raconte », un quart d'heure d'histoire à la télévision.

J. Dutronc, « Et moi, et moi, et moi... » ; « On nous cache tout, on nous dit rien ».

AOÛT

8 Dévaluation du franc de 12,5 % présentée comme une « opération-vérité ».
15-18 Woodstock (New York) : festival de musique « pop » qui attire plus de quatre cent mille jeunes.
G. Moustaki, « Le Métèque ».

SEPTEMBRE

1er Suicide de Gabrielle Russier, 32 ans, professeur de lettres à Marseille condamnée pour « détournement de mineurs » à la suite d'une aventure avec l'un de ses élèves, Ch. Rossi, en Mai 68. Fait divers porté à l'écran par A. Cayatte, *Mourir d'aimer*.
16 J. Chaban-Delmas, Premier ministre, expose son projet de « nouvelle société » (J. Delors, S. Nora) à l'Assemblée nationale. Analyse de la société française comme « société bloquée » nécessitant la mise en place d'une politique contractuelle.

OCTOBRE

1er B. Schroeder, *More* (M. Farmer). La drogue au cinéma, avec la musique des Pink Floyd.
15 S. Peckinpah, *La Horde sauvage*. La fin du western dans la violence.
23 S. Beckett, prix Nobel de littérature. Il se fait représenter à Stockholm par son éditeur, J. Lindon, et demande que le montant du prix soit anonymement distribué.
Apparition de la mode « maxi » : elle se limitera au manteau, les jupes restent « mini ».
M. Lancelot, *Campus-spécial*, « La peine de mort ». Me Naud raconte, en direct, une exécution capitale en prison. Vives réactions des auditeurs.

J. Kristeva, *Séméiotikè. Recherches pour une sémanalyse* (Le Seuil, coll. « Tel quel »). Freud, Marx et la sémiotique au service d'une science de la *« signifiance* déplaçant les limites du signe, du sens, de la structure ».

Cl. Roy, *Moi Je* suivi de *Nous* (1972) et *Somme toute* (1976) [Gallimard]. Un itinéraire, une époque, une sagesse.

Création des unités pédagogiques d'architecture. L'École des beaux-arts, jugée sclérosée, est remplacée par un réseau d'unités indépendantes qui modifient l'enseignement de l'architecture en France.

Coll. « Perspectives de l'économique » créée par Chr. Schmidt. Premiers titres : M. Friedmann, *Inflations et systèmes monétaires,* Malthus, *Principes d'économie politique,* Fr. Quesnay, *Tableau économique des physiocrates.*

NOVEMBRE

1er-7 Copenhague. Foire internationale du sexe, suite à la libération de la pornographie votée en juin par le Parlement.

6 Sondage S.O.F.R.E.S. : 51 % des Français regrettent le départ du général de Gaulle. 62 % ne souhaitent pas son retour au pouvoir.

9 Bread and Puppet, *Cry of the people for meat,* théâtre de la salle Wagram.

12 A. Tarkovski, *Andréi Roublev.* Revendication du passé russe, religieux et national.

24 Lancement de « deux unités autonomes d'information » avec P. Desgraupes sur la première chaîne, J. Baudrier sur la seconde.

M. Blanchot, *L'Entretien infini* (Gallimard) : recueil de textes écrits, de 1963 à 1965 : « La parole plurielle », « L'expérience limite », « L'absence de livre ».

B. Bettelheim, *La Forteresse vide* (Gallimard, coll.
« Connaissance de l'inconscient »). « L'autisme infantile
et la naissance du soi. » Première traduction française du
fondateur de l'École orthogénique (Chicago).

S. Gainsbourg, « ⌡ t'aime... moi non plus ».

DÉCEMBRE

14 Inauguration du premier tronçon du Réseau
express régional (R.E.R.), de Nation à Boissy-Saint-
Léger.

16 Actionnariat ouvrier chez Renault.

19 Création du « Salaire minimal interprofessionnel
de croissance ».

L'Idiot international, n° 1 (Jean-Edern Hallier). Première expérience d'envergure de la presse gauchiste
(encarts publicitaires dans *Le Monde*). Le tirage atteindra
20 000 exemplaires. Le texte de présentation précise :
« Ce journal n'est pas un journal de journalistes (...) s'y
exprimeront des écrivains, des spécialistes, des militants
révolutionnaires (...) »

N. Kaplan, *La Fiancée du pirate* (B. Lafont). L'irruption insolente et gaillarde du féminisme.

1970

7 P. Messmer relance l'association Présence du gaullisme.

22 Premier vol commercial du Boeing 747.

E. Ionesco, élu à l'Académie française. Le théâtre de l'absurde entre sous la Coupole.

28 J.-J. Servan-Schreiber, secrétaire général du parti radical, propose un programme fracassant : *Ciel et Terre*, titre emprunté à Mao Tsé-toung, rédigé en collaboration avec M. Albert. Le 5 février, il abandonne la direction de *L'Express*.

G. Moustaki, « Ma liberté ».

Rétrospective Alberto Giacometti à l'Orangerie : 200 000 visiteurs.

R. Barthes, *S/Z* (Le Seuil, coll. « Tel quel »). *Sarrasine* de Balzac : ambiguïté sexuelle, ambiguïté textuelle.

J. Krier, *L'Usine à jour*, à la télévision. « L'écriture par l'image » : le reportage dans la dramatique.

FÉVRIER

4-8 XIXe congrès du P.C.F. à Nanterre : Waldeck-Rochet est réélu secrétaire général, G. Marchais devient secrétaire général adjoint. R. Garaudy est écarté du Bureau politique.

11 L. Visconti, *Les Damnés*. La haute bourgeoisie allemande dévorée par le nazisme.

28 M. Lancelot, *Campus-spécial*, « L'euthanasie ». Un auditeur réclame sa mort à l'antenne.

Exposition de deux cents toiles de P. Klee au musée national d'Art moderne.

J.-M. Benoist, *Marx est mort* (Gallimard, coll. « Idées »). Les structuralistes, Althusser en tête, au service d'un décès tout théorique.

A.S. Neill, *Libres enfants de Summerhill* (Maspero, coll. « Textes à l'appui »), préface de M. Mannoni ; *La liberté pas l'anarchie* (Petite Bibliothèque Payot). La psychanalyse au service de l'éducation.

MARS

6 Attaque de la mairie de Meulan par les maos libertaires (« Vive la Révolution »). Surenchère de la guérilla-spectacle entre les deux courants du maoïsme spontanéiste : V.L.R. et G.P.

14 Démission du doyen P. Ricœur à la suite d'incidents à Nanterre (il est coiffé d'une poubelle). R. Rémond lui succède (il tirera un livre de son expérience, *La Règle et le Consentement*, 1979).

26 Premier accord sur la mensualisation à la régie Renault.

28-29 Le Bourget. Premier festival de rock organisé en France.

Br. Flamand lance la collection « Points » (Le Seuil), collection de poche centrée sur les sciences humaines où seront publiés : Lacan, Marcuse, Bataille, Propp, Jakobson, Barthes...

A. Amalrik, *L'U.R.S.S. survivra-t-elle en 1984 ?* (Fayard), préface d'A. Besançon. La maladie sénile du communisme.

J. Bourdin, R. Rémond, *Le Gouvernement de Vichy et la Révolution nationale 1940-1942*, colloque F.N.S.P. avec la participation d'universitaires (A.- G. Slama, H. Noguères, J. Droz...) et d'anciennes personnalités vichystes (R. Belin, Fr. Lehideux, J. Borotra). Première réflexion de la mémoire savante sur Vichy. Ni la collaboration ni les lois antisémites ne sont abordées.

Poétique, revue de théorie et d'analyse littéraires, n° 1 (Le Seuil). H. Cixous, G. Genette, T. Todorov. « Un lieu d'échange et de fécondation réciproque entre la théorie littéraire et ce que l'on nomme encore, d'un terme qui trahit un peu trop ses origines normatives, la critique... »

AVRIL

20 Déclaration commune du patronat et des syndicats concernant la mensualisation.

24 Lancement du premier satellite chinois : l'« Orient rouge ».

28 J.-P. Sartre assume la « direction-gérance » de *La Cause du peuple* après les arrestations successives de J.-P. Le Dantec et M. Le Bris.

29 Adoption de la loi anti-casseurs. Engage la responsabilité collective des organisateurs dans les manifestations de rue.

Réforme de l'École polytechnique : c'est désormais un établissement public autonome dont le concours est ouvert aux jeunes filles. Anne Chopinet sera major en 1972.

M. Mannoni, *Le Psychiatre, son « fou » et la psychanalyse* (Le Seuil, coll. « Le Champ freudien »). Pour une coopération entre l'antipsychiatrie et la recherche analytique lacanienne.

J. Baudrillard, *La Société de consommation* (S.G.P.P., coll. « Le Point de la question »). Apothéose de l'objet et sa disparition en tant que signe.

Les Beatles se séparent malgré cinq millions d'exemplaires vendus de leur dernier disque : *Abbey Road.*

Costa Gavras, J. Semprun, *L'Aveu* (Y. Montand), adaptation du livre d'A. London. Aragon, le premier, salue le film dans *Les Lettres françaises.* C'est un traumatisme pour de nombreux communistes.

Hair, comédie musicale au théâtre de la porte Saint-Martin remporte un grand succès : « Vingt-neuf comédiens en " jeans " râpés, hirsutes et chevelus chantent la grande saga de la jeunesse américaine. » C'est le début de la carrière de J. Clerc, M. Fugain, D. Balavoine.

Création de France-Loisirs, qui deviendra le plus grand club français de vente de livres par correspondance.

R. Gentis, *Les Murs de l'asile* (Maspero). Un psychiatre contre l'enfermement psychiatrique.

MAI

1er Défilé populaire réunissant syndicats et partis pour la première fois depuis 1947. Naissance symbolique de l'Union de la gauche.

8 Un commando de la Gauche prolétarienne dévalise Fauchon, « cette porcherie à rupins ». Les produits de luxe dérobés sont redistribués aux immigrés des bidonvilles de la banlieue parisienne.

27 Dissolution de la Gauche prolétarienne. Un mandat d'arrêt est lancé contre A. Geismar. Procès des directeurs de *La Cause du peuple.*

La Recherche, n° 1 (directeur : M. Chodkiewicz). La haute vulgarisation à la portée d'un large public. Elle deviendra la première revue scientifique en Europe (90 000 exemplaires).

L'Idiot international, « Combat pour la libération de la femme » (M. Wittig, G. Wittig, M. Rothenburg, M. Stephenson). Première expression publique du Mouvement de libération des femmes : « Nous sommes le peuple. »

Contrepoint, n° 1 (rédacteur en chef : G. Liébert). La réaction à Mai 68, d'un point de vue libéral éclairé d'obédience aronienne. « Thème privilégié » du numéro : la jeunesse.

G. Bataille, *Œuvres complètes*, t. I (*Premiers Écrits, 1922-1940*, Gallimard). Présentation de M. Foucault.

Économie et statistique, n° 1 (I.N.S.E.E.). Diffusion élargie des études et travaux de l'I.N.S.E.E., dans le cadre d'une réorganisation générale des publications de l'I.N.S.E.E.

L'Internationale Hallucinex (J.-J. Lebel) [Le Soleil noir]. « Revue tract à détruire ». Le situationnisme psychédélique.

JUIN

4 Loi sur l'autorité parentale : transforme la puissance paternelle sur les enfants en autorité partagée à égalité par chacun des parents.

20-26 L'association des Amis de *La Cause du peuple*, décide une vente sauvage du journal : J.-P. Sartre, S. de Beauvoir, J.-E. Hallier, S. Frey, P. Chéreau vendent à la criée. Cl. Lanzmann, R. Gallimard surveillent.

25 J.-P. Sartre, Ch. Tillon, G. Montaron fondent le Secours rouge.

L. Althusser, « Idéologie et appareils idéologiques d'État », *La Pensée*. L'élargissement du marxisme. De la nécessité de prendre en compte le rôle de l'idéologie et des « institutions distinctes et spécialisées » qui l'administrent à côté de l'appareil répressif d'État : A.I.E. religieux, scolaire, familial, juridique, politique, syndical, de l'information, culturel.

M. Crozier, *La Société bloquée* (Le Seuil). Sous une expression de St. Hoffmann, une analyse des rigidités spécifiques de la société française.

Coupe du monde de football à Mexico regardée par 600 millions de téléspectateurs. C'est le plus gigantesque événement sportif. Pelé, vedette de l'équipe brésilienne est « l'homme le plus populaire de l'univers ».

Nouvelle Revue de psychanalyse (Gallimard), n° 1, biannuel (directeur : J.-B. Pontalis). Thème : « Incidences de la psychanalyse » (J. Starobinski, Cl. Lefort, J. Pouillon, D. Fernandez).

L'aménagement de la rue du Gros-Horloge à Rouen lance le mouvement des rues piétonnes en France.

JUILLET

3 Exclusion de Ch. Tillon du P.C.F.

14 Mort de Luis Mariano.

« Les seins nus envahissent les plages de Saint-Tropez » *(Paris-Match)*.

AOÛT

26 Première manifestation du M.L.F. Neuf femmes déposent deux banderoles sur la tombe du soldat inconnu : « Un homme sur deux est une femme » ; « Il y a plus inconnu que le soldat inconnu : sa femme. »

Kenzo, premier couturier japonais adopté en France.

SEPTEMBRE

1ᵉʳ   Mort de Fr. Mauriac.

18   Mort de Jimi Hendrix.

22   Mort d'André Bourvil.

23   *Tout !*, premier numéro, directeur : J.-P. Sartre. Les maos « libertaires » : « (...) on n'est pas trotskistes, on veut pas refaire Octobre, on n'est pas pro-chinois, qu'ils aillent en Prochine (on admire la révolution chinoise, c'est le plus grand moment révolutionnaire actuel et le plus avancé, simplement dans nos métropoles impérialistes, on a des problèmes nouveaux à résoudre)... on veut la révolution de transition vers le communisme dans un pays impérialiste très développé. » Allusions à la lutte des femmes et des homosexuels.

27   « Septembre noir » : réduction des camps palestiniens par les troupes jordaniennes.

28   Mort de J. Dos Passos.

Mme Soleil sur Europe n° 1 : l'astrologie en direct. Ce sera l'émission de l'année 1971.

Paris compte trente-quatre sex-shops (sept au mois de mars). J. Cau déplore « les lugubres self-services de la dépravation » *(Paris-Match)*.

Fr. Herbert, *Dune* (Laffont, coll. « Ailleurs et demain »). Immense succès après 1975 (plus de 500 000 exemplaires).

Partisans, « Libération des femmes. Année zéro ». La femme prolétaire de la société masculine : « Nous devons cesser d'accepter d'être un post-scriptum de Marx ou de Mao Tsé-toung. »

R. Jaulin, *La Paix blanche. Introduction à l'ethnocide* (Le Seuil, coll. « Combats »). L'Occident et la destruction des autres cultures.

Le festival de pop-musique de l'île de Wight attire 400 000 personnes.

S. de Beauvoir assume la direction de *L'Idiot international* (n° 10). Le comité de rédaction ? « Tous les prisonniers du régime. » J.-P. Sartre reconnaît son incompréhension de Mai 68. « Au fond, j'étais un intellectuel classique » (« L'Ami du peuple »).

Critique de l'économie politique, n° 1 (Maspero). Trimestriel. Dir. : J. Valier. Thème : « L'inflation ». « L'économie politique bourgeoise, en tant que science, n'existe pas (...) Il s'agit pour nous de renouer avec la tradition marxiste révolutionnaire. »

OCTOBRE

1er Le Caire : Les obsèques du président Nasser donnent lieu à des manifestations délirantes de deuil : quarante-six morts.

7 Ch. de Gaulle, *Le Renouveau (1958-1962)*, premier tome des *Mémoires d'espoir* (Plon). En quelques jours, le premier tirage (250 000 exemplaires) est épuisé.

16 Fr. Jacob, *La Logique du vivant* (Gallimard, coll. « Bibliothèque des sciences humaines »), J. Monod, *Le Hasard et la Nécessité* (Le Seuil). Deux Nobel scientifiques livrent parallèlement la philosophie de leur discipline. Deux grands succès de librairie.

21 Ouverture du procès d'A. Geismar qui arrive à l'audience en chemise rouge. 5 000 policiers en armes au Palais de Justice, 375 personnes interpellées au cours des manifestations de soutien. J.-P. Sartre harangue les ouvriers à la sortie de l'usine Renault à Boulogne-Billancourt.

Actuel (nouvelle série), n° 1 (M.A. Burnier, J.-F. Bizot, C. Delcloo), « les communautés contre la famille ». C'est au quatrième numéro, avec la publication du « Scum (Society for Cutting Up Men) Manifesto » (V. Solanas) que le journal démarre vraiment.

Mise en service de l'autoroute A 6, Lille-Marseille : on peut traverser la France du nord au sud « sans être arrêté par un seul feu rouge ».

J.-Fr. Revel, *Ni Marx ni Jésus* (R. Laffont). L'Amérique, creuset révolutionnaire de la seconde moitié du xxᵉ siècle.

E. Morin, *Journal de Californie* (Le Seuil). L'après 68 en Californie.

Premier enseignement universitaire sur la bande dessinée (Vincennes).

Premiers titres des éditions Champ libre (dirigées par G. Lebovici) : K. Korsch, *Karl Marx* ; J. Déjacque, *À bas les chefs* ; M. Boulgakov, *Cœur de chien* ; J.-P. Carasso, *La Rumeur irlandaise*.

NOVEMBRE

1ᵉʳ Incendie du dancing de Saint-Laurent-du-Pont : 145 victimes âgées de 18 à 25 ans.

9 Mort du général de Gaulle. Deuil national. G. Pompidou, à la télévision : « La France est veuve. » Obsèques à Colombey-les-Deux-Églises. Cérémonie en l'église Notre-Dame de Paris regroupant plus de quatre-vingts chefs d'État et de gouvernement. Le 15, la place de l'Étoile est rebaptisée Charles-de-Gaulle malgré l'opposition du conseil de Paris.

15 Interdiction d'*Hara-Kiri* à la vente aux mineurs et à l'affichage pour avoir titré le 10 : « Bal tragique à Colombey. Un mort ».

E. Rohmer, *Le Genou de Claire*. Moralisme et dandysme.

19 P. Guyotat, *Eden, Eden, Eden* (Gallimard). Triple préface : R. Barthes, M. Leiris, Ph. Sollers. Le livre est néanmoins interdit. Vives protestations.

23 *Charlie-Hebdo*, n° 1 : « Il n'y a pas de censure en France », prend la succession de l'*Hara-Kiri Hebdo* interdit : « ... il est tombé comme il était, ça fait un mort ricanant, un mort bête et méchant, un mort tout à fait indécent. Bon, indécent ou pas, un mort est un mort, c'est l'essentiel. Crève charogne. » Dès le deuxième numéro, Isabelle tient la rubrique féministe.

Elle convoque « Les états généraux de la femme » (palais des Congrès, Versailles), interrompus par des militantes du M.L.F. qui distribuent des contre-tracts.

25 Hara-kiri spectaculaire de l'écrivain Y. Mishima en direct à la télévision.

26 A. Soljenitsyne, prix Nobel de littérature. Dans la presse soviétique, c'est la curée : « Insulte à la patrie soviétique », « Salaire de Judas », « Récompense des capitalistes ». Il renonce à se rendre à Stockholm de peur de ne pouvoir rentrer en U.R.S.S.

Études, dossier sur l'avortement (B. Ribes, E. Pousset, P. Cordier...). Impossible légalisation de l'avortement, mais de nombreuses exceptions sont envisagées (l'avortement thérapeutique, pour les femmes violées, les enfants anormaux). La revue est favorable à la contraception.

Stravinski, *L'Oiseau de feu*, chorégraphie de M. Béjart, au palais des Sports.

Création de l'association *Laissez-les vivre*.

M. Tournier, *Le Roi des aulnes* (Gallimard), prix Goncourt. Une exploration littéraire de la mythologie nazie.

D. Cooper, *Psychiatrie et antipsychiatrie* (Le Seuil, coll. « Le Champ freudien »). Réformer l'attitude de celui qu'on appelle médecin devant ceux qu'on appelle malades mentaux.

DÉCEMBRE

1ᵉʳ R. Aron, *De la condition historique du sociologue*, leçon inaugurale du Collège de France (chaire de sociologie de la civilisation moderne) : « En vérité, il n'y a pas de sociologie révolutionnaire, bien que des sociologues puissent l'être. »

2   M. Foucault, *L'Ordre du discours*, leçon inaugurale au Collège de France (chaire d'histoire des systèmes de pensée). « Traiter non pas des représentations qu'il peut y avoir derrière le discours, mais des discours comme des séries régulières et distinctes d'événements... Introduire à la racine de la pensée le *hasard*, le *discontinu* et la *matérialité*. »

4   G. Duby, *Des sociétés médiévales*, leçon inaugurale au Collège de France (chaire d'histoire des sociétés médiévales) : « (la) question, la plus préoccupante peut-être pour les historiens d'aujourd'hui : comment relier à l'ensemble de la recherche historique l'histoire des mentalités ? »

26   A. Mnouchkine et le théâtre du Soleil, *1789. La Révolution doit s'arrêter à la perfection du bonheur* (Cartoucherie de Vincennes) : 130 000 spectateurs de janvier à juillet 1971.

1971

10   Mort de Coco Chanel.

15   *J'accuse*, n° 1 (directeur : J.-P. Sartre). « Faire parler ceux qui se taisent ou sont réduits au silence, soit 60 % des Français, ouvriers, paysans, petits commerçants. » En mai 71, fusionne avec *La Cause du peuple*.

18   Circulaire ministérielle rappelant que le secteur doit constituer la base des soins psychiatriques et demandant une déconcentration de l'appareil hospitalier au profit des équipements extra-hospitaliers.

Création d'un ministère de l'Environnement.

FÉVRIER

8   M. Foucault annonce la création d'un Groupe d'information sur les prisons (G.I.P.) qu'il préside avec J.-M. Domenach, P. Vidal-Naquet. Proche des groupes maoïstes, notamment de la Gauche prolétarienne, ils rapporteront les révoltes des détenus à Melun, Toul, Limoges, Fleury-Mérogis. Publication de brochures : *Enquête dans vingt prisons* (Champ libre).

19 Sit-in des lycéens en faveur de Gilles Guiot, un élève du lycée Chaptal arrêté à la suite d'une manifestation du Secours rouge.

26 Mort de Fernandel.

Actuel, numéro spécial, « Portrait d'une génération » à partir du courrier des lecteurs : « (...) les hippies, les irrécupérables, les lycéens rebelles, les vieux anars, les jeunes ouvriers qui démarrent les grèves et séquestrent les patrons... tout un monde souterrain qui trouve son unité dans le refus. »

MARS

5 Meeting de *Laissez-les vivre* contre l'avortement à la Mutualité.

9 Meeting d'Ordre nouveau au palais des Sports.

11 A. Hiller, *Love Story*. « Elle aimait Bach, les Beatles et moi. »

29 A. Penn, *Little Big Man* (D. Hoffmann). Le massacre sans gloire des Indiens d'Amérique.

P. Veyne, *Comment on écrit l'histoire ?* (Le Seuil, coll. « L'Univers historique »). Essai d'épistémologie : « L'histoire est un roman vrai. »

J.-P. Sartre, *L'Idiot de la famille* (Gallimard). Une tentative de biographie « totale » de G. Flaubert. Annoncé par Sartre comme son œuvre maîtresse, le livre obtient un énorme succès de curiosité sans vraiment convaincre.

Fr. Furet, « Le catéchisme révolutionnaire », *Annales E.S.C.* Contre le monopole de l'historiographie jacobino-bolchevique de la Révolution française.

AVRIL

5 Manifeste de 343 femmes : « Un million de femmes se font avorter chaque année en France... Je déclare que je suis l'une d'elles. Je déclare avoir avorté. De même que

nous réclamons le libre accès aux moyens anti-conceptionnels, nous réclamons l'avortement libre. »
Seules les militantes du M.L.F demandent la gratuité.
Toutes proclament : « Notre ventre nous appartient. »
C. Audry, S. de Beauvoir, C. Deneuve, M. Duras,
D. Desanti, G. Halimi, A. Mnouchkine, J. Moreau,
M. Vlady, A. Varda...

6   Mort d'Igor Stravinsky.

22   E. Maire, secrétaire général de la C.F.D.T.

La commission sénatoriale chargée d'enquêter sur la reconstruction des abattoirs de La Villette conclut au « scandale ». L'affaire avait éclaté à l'hiver 1969.

23   *Tout !* (n° 12). « Libre disposition de notre corps, Y'en a plein le cul ! » Première expression du Front homosexuel d'action révolutionnaire (quatre pages) : « Nous sommes plus de 343 salopes. Nous nous sommes fait enculer par des Arabes. Nous en sommes fiers et nous recommencerons... » Le numéro est saisi. Le journal cesse de paraître en juillet 1971 (n° 16). Sa disparition est contemporaine de la dissolution du groupe V.L.R.

28   Première réunion à Paris de la Nouvelle Action française (P. Bertin, R. Deshayes, B. Renouvin...). Vers un royalisme de gauche.

M.-A. Macciochi, *De la Chine* (Le Seuil, coll. « Combats »). De la grâce maoïste. Le livre est interdit à la fête de l'Humanité. Ph. Sollers proteste vigoureusement dans *Le Monde* (11 septembre).

M. Ophuls, A. Harris, A. de Sédouy, *Le Chagrin et la Pitié*, chronique de la vie quotidienne à Clermont-Ferrand pendant l'Occupation. L'O.R.T.F. refuse d'en acquérir les droits, le film passera en exclusivité au studio Saint-Séverin puis sur les Champs-Élysées : 600 000 spectateurs en deux ans. FR3 ne le diffusera que les 28-29 octobre 1981 devant quinze millions de téléspectateurs.

J. Rubin, *Do it !* (Le Seuil, coll. « Combats »). Préface : E. Cleaver. Le gauchisme hippie (les « yippies ») et l'objet-livre révolutionné.

MAI

3   L. Malle, *Le Souffle au cœur*. L'inceste à l'écran.

9   Première manifestation pacifique réunissant un millier de personnes à Millau contre l'extension du champ de manœuvres militaires sur le plateau du Larzac.

14   *Le Regard du sourd* de Bob Wilson. Le surréalisme au théâtre. L. Aragon en appelle aux mânes d'A. Breton.

21   Le Bureau politique du P.C.F. se prononce « pour une nouvelle législation concernant l'avortement » *(L'Humanité)* : l'interruption de grossesse serait soumise à l'avis d'une commission mais remboursée par la Sécurité sociale.

28   Mort de Jean Vilar.

29-4   Affaire Jaubert. « Bavure policière » à l'encontre d'un journaliste. Cl. Mauriac préside une commission où siègent G. Deleuze, M. Foucault, D. Langlois... pour mener une contre-enquête.

Le Torchon brûle, premier numéro, supplément de *L'Idiot international*. « Menstruel ». Des femmes aux femmes. Campagne pour l'avortement libre et gratuit.

Cl. Lefort, *Éléments d'une critique de la bureaucratie* (Droz). Recueil d'études publiées entre 1948 et 1968. Réflexion sur le parti et l'État bureaucratique communistes.

JUIN

11-13   Congrès du parti socialiste à Épinay-sur-Seine. Fr. Mitterrand est élu premier secrétaire.

18   Naissance de l'agence de presse Libération (directeur : M. Clavel). Pour une autre information. Ne démarre qu'en fin d'année.

Jésus-Christ Superstar, opéra rock à Paris. Plus de deux millions d'albums vendus aux États-Unis ; diffusé par Radio Vatican, « (un) chef d'œuvre de réalisme mystique ».

Tel quel lance le « Mouvement de juin 71 contre l'opportunisme, le dogmatisme, l'empirisme, le révisionnisme pour la pensée Mao Tsé-toung ». « La soi-disant orthodoxie léniniste qui ne s'appuie pas explicitement sur la pensée Mao Tsé-toung n'est pas léniniste. »

J.-Fr. Lyotard, *Discours, Figure* (Klincksieck). Freud et le langage.

G. Halimi, J. Monod, M. Chevalier, *Choisir*, une association militant en faveur des droits de la femme.

JUILLET

6   Mort de Louis Armstrong.

13   Début de la démolition des Halles de Paris.

15   Le jury des concours pour le Centre Beaubourg choisit parmi 681 projets envoyés du monde entier celui de R. Piano et R. Roger. Première réalisation de l'architecture théorisée par le groupe britannique Archigram dans les années soixante, sous l'inspiration de B. Fuller.

29-30   Colloque de Cerisy : « Nouveau roman : hier et aujourd'hui ».

R.-D. Laing, A. Esterson, *L'Équilibre mental, la folie et la famille* (Maspero, coll. « Textes à l'appui »). Traduction d'un ouvrage paru en 1963. La notion de maladie mentale en question.

Ouverture du centre expérimental de Marmottan (XVIIᵉ arrondissement) par le Dʳ Olievenstein. Accueil, écoute de jeunes drogués : « Nous ignorons presque tout sur cette nouvelle conduite et nous devons avoir aussi une position de chercheurs. »

AOÛT

10 Suppression de la convertibilité or du dollar.

29 G. Pompidou dans une interview au *New York Times Magazine* avoue l'aversion *(« I hate »)* et l'agacement que lui inspire la résistance française.

SEPTEMBRE

11 Mort de Nikita Khrouchtchev dans l'indifférence.

Stationnement payant à Paris. Apparition des contractuelles.

G. Jackson, *Les Frères de Soledad* (Gallimard, coll. « Témoins »). Préface de Jean Genet. La conscience noire révolutionnaire.

P. Jardin, *La Guerre à neuf ans* (Grasset). Souvenirs d'enfance à Vichy du fils du directeur de cabinet de P. Laval en 1942.

Création de la section française d'Amnesty international.

OCTOBRE

18 *Stratégies*, n° 1 (directeur : R. Maze-Sencier). Bimestriel. Le premier journal de publicité.

26 Admission de la Chine populaire à l'O.N.U.

Première rétrospective Francis Bacon aux Galeries nationales du Grand Palais.

27 A. Tanner, *La Salamandre* (B. Ogier). Découverte du cinéma suisse : le refus au pays de la discipline.

Max Weber, *Économie et Société* (t. I) (Plon, coll. « Recherches en sciences humaines »). Cinquante ans après sa publication en allemand, l'œuvre majeure du sociologue.

J.-J. Servan-Schreiber, président du Parti radical socialiste.

I.-D. Illich, *Une société sans école* (Le Seuil). La réalisation de l'éducation par la suppression de l'École.

S. Leys, pseudonyme de P. Ryckmans, *Les Habits neufs du président Mao* (Champ libre, coll. « Bibliothèque asiatique »). Un sinologue révèle les luttes de pouvoir au sein du totalitarisme maoïste, masquées par la révolution culturelle. Le livre est passé sous silence.

Le concours d'aménagement urbain d'Évry témoigne d'une rupture avec le langage urbain des années soixante (barres et tours isolées) au profit d'une « nappe horizontale proliférante » (architectes : M. Andreault et P. Porat). Entrée de R. Boffill sur la scène architecturale française (il réalisera plus tard ses vues monumentales à Saint-Quentin-en-Yvelines, Marne-la-Vallée, Montpellier et Montparnasse).

Création des éditions Galilée (M. Delorme). Elles publieront J. Baudrillard, J.-Fr. Lyotard, J. Derrida.

NOVEMBRE

23 J. Laurent, chef de file de la littérature de droite, *Les Bêtises* (Grasset), prix Goncourt.

G. Pompidou grâcie Paul Touvier, chef de la milice de Lyon. La décision passe inaperçue. Un article de *L'Express* du 5 juin 1972 (J. Derogy, « *L'Express* a retrouvé le bourreau de Lyon ») fera éclater l'affaire.

DÉCEMBRE

11 Le mathématicien Grothendieck met en émoi le Collège de France en refusant d'assurer son cours au profit de débats sur la science et la crise de la civilisation. La contestation ne se limite plus au campus.

13   M. Clavel quitte l'émission « À armes égales »
(A. Duhamel) à la suite de la censure exercée par
l'O.R.T.F. sur son film, *Le Soulèvement de la vie*. « Messieurs les censeurs, bonsoir ! »

Le pantalon, consacré féminin par la haute couture (Y.
Saint Laurent) et plébiscité par la rue : il s'en vend désormais autant que de robes.

1972

1ᵉʳ   Mort de Maurice Chevalier.
Rétrospective V. Van Gogh à l'Orangerie.

7   Gallimard lance son propre livre de poche « Folio » à la suite de sa rupture avec Hachette. C'est 500 titres, soit 10 millions de volumes qui repassent sous la couverture Gallimard. Un poche plus culturel, aux tirages moins élevés (30 000 exemplaires), sous une couverture unifiée (Cl. Gallimard, interview au *Monde*).

10   « La révolution des homosexuels », *Le Nouvel Observateur*. Un homme qui aime les hommes parle : « Je m'appelle G. Hocquenghem, j'ai vingt-cinq ans. »

12   J. Chancel, « Le Grand Échiquier » première émission (le même mois, première de « L'heure de vérité »).

19   *Le Canard enchaîné* publie la déclaration de revenus de J. Chaban-Delmas.

29   R. Wagner, *Parsifal* (salle Pleyel) ; *Tristan et Isolde* (palais Garnier).

J. Carré, P. Dubois, Éd. Malinvaud, *La Croissance française. Un essai d'analyse économique causale de l'après-guerre* (Le Seuil). Les facteurs qualitatifs (productivité, qualification de la main-d'œuvre) à la base de la croissance française.

FÉVRIER

2 Inauguration du musée des Arts et Traditions populaires, conçu et organisé par G.-H. Rivière. Son directeur, J. Cuisenier, est un ancien élève de Cl. Lévi-Strauss.

Ph. Garrel, *La Cicatrice intérieure*. La pointe avancée du film expérimental : « aller au cinéma pour planer ».

18 Fondation de Médecins sans frontière (Cl. Malhuret).

22 R. Allio, *Les Camisards*. Le soulèvement d'une identité religieuse et régionale.

29 M. Karmitz, *Coup pour coup*. L'ouvriérisme maoïste en délire.

Cl. Zidi, *Les Bidasses en folie* (les Charlots), 800 000 spectateurs en deux mois.

MARS

4-10 200 000 personnes assistent aux obsèques de Pierre Overney, militant maoïste tué le 25 février par un vigile à Renault-Billancourt. R. Nogrette, chef des relations sociales, sera kidnappé deux jours plus tard par « le groupe Pierre Overney de la nouvelle résistance populaire ». G. Pompidou qualifie cet acte « digne d'un pays de sauvages ».

7 F. Guattari, G. Deleuze, *Capitalisme et Schizophrénie. L'Anti-Œdipe* (Éditions de Minuit, coll. « Critique »). Rencontre d'un psychanalyste lacanien (F. Guattari) et d'un philosophe nietzschéen (G. Deleuze), le livre entend fonder une politique du désir en mêlant critique du freudisme orthodoxe (familialisme) et marxisme libertaire.

M. Serres, « La thanatocratie », *Critique*. Le pouvoir de mort de la science.

Création de la « Bibliothèque des histoires », sous la direction de P. Nora, chez Gallimard. Parmi les premiers titres publiés : G. Duby, *Guerriers et Paysans* ; R. Van Gulik, *La Vie sexuelle dans la Chine ancienne* ; N. Wachtel, *La Vision des vaincus*.

AVRIL

19 S. Kubrick, *Orange mécanique*, « l'histoire d'un jeune homme qui s'intéresse principalement au viol, à l'ultra-violence et à Beethoven ». Écarté des oscars 1972, le film est néanmoins classé meilleur film de l'année par les critiques américains.

21 Mort de Pierre Lazareff.

23 Référendum sur l'élargissement de la C.E.E. à la Grande-Bretagne, le Danemark, l'Irlande et la Norvège. Plus du tiers (39,5 %) des Français s'abstiennent. Échec de la relance du septennat pompidolien.

24 Création du Serpent monétaire européen.

Afrique-Asie, n° 1. La nouvelle génération tiers-mondiste.

R. Girard, *La Violence et le Sacré* (Grasset). Une théorie du sacré s'inscrivant en faux contre la psychanalyse freudienne et fondée sur le mécanisme sacrificiel de la « victime émissaire ».

Esprit, numéro spécial, « Le travail social », sous la direction de Ph. Meyer. La théorie critique de la société en *pratique*.

Première grève de femmes dans un magasin de Thionville (Richemont). Violents affrontements avec la police.

MAI

12 A. Mnouchkine et le théâtre du Soleil : *1793. La cité révolutionnaire est de ce monde* (Cartoucherie de Vincennes). Mise en scène de la vie quotidienne d'une section sans-culotte, Mauconseil.

Marlowe, *Les Massacres de Paris*, mise en scène de P. Chéreau. Révélation d'un metteur en scène.

16 « Douze ans d'art contemporain en France » (Grand Palais). Première grande manifestation d'art réellement contemporain (Adami, Aillaud, Arroyo, Dubuffet...).

J. Yanne, *Tout le monde il est beau, tout le monde il est gentil*. La radio-pub sous le feu de la satire bête et méchante.

C. Castañeda, *L'Herbe du diable et la petite fumée* (Soleil noir). Initiation ethnologique et drogue. « La réalité n'est pas ce que tu penses mais ce que tu ressens. »

J.-P. Dollé, *Le Désir de révolution* (Grasset). La révolution totale passe par la révolution du désir.

Les Temps modernes, n° spécial, « Nouveau fascisme, nouvelle démocratie ». A. Glucksmann, « reconnaître la fascisation du régime bourgeois en France » ; M. Foucault, « Sur la justice populaire, débat avec les maos ».

L'Écho des savanes, n° 1. Les auteurs de b.d. commencent à se publier eux-mêmes (Bretecher, Gotlib, Mandryka).

JUIN

1er Rapport du Club de Rome sur les limites de la croissance, *Halte à la croissance* (Fayard). Un scénario apocalyptique fondé sur un modèle mathématique de croissance exponentielle dans un monde fini. Brutale prise de conscience : la croissance économique n'est pas illimitée.

14 Palais de Chaillot : inauguration du musée du Cinéma, œuvre personnelle d'Henri Langlois.

18 Inauguration du mémorial Charles-de-Gaulle : la croix de Lorraine à Colombey-les-Deux-Églises.

27 Signature du Programme commun de gouvernement entre le P.S. et le P.C.F.

W. Allen, *Prends l'oseille et tire-toi*. L'arrivée du comique juif new-yorkais.

JUILLET

3   A. Conte nommé P.-D.G. de l'O.R.T.F. Suppression des unités autonomes d'information.

5   Démission du gouvernement Chaban-Delmas exigée par le président Pompidou. P. Messmer, Premier ministre.

26   Rétrospective Nicolas de Staël à la fondation Maeght (Saint-Paul-de-Vence).

AOÛT

14   Mort de Jules Romains.

Ph. Gavi, « Seul un bourgeois aurait pu faire ça ? » *(Les Temps modernes)* critique la façon dont la presse, et notamment la presse gauchiste *(La Cause du peuple)* a rendu compte du fait divers de Bruay-en-Artois : « Il ne s'agit pas de politiser le fait divers mais de montrer comment en 1972, le fait divers est nécessairement politique. »

SEPTEMBRE

5-6   Jeux Olympiques de Munich. Assassinat de onze Israéliens par un commando palestinien, Septembre noir. Premier acte de terrorisme international.

19   L. Buñuel, *Le Charme discret de la bourgeoisie*. La critique surréaliste déchaînée.

21   Suicide d'H. de Montherlant, soixante-seize ans, « La vie avait cessé d'être digne de moi. » *Mais aimons-nous ce que nous aimons ?*, texte posthume, paraît chez Gallimard.

25 *Le Point*, n° 1, hebdomadaire créé par Hachette avec une équipe dirigeante venue de *L'Express* (Cl. Imbert). Un mot clef : la raison « contre l'éloge partout de la folie ».

Constitution du Front national (J.-M. Le Pen).

R. Leroy, *La Culture au présent* (Éditions sociales), expose les grandes lignes des conceptions culturelles des communistes. « Il n'y a jamais eu de révolution seulement culturelle, pas plus qu'il n'y a de révolution commençant par la révolution culturelle. »

Colloque de Royaumont, *L'Unité de l'homme* (les actes seront publiés au Seuil en 1974 sous la direction d'E. Morin et M. Piatelli-Palmarini). La rencontre de la biologie et de la théorie sociale (Fr. Jacob, J. Monod, J. Ruffié, J.-P. Changeux, G. Balandier, S. Moscovici).

Entrée de Saint-John Perse dans la Pléiade.

OCTOBRE

4 Création du Mouvement de la gauche radicale-socialiste présidé par R. Fabre.

6 Scandale publicitaire : M. Polnareff montre son cul sur 6 000 affiches annonçant son spectacle à l'Olympia. Quinze millions d'anciens francs d'amende.

11-17 Dernier numéro des *Lettres françaises*, « comment meurt un journal » (L. Aragon, Vercors, P. Picasso, J. Cassou, P. Seghers...).

19-20 Sommet européen à Paris à l'initiative de G. Pompidou.

Premiers livres du département Jeunesse récemment créé chez Gallimard.

Cl. Lefort, *Le Travail de l'œuvre, Machiavel* (Gallimard). Les fondements du politique au travers du fondateur de la pensée politique moderne.

H. Arendt, *Le Système totalitaire* (Le Seuil, coll. « Points-Politique »). Traduction de la troisième partie du classique *Origins of totalitarianism*.

NOVEMBRE

28 Exécution de Cl. Buffet, R. Bontemps, les « assassins de Clairvaux » (22 septembre 1971). Un de leurs avocats, R. Badinter, interpelle « cette justice qui donne la mort » (*L'Exécution*, Grasset, juin 1973).

Procès de Bobigny contre une « avorteuse », une « avortée » et leurs « complices ». *Choisir* cite à la barre des personnalités scientifiques : le professeur Milliez, J. Monod. Des peines mineures seront infligées aux inculpées.

J.-P. Faye, *Langages totalitaires*, critique de la raison narrative (Hermann). L'idéologie nazie à la lumière de la théorie du récit.

J.-P. Manchette, *Nada* (Gallimard, « Série noire »). Consécration du « néo-polar » genre subversif (du même auteur, *Morgue pleine*, 1973 ; de J. Vautrin, *À bulletins rouges*, 1973, *Billy-ze-Kick*, 1974).

E. Cassirer, *La Philosophie des formes symboliques* (Éditions de Minuit, coll. « Le Sens commun »). Un classique du XXe siècle : une théorie néo-kantienne de la culture.

Rapport Simon sur le comportement sexuel des Français (Club français du livre). Première enquête par sondage sur la vie sexuelle en France.

D. Roche, *Le Mécrit* (Le Seuil, coll. « Tel quel »). L'adieu à la poésie.

DÉCEMBRE

6 Manifeste du (futur) journal *Libération* rédigé par P. Victor, J.-P. Sartre, M. Foucault, A. Astruc, Ph. Gavi, J.-C. Vernier : « La doctrine du quotidien est : Peuple, prends la parole et garde-là ! »

10 Heinrich Böll, prix Nobel de littérature.

17 G. Marchais, secrétaire général du P.C.F.

19   Fr. Ceyrac, président du C.N.P.F.

B. Bertolucci, *Le Dernier Tango à Paris* (M. Brando, M. Schneider). L'amoralité mortelle du sexe.

20   Projet de loi du P.S.U. relatif à l'avortement déposé par M. Rocard à l'Assemblée nationale.

31   Premières émissions de la troisième chaîne, FR3. J.-L. Guillaud, P.-D.G. : « faire une chaîne télévisée nationale dans l'esprit de la régionalisation ». Reçue par l'ensemble des Français sous cinq ans.

Art-Press, n° 1 (rédactrice en chef : C. Millet). Les avant-gardes picturales dans le champ de la production artistique.

Record historique des accidents de la route : 16 600 tués dans l'année.

Premières enquêtes « Styles de vie » réalisées par le Centre de communication avancée (C.C.A.) de Bernard Cathelat.

COMMENT CHANGER LA VIE ?

Cette année-là, les espoirs du pompidolisme sont en berne. La croissance, bien sûr, est encore vaillante, avec un bon gâteau à partager. Mais les gaullistes historiques grognent, les centristes murmurent, la gauche s'unit et chacun pense déjà très fort aux législatives de 73. La relance, avec le coup du référendum sur l'élargissement de la Communauté européenne, fait un « bide » : en avril, le « oui » séduit péniblement 36 % des électeurs inscrits et il y a presque 40 % de pêcheurs à la ligne. Un étrange parfum de scandales monte d'un peu partout : l'affaire de La Villette, celle de la Garantie foncière, les publicités clandestines à l'O.R.T.F., la feuille d'impôts de M. Chaban-Delmas laissent entendre que la majorité prend ses aises. Georges Pompidou doit donc trancher dans le vif, c'est-à-dire dans le sens du poil de ses soutiens conservateurs. MM. Chaban-Delmas et Delors sont proprement remerciés à l'été : leur « nouvelle société » décrispée aurait fini par troubler la sagesse industrieuse des

forces saines du pays. Un ancien de Bir Hakeim, M. Mess-
mer, est derechef installé à Matignon pour combattre la
morosité, surveiller les « casseurs », reprendre en main
l'O.R.T.F. et préparer de bonnes élections. Il s'exécutera,
sans fioritures inutiles.

C'est qu'il y eut aussi deux urgences en forme de chassé-
croisé. Avec l'assassinat de Pierre Overney, les gauchistes
ont eu leur martyr, abattu par un vigile aux portes de chez
Renault : au Père-Lachaise, le 4 mars, derrière « Pierrot »,
une immense foule au cœur jeune comme Mai 68 serre les
poings. Les maos de la Gauche prolétarienne saisissent l'oc-
casion pour pousser les feux, tandis que la grève du Joint
français prend une allure autogestionnaire assez promet-
teuse. Feu de paille : les idées de Mai s'épandent dans la
société mais elles contournent les avant-gardes. Les petits
soldats de la G.P. ne franchiront pas le seuil du terrorisme
en armes : ils relâchent Nogrette, un cadre de Billancourt
qu'ils ont enlevé pour venger « Pierrot ». MM. Marcellin et
Papon ne restant pas inactifs de leur côté, le gauchisme
*s'épuise, glisse vers l'*underground *et va lancer* Libération.

Mouvement de balancier ? C'est à voir. Mais la gauche
respectable, électorale et revenue de loin, s'ouvre en juillet
un espace prometteur. Le P.S. pris d'assaut à la hussarde
par François Mitterrand l'année d'avant à Épinay, le P.C.
où Georges Marchais s'est imposé et les vestiges de gauche du
radicalisme signent un programme commun de gouverne-
ment très fourre-tout. On y chante le peuple comme en
1848, on y détaille d'immenses ambitions démocratiques
dans une fièvre de « mesures à prendre » : chacun campe
avec ses arrière-pensées (qui dominera à gauche ?) dans
cette auberge espagnole, mais ce P.C.G. d'apparatchiks a
débloqué l'avenir de l'opposition. Le changement passera
par les urnes et « changer la vie », un slogan de 68 habile-
ment chanté par les socialistes, viendra par ordonnances
gouvernementales.

Ce reclassement politique, il est vrai, n'est pas tout à fait
désaccordé des mouvements intimes de la société. Nul
n'imagine qu'on puisse être à l'heure H moins une de la

crise pétrolière : le cri d'alarme du Club de Rome, qui laisse entendre que l'expansion n'aura qu'un temps, est lu comme un délire de technocrates un peu pompettes. Consommation, mieux-être, épanouissement, voilà les maîtres mots. Avec, toujours au tréfonds, la musique de Mai : si les maos font déjà sourire dans leur acharnement à dénoncer le crime « bourgeois » de Bruay-en-Artois, le verdict du procès de Bobigny, lui, est un immense espoir pour les femmes et la bataille de l'avortement entre dans une phase décisive. Des jeunes vivent leur autre culture : seuls les « ancêtres » parlent encore du « yé-yé ». À la télé, cette « voix de la France » selon Georges Pompidou, apparaissent « Des chiffres et des lettres » et « Le Grand Échiquier » ; M. Arthur Conte veut faire éclore « les forces de la joie », mais le Viêt-nam et la tuerie de Munich éclatent en plein écran. Des foules de tous âges courent les expositions et assiègent le nouveau musée des A.T.P. : le culte des « racines » commence, dans une vive quête d'identité collective. Une croix de Lorraine est dressée sur une colline de Colombey. La France continue, sourdement travaillée par un changement qu'elle perçoit mal, mais déjà revenue de quelques illusions de l'après-Mai.

                                        Jean-Pierre Rioux.

1973

4 *Libération*, présenté à la presse par Ph. Gavi, J.-R. Hulen, S. July, J.-P. Sartre, J.-C. Vernier. Émergence d'un nouveau journalisme tant sur le plan de la technique (photocomposition), de l'organisation du journal (égalité des salaires), que du financement (« Le financement de *Libération* c'est cent mille personnes donnant chacune dix francs. » Refus de la publicité).

27 Accords de Paris. Fin de la guerre du Viêt-nam.

Études, « Pour une réforme de la législation française relative à l'avortement », article collectif envisageant dix propositions pratiques, dont le remboursement par la Sécurité sociale.

Le premier test-grossesse, « G-Test », en vente libre dans toutes les pharmacies.

P. Bourdieu, « L'opinion publique n'existe pas », *Les Temps modernes*. Mise en question des postulats implicites sur lesquels s'appuient les sondages d'opinion : « Le sondage d'opinion est, dans l'état actuel, un instrument d'action politique, sa fonction la plus importante consiste peut-être à imposer l'illusion qu'il existe une opinion publique. »

R. Barthes, *Le Plaisir du texte* (Le Seuil, coll. « Tel quel »). Le texte comme « espace de la jouissance ».

R. Paxton, *La France de Vichy* (Le Seuil). Un réquisitoire implacable par un universitaire américain, qui fait mal (M. Ferro, « Maréchal nous sommes toujours là », *La Quinzaine littéraire*, 16 février 1973 ; D. Jamet, « L'œuf de Columbia », *Le Quotidien de Paris*, 9 février 1973 ; A.-G. Slama, « Les yeux d'Abetz », *Contrepoint*, avril 1973).

Cl. Julien, rédacteur en chef du *Monde diplomatique*, auquel il insufflera une ligne tiers-mondiste.

FÉVRIER

3 331 médecins déclarent pratiquer l'avortement, demandent son remboursement par la Sécurité sociale, affirment que la décision appartient à la femme et à elle seule. Quatre prix Nobel signent le manifeste.

6 Incendie du C.E.S. Pailleron à Paris : 21 morts.

7 J.-P. Sartre, « La rentrée du maudit » *(Paris-Match)* sur les ondes radiophoniques qu'il s'était interdites depuis le manifeste des 121 (« Radioscopie » de J. Chancel). Venu pour promouvoir *Libération*, il oublie de communiquer le numéro de son compte en banque (où l'on peut adresser les dons).

22 A. Harris, A. de Sédouy, *Français, si vous saviez*. Trilogie antimythologique sur l'avant-guerre, la guerre et l'Algérie, prenant le contre-pied de l'imagerie gaulliste et communiste, ne sera diffusée que dans les salles d'Art et d'Essai.

Gébé, J. Doillon, *L'An 01*. « On arrête tout. » La ligne *baba-cool* à son apogée.

27 Protestation contre la loi Debré.

28 Rolf Liebermann, directeur de l'Opéra de Paris.

J. Poiret, M. Serrault, *La Cage aux folles* (théâtre du Palais-Royal). Les avatars burlesques d'un couple de travestis à Saint-Tropez.

R. Castel, *Le Psychanalysme* (Maspero, coll. « Textes à l'appui »). Mise en question du processus d'idéologisation et de dépolitisation produit par la psychanalyse.

J. Lacan, *Le Séminaire, Livre XI, Les Quatre concepts fondamentaux de la psychanalyse* (Le Seuil). Texte établi par J.-A. Miller. Le premier de la série : du magnétisme oral au monument écrit.

Cl. Faraldo, *Themroc* (M. Piccoli). De la rupture individuelle et jubilatoire avec l'ordre établi.

S. Moscovici, *La Société dénaturée* (coll. « 10/18 »). « Mettre fin à la vision d'une nature non humaine et d'un homme non naturel. »

J.-Fr. Lyotard, *Dérive à partir de Marx et de Freud* (coll. « 10/18 »). « Une politique libidinale. »

P. Bénichou, *Le Sacre de l'écrivain (1750-1830). Essai sur l'avènement d'un pouvoir spirituel laïque dans la France moderne* (J. Corti). L'institution romantique de la littérature.

MARS

4-12 Élections législatives. Progrès de la gauche, surtout du parti socialiste (102 députés, 73 P.C.F.). La majorité dispose de 275 députés.

9 Exposition « Équivoques. Peinture française au XIXᵉ siècle » au musée des Arts décoratifs. Première réévaluation de l'art pompier.

12 Dévaluation du dollar de 10 %.

La couette remplace draps et couvertures : suppression de la corvée du lit.

C. Castoriadis, *La Société bureaucratique*, vol. I, *Les Rapports de production en Russie* (coll. « 10/18 »). Reprise en poche des articles de *Socialisme ou Barbarie*.

S. Amin, *Le Développement inégal* (Éditions de Minuit). Le sous-développement comme produit du développement dans une dialectique du « Centre » et de la « périphérie ».

AVRIL

8   Avortement public à l'hôpital Saint-Antoine.

10   Règlement de la succession de P. Picasso par une dation à la France de sa collection personnelle (400 toiles).

25   Inauguration du périphérique parisien par P. Messmer.

Dr J. Cohen, J. Kahn-Nathan, G. Tordjman, C. Verdoux, *Encyclopédie de la vie sexuelle* (Hachette). Premier manuel d'éducation sexuelle à l'usage des enfants et des adolescents. T. Duvert commente cette « éducation sexuelle, anti-sexuelle, puritaine et nataliste » (*Le Bon Sexe illustré*, Éditions de Minuit, mai 1974).

M. Antoine, Mouvement pour la liberté de l'avortement et la contraception (M.L.A.C.)

G. Duby, *Le Dimanche de Bouvines* (Gallimard coll. « Les trente journées qui ont fait la France »). L'histoire-bataille réappropriée par l'histoire-annales.

MAI

17   M. Ferreri, *La Grande Bouffe*. L'écœurement de la surconsommation.

J. Eustache, *La Maman et la Putain*. Des limites de la libération sexuelle.

22   *Libération*, directeur J.-P. Sartre, paraît régulièrement, cinq jours par semaine. Titre : « Castor et Pollux : plouf !... Échec total : les deux satellites français dans l'Atlantique. »

Stanley Cohen réalise à Stanford un transfert de gène d'une bactérie à une autre. L'ère du génie génétique est ouverte.

E. Morin, *Le Paradigme perdu : la nature humaine* (Le Seuil). De la révolution biologique à l'anthropolitique.

W. Allen, *Tout ce que vous avez voulu toujours savoir sur le sexe sans jamais oser le demander*. Les perplexités pittoresques de la « libération ».

Dialectiques, n° 1 (D. Kaisergruber). Le communisme moderniste et normalien.

JUIN

19   Les grévistes de l'usine Lip (Besançon) décident de remettre en route les chaînes de fabrication des montres. Ch. Piaget, responsable C.F.D.T., devient un « P.-D.G. sauvage ». L'usine est autogérée. En septembre, un sondage S.O.F.R.E.S. révélera que Lip est l'affaire la plus importante de l'année pour la moitié des Français.

28   Dissolution de la Ligue communiste et d'Ordre nouveau par le Conseil des ministres.

Le S.M.I.G. est porté à mille francs par mois.

L. Althusser, *Réponse à John Lewis* (Maspero, coll. « Théorie »). La « déviation stalinienne » imputable aux rémanences de l'humanisme (réplique d'un ancien althussérien, J. Rancière, *La Leçon d'Althusser*, Gallimard. « L'althussérisme est une pensée de l'ordre »).

JUILLET

4   Amorce d'une politique européenne de l'informatique : la CII (France), Siemens et Philips (R.F.A) signent l'accord Unidata.

14   *Paris-Match*, « Avec J.-P. Sartre, dans la barque de *Libération* », le reportage de M.-L. de Decker lance le journal.

23   Circulaire ministérielle introduisant l'éducation sexuelle dans l'enseignement secondaire.

31   Naissance de l'Agence spatiale européenne.

M. Polnareff, « On ira tous au paradis ».

AOÛT

14   Évacuation de l'usine Lip par la police.
25-26   Premier rassemblement sur le Larzac organisé par les « paysans-travailleurs » : 50 à 60 000 personnes.
Alan Stivell, « Les chemins de la terre ».

SEPTEMBRE

11   Chili : putsch du général Pinochet. L'ex-président S. Allende est acculé au suicide. Répression féroce. Émigration massive des intellectuels.
13   *La Cause du peuple. J'accuse*, dernier numéro.
Inauguration de la tour Maine-Montparnasse.
21   G. Pompidou : « Le journaliste de télévision n'est pas tout à fait un journaliste comme les autres (...) La télévision est considérée comme la voix de la France. »
28   Mort de Fernand Raynaud.
Données sociales (I.N.S.E.E.), première livraison, sous la direction de J.A. Darbel. Recueil de données statistiques destinées à « présenter une vue exhaustive et cohérente de la réalité sociale » française.

OCTOBRE

1ᵉʳ   C. Bretecher entre au *Nouvel Observateur*. L'embryon des *Frustrés*. L'autodérision de l'intellocratie.
6-23   Guerre du Kippour. Victoire d'Israël pour la première fois difficile. Le rapport de force évolue à son détriment.
13   P. Messmer, Premier ministre : « Lip, c'est fini en ce qui me concerne. »
16   Premier choc pétrolier. L'O.P.E.P. réunie à Koweit augmente unilatéralement le prix du brut de 70 %.

19 Loi Royer, protectrice du petit commerce.

22 Mort de Pablo Casals.

24 Abandon du projet de quinquennat par G. Pompidou.

M. Foucault, *Moi, Pierre Rivière ayant égorgé ma mère, ma sœur, mon frère*... Un cas de parricide au XIXe siècle (Gallimard-Julliard, coll. « Archives »). L'appropriation psychiatrique du crime.

NOVEMBRE

30 E. Le Roy Ladurie, leçon inaugurale au Collège de France, chaire d'histoire de la civilisation moderne. « L'histoire immobile », 1320-1720.

K. Lorenz, prix Nobel de physiologie et de médecine. S. Wiesenthal tente vainement de le lui faire retirer au nom de son engagement nazi.

DÉCEMBRE

1er Mort de D. Ben Gourion.

7 Adoption en Conseil des ministres d'un plan de lutte contre l'inflation.

15 J. de Romilly, première femme au Collège de France (chaire : la Grèce et la formation de la pensée morale et politique).

A. Soljenitsyne, *L'Archipel du goulag* publié à Paris en langue russe (YMCA-Press).

N. Elias, *La Civilisation des mœurs* (Calmann-Lévy, coll. « Archives des sciences sociales ». Une étude pionnière (1939) de l'intériorisation des disciplines corporelles et culturelles qui va trouver son heure entre Foucault et les Annales.

Recherches, numéro spécial : « Les équipements du pouvoir », suivi en janvier de « l'idéal historique » (Fr. Fourquet, L. Murard). Au-delà de Marx : Braudel, Foucault et Deleuze.

1974

JANVIER

19 Sortie du franc du Serpent monétaire.
26 B. de Palma, *Phantom of Paradise*, grand prix du film fantastique au premier festival d'Avoriaz. L'institutionnalisation d'un genre.

La Nef, numéro spécial : « Sondages d'opinion et opinion sur les sondages », contribution à la polémique sur les sondages : « Pour les sondages... quand même » (R. Cayrol).

Les Temps modernes (n° 330). Apparition de la rubrique « Le sexisme ordinaire ». La revue de presse du phallocratisme.

Premier festival de la bande dessinée à Angoulême (à l'imitation de celui de Lucques, en Italie).

FÉVRIER

1er L. Malle, *Lacombe Lucien* : les paumés de la collaboration.
2 « Jean Paulhan à travers ses peintres », exposition au Grand Palais.

13   A. Soljenitsyne, expulsé d'U.R.S.S. Il résidera en Suisse avant de s'installer définitivement aux États-Unis (Vermont).

14   Le Front de libération de la Bretagne fait sauter le pylône de l'émetteur O.R.T.F. Première manifestation de l'autonomisme breton.

M. Chaix, *Les Lauriers du lac de Constance* (Le Seuil). Un itinéraire sous l'Occupation : son père, A. Beugras, était un des responsables du P.P.F.

E. Lévinas, *Autrement qu'être ou au-delà de l'essence* (Nijhoff). Transcendance, subjectivité et relation éthique. Après *Totalité et infini* et les « lectures talmudiques » de l'auteur, l'ouvrage imposera une réflexion éthique originale, incorporant la spiritualité juive dans la phénoménologie.

MARS

3   Léo Ferré, Fr. Béranger donnent un concert pour soutenir *Libération*.

A. Leclerc, *Parole de femme* (Grasset). Inventer une littérature au féminin.

Un D.C. 10 (Turkish Airlines) s'écrase dans la forêt d'Ermenonville : 345 morts. Accident le plus meurtrier de l'histoire de l'aviation civile.

6   Y. Bellon, *La Femme de Jean*. Le film de femme.

8   Inauguration de l'aéroport Ch.-de-Gaulle à Roissy.

13   B. Blier, *Les Valseuses* (Miou-Miou, G. Depardieu, P. Dewaere). Parlons cul.

20   Plan de lutte contre l'inflation : blocage du pouvoir d'achat des salariés, majoration du second tiers provisionnel.

A. Peyrefitte, *Quand la Chine s'éveillera...* (Fayard). La maolâtrie de droite. Best-seller.

Ouverture du premier club Vitatop (porte Maillot). Début de l'ère du culte du corps.

L. Cavani, *Portier de nuit*. Le lien pervers du bourreau nazi et de sa victime. Le film fait scandale.

AVRIL

2   Mort de G. Pompidou à la suite d'une maladie dont la dénégation obstinée avait suscité de nombreuses polémiques touchant à l'exercice de la fonction présidentielle. A. Poher, président du Sénat, assure l'intérim.

4   *Le Quotidien de Paris*, n° 1 (directeur Ph. Tesson).

11   Conférence de presse de R. Dumont, candidat écologique à la présidence de la République. Manifeste : « Pour une autre civilisation ». Le Mouvement écologique français est né.

18   Mort de M. Pagnol.

Les docteurs Olievenstein et A. Braconnier ouvrent le Centre Pierre-Nicole, post-cure pour toxicomanes : « Ce que nous voulons, c'est démédicaliser dans une large mesure le problème de la toxicomanie, dans sa définition, son approche, ses soins. »

M. Duras, X. Gauthier, *Les Parleuses* (Éditions de Minuit), conversations retranscrites littéralement. Un nouveau parler-femme ?

J. Le Goff, P. Nora (éd.), *Faire de l'histoire* (Gallimard, coll. « Bibliothèque des histoires »). Trois tomes : *Nouveaux problèmes, Nouvelles approches, Nouveaux objets*. La charte de « l'histoire nouvelle ».

Des femmes éditent : la tendance Psychanalyse et Politique du M.L.F. entre en édition. Antoinette Fouque tient une conférence de presse : « (...) ce n'est pas une maison d'édition " féministe " (...) il s'agit de faire apparaître une écriture spécifiquement de femmes, non pas féminine, mais plutôt " femelle " ... Notre projet serait de publier tout le refoulé, le censuré, le renvoyé des maisons d'édition bourgeoise (...) » Quatre textes sont publiés simultanément : S. Aleramo, *Une femme* ; Igrecque, *Ô maman baise-moi encore* ; J. Mitchell, *L'Âge de femme* ;

collectif italien, *Être exploitées*. Ouverture de la Librairie des femmes rue des Saints-Pères. Tout ouvrage rédigé par un homme sera longtemps exclu des rayons.

J. Jaeckin, *Emmanuelle*, adaptation cinématographique d'un roman publié en 1958 chez Losfeld à petit tirage, repris avec succès en 1969 et dont le passage en poche (coll. « 10/18 ») au moment du film fera un énorme best-seller (plus de 400 000 exemplaires vendus, un million d'exemplaires pour les trois titres de la série). Sous le pseudonyme d'Emmanuelle Arsan, se cache une princesse thaïlandaise de la famille royale, femme de diplomate français.

« Critique de la politique », collection dirigée par M. Abensour, Payot. Irréductibilité du politique et « critique sociale de la domination ». Premiers titres : M. Horkheimer, *Éclipse de la raison* ; J. Habermas, *Théorie et pratique* ; M. Rubel, *Marx critique du marxisme* ; La Boétie, *De la servitude volontaire*.

MAI

1ᵉʳ G. Debord, *La Société du spectacle*. Les thèses situationnistes au cinéma.

5 Premier tour des élections présidentielles : Fr. Mitterrand, 43,2 %. V. Giscard d'Estaing, 32,6 % des suffrages exprimés. P. Viansson-Ponté commente : « (...) une évidence aveuglante (...) : la déception de la gauche, la résistance de la droite sont dues pour une part énorme, décisive à coup sûr aux suffrages féminins (...) On ne peut tout de même pas proposer de (...) retirer (aux femmes) le droit de vote, d'en priver les célibataires ou veuves de plus de soixante-cinq ans... » *(Le Monde)*.

11 Face-à-face, Valéry Giscard d'Estaing, Fr. Mitterrand à la télévision, suivi par vingt-cinq millions de téléspectateurs (29 millions d'électeurs). Valéry Giscard d'Estaing l'emporte : « Vous n'avez pas le monopole du cœur. »

18   Rétrospective Joan Miró au Grand Palais.

19   Valéry Giscard d'Estaing, président de la République (50,8 % des suffrages exprimés contre 49,1 % pour Fr. Mitterrand). « C'est donc moi qui conduirai le changement. »

24   Mort de Duke Ellington.

26   M. Rostropovitch, violoncelliste, obtient des autorités soviétiques un visa de deux ans. Depuis 1970, toute tournée lui était interdite. Il s'installe en France.

27   J. Chirac, Premier ministre.

28   S. Veil, ministre de la Santé dans le gouvernement Chirac. C'est la seconde femme à être ministre à part entière, après Mme Poinso-Chapuis (1947-1948).

M. Clavel, *Les Paroissiens de Palante* (Grasset). L'affaire Lip, roman évangélique : le Christ (C. Piaget) et les douze apôtres.

Les Temps modernes, numéro spécial : « Des femmes s'entêtent ». S. de Beauvoir : « Perturbation, ma sœur... » (Présentation). Trois axes : « Encerclement » ; « Ruptures du cercle » ; « Désirs-délires ». Primauté du collectif. Refus du patronyme machiste.

Voyage en Chine de l'équipe *Tel quel* (Ph. Sollers, M. Pleynet, J. Kristeva, F. Wahl et R. Barthes). R. Barthes commente : « (...) la Chine est paisible (...) Les calligraphies de Mao reproduites à toutes les échelles signent l'espace chinois (...) d'un grand jeté lyrique, élégant, herbeux (...) prenez la campagne actuelle contre Confucius et Lin-Piao (...) son nom même (en chinois : Pilin-Pikong) tinte comme un grelot joyeux (...) » (« Alors la Chine », *Le Monde*, 24 mai). J. Kristeva célèbre un « socialisme sans Dieu et sans homme » (*Des Chinoises*, Des Femmes) ; F. Wahl laisse entendre une voix dissonante (« La Chine sans utopie », *Le Monde*, 15 au 19 juin).

Ph. Gavi, J.-P. Sartre, P. Victor, *On a raison de se révolter* (Gallimard, coll. « La France sauvage »). Sartre et les maos.

JUIN

9 J.-J. Servan-Schreiber évincé du gouvernement pour incartade verbale critiquant la politique nucléaire. Il n'est pas remplacé au ministère des Réformes.

19 B. Schrœder, *Idi Amin Dada*. Le pouvoir au révélateur de la folie.

27 Discours de réception de Cl. Lévi-Strauss à l'Académie française.

A. Soljenitsyne, *L'Archipel du goulag*. Essai d'investigation littéraire 1918-1956, t. I (Le Seuil). Le deuxième tome sera mis en vente en décembre. « Un livre tel que celui-là (...) nous sommes un petit nombre qui l'attendions depuis longtemps, un livre disant ce qu'il en est des prisons et des camps de travail soviétiques, de la terreur qui a accompagné, non dans un temps d'exception mais de manière continue l'édification du régime bureaucratique en U.R.S.S. et lui a fourni son armature (...) nous parvenant de Russie même, écrit par quelqu'un dont le témoignage et la connaissance du système fussent irrécusables » (Cl. Lefort, « Soljenitsyne », *Textures*, 13/1975, article repris dans *Un homme en trop*, Le Seuil, coll. « Combats »). En dépit du tir de barrage communiste, le succès est immédiat et énorme.

JUILLET

3 Suspension de l'immigration par le Conseil des ministres.

5 Loi sur la majorité civique à dix-huit ans.

11 Loi sur le divorce par consentement mutuel. L'adultère disparaît du code pénal.

16 Fr. Giroud, directrice de *L'Express*, nommée au nouveau secrétariat d'État de la Condition féminine.

19 Mutinerie à la prison de Clairvaux : deux morts, quinze blessés. Début de l'agitation dans les prisons.

21   Eddy Merckx remporte son cinquième Tour de France.

P. Werner, « Lip, les femmes dans la lutte des classes » (*Les Temps modernes*) : « Les femmes, ce sont les O.S. de Lip. » Première grève des femmes.

Les Cahiers du cinéma, numéro spécial : « Anti-rétro » (S. Daney, M. Foucault), dénoncent « la fausse archéologie de l'histoire », « ce phénomène dit de la mode rétro : fétichisme snob des effets de vieux (vêtements et décor) et dérision de l'histoire ».

C. Ribeiro, « L'Ère de la putréfaction ».

AOÛT

7   Éclatement de l'O.R.T.F. en sept sociétés dont les présidents sont nommés par le gouvernement.

8   Démission de R. Nixon à la suite de l'affaire du Watergate (installation de micros au siège électoral du parti démocrate). G. Ford lui succède.

10   Valéry Giscard d'Estaing visite deux prisons lyonnaises. Il se fait photographier serrant la main d'un détenu. Le gouvernement s'engage à réformer le système pénitentiaire dès l'automne.

27   Valéry Giscard d'Estaing annonce l'extension de la Sécurité sociale à tous les Français d'ici 1978.

30   *Combat*. De la résistance à la révolution, dernier numéro : « Silence ! on coule. » Les pages intérieures sont blanches.

Rencontres internationales des femmes (Arcachon) organisées par la branche Psychanalyse et Politique du M.L.F. Auteurs de base : Marx et Freud. Vedette incontestée : Lacan.

SEPTEMBRE

11   Conseil des ministres pour la première fois en province (Lyon).

15 Attentat au drugstore Saint-Germain-des-Prés : deux morts, trente-quatre blessés.

S. Hoffmann, *Essais sur la France. Déclin ou renouveau ?* (Le Seuil, coll. « Esprit »), reprise et développement d'analyses devenues classiques sur l'évolution de la communauté politique française depuis les années trente, Vichy, le mythe gaullien.

Le concours sur le terrain de l'ancienne prison de la Roquette à Paris révèle une nouvelle génération d'architectes qui fait du retour aux types urbains traditionnels son thème. Parmi les projets lauréats : R. Castro, Y. Lion, Ch. de Portzamparc. Parmi les membres du jury, B. Huet, nouveau rédacteur en chef d'*Architecture d'aujourd'hui*. Il ouvre la revue sur les débats internationaux en cours liés à l'avènement de l'architecture post-moderne.

OCTOBRE

14 Accord entre le C.N.P.F. et les syndicats concernant le versement d'une indemnité en cas de licenciement (90 % du salaire brut sur un an).

19-23 Premiers concerts et ateliers de l'I.R.C.A.M. imaginé et dirigé par P. Boulez : alliance de l'art musical, de la science et de la technologie. Rejoint le Centre Pompidou en 1977. Complété en 1976 par la création de l'Ensemble intercontemporain.

21 Élargissement de la saisine du Conseil constitutionnel à soixante députés ou soixante sénateurs. Initialement « chien de garde » de l'exécutif, le Conseil ne pouvait être saisi que par le président de la République, le Premier ministre, le président de l'Assemblée nationale et du Sénat.

29 *Good bye mister Freud*, opéra-tango de E. Copi et J. Savary par le Grand Magic Circus.

L. Irigaray, *Speculum. De l'autre femme* (Éditions de Minuit, coll. « Critique »). Critique féministe du freudisme. La sexualité de la femme reste « le continent noir » de la psychanalyse.

G. Pradal, *Guide des médicaments les plus courants* (Le Seuil). L'information, moyen de résistance au pouvoir médical.

P. Clastres, *La Société contre l'État* (Éditions de Minuit, coll. « Critique ») ; *Le Grand Parler* (Le Seuil) après la *Chronique des Indiens Guayaki* (Plon, coll. « Terre humaine », 1972). Sociétés primitives « sans État » ou organisées par le refus de la division politique ?

N. Elias, *La Société de cour* (Calmann-Lévy). La cour, laboratoire d'une civilisation.

R. Thom, *Modèles mathématiques de la morphogenèse* (Christian Bourgois, coll. « 10/18 »). Après *Stabilité structurelle et morphogenèse* (1972), le premier exposé de la théorie des catastrophes et de ses applications pour un large public.

Bernard-Henri Lévy crée la collection « Figures » (Grasset) inaugurée par J.-P. Dollé, *Voies d'accès au plaisir*, Ph. Nemo, *L'Homme structural*.

NOVEMBRE

9-11 Congrès constitutif du Parti des forces nouvelles (P. Gauchon), extrême droite.

16 « De David à Delacroix », la peinture française de 1774 à 1830 au Grand Palais.

28 Loi Veil autorisant l'interruption volontaire de grossesse adoptée grâce à l'appui de la gauche. Retransmission à la télévision des débats parlementaires : J. Médecin (R.P.R.) : « Vous ouvrez la voie au commerce de la mort. »

B. Brecht, *Théâtre complet* (L'Arche).

G. Lucas, *American Graffiti*. Les Sixties s'éloignent : la mémoire d'une génération.

DÉCEMBRE

4   J. Doillon, *Les Doigts dans la tête*. L'apprenti en révolte contre son patron.

9-10   Première réunion du Conseil européen des chefs d'État à Paris à l'initiative de Valéry Giscard d'Estaing.

14   J. Chirac élu secrétaire général de l'U.D.R.

25   Paul VI déclare 1975 « année sainte » ou « jubilé », placée sous le signe de la « réconciliation ».

S. Leys, *Ombres chinoises* (coll. « 10/18 »), avant *Images brisées* (R. Laffont, 1976) dont le succès rend publiques les thèses restées confidentielles des *Habits neufs du président Mao*.

1975

1er L'année de la femme est proclamée par l'O.N.U.

10 B. Pivot, « Apostrophes », nouvelle émission littéraire (Antenne 2). Trois numéros imposeront la formule :
les lectures de François Mitterrand le 7 février, le passage
d'A. Soljenitsyne le 11 avril et l'émission avec V. Nabokov le 30 mai.

22 Premier dîner de Valéry Giscard d'Estaing dans
une famille de Français moyens.

M. Jullian, président de la nouvelle deuxième chaîne
(Antenne 2).

Actes de la recherche en sciences sociales, n° 1 (directeur :
P. Bourdieu). « On trouvera côte à côte des textes qui dif-
fèrent très profondément dans leur style et leurs fonctions (...) En renonçant à mettre des formes et parfois à
mettre en forme, on rend ainsi possible la recherche d'un
mode d'expression réellement adapté aux exigences
d'une science qui, prenant pour objet les formes et les
formalismes sociaux doit reproduire dans l'exposition de
ses résultats, l'opération de désacralisation qui a permis
de les atteindre. »

Ornicar, bulletin périodique du champ freudien, n° 1 :
« Le graphe » (directeur : J.-A. Miller). Reprise en main
du département de psychanalyse de Vincennes par le
lacanisme orthodoxe (J. Clavreul, A. Grosrichard, Cl.
Dumézil, J.-C. Milner...).

FÉVRIER

2 S. Kubrick, *Les Sentiers de la gloire*. Une autre
mémoire de la guerre : les mutineries de 1917. Le film
était interdit depuis 1957.
5 A. Zulawski, *L'Important, c'est d'aimer* (R. Schneider, J. Dutronc). Un nouveau romantisme.
8 Mort de Raymond Cartier, P.-D.G. de *Paris-Match*,
qui a donné son nom au cartiérisme : « Mieux vaut la
Corrèze que le Zambèze. »
13 J. Delumeau, leçon inaugurale au Collège de
France, chaire d'histoire des mentalités religieuses dans
l'Occident moderne. De la « christianisation intensive »
des XVIᵉ et XVIIᵉ siècles à la déchristianisation contemporaine.
R. Féret, *Histoire de Paul*. La critique de la psychiatrie
au cinéma.
18 Création de l'E.C.U. (Unité de comptes européenne).
22-23 Congrès des « Silencieux de l'Église ». Retour
critique sur Vatican II.
25 Paul Bocuse, chef cuisinier, reçoit la Légion
d'honneur. Des chefs de la « nouvelle cuisine » sont reçus
à l'Élysée.
W. Herzog, *Aguirre, la colère de Dieu* (Kl. Kinski). La
folie destructrice de la conquête.
Critique, numéro spécial : « La psychanalyse vue du
dehors » (A. Compagnon, J.-M. Benoist, M. Schneider...),
interroge la place prise par la psychanalyse dans le fonctionnement de la société et de la culture.

R. Barthes, *R. Barthes par lui-même* (Le Seuil, coll. « Écrivains de toujours »). Fragments. « Tout ceci doit être considéré comme dit par un personnage de roman. » Autoconsécration dans la distanciation.

J. Pasqualini, avec la collaboration de P. Cheminsky, *Prisonnier de Mao*. Sept ans dans un camp de travail en Chine (Gallimard, coll. « Témoins »). Choc : les camps existent aussi dans la Chine de Mao et de la révolution culturelle. 60 000 exemplaires dans l'année.

M. Foucault, *Surveiller et Punir*. Naissance de la prison (Gallimard, coll. « Bibliothèque des histoires »). Replacer la prison dans la formation d'une « société de surveillance ». « C'est comme si enfin quelque chose de nouveau surgissait depuis Marx » (G. Deleuze, « Historien non. Un nouveau cartographe ? », *Critique*, déc. 1975). La réaction des historiens est plus mitigée : M. Perrot (*L'Impossible Prison*, Le Seuil, 1980).

MARS

1er Ouverture des Journées internationales de la femme (palais des Congrès) par Fr. Giroud et Valéry Giscard d'Estaing.

17-30 Marseille : manifestations de viticulteurs contre les importations de vin italien.

28 Nouvelle orientation de la politique informatique française : les États-Unis sont privilégiés par rapport à l'Europe. CII fusionne avec Honeywell-Bull.

« La France vieille en l'an 2000 », *Paris-Match* (nº 1344). « Il est né en France, en 1974, 15 bébés pour 1 000 habitants, c'est le chiffre le plus bas enregistré depuis la Deuxième Guerre mondiale. » Changement psychologique fondamental : le troisième enfant disparaît du projet des Français. M. Debré : « La France risque de voir bientôt le nombre des cercueils l'emporter sur celui des berceaux. »

P. Sudreau, *La Réforme de l'entreprise* (Chr. Bourgois, coll. « 10/18 »). Rapport au président de la République. Mieux intégrer l'entreprise à la société française.

Métal hurlant (Éd. Humanoïdes associés) va renouveler la b.d. en France et exercer une influence internationale (Heavy metal).

D. Lindenberg, *Le Marxisme introuvable* (Calmann-Lévy, coll. « L'Ordre des choses »). Histoire d'une absence : la diffusion du marxisme en France.

AVRIL

12   Mort de Joséphine Baker.

22   Programme additionnel prioritaire de télécommunications décidé en comité interministériel. Il prévoit vingt millions de lignes en 1982, soit près de quatorze millions de lignes à installer en sept ans.

30   Capitulation de Saigon. La victoire des troupes procommunistes est totale.

Succès de Maxime Le Forestier au palais des Congrès : « Nous sommes tous des contestataires résignés. »

M. de Certeau, *L'Écriture de l'histoire* (Gallimard, coll. « Bibliothèque des histoires »). L'Histoire devient pluridisciplinaire. Elle intègre la psychanalyse lacanienne, l'anthropologie, la linguistique.

I. Illich, *Némésis médicale, l'expropriation de la santé* (Le Seuil, coll. « Technocritique »). La contre-productivité de l'institution séparée.

L'ensemble de logements les « Hautes Formes » à Paris XIIIe, de Ch. de Portzamparc et G. Benamo devient rapidement un modèle de la nouvelle approche urbaine.

MAI

6   Remboursement des contraceptifs par la Sécurité sociale. Les mineurs ont le droit de les utiliser.

7 Suppression de la commémoration de la fin de la Deuxième Guerre mondiale. Le 8 mai devient « journée de l'Europe ».

16 Rétrospective Max Ernst au Grand Palais.

21 R.F.A. Ouverture du procès de la bande à Baader (Eusslin, Meinhof, Baader, Raspe).

23 Création des « quartiers de sécurité renforcée » dans les prisons communément appelés « quartiers de haute sécurité » (Q.H.S.).

M. Cardinal, *Les Mots pour le dire* (Grasset). Par l'auto-biographie, féminisme et psychanalyse atteignent le grand public.

30 Mort de Michel Simon.

Autrement, n° 1, trimestriel (rédacteur en chef : H. Dougier). Objectif : « Identifier et (...) évaluer, de façon critique, avec l'aide d'universitaires et de journa-listes, les changements profonds qui se manifestent dans les comportements et les pratiques contemporaines. » Numéro consacré aux adolescents marginaux : « Jeunesses en rupture, dupes ou prophètes ? » Exploration par thème des problèmes de société : l'Église, la médecine, le couple...

Fr. Béranger, « L'Alternative ».

JUIN

4 Instauration du divorce par consentement mutuel (loi Lecanuet).

7 Exposition Corot (Grand Palais).

25 J.-F. Davy, *Exhibition*. Le porno intellectualisé.

28 L. Althusser soutient une thèse sur travaux à la faculté d'Amiens, bastion universitaire communiste, devant un public de cinq cents personnes. Compte rendu à la une du *Monde* (J. Lacroix, « Althusser retrace son iti-néraire », 2 juillet).

29 A. Mnouchkine et le théâtre du Soleil présentent *L'Âge d'or*. Spectacle sans aucun décor ni accessoire, sinon des masques, à partir d'un canevas de la commedia dell'arte.

30 Achat du *Figaro* par R. Hersant.

Pierre Jakez Helias, *Le Cheval d'orgueil* (Plon, coll. « Terre humaine »). La France découvre sa mémoire rurale. Le livre, best-seller, sauve la collection « Terre humaine » en péril.

Ph. Robrieux, *M. Thorez, vie secrète, vie publique* (Fayard, coll. « Le Monde sans frontières »). Le démontage d'une légende pieuse.

JUILLET

3 Assassinat du juge Renaud (juge d'instruction au tribunal de grande instance de Lyon).

10 Le franc réintègre le Serpent monétaire.

Moments du café théâtre : Coluche au Café de la gare ; Sylvie Joly et Pierre Perrin au Café d'Edgar.

A. Glucksmann, *La Cuisinière et le Mangeur d'hommes*. Essai sur les rapports entre l'État, le marxisme et les camps de concentration (Le Seuil, coll. « Politique »). Les désillusions d'un ancien maoïste : le goulag, aboutissement de l'Occident depuis Platon.

Révolte des prostituées (Lyon). *Les Nouvelles féministes* titrent : « Nous sommes toutes des prostituées. »

AOÛT

25 Fin de la Conférence d'Helsinki, débutée le 3 juillet. Réunion de trente-trois États européens, du Canada et des États-Unis. Les participants sont classés par ordre alphabétique : les deux Allemagnes sont momentanément réunies. La troisième corbeille (acte final) prévoit une « coopération dans les domaines humanitaires et autres ». Première application internationale d'une politique des droits de l'homme.

SEPTEMBRE

16 Lancement de la première campagne anti-tabac.

Critique, numéro spécial : « Vienne, début d'un siècle » (J. Bouveresse, H. Damish, J.-F. Peyret, E. Castex...). Coup d'envoi de la « viennomanie ». Trois réimpressions successives du numéro.

Just Jaeckin, *Histoire d'O*, transcription à l'écran du roman de Pauline Réage. Grand succès : 100 000 personnes en moins d'une semaine ! *L'Express* du 8 lui consacre sa couverture. Des militantes du M.L.F. envahissent les locaux du journal.

Histoire de la France rurale dirigée par G. Duby et A. Wallon (Le Seuil). Les campagnes françaises menacées par l'exode rural, l'extension des villes ; bouleversées par l'intégration européenne deviennent objet d'histoire dans la plus pure tradition des Annales. Suivra une *Histoire de la France urbaine* (direction : G. Duby, Le Seuil, 1980-1985).

H. Ciriani (Prix national d'architecture 1983) crée sa « pièce urbaine », la Noiseraie, à Marne-la-Vallée, l'une des opérations urbaines les plus remarquées, dans le monde entier, de la fin des années soixante-dix.

OCTOBRE

1ᵉʳ Cassius Clay, champion du monde toutes catégories pour la treizième fois.

2 Le mime Marceau au théâtre des Champs-Élysées.

10-13 Colloque de Royaumont. *Théories du langage et théories de l'apprentissage*. Le débat entre J. Piaget et N. Chomsky. Les actes seront publiés en 1979 au Seuil sous la direction de M. Piatelli-Palmarini (G. Bateson, J. Fodor, S. Papert). Innéité ou acquisition des structures intellectuelles.

13 *Le Nouvel Économiste*, n° 1 (directeur : E.-C. Didier). Hebdomadaire. L'information économique au service des managers.

30 Mort de Guy Mollet.

J.-P. Azéma, *La Collaboration 1940-1944* (P.U.F., coll. « Histoire »). Mise au point critique reprenant la distinction entre collaboration et collaborationnisme.

C. Castoriadis, *L'Institution imaginaire de la société* (Le Seuil, coll. « Esprit »). Au-delà de Marx, l'imaginaire radical au foyer de l'histoire.

H. Cixous, *Souffles* (Éd. des Femmes). Une écriture féminine ?

Lire, n° 1, mensuel (B. Pivot). Le magazine des livres.

NOVEMBRE

1ᵉʳ Assassinat de Pier Paolo Pasolini, cinéaste, homosexuel, communiste athée et chrétien.

6 Menace de liquidation judiciaire de La Joie de lire, librairie de Fr. Maspero : « La situation est très grave, *La Joie de lire* est complètement désertée par les clients, le niveau du vol organisé reste constant. »

15-16 Rambouillet : premier sommet économique des pays industrialisés à l'initiative de Valéry Giscard d'Estaing.

P. Bourdieu, « L'ontologie politique de M. Heidegger », *Actes de la recherche*. La révolution conservatrice en philosophie et les stratégies du discours professoral.

17 Le cap du million de chômeurs est franchi.

20 Mort du général Franco après trente-huit jours d'acharnement thérapeutique. L'Espagne redevient une monarchie. Juan Carlos accède au trône.

27 Élection de F. Marceau à l'Académie française. En protestation contre son passé collaborationniste en Belgique, P. Emmanuel donne sa démission. Il laissera son fauteuil vacant jusqu'à sa mort en 1984.

P. Goldman, *Souvenirs obscurs d'un juif polonais né en France* (Le Seuil, coll. « Combats »). Condamné à la réclusion perpétuelle pour un meurtre qu'il nie avoir commis, P. Goldman rompt le silence. Il sera acquitté à la suite d'un second procès.

P. Chaunu, *Le Refus de la vie* (Calmann-Lévy). Première analyse et cri d'alarme sur les effets de la dénatalité.

Les Révoltes logiques, n° 1 (J. Rancière). À la recherche des vrais prolétaires : du militantisme à l'histoire.

DÉCEMBRE

5 J.-P. Vernant, leçon inaugurale au Collège de France, *Religion grecque, religions antiques* (Maspero 1976.) Comprendre « une Antiquité dont les derniers liens avec nous semblent se dénouer sous nos yeux ».

10 A. Sakharov, prix Nobel de la paix. Les autorités soviétiques lui interdisent de le recevoir à Stockholm.

25 Mort de Gaston Gallimard.

31 Réforme du statut de Paris qui élira tous les six ans un maire de plein exercice.

Ph. Ariès, *Essais sur l'histoire de la mort en Occident* (Le Seuil). Recueil d'articles écrits entre 1966 et 1975 qui lance le thème de la mort et fait découvrir Ph. Ariès au grand public. Suivi de *L'Homme devant la mort* (Le Seuil, 1976).

J.-Fr. Revel, *La Tentation totalitaire* (R. Laffont), dénonce la fascination des sociétés démocratiques par le serpent communiste.

Futuribles, n° 1, analyse et prévision, prospectives (directeur : H. de Jouvenel). Thème : « Le gaspillage ».

Psychanalyse à l'Université (Éditions Réplique). Revue du laboratoire de psychanalyse et de psychopathologie de Paris-VII (directeur : J. Laplanche), n° 1. Riposte de Paris-VII à Paris-VIII : la bataille des psychanalystes pour l'Université.

Marivaux, *La Dispute*, mise en scène de P. Chéreau (2e version). Les profondeurs troublantes d'un classique.

1976

12 Mort d'Agatha Christie.

14 Première application de la classification « X » concernant 161 films publiés au *Journal officiel* pour « pornographie ou incitation à la violence ».

E. Le Roy Ladurie, *Montaillou, village occitan de 1294 à 1324* (Gallimard, coll. « Bibliothèque des histoires »). Anthropologie d'un village à partir d'un registre d'Inquisition. Succès national.

Hérodote, n° 1, trimestriel (directeur : Y. Lacoste ; éditeur : Maspero). « La géographie sert d'abord à faire la guerre et à organiser les territoires pour mieux contrôler les hommes sur lesquels l'appareil d'État exerce son autorité » (Y. Lacoste, « Pourquoi Hérodote ? Crise de la géographie et géographie de la crise »).

Murray Kendall, *Louis XI* (Fayard). Immense succès. La biographie redevient à la mode.

G. Damiano, *Gorge profonde*. Le hard-porno.

FÉVRIER

4-8 XXIIe congrès du P.C.F. Abandon de la notion de dictature du prolétariat. L. Althusser : « On n'abandonne pas un concept comme un chien. »

18 Assassinat d'un enfant, Ph. Bertrand, à Troyes. R. Gicquel déclare sur TF1 : « La France a peur. » Le meurtrier, Patrick Henry, sauvera sa tête grâce à son avocat Me Badinter. J. Lecanuet, garde des Sceaux, M. Poniatowski, ministre de l'Intérieur, prennent position en faveur de la peine de mort.

G. Lardreau, C. Jambet, *L'Ange* (Grasset, coll. « Figures »). « (...) deux jeunes philosophes révolutionnaires, à la pointe ou au commencement de notre pensée viennent tout simplement de réinventer le christianisme au sens précis où Rimbaud écrit : " L'amour est à réinventer. " Et comme par hasard, ce sont des maoïstes (...) Bref, quel événement (...) » (M. Clavel, « L'Ange exterminateur », *Le Nouvel Observateur*, 22 avril 1976).

Autrement, n° 4 : « Guérir pour normaliser » (H. Dougier, M. Augé, J.-P. Aron, R. Castel...). « Guérir n'est pas loin de punir. »

R. Aron, *Penser la guerre, Clausewitz* (Gallimard, coll. « Bibliothèque des sciences humaines »). Rigoureuse reconstitution de la pensée du plus célèbre des stratèges.

MARS

3 M. Forman, *Vol au-dessus d'un nid de coucou* (Jack Nicholson) ; une critique de l'hôpital psychiatrique, traité comme une métaphore du régime totalitaire (cinq oscars).

5   P. Veyne, leçon inaugurale de la chaire d'Histoire de Rome au Collège de France (*L'Inventaire des différences*, Le Seuil). Paraît simultanément *Le Pain et le Cirque, sociologie historique d'un pluralisme politique.* Don et pouvoir dans la politique antique.

7-14   Succès de la gauche aux élections cantonales.

14   Sortie du franc du Serpent monétaire.

27   Le « Onze » tricolore fait peau neuve : un nouvel entraîneur Michel Hidalgo ; de nouveaux joueurs : D. Six, M. Bossis, M. Platini.

28   Adoption de l'heure d'été.

G. Chaliand, *Mythes révolutionnaires du tiers monde* (Le Seuil, coll. « L'Histoire immédiate »). Le premier bilan critique du tiers-mondisme par un anticolonialiste. Au même moment paraît C. Rangel, *Du bon sauvage au bon révolutionnaire* (R. Laffont, coll. « Libertés 2000 »). « Démythification » de l'Amérique latine.

AVRIL

1er   Lancement de cinquante « produits libres », produits génériques sans marque à bas prix, par Carrefour.

Mort de Max Ernst.

15   J. Paugam, *Génération perdue*, entretien sur France Culture. À propos des Nouveaux philosophes, Bernard-Henri Lévy déclare : « Je récuse cette épithète (...) que la presse leur a attribuée. »

Première femme promue générale sur proposition du ministre de la Défense.

M. Legris, *Le Monde tel qu'il est* (Plon, coll. « Tribune libre »). Dénonciation à droite de la dérive du *Monde* par un de ses anciens journalistes. Elle fait apparaître la crise de crédibilité du quotidien liée à ses articles et prises de position sur la chute de Phnom-Penh, Soljenitsyne, la révolution culturelle, l'Amérique, Israël, le Portugal. La presse de gauche exprime ses propres doutes : P. Nora, « Si le sel perd sa saveur... » (*Le Nouvel Observateur*,

12-18 avril) ; J.-M. Domenach, « *Le Monde* incontestable ? » (*Esprit*, avril).

L. Rebatet, *Les Mémoires d'un fasciste* (Pauvert), t. I : *Les Décombres 1938/1940*. Best-seller de l'Occupation : réédition édulcorée d'un livre fasciste et antisémite.

M. Éliade, *Histoire des croyances et des idées religieuses* (Payot), t. I. Somme d'une recherche sur les formes du sacré.

MAI

3   Mise en liquidation de la société Lip.

12   Paul VI exprime « sa souffrance » au vu de l'inscription des catholiques sur les listes du P.C.I.

13   Plan télécommunication destiné à la modernisation de l'équipement téléphonique français d'ici à 1980 (ministre des P.T.T. : Norbert Ségard).

19   Premier tirage du Loto (studio Empire).

21   Congrès constitutif du Centre des démocrates sociaux (C.D.S.) (P. Méhaignerie).

26   Fr. Rosi, *Cadavres exquis*. « La vérité n'est pas toujours révolutionnaire. »

27   Mort de Martin Heidegger.

29   Festival de Cannes : M. Scorsese, *Taxi Driver*, palme d'Or. La veine italo-américaine : minoritaires, perdants et paumés.

31   Mort de Jacques Monod.

P. Rosanvallon, *L'Âge de l'autogestion* (Le Seuil, coll. « Politique »), militant syndical, directeur de la revue *C.F.D.T. Aujourd'hui*, donne le fondement théorique de la deuxième gauche : le socialisme autogestionnaire.

« Le symbolisme en Europe » (Grand Palais) : 250 œuvres de 88 artistes représentent 15 nations.

JUIN

10 *Les Nouvelles littéraires* titrent « Les Nouveaux philosophes ». Bernard-Henri Lévy est rédacteur en chef : « (...) Nouveaux philosophes qui ont sans doute moins de points de rencontre que de terrains de mésentente. Nouveau courant, si l'on y tient, mais proprement décapité, sans tête, sans chef et sans principe. Pour faire image, " une nouvelle vague " mais qui a ceci de particulier qu'elle balaie sur toutes leurs surfaces les plages désertées de la tradition. » Les paternités revendiquées : Platon, Heidegger, Freud, Lacan, Foucault, Barthes, Serres. La composition des troupes : M. Guérin, J.-P. Dollé, G. Lardreau, C. Jambet, J.-M. Benoist, F. Lévy, A. Leclerc.

16 Émeutes noires à Soweto. Sanglante répression.

18 *Hachette* propriétaire des principaux titres de l'empire Prouvost : *Paris-Match* et d'une partie de *Télé 7 Jours*.

« Appel du 18 joint ». Manifeste pour la dépénalisation du cannabis : « Nous déclarons publiquement avoir déjà fumé du cannabis en diverses occasions et avoir éventuellement l'intention de récidiver (...) » (F. Châtelet, J. Chesneaux, I. Huppert, Ph. Sollers, J. Savary, G. Deleuze...).

26 Mutualité, « 10 heures contre le viol », organisées par le M.L.F. Manifeste : « Quand une femme dit non, ce n'est pas oui, c'est non ! »

29 É. Tabarly, vainqueur, pour la deuxième fois, de la coupe Transatlantique en solitaire.

Communications, n° 25, « La notion de crise », E. Le Roy Ladurie, R. Thom, E. Morin.

JUILLET

4   États-Unis : somptueuse commémoration du bicentenaire de l'Indépendance.

7   Adoption du VIIe plan. Mise en place de « clignotants » indicateurs de l'évolution de l'économie française.

9   Fusion d'Elf-Erap et de la Société des pétroles d'Aquitaine : Elf-Aquitaine.

12   G. Petitjean, « Les nouveaux gourous » *(Le Nouvel Observateur)*. Les nouveaux philosophes à l'honneur : « Inconnus, insolents, philosophant à la première personne et brûlant souvent Marx après l'avoir adoré... »

22   Suspension *a divinis* de Mgr Lefebvre pour avoir célébré à Lille une messe selon le rite de Saint Pie V.

24   Première grande catastrophe écologique : un nuage de dioxine sur Seveso (Italie) entraîne l'évacuation d'urgence de la population.

17-27   Boycott des XVIIIe jeux Olympiques d'été à Montréal par l'ensemble des pays africains à cause de la présence de l'Afrique du Sud.

27   « Casse » du siècle à la Société générale de Nice (cinquante millions de francs). « Sans haine, sans violence » (Spaggiari).

28   Exécution de Chr. Ranucci (Baumettes) dont Valéry Giscard d'Estaing a refusé la grâce. M. Drach en tirera un film, *Le Pull-over rouge*.

AOÛT

3   La démission de J. Chirac, Premier ministre, est rendue publique. R. Barre lui succède (27). Il prend également le portefeuille de l'Économie et des Finances.

4   R. Wagner, *La Tétralogie*, montée par P. Chéreau et P. Boulez à Bayreuth.

5   B. Vian, phénomène culturel (« Vian et les siens. Attention : curiosité publique ! », *Les Nouvelles littéraires*). *L'Écume des jours* dans ses diverses éditions atteint un million et demi d'exemplaires, soit entre trois et quatre millions de lecteurs. *L'Automne à Pékin*, *L'Herbe rouge*, *L'Arrache-Cœur* tirent entre 500 000 et 800 000 exemplaires.

17   Rachat de 50 % de *France-Soir* par R. Hersant.

Libération, petites annonces gratuites « Chérie, je t'aime » à un moment où la censure est particulièrement vigilante (93 publications b.d.-sexe interdites depuis le 30 juillet).

20   Canicule sur la France : dix départements sinistrés.

Esprit, numéro spécial : « Retour du politique ». Le phénomène totalitaire est le phénomène de notre temps. « L'État totalitaire est un démenti à la pensée de Marx, issu de la pensée de Marx » (M. Gauchet, « L'expérience totalitaire et la pensée de la politique »). Le terme « totalitaire » s'ancre à gauche.

SEPTEMBRE

9   Mort de Mao Tsé-toung.

10   Christo Javacheff dit « Christo », pape du Land Art crée en Californie « The Running Fence », quarante kilomètres de barrière de nylon.

18   Concorde autorisé par la Cour suprême des États-Unis à desservir Washington D.C. (New York).

Premier marathon de Paris.

22   Premier plan Barre de lutte contre l'inflation. Création d'un impôt sécheresse (5,5 milliards de francs débloqués pour venir en aide aux agriculteurs).

Les Temps modernes, numéro spécial : « Les États-Unis en question » (Ph. Gavi, A. Lévy-Willard, A. Ginsberg...). « Les problèmes épars ailleurs prennent aux États-Unis des dimensions catastrophiques en même temps qu'ils y trouvent presque toujours leur contrepoint » (É. Marienstras, « L'Amérique ambiguë »). L'anti-américanisme de gauche se nuance.

Esprit, numéro spécial : « Révolution et Totalitarisme ». La révolution matrice possible du totalitarisme. Comment y échapper ? Cl. Lefort, « La question de la révolution » ; M. Richir, « L'aporie révolutionnaire » ; Fr. Furet, « Au centre de nos représentations politiques ».

Le Magazine littéraire, numéro spécial : « Tout Céline » (R. Nimier, J.-L. Bory, L. Nucéra). Céline sort du purgatoire sinon de l'enfer. Parution des *Cahiers Céline* chez Gallimard.

É. Balibar, *Sur la dictature du prolétariat* (Maspero, coll. « Théorie »). Pour le maintien du concept marxiste de « dictature du prolétariat » dans les statuts du P.C.F.

Premier festival punk en Angleterre.

J. Bouveresse, *Le Mythe de l'intériorité* (Éditions de Minuit, coll. « Critique »). « Expérience, signification et langage privé chez Wittgenstein. » L'arrivée de la philosophie analytique anglo-saxonne.

J. Cordelier, *La Dérobade* (Hachette), préface de B. Groult. Best-seller. Le témoignage d'une femme prostituée.

OCTOBRE

4 Phil Glass, R. Wilson, *Einstein on the beach* (Opéra comique).

6 Chine : « la bande des Quatre » dont la veuve de Mao, Chian-Ching, dénoncée comme « ennemi de l'État ». Hua-Ko-Feng préside le P.C.C.

19 J. Losey, *Monsieur Klein* (A. Delon). Vichy et les juifs.

22   Le gouvernement français interdit la diffusion du livre de J.-P. Alata, *Prisons d'Afrique* décrivant les « bagnes de Guinée ». 6 000 exemplaires sont saisis.

Fr. Dolto, « Lorsque l'enfant paraît » : émission quotidienne sur France Inter.

Valéry Giscard d'Estaing, *Démocratie française* (Fayard). Pour « une société libérale avancée ».

E. Todd, *La Chute finale* (R. Laffont, coll. « Libertés 2000 ») : « essai sur la décomposition de la sphère soviétique ».

NOVEMBRE

2   J. Carter (démocrate), élu président des États-Unis.

12   M. d'Ornano, ministre de l'Industrie, maire de Deauville annonce sa candidature à la mairie de Paris sur le perron de l'Élysée.

15   Mort de Jean Gabin.

20   Mort de Man Ray.

23   Mort d'André Malraux. Un hommage national lui est rendu dans la Cour carrée du Louvre en présence du président de la République.

M. Foucault, *Histoire de la sexualité*, t. I, *La Volonté de savoir* (Gallimard, coll. « Bibliothèque des histoires »). Loin de réprimer le sexe, l'Occident a voulu le faire parler. Contre l'hypostase juridique de l'État, la mise en lumière des micro-pouvoirs.

DÉCEMBRE

5   Création du Rassemblement pour la République (R.P.R.) présidé par J. Chirac.

10   M. Friedmann, chef de file de l'École monétariste, dont les élèves (les Chicago Boys) ont conseillé la junte chilienne, prix Nobel d'économie.

P. Boulez, leçon inaugurale au Collège de France de la chaire « Invention, technique et langage en musique ».

14   Balthus, Grand Prix national de peinture.

A. Resnais, Grand Prix national du cinéma.

18   Sur proposition du général Pinochet, le dissident soviétique, V. Boukovski est échangé contre le secrétaire général du P.C. chilien, L. Corvalan.

22   R. Thom, médaille Fields 1958, présente au grand public « La théorie des catastrophes » *(Le Monde)* : « La théorie des catastrophes – il faut prendre le mot dans son sens étymologique de " bouleversement "– décrit et définit les accidents de l'évolution d'un système qui font que la description utilisée jusqu'à cet accident devient caduque et doit être brusquement remplacée par une autre. »

24   Assassinat du député républicain-indépendant, Jean de Broglie. L'affaire ne sera jamais élucidée.

A. Peyrefitte, *Le Mal français* (Plon). Best-Seller. Le « croziérisme » grand public.

1977

7 R. Barthes, leçon inaugurale au Collège de France de la chaire de sémiologie littéraire. « La langue n'est ni réactionnaire ni progressiste : elle est tout simplement fasciste. »

« La Charte des 77 » : 261 intellectuels tchèques demandent à leur gouvernement de respecter les accords d'Helsinki.

12 Mme Saunier-Seïté, secrétaire d'État aux universités.

Mort de H.-G. Clouzot.

30 Libération de Fr. Claustre détenue depuis avril 1975 par les rebelles tchadiens dirigés par Hissène Habré.

31 Inauguration du centre Georges-Pompidou (Beaubourg, architecte : R. Piano ; directeur : Pontus Hulten). Le jour de l'ouverture, le 2 février : 20 000 visiteurs ; 4 millions dans les huit mois suivants. En 1987 le Centre a été plus visité que la tour Eiffel. Premières expositions : « L'œuvre de Marcel Duchamp » suivie de la rétrospective « Paris-New York ».

F. Roustang, *Un destin si funeste* (Éditions de Minuit, coll. « Critique »). À propos du rapport de Freud et de ses disciples, mise en cause des rapports de maîtrise dans le champ psychanalytique (dans le courant lacanien en particulier).

L. Dumont, *Homo Aequalis* : genèse et épanouissement de l'idéologie économique (Gallimard, coll. « Bibliothèque des sciences humaines »). L'individualisme, phénomène central de la modernité occidentale.

P. Ory, *Les Collaborateurs 1940-1945* (Le Seuil) : premier ouvrage sur les hommes de la collaboration.

J. Delumeau, *Le christianisme va-t-il mourir ?* (Hachette, coll. « Essais »). La déchristianisation, facteur favorable à l'avènement d'une « Église neuve ».

R. Castel, *L'Ordre psychiatrique* (Éditions de Minuit, coll. « Le Sens commun »). L'internement, matrice de toute politique de la santé mentale.

J. Montaldo, *Les Finances du P.C.F.* (Albin Michel). Les liens bancaires avec l'Union soviétique.

Esprit, nouvelle série sous la direction de P. Thibaud : « Changer la culture et la politique » devient le sous-titre de la revue. « L'imposture totalitaire a fini par éclater » (présentation). Le numéro reproduit les actes du colloque « Vingt ans après Budapest » (J. Kovacs, N. Krivochéine, Cl. Lefort, A. Michnik).

FÉVRIER

1er Valéry Giscard d'Estaing participe aux « Dossiers de l'écran » et répond aux questions de soixante citoyens invités à l'émission.

27 Les catholiques intégristes occupent l'église Saint-Nicolas-du-Chardonnet afin d'y célébrer la messe en latin selon le rite de saint Pie V.

Les Trois Suisses demandent à Sonia Rykiel de présenter un ensemble de prêt-à-porter de leur catalogue. Succès. Les modèles proposés par des créateurs de mode vont se multiplier.

MARS

1er *Le Matin de Paris* en vente dans tous les kiosques. Le numéro 0 paru le 22 février (directeur : Cl. Perdriel), imprimé grâce à 42 600 souscripteurs, précisait : « Le journal est né de l'idée que la gauche unie a besoin d'un quotidien de lutte et de vérité... »

2 F. Fellini, *Casanova*. La débauche cérébrale.

9 A. Varda, *L'une chante, l'autre pas*. « Papa Marx, papa Engels et maman Beauvoir. »

10 Manifestations étudiantes contre la réforme du second cycle depuis le 26 février.

15-17 R. Haby présente les projets de décrets réformant l'école élémentaire, les collèges et les lycées. Le 19, la F.E.N. condamne la réforme Haby.

19 P. Boutang, philosophe maurrassien, élu professeur à l'université de Paris-IV. Sa nomination suscite une pétition de protestation.

25 Élection de J. Chirac à la mairie de Paris.

Élections municipales : la gauche est majoritaire (51,5 % des suffrages exprimés).

J. Baudrillard, *Oublier Foucault ?* (Galilée, coll. « L'Espace critique »). Le discours foucaldien sur la sellette.

L. Irigaray, *Ce Sexe qui n'en est pas un* (Éditions de Minuit, coll. « Critique ») : recueil d'articles et de conférences qui poursuivent la déconstruction de la théorie de Freud sur la sexualité. Son désaccord avec J. Lacan, « La femme n'existe pas », provoque son exclusion du département de psychanalye de l'université deVincennes.

F. Ponchaud, missionnaire, *Cambodge, année zéro* (Julliard, coll. « Documents »), dénonce le massacre de la population cambodgienne par les Khmers rouges. Il avance le chiffre de deux millions de morts depuis 1975. Le mur du silence est rompu (cf. l'autocritique de J. Lacouture, *Survive le Cambodge !* Le Seuil).

M. Denuzière, *Louisiane* (J.-C. Lattès). Best-seller. Relance la vogue du roman historique, genre illustré ultérieurement par J. Bourin, *La Chambre des dames* (La Table Ronde, 1979).

Pouvoirs, n° 1 (Ph. Ardant, O. Duhamel). « ... une " revue-livre " tournée vers le droit constitutionnel et la science politique ». Thème : « L'alternance ».

AVRIL

11 Mort de J. Prévert.

14 Thionville : journée « ville morte » à l'annonce par le groupe Usinor de la suppression de 3 720 emplois.

15 « Journée nationale de manifestation contre la réforme du deuxième cycle. » La conférence des présidents d'Université demande le retrait du projet Haby.

16 « Journée nationale de l'arbre » célébrée par Valéry Giscard d'Estaing : doublement des crédits pour les espaces verts en 1978.

26 Plan Barre *bis.* Financement du premier Pacte national pour l'emploi.

28 R.F.A. : condamnation à la prison à perpétuité de la bande à Baader.

M. Albistur, D. Armogathe, *Histoire du féminisme français du Moyen Âge à nos jours* (Des Femmes) : première histoire du genre. Premier livre coécrit par un homme publié aux éditions des Femmes.

R. Barthes, *Fragments d'un discours amoureux* (Le Seuil, coll. « Tel quel »). Le renouvellement du code amoureux.

A. Zinoviev, *Les Hauteurs béantes* (L'Âge d'homme).
De la servitude volontaire : un renversement du regard
sur le système de domination soviétique.

J. Bentham, *Le Panoptique*, suivi d'un entretien avec
M. Foucault. « L'œil du pouvoir » (Belfond).

P. Bruckner, A. Finkielkraut, *Le Nouveau Désordre
amoureux* (Le Seuil, coll. « Essais »). L'amour contre le
sexe.

E. Morin, *La Méthode*, t. I, *La Nature de la nature* (Le
Seuil). Les leçons épistémologiques de la science du
vivant.

D. Colling lance le Printemps de Bourges. Premier
festival de la chanson en France.

MAI

10 *L'Humanité* chiffre l'actualisation du Programme
commun. Création de 2,5 millions d'emplois d'ici à 1980.

12 Débat télévisé : R. Barre, Fr. Mitterrand (28 millions de téléspectateurs).

19-21 Constitution du parti républicain à Fréjus sous
l'impulsion de J.-P. Soisson.

W. Wenders, *Alice dans les villes*. Le vide, l'éclatement
et la froideur post-modernes au cinéma (en septembre,
L'Angoisse du gardien de but au moment du penalty).

B.-H. Lévy, *La Barbarie à visage humain* (Grasset, coll.
« Figures »). Confessions d'un enfant de Staline, Hitler,
Mao. « Si j'étais encyclopédiste, je rêverais d'écrire dans
un dictionnaire pour l'an 2000 : " Socialisme n.m., genre
culturel né à Paris en 1848, mort à Paris en 1968. " »

Fr. Aubral, X. Delcourt, *Contre la nouvelle philosophie*
(Gallimard, coll. « Idées »). « La nouvelle philosophie a
toutes les apparences d'un spectacle tapageur et grossier.
La nouveauté, c'est que parmi les bonimenteurs de la
foire, certains aujourd'hui choisissent de se réclamer de
la philosophie. » Ils s'affronteront face à face avec
B.-H. Lévy lors d'une émission d'« Apostrophes » le

27 mai. G. Deleuze enfonce le clou : *À propos des nouveaux philosophes* (Éditions de Minuit).

Libre, n° 1, *Politique, Anthropologie, Philosophie* (Petite Bibliothèque Payot). Cl. Lefort, C. Castoriadis, M. Gauchet, P. Clastres, M. Abensour. Biannuel. Penser « le fait fondamental de notre époque : le totalitarisme fasciste ou communiste ».

Lancement de la collection « Pluriel » au Livre de poche sous la direction de G. Liebert. Premiers titres : R. Aron, *Essais sur les libertés*, P. Goubert, *Louis XIV et vingt millions de Français*, B. de Jouvenel, *Du pouvoir*, B. Bettelheim, *Le Cœur conscient*, D. Halevy, *Nietzsche*.

B. Souvarine, *Staline. Aperçu historique du bolchevisme* (Champ libre). Réédition d'un classique sulfureux de 1935.

G.R.E.P.H., *Qui a peur de la philosophie ?* (Flammarion, coll. « Champs »). Recueil d'études du Groupe de recherche sur l'enseignement philosophique créé en janvier 1975 autour de J. Derrida en réaction à la réforme Haby.

JUIN

20 L. Brejnev en visite officielle à Paris, accueilli avec faste par Valéry Giscard d'Estaing.

Les Temps modernes, « Résistance du Larzac », 1971-1977 (J. Colombel, J. Favret-Saada). « Le Larzac est un " Mai 68 actuel " selon la formule de Cohn-Bendit. »

Po&sie, n° 1 (M. Deguy). Trimestriel (Librairie classique E. Blin). Au sommaire : J. Réda, J. Roubaud, J.-P. Faye, K. White, C. Olson.

JUILLET

2 Mort de V. Nabokov.

12 Exposition « Ramsès II » (Grand Palais) : 360 000 visiteurs depuis son ouverture le 15 mai.

21 Occupation des studios de TF1 par les ouvriers C.G.T. de la S.N.I.A.S. au moment du journal de vingt heures.

27 Le Comité d'études sur la violence, la criminalité et la délinquance présidé par A. Peyrefitte remet son rapport au président de la République. Il sera publié sous le titre _Réponses à la violence_ (Presses-Pocket).

30-31 Manifestations antinucléaires à Creys-Malville : sévères affrontements, un mort.

AOÛT

12 Premier vol libre de la navette spatiale américaine.

14 Manifestation de 50 000 personnes au Larzac contre l'extension du camp militaire.

16 Mort d'Elvis Presley (quarante-deux ans) d'une crise cardiaque.

SEPTEMBRE

7 E. Scola, _Une journée particulière_. La ménagère et l'homosexuel : les années fascistes dans le regard des victimes.

21-22 Rupture de l'Union de la gauche : le P.S. et le M.R.G. ne peuvent accepter les positions radicales du P.C.F. concernant l'actualisation du Programme commun : « Le parti communiste n'a pas cédé sur ses exigences d'actualisation profonde, il accuse le parti socialiste d'avoir viré à droite (...) Le parti socialiste (...) s'interroge ouvertement sur la volonté réelle de son partenaire d'arriver au pouvoir (...) »

L. Schwartzenberg, P. Viansson-Ponté, _Changer la mort_ (Albin Michel). L'euthanasie : « Tuer par amour ».

W. Allen, _Annie Hall_ (D. Keaton). L'amour « psy ».

J. Lacouture, _Léon Blum_ (Le Seuil). La reconquête d'une grande figure du socialisme démocratique.

Création de « Folio Junior » (Gallimard Jeunesse). La plus importante des collections de poche illustrées pour les jeunes. Premiers titres : Cl. Roy, *La Maison qui s'envole* ; J. Steinbeck, *Le Poney rouge* ; O. Wilde. *Le Prince heureux.*

OCTOBRE

2 Niki Lauda, champion du monde de Formule 1.

6 Loi « Informatique et libertés ». Protection de l'individu contre les possibilités techniques de fichage.

12-15 Festival international de la femme au Centre international de la porte Maillot. Le débat de clôture : « Les femmes et l'amour », se déroule sous la huée d'une centaine de féministes qui dénoncent « ce festival de la poupée de luxe où les femmes ne peuvent sortir qu'emballées ».

16 Mort de Maria Callas (Paris).

18 Suicide collectif de la bande à Baader (Stuttgart).

19 Assassinat de H.M. Schleyer, président du patronat allemand, par la Fraction armée rouge.

P. Rosanvallon, P. Viveret, *Pour une nouvelle culture politique* (Le Seuil, coll. « Intervention »). L'opposition d'une culture social-étatiste et d'une culture autogestionnaire au sein de la gauche.

G. Lucas, *La Guerre des étoiles*. Hollywood se tourne vers les teen-agers : la bataille des effets spéciaux.

P. Bénichou, *Le Temps des prophètes* (Gallimard, coll. « Bibliothèque des Idées »). La pensée politique à l'âge romantique.

NOVEMBRE

5 Mort de R. Goscinny, père d'*Astérix*, fondateur de la revue *Pilote*.

15 Anouar El Sadate, président égyptien, prend l'initiative d'une visite officielle à Jérusalem. Il propose un plan de paix à la Knesset.

18 *Le Siècle de Rubens* au Grand Palais.

26 Inauguration du métro à Marseille.

J. Favret-Saada, *Les Mots, la mort, les sorts* (Gallimard, coll. « Bibliothèque des sciences humaines »). Les sorciers du bocage : l'ethnologie se tourne vers la France rurale.

A. de Benoist, *Vu de droite*. Anthologie critique des idées contemporaines (Copernic). L'ouvrage de référence de la nouvelle droite : « (...) l'ennemi n'est pas "la gauche" ou "le communisme" ou encore "la subversion" mais bel et bien (l') idéologie égalitaire. »

A. Besançon, *Les Origines intellectuelles du léninisme* (Calmann-Lévy). Le type pur de l'idéologie, entre gnose et science.

J. Julliard, *Contre la politique professionnelle* (Le Seuil, coll. « Intervention »). Pour une démocratie autogestionnaire.

DÉCEMBRE

4 Jean Bedel Bokassa se fait couronner empereur du Centrafrique. Les cérémonies fastueuses représentent le tiers du budget national. La France lui accorde une aide alimentaire pour lutter contre la famine.

6 D. Kurys, *Diabolo menthe*. Le vert paradis des amours adolescentes.

10 Amnesty International, prix Nobel de la paix.

25 Mort de Charlie Chaplin (quatre-vingt-huit ans).

Les Temps modernes, numéro spécial : « Vivre à l'Est ». Une autre approche de la « dissidence » : « Ce dossier (...) s'attache volontairement à la simple vie d'êtres anonymes, les millions de personnes qui subissent et résistent quotidiennement à ce système » (K. Pomian, Th. Wolton, Ch. Jelen, V. Havel...). « Mieux vaut en rire : Quel est le

pays le plus neutre du monde ? La Tchécoslovaquie, elle
ne s'occupe même pas de ses affaires intérieures. »

L'ALIGNEMENT

*L'arrivée du « meilleur économiste de France » à Mati-
gnon et ses potions amères, après la fuite en avant dans la
relance de 1975, placent le pays devant la crise. La sidérurgie craque. Le choc est rude. La contrainte extérieure
pénètre par effraction dans une conscience nationale particulièrement rebelle, de par sa forte introversion traditionnelle. Et pourtant, cette fois, dans la stupeur et la douleur, entre la résignation et le rejet, la coque se brise, le
sentiment confus d'une pulsation plus large de l'économie-
monde va l'emporter en profondeur. La dimension internationale s'impose. Il faudra un jour retracer en détail les
chemins complexes par lesquels, à la faveur de ce décentrement forcé et en dépit des dénégations, le système d'identité
français s'est insensiblement ouvert, sur tous les plans. Car
comment ne pas rapprocher ce heurt à retardement avec les
réalités de la crise de cet autre rattrapage cathartique, la
même année, la « découverte » du totalitarisme, définitivement ratifiée et entérinée par la percée des « nouveaux philosophes » ? Autre apprentissage de ce que tout le monde,
dans l'univers occidental, savait depuis longtemps, mais
auquel la fille aînée de la Révolution ne pouvait consentir
sans perdre quelque chose de son âme. 1977 pourrait bien
avoir été une grande date secrète de notre histoire récente :
l'année de l'alignement. Un processus puissant se met en
route qui n'avait pas fini de nous réserver des surprises : le
commencement de la fin de l'exceptionnalité française.*

*À un an des élections législatives prévues pour mars
1978, la gauche unie, forte de son succès aux municipales,
paraît promise au pouvoir. La perspective est présente à tous
les esprits. Mais la direction communiste, redoutant un renversement du rapport des forces en faveur des socialistes
dont la victoire ne ferait qu'accentuer la dynamique, décide*

brutalement de changer de cheval. Premier dans l'opposition plutôt que second au gouvernement. Après l'abandon de la dictature du prolétariat, le retour au ghetto : l'aggiornamento n'aura pas lieu. La rupture du Programme commun accroît la résonance des critiques et des thèses de la deuxième gauche, à l'intérieur du courant socialiste. La sécession communiste ne souligne-t-elle pas le divorce entre une culture politique archaïque, centrée sur la transformation par l'État, et une culture émergente, d'inspiration autogestionnaire ? Un maître mot ramasse le changement de perspective, celui de société civile. Les radios libres deviennent le symbole d'un potentiel de créativité ne demandant qu'à être libéré. Mais surtout, la cassure de septembre, en produisant comme une confirmation de l'irréductible permanence-cohérence communiste, va prodigieusement amplifier l'effet de reconnaissance polémique suscité par La Barbarie à visage humain à sa sortie en mai. L'Archipel du goulag avait fait choc, relayé par des commentaires qui en avaient monté la leçon en exergue (Glucksmann, Lefort). Mais le fait est : c'est au travers de ce patchwork d'emprunts, rhétorique et sommaire, que la cristallisation des conséquences s'est mise à opérer dans toute son ampleur. Car le dévoilement des dimensions du fait concentrationnaire dans l'histoire soviétique est une chose, le renoncement à la Révolution et à l'autorité suprême de sa science en est une autre. Or c'est proprement le court-circuit entre les deux que le simplisme efficace du télé-penseur parvient à faire jouer. Le tollé des puristes n'y changera rien : le média-symptôme n'avait fait que rendre lisible un commun déblocage des consciences dont l'énigmatique précipitation reste à analyser. Dé-communisation, dé-marxisation, dé-révolutionnarisation, dé-radicalisation de l'intelligentsia sont inexorablement enclenchées, et la propagation de la vague ne s'arrêtera pas à ses frontières sociales. Tout s'est passé comme s'il y avait eu désenclavement, par-delà droite et gauche, d'informations et de démonstrations qui demeuraient inefficaces, en termes d'esprit public, quand elles fonctionnaient comme le bien exclusif d'une cha-

pelle ou d'un camp. Qu'elles entrent en communication, et leur synergie devient irrésistible. Aron, Souvarine ou Castoriadis, Est-Ouest et les Cahiers Spartacus s'intègrent dans un concert unique et l'évidence longtemps refoulée apparaît d'un seul coup triviale.

Il se pourrait bien d'ailleurs que la violente querelle de légitimité soulevée par l'irruption de l'intellectuel médiatique ait été en réalité le tombeau de la figure classique de l'intellectuel en politique. Ironie du sort, les hommes du reniement, les abjurateurs de la foi des ancêtres et des maîtres, les Glucksmann et les Lévy, auront peut-être été les derniers du genre, quand il ne restait plus que la sortie spectaculaire à effectuer. Sous couvert de défense d'une grande tradition, n'est-ce pas en vérité cette tradition même, rendue à la caricature, son mode de discours, son type de postures, que leurs détracteurs ont condamnée ?

Qui aurait cru, en tout cas, que la direction socialiste défaite et recrue d'épreuves de mars 1978, reniée par ses alliés, accablée par la voix publique, trouverait dans l'équation de son échec les ingrédients de sa réussite future ? L'effondrement des communistes pour accéder au pouvoir, l'abandon du social-étatisme pour s'y maintenir, l'antisoviétisme comme instrument de consensus, et la banalisation démocratique pour principal bilan. Le tout sur fond de silence obstiné et probablement définitif des intellectuels. Sur le tapis de l'histoire, on a beau connaître les dés, on ignore décidément sur quelle face ils vont s'arrêter.

Marcel Gauchet.

1978

1er *F. Magazine,* n° 1 (directrice : Cl. Servan-Schreiber). Le féminisme BC-BG.

18 Dissolution des Sex Pistols marque la fin du mouvement punk. Leurs chansons, *No feelings, No future*, sont devenues les slogans d'une génération.

23 Enlèvement du baron Empain, P.-D.G. du groupe Empain-Schneider (soixante-trois jours de captivité).

27 Discours de Valéry Giscard d'Estaing à Verdun-sur-le-Doubs. En vue des élections législatives de mars, il présente « le bon choix pour la France » et annonce qu'il ne démissionnera pas en cas de victoire de la gauche.

Commentaire, n° 1 (président : R. Aron ; directeur : J.-Cl. Casanova). Mobilisation de la droite libérale suscitée par la crainte de la victoire de la gauche aux élections législatives. « (...) de nouvelles communications intellectuelles se sont fait jour entre les libéraux et cette partie de la gauche qui n'avait jamais succombé au somnambulisme idéologique. Ainsi est en passe d'être guérie cette sorte d'hémiplégie intellectuelle (...) qui était la caractéristique et l'infirmité de la France intellectuelle (...) »

Création du comité des intellectuels pour l'Europe des libertés (C.I.E.L.). Manifeste : « La liberté ne se négocie pas. » « La culture contre le totalitarisme » (J.-Fr. Revel, R. Boudon, G. Burdeau, J.-Cl. Casanova, J.-M. Domenach, F. Fejtö).

Des femmes en mouvement, n° 1. Mensuel de la tendance Psychanalyse et Politique du M.L.F.

À suivre, n° 1 (Castermann), ou la N.R.F. de la B.D.

Création des éditions Actes Sud à Arles, sous la direction d'Hubert Nyssen. Premiers titres : M. Marié et J. Viard, *La Campagne inventée* ; A. Benedetto, *Saint Fainéant et dame Paresse* ; Cl. Alrang, *La Fille d'Occitania.*

FÉVRIER

1er Création de l'Union pour la démocratie française (U.D.F.), fédération regroupant le parti républicain, le centre des démocrates sociaux et les radicaux valoisiens.

R. Linhart, *L'Établi* (Éditions de Minuit, coll. « Documents »). Un normalien O.S.2 chez Citroën. Dans la même veine, *Le Sucre et la faim,* enquête dans les régions sucrières du Nordeste brésilien (Éditions de Minuit, 1980).

H. Lepage, *Demain le capitalisme* (Hachette, coll. « Pluriel »). Introduction en France de l'ultralibéralisme à l'américaine (les « nouveaux économistes »).

Rapport Hite (Laffont). Trad. de l'américain. Des femmes parlent de leur sexualité.

Critique, n° spécial, « La philosophie malgré tout » (J. Bouveresse, Fr. Châtelet, E. Martineau, V. Descombes, J. Rancière). La fin de la fin de la philosophie.

MARS

1er Ouverture du Palace sous la direction de F. Emaer (ouverture des Bains-douches la même année).

11   Mort de Claude François.

12-19   Élections législatives. La défaite surprise de la gauche (201 sièges contre 290 à la majorité) sonne le glas de la période ouverte par le Programme commun.

16-17   Le naufrage du pétrolier libérien *Amoco-Cadiz* provoque une marée noire en Bretagne : 230 000 tonnes de brut se répandent sur 350 km de côtes (Finistère). La plus grande catastrophe écologique de tous les temps.

23-24   Le président de la République reçoit les syndicats F.O. et C.F.D.T. pour la première fois depuis 1965.

Les Temps modernes, dossier « Chine ». La Chine sans mythe : « Le monopole le plus puissant aujourd'hui en Chine c'est justement celui du discours fabriqué par le parti et exécuté en sous-traitance par 900 millions d'O.S. dépossédés de leur propre voix » (J.-C. et Cl. Broyelle, « Pour qui sonne le glas des spécialistes »).

B. Lalonde, S. Moscovici, R. Dumont, *Pourquoi les écologistes font-ils de la politique ?* (Le Seuil, coll. « Combats »). Série d'entretiens avec J.-P. Rives : « Mai 68 proclamait l'imagination au pouvoir, il y manquait la mémoire. Mariez-les, vous aurez les écologistes. »

Coluche anime une émission de radio sur Europe n° 1. Obtient le prix « bête et méchant ».

R. Girard, *Des choses cachées depuis la fondation du monde* (Grasset). Un paradigme : le désir mimétique.

AVRIL

5   J. Badham, *La Fièvre du samedi soir* (J. Travolta). La vogue disco.

25-28   L. Althusser : « Ce qui ne peut plus durer dans le P.C.F. » *(Le Monde)*. Quatre articles concernant la stratégie (I), l'organisation (II), l'idéologie (III), les perspectives (IV). Le philosophe communiste conteste les choix faits par le P.C.F. mais ne rompt pas : « Il ne s'agit pas de renoncer au centralisme démocratique, mais de le rénover et de le transformer pour le mettre au service d'un parti révolutionnaire de masse... »

28   Inauguration du métro de Lyon.

La Nef (n° 35), « Nouveaux philosophes ou nouvelle philosophie ? » Bernard-Henry Lévy affirme : « La Nouvelle philosophie n'existe pas. » P. Viansson-Ponté : « Bâtards ou héritiers, nés de père inconnu ou de mère trop connue, ce sont les enfants de Mai. Leur nom est légion, ils sont beaux, déjà célèbres, assurés, photogéniques, bien savants aussi comme le prouvent leurs beaux diplômes. Ils sont la modernité. »

Ph. Meyer, *Le communisme est-il soluble dans l'alcool ?* (Le Seuil). Blagues de l'Est : « Quelle est l'histoire la plus courte ? Le socialisme – Et la plus longue ? Le chemin vers le socialisme. »

M. Crozier, E. Friedberg, *L'Acteur et le Système* (Le Seuil, coll. « Sociologie politique ») : « (...) notre thèse : le pouvoir se rencontre partout, dans toutes les situations collectives. »

R. Boyer, J. Mistral, *Accumulation, inflation, crises* (P.U.F.). Le marxisme de « l'école de régulation » devant la crise (cf. également M. Aglietta, *Régulation et crise du capitalisme,* Calmann-Lévy, 1977 ; A. Lipietz, *Crise et inflation pourquoi ?* La Découverte, 1979).

M. Winock, *La République se meurt. Chronique, 1956-1958* (Le Seuil). Une agonie dans le regard de la nouvelle génération.

MAI

4   Assassinat d'H. Curiel, communiste d'origine égyptienne, figure de la lutte anti-impérialiste, revendiqué par le groupe « Delta » commando de choc de l'O.A.S.

8   Évasion spectaculaire de J. Mesrine de la Santé. Il accorde une interview à *Paris-Match*.

9   Assassinat d'Aldo Moro, leader de la Démocratie chrétienne, par les Brigades rouges.

19   Intervention des parachutistes français au Zaïre.

L'Histoire, premier numéro (rédacteur en chef : M. Winock). La recherche de pointe en histoire mise à la portée du grand public. La revue diffusera à 60 000 exemplaires.

B. et S. Klarsfeld, *Mémorial de la déportation des juifs de France*. Ouvrage militant. Établit l'identité de 180 000 juifs victimes du génocide : « La personne humaine porte un nom (...) elle ne se perd pas dans l'anonymat de l'espèce comme les chiens abandonnés » (V. Jankélévitch, « Nous avions beau savoir », *Le Nouvel Observateur*, 22 mai).

S. Nora, A. Minc, *L'Informatisation de la société*. Rapport au président de la République repris dans la collection « Points » au Seuil. La télématique est porteuse d'une nouvelle révolution industrielle et d'une forme nouvelle de société. Best-seller inattendu.

JUIN

Renaud, « Laisse béton ».

Coupe du monde de football en Argentine, en dépit de vives campagnes dénonçant les atrocités du régime du général Videla.

V. Giscard d'Estaing choisit le projet de P. Colboc, R. Bardon, et J.-P. Philippon pour le réaménagement de la gare d'Orsay. L'équipe sera rejointe en 1980 par G. Aulenti pour l'aménagement intérieur.

JUILLET

3 Goldorak, robot japonais : le dessin animé diffusé par A2 rencontre un succès foudroyant.

5 Fr. Mitterrand (secrétaire général du parti socialiste) et R. Ballanger (président du groupe communiste à l'Assemblée) se rendent à l'Élysée à l'invitation de Valéry Giscard d'Estaing. Symbole de la « décrispation ».

12 Exposition « Paris-Berlin. Rapports et contrastes France-Allemagne 1900-1933 », Centre Georges-Pompidou. Plus de 400 000 visiteurs.

25 Louise, premier bébé éprouvette anglais.

AOÛT

9 Libération du prix du pain.

15 U.R.S.S. : l'infirmier Podrabinek dénonce l'utilisation de la psychiatrie à des fins politiques. Ces révélations arrivent après la condamnation d'A. Chtaransky et Al. Guinzbourg (le 14 juillet).

18 Rachat de l'« empire Boussac » par le groupe Agache-Willot. Lancement du plan Vosges pour le soutien de la région.

SEPTEMBRE

4 R. Fabre (M.R.G.) accepte une mission sur les problèmes de l'emploi de la part du chef de l'État. Les radicaux de gauche font savoir qu'il s'est exclu de lui-même du mouvement.

5-17. Camp David. Négociation entre les présidents Carter, Begin, Sadate. Un traité de paix entre Égypte et Israël doit intervenir dans les trois mois (signé le 26 mars 1979). Les Israéliens acceptent de se retirer du Sinaï.

6 Création du Fonds spécial d'adaptation industrielle.

20 Plan Acier : Usinor et Sacilor passent sous le contrôle de l'État et des grandes banques.

28 Mort du pape Jean-Paul Iᵉʳ. Il aura régné trente-trois jours.

G. Perec, *La Vie mode d'emploi* (Hachette). Histoire totale d'un immeuble parisien.

OCTOBRE

5 Isaac Bashevis Singer, écrivain juif américain, prix Nobel de littérature.

7 *Le Figaro Magazine*, nᵒ 1 (directeur : L. Pauwels). « Pour la première fois dans la presse française, un grand quotidien offre à ses lecteurs, en supplément, en fin de semaine, un grand magazine (...) dans la tradition du *Figaro*, naturellement. »

9 Mort de Jacques Brel.

M. Foucault, « À quoi rêvent les Iraniens » *(Le Nouvel Observateur)*, croit reconnaître dans la révolution iranienne une nouvelle alliance entre spiritualité et politique. Son interprétation suscitera de nombreuses réactions (P. Manent, « Lire M. Foucault ? », *Commentaire*, automne 1979, nᵒ 7).

13 Inauguration de l'Institut de recherche et de coordination acoustique/musique (I.R.C.A.M.) par P. Boulez.

16 Mgr K. Wojtyla, cardinal-archevêque de Cracovie, élu pape (Jean-Paul II). C'est le premier pape non italien depuis 1522.

26 Élection de G. Dumézil à l'Académie française.

27 MM. Begin et Sadate, prix Nobel de la paix.

28 Interview de Darquier de Pellepoix, ex-commissaire général aux Questions juives du gouvernement de Vichy (mai 1942 à juin 1944) : « À Auschwitz, on a gazé que les poux » (*L'Express*, Ph. Ganier-Raymond).

D. Desanti, *Drieu La Rochelle, le séducteur mystifié* (Flammarion). Première biographie consacrée à l'écrivain. Publicité : « Drieu vu de gauche. »

H. Carrère d'Encausse, *L'Empire éclaté* (Flammarion). Le péril islamique en U.R.S.S. ? Premier titre d'une série d'ouvrages à succès sur l'U.R.S.S.

M.-A. Burnier, P. Rambaud, *Le Roland Barthes sans peine* (Balland). Meurtre symbolique par la dérision.

A. Wajda, *L'Homme de marbre*. Du stakhanovisme à la révolte ouvrière en Pologne.

A. Le Brun, *Lachez tout !* (Le Sagittaire). L'individualisme libertaire contre le féminisme.

A. Glucksmann, *Les Maîtres-penseurs* (Grasset). Fichte, Hegel, Marx, Nietzsche, pensées matricielles du totalitarisme.

Fr. de Closets, « L'Enjeu », première émission. L'économie à la télévision.

NOVEMBRE

16 Cl. Régent, « Les chambres à gaz ça n'existe pas » *(Le Matin)*, rapporte son entretien avec R. Faurisson : « Darquier n'est pas seul (...) R. Faurisson, professeur à l'université de Lyon, le soutient : " Il n'a pas existé une seule chambre à gaz dans un seul camp de concentration allemand " et remet également en question l'authenticité du journal d'A. Frank. »

18 Guyana. Suicide de 914 fidèles de la secte « Le Temple du peuple » (Jim Jones).

30 Condamnation à quinze ans de prison de deux membres du F.L.B. (Bretagne) par la Cour de sûreté de l'État pour un attentat à Versailles (dégâts matériels).

G. Duby, *Les Trois Ordres ou l'Imaginaire du féoda-
lisme* (Gallimard, coll. « Bibliothèque des histoires »).
Application du schéma trifonctionnel dumézilien à la
société du Moyen Âge.

J. Lindon, *La F.N.A.C. et le livre* (Éditions de Minuit).
Un éditeur contre la F.N.A.C. et les effets pervers, à
terme, de la pratique du discount pour le marché du livre
français.

Premier cours de paralittératures à l'E.H.E.S.S. confié
à P. Couperie.

DÉCEMBRE

6 J. Chirac, « L'appel de Cochin », mise en cause de
la politique pro-européenne du président de la République : « On prépare l'inféodation de la France, on
consent à l'idée de son asservissement. »

19 Transformation de l'ancien Châtelet en théâtre
musical.

20 D. Cohn-Bendit autorisé à rentrer en France.

28 Mort de Houari Boumedienne (quarante-six ans),
chef de l'État algérien.

29 R. Faurisson, « Le problème des chambres à gaz
ou la rumeur d'Auschwitz » *(Le Monde)* : « (...) ni un
ordre de construction, ni une étude, ni une commande,
ni un plan, ni une facture, ni une photo (...) L'inexis-
tence des chambres à gaz est une bonne nouvelle pour la
pauvre humanité. » Début de l'« affaire Faurisson ».
G. Wellers, « Abondance de preuves » et O. Wormser-
Migot, « La solution finale » lui répondent (*Le Monde* des
29 et 30).

Manufrance (Saint-Étienne) en difficulté. Symbole de
la crise industrielle française.

Le Magazine littéraire, numéro spécial : « Drieu La Rochelle » (F. Grover, P. Andreu, D. Desanti, J.-M. Rouart, H.-F. Rey). « Alors qu'il n'existait plus, depuis son suicide, que dans le souvenir de quelques écrivains, particulièrement ceux qu'on a appelé " Les hussards ", Drieu la Rochelle vient avec insistance frapper à notre porte (...) » Refus de la « dénonciation systématique » comme de « l'hagiographie larmoyante ».

J. Delumeau, *La Peur en Occident XIVe-XVIIe siècles* (Fayard). La peur, objet de l'histoire des mentalités et d'une autre histoire du catholicisme.

Notre-Dame de Paris, mise en scène de Robert Hossein au palais des Sports. Comment retrouver un théâtre populaire ?

1979

Année internationale de l'Enfant.

1ᵉʳ Premier Paris-Dakar : 200 participants, dix mille kilomètres en auto ou à moto en Afrique.

8 G. Montaron, « Les chrétiens face à l'avortement » *(Témoignage chrétien)*. Les chrétiens de gauche critiquent les positions de Jean-Paul II : « (...) Nous n'avons jamais reçu la parole du pape où celle des évêques comme des ordres (...) Nous ne sommes pas une armée, ni même un parti, et le pape n'est ni premier général, ni premier secrétaire (...) »

13 Raid des « Autonomes » dans le quartier Saint-Lazare (Paris). En moins de vingt minutes, pillage de 83 magasins.

16 Iran : triomphe de la révolution khomeiniste. Départ du Shah.

23 Plan de redressement de la sidérurgie. Agitation en Lorraine.

B. Lavilliers, « Les Barbares ».

Fr. Furet, *Penser la Révolution française* (Gallimard, coll. « Bibliothèque des histoires ») : « La Révolution française est terminée ». Relance le débat sur la Révolution.

R. Boudon, *La Logique du social* (Hachette, coll. « Littérature »), développe une théorie sociologique fondée sur « l'individualisme méthodologique » : le phénomène collectif s'explique par le calcul rationnel des acteurs individuels.

FÉVRIER

13 Mort de Jean Renoir.
21 « La politique hitlérienne d'extermination : une déclaration d'historiens » *(Le Monde)*. Mobilisation des historiens antirévisionnistes : « Il n'y a pas, il ne peut y avoir de débat sur l'existence des chambres à gaz », dont Ph. Ariès, P. Chaunu, F. Braudel, M. Perrot, J. Le Goff, P. Vidal-Naquet, E. Labrousse, L. Poliakov.

J. Ellenstein, directeur du Centre d'études et de recherches marxistes, « Ce qui dure encore dans le P.C.F. » *(Le Monde)* : « Sans une alliance historique à long terme entre le P.S. et le P.C., il n'y a pas de nouvelle voie vers le socialisme. »
24 P. Chéreau, P. Boulez, *Lulu*, opéra dodécaphonique d'A. Berg, présenté pour la première fois en version intégrale à l'Opéra de Paris.

E. Le Roy Ladurie, *Le Carnaval de Romans* (Gallimard, coll. « Bibliothèque des histoires »). Lecture d'une société à travers un conflit localisé.

R. Donner, *Superman* (Ch. Reeve). La bande dessinée devient un film. 420 effets spéciaux de plus que pour *La Guerre des étoiles*.

J. Fourastié, *Les Trente Glorieuses* (Fayard). La croissance, révolution silencieuse.

MARS

5 J.-G. Cohn-Bendit, « Question de principe » *(Libération)*. Se définissant comme juif d'extrême gauche, il affirme : « (...) la liberté de parole (...) implique qu'on laisse paraître et diffuser les textes les plus ignobles à mes yeux (...) fût-ce *Mein Kampf* (...) Alors, que ceux qui nient l'existence des camps de concentration le fassent (...) »

12 Inculpation de J. Leguay, responsable des déportations massives de juifs dans les deux zones pendant l'Occupation.

Lord Killanin, président du C.I.O. qualifie « d'inopportune » la venue en France de l'équipe de rugby sud-africaine, les « Springboks ».

13 Entrée en vigueur du Système monétaire européen, et de la nouvelle unité de compte, l'E.C.U.

15 Comparution de *Libération* devant la 17e chambre correctionnelle de Paris pour « outrages aux bonnes mœurs et incitation à la débauche » à la suite d'une information ouverte contre les petites annonces « Chéri(e) je t'aime... ».

26-27 Genève : conférence extraordinaire de l'O.P.E.P. : augmentation de 20 % du prix du pétrole. C'est « le deuxième choc » pétrolier.

28 Premier accident nucléaire à la centrale américaine de Three Miles Island.

Faire, « Qu'est-ce que la social-démocratie ? » (M. Rocard, J.-P. Martin, G. Martinet, G. Sandoz, P. Rosanvallon, P. d'Almida). Faut-il maintenir l'anathème traditionnel du socialisme français à l'encontre de la social-démocratie ?

V. Descombes, *Le Même et l'Autre* (Éditions de Minuit, coll. « Critique »). Une rétrospective critique de la philosophie française depuis l'enseignement décisif d'A. Kojève.

Géo, n° 1 (rédacteurs : R. Fiess, J.-P. Péret). Magazine de géographie à la présentation luxueuse et au prix élevé. Diffusion : 300 000 exemplaires. « L'exotisme d'hier est aujourd'hui au cœur de l'actualité. »

Téléphone, « J'sais pas quoi faire ».

AVRIL

23   Mort de Maurice Clavel.

J.-N. Jeanneney et J. Julliard, *« Le Monde » de Beuve-Méry ou le métier d'Alceste* (Le Seuil). L'histoire du quotidien de la rue des Italiens fondée sur l'exploitation de ses archives.

M. Agulhon, *Marianne au combat* (Flammarion). Histoire de « la représentation en femme de la République française » de 1789 à 1880.

A. Bergounioux, B. Manin, *La Social-démocratie ou le compromis* (P.U.F.). Logique d'une forme politique et raisons de son absence en France, « entre le phantasme de la révolution et la réalité des petits arrangements ».

J. Daniel, *L'Ère des ruptures* (Grasset). L'identité de la gauche française à l'épreuve : un parcours.

MAI

5   M. Thatcher (conservateur), première femme Premier ministre en Grande-Bretagne.

7   Mort de P. Viansson-Ponté, dont les chroniques du *Monde* avaient créé un style dans les commentaires de société.

14   Y. Choquet-Bruhat, première femme élue à l'Académie des sciences.

21   Lancement de l'opération « Gaspi », pour les économies d'énergie.

24   F. Ford Coppola, *Apocalypse Now* et V. Schloendorff, *Le Tambour*, Palme d'or au festival de Cannes. En
avril, M. Cimino a reçu l'oscar du meilleur film à Hollywood pour *Voyage au bout de l'enfer*. Le traumatisme vietnamien au cœur de la mémoire américaine.

31   Exposition « Paris-Moscou » au Centre Georges-
Pompidou.

Exposition « Magritte » au Centre Georges-Pompidou.

R. Debray, *Le Pouvoir intellectuel en France* (Ramsay).
Le champ intellectuel à l'âge médiatique.

M. Kundera, *Le Livre du rire et de l'oubli* (Gallimard).
Premier livre écrit en France par l'auteur en exil.

Le Gai Pied, n° 1. Mensuel. Dir. : J. Le Bitoux.
M. Foucault : « Un plaisir si simple ». L'homosexualité
au-delà du ghetto.

Th. Zeldin, *Histoire des passions françaises* (5 tomes,
Éditions Recherche). Typifie de façon monumentale le
regard anglo-saxon sur la France, prenant à contre-pied
l'idée unitaire que les Français se font d'eux-mêmes.

M. Crozier, *On ne change pas la société par décret* (Grasset). La « réforme » ne suffit pas.

JUIN

7-6   Première élection du Parlement européen au suffrage universel dans les neuf États de la Communauté.
Le taux d'abstention est partout élevé : 39 %. Le 1er juillet, S. Veil est élue présidente.

11   Mort de John Wayne.

22   Premier article du *Monde* sur la nouvelle droite
(Th. Pfister : « La nouvelle droite s'installe ») suivi le
2 juillet d'un dossier du *Nouvel Observateur* (« Les habits
neufs de la droite française ») et le 25-28 d'une enquête
du *Matin*. Deux ténors : A. de Benoist, L. Pauwels.

26 Une délégation d'intellectuels, J.-P. Sartre, R. Aron, M. Foucault, A. Glucksmann, responsables de l'opération « Un bateau pour le Viêt-nam » est reçue à l'Élysée par Valéry Giscard d'Estaing. Retrouvailles historiques des « petits camarades ».

F. Grover, P. Andreu, *Drieu la Rochelle* (Hachette, coll. « Littérature »). La biographie de référence.

JUILLET

17 Triomphe de la révolution sandiniste au Nicaragua. Départ d'A. Somoza.

25 Mort de J. Kessel.

29 Mort d'H. Marcuse, quatre-vingt-un ans.

La ceinture de sécurité devient obligatoire en ville.

AOÛT

18 Rachat du paquebot *France* par un armateur norvégien. Il est rebaptisé *Norway*.

S. Gainsbourg, *La Marseillaise*, version reggae, fait scandale.

Sortie du walkman Sony.

SEPTEMBRE

4 Inauguration du forum des Halles par J. Chirac.

12 R. Scott, *Alien*. Le renouvellement du cinéma de science-fiction.

20 Assassinat de P. Goldman par le groupe « Honneur de la police ». Le 26, son enterrement réunit, dans la même émotion, les anciens du gauchisme.

25 Les Molière de Vitez : *Dom Juan*, *Le Misanthrope*, *Le Tartuffe*, *L'École des Femmes* au théâtre de la Ville.

Les Temps modernes, numéro spécial : « La paix maintenant ? » Rencontre d'intellectuels juifs (E. Levinas, S. Trigano) et palestiniens (I. Sartawi). « L'instauration d'une paix générale constitue la fin de ce travail. L'enjeu essentiel de celui-ci, c'est, bien entendu, la libre expression palestinienne. »

H. Hamon, P. Rotman, *Les Porteurs de valise* (Albin Michel, coll. « H. comme Histoire »). L'histoire du réseau Jeanson.

J.-P. Azéma, *De Munich à la Libération* (Le Seuil, coll. « Points-Histoire »). Mise au point rigoureuse sur la France de 1938-1945.

J. Séguela, *Ne dites pas à ma mère que je suis dans la publicité... Elle me croit pianiste dans un bordel* (Flammarion). Auto-pub.

Création des Éditions Verdier. Des anciens de l'extrême gauche maoïste qui publieront des classiques du judaïsme.

OCTOBRE

3 Suicide de N. Poulantzas, l'une des principales figures du marxisme en France.

10 *Le Canard enchaîné* révèle l'affaire des diamants offerts par Bokassa à Valéry Giscard d'Estaing, ministre des Finances (« Pourquoi Giscard a organisé la casse des archives de Bokassa »). L'Élysée répond par le « mépris ».

30 Suicide de René Boulin, ministre du Travail. À l'Assemblée nationale, J. Chaban-Delmas critiquant l'attitude de la presse parle « d'assassinat », démenti par la publication d'une lettre de R. Boulin le 31.

F. George, *Lacan ou l'Effet « Y'au de poêle »* (Hachette, coll. « Littérature »). Pamphlet dénonçant l'engouement lacanien.

P. Bourdieu, *La Distinction. Critique sociale du jugement* (Éditions de Minuit, coll. « Le Sens commun »). La double page du *Monde des livres* (12 oct., Fr. Châtelet, Th. Ferenczi, J. Laurent, P. Encreve) assure le lancement d'un livre très discuté. À « Apostrophes », en compagnie de F. Braudel et M. Gallo (21 décembre), P. Bourdieu déclarera : « Le goût, c'est le dégoût du goût des autres. Évidemment, mon livre provoque le dégoût. » Dès novembre, le livre entre dans la liste des best-sellers de *L'Express*.

F. Zorn, *Mars* (Gallimard). Le cancer, révélateur d'une société malade.

NOVEMBRE

2 Exécution sommaire de J. Mesrine, « ennemi public numéro 1 », porte de Clignancourt.

21 Occupation de la grande mosquée de La Mecque par des contestataires islamistes.

26 Réadmission de la Chine au Comité international olympique après dix-neuf ans d'absence.

27 Les « Dossiers de l'écran » (A2) consacrés au Cambodge dévoilent la tragédie du peuple soumis aux Khmers rouges (le père Ponchaud, A. Madelin, « Médecins sans frontières », Pin Yathaï, N. Sihanouk et J. Lacouture).

28 Informatisation de l'ensemble du réseau téléphonique français : 14 millions de téléphones contre 4 millions en 1969.

29 Ph. Tesson relance *Le Quotidien de Paris*.

R. Sennett, *Les Tyrannies de l'intimité* (Le Seuil). L'individualisme et la ruine de l'homme public.

B. Badie, P. Birnbaum, *Sociologie de l'État* (Grasset), B. Barret-Kriegel, *L'État et les esclaves* (Calmann-Lévy). Marx, à l'origine de l'État despote ou de l'État de droit ?

Actuel, nouvelle formule, n° 1 (J.-F. Bizot). « Les années quatre-vingt seront actives, technologiques et gaies. »

DÉCEMBRE

13   Mère Teresa, prix Nobel de la paix.
15   Première « union d'amitié homosexuelle » prononcée par le pasteur J. Doucé au temple protestant du XIXe arrondissement.
19   Exposition, « Images de l'Amérique en crise » au Centre Georges-Pompidou.
24   Premier lancement réussi de la fusée Ariane.
Invalidation de la loi de finances pour 1980 par le Conseil constitutionnel.
26   Intervention des troupes soviétiques en Afghanistan.
Y. Verdier, *Façons de dire, façons de faire* (Gallimard, coll. « Bibliothèque des sciences humaines ») : « La laveuse, la couturière, la cuisinière ». Le corps féminin et les rôles villageois.

1980

3-11 *L'Humanité* approuve l'intervention soviétique en Afghanistan, « un pays à peine sorti du Moyen Âge ».

16 R. W. Fassbinder, *Le Mariage de Maria Braun*. La traversée du nazisme.

Esprit, numéro spécial : « Khomeinisme, islamisme, tiers monde » (O. Mongin, O. Roy, J.-C. Guillebaud, G. Chaliand...). « Faire de la révolution iranienne une révolution spécifique (...) c'est refuser de voir qu'elle pose des questions qui ne sont pas propres à un pays (...) En ce sens, il faut " oublier Khomeiny " (...) »

F. Braudel, *Civilisation matérielle, économie et capitalisme XVe, XVIIe siècles*, 3 vol. (A. Colin). Reprise et amplification d'un livre publié en 1967 qui ramènent l'un des organisateurs du renouveau des études historiques en France après la guerre au premier plan de la scène intellectuelle.

V. Jankélévitch, *Le je-ne-sais-quoi et le presque-rien* (Le Seuil). Consécration tardive d'un philosophe de l'éthique.

Ph. Ariès, en collaboration avec M. Winock, *Un historien du dimanche* (Le Seuil). L'itinéraire d'un historien doublement marginal par son appartenance politique à l'Action française et sa non-appartenance à l'Université.

FÉVRIER

20 Boycott des jeux Olympiques de Moscou par les États-Unis.

B. de Jouvenel, *Un voyageur dans le siècle (1903-1945)* (R. Laffont). Mémoires qui font découvrir un autre B. de Jouvenel, aux engagements ambigus (Doriot, interview de Hitler), aux amitiés suspectes (O. Abetz, Drieu la Rochelle).

P. Rassinier, *Ulysse trahi par les siens* (La Vieille Taupe) réédité en même temps que *Le Mensonge d'Ulysse*. Un ancien déporté, ancêtre du révisionnisme d'extrême gauche.

Création de la collection « Bouquins » chez Laffont, sous la direction de G. Schœller. Renouvellement du poche (premiers titres : Michelet, *Histoire de la Révolution française*, *Dictionnaire des œuvres*, L. Rebattet, *Histoire de la musique*).

MARS

1-17 Manifestations antinucléaires à Plogoff.

6 Élection de M. Yourcenar, première femme à l'Académie française.

8-14 *L'Express* : « G. Marchais en Allemagne 1942-1944. La preuve du mensonge ». Reproduit un document accablant en provenance des archives allemandes (Augsbourg) : le secrétaire général du P.C.F. était encore en Allemagne en mai 1944, alors qu'il prétend avoir regagné la France un an auparavant (J.-Fr. Revel, « Le mensonge »). Au Club de la presse du 9 mars, G. Marchais dénonce « l'infâme machination ». « L'affaire Marchais » est lancée.

11 Renaud à Bobino.

13 Réception d'A. Decaux à l'Académie française.

26 Mort de Roland Barthes. Paraît le même mois *La Chambre claire* (Gallimard/Le Seuil, coll. « Cahiers du cinéma »). « (...) Avec la photographie, nous entrons dans la Mort plate (...) »

J.-P. Sartre et B. Lévy, « L'espoir maintenant... », trois entretiens publiés par *Le Nouvel Observateur* (nᵒˢ 800 à 802). « Tout le monde me traite en vieillard. J'en ris (...) le fait que je suis vieux pour autrui, c'est être vieux profondément (...) » Le tutoiement réciproque, l'intérêt marqué par Sartre pour la spiritualité juive surprennent.

La troupe du Splendid, *Le Père Noël est une ordure* (J. Balasko, G. Jugnot, Anémone, Th. Lhermitte...). Au cinéma en 1982.

Cl. Lefort, « Droits de l'Homme et politique », *Libre* (nᵒ 7). Toute politique des droits de l'Homme suppose la rupture avec l'idéologie marxiste : « Se défaire du révolutionnarisme n'est pas rejoindre le réformisme. »

B. Constant, *De la liberté chez les modernes* (Hachette, coll. « Pluriel »). Préface M. Gauchet. Un classique de la pensée libérale (cf. parallèlement, M. Gauchet, « Tocqueville, l'Amérique et nous », *Libre*, nᵒ 7).

R. Camus, *Tricks* (Mazarine). Préface de R. Barthes. La littérature homosexuelle extrême.

AVRIL

11 Pétain en couverture du *Figaro Magazine*. Titre : « 66 % des Français ne le condamnent pas. »

15 Mort de J.-P. Sartre (soixante-quatorze ans) à l'hôpital Broussais. Quinze à vingt mille personnes suivront son enterrement le 20 avril au cimetière du Montparnasse. Le 17, un numéro spécial de *Libération*, « L'Adieu », tiré à 150 000 exemplaires sera épuisé en trois jours (J.-Fr. Revel, « L'Incarnateur », *L'Express*, 19-25 avril 1980 ; P. Thibaud, « Une traversée du siècle », *Esprit*, juillet 1980...).

25 Retentissant échec des États-Unis concernant la libération des otages américains détenus à Téhéran.

29 Mort d'A. Hitchcock, quatre-vingts ans.

M. Gauchet, G. Swain, *La Pratique de l'esprit humain* (Gallimard, coll. « Bibliothèque des sciences humaines »). « L'institution asilaire et la révolution démocratique. » Exclusion ou intégration de la folie ?

Libre, dernier numéro (n° 8). C. Castoriadis, « Devant la guerre », élabore à propos de l'U.R.S.S. le concept de « société stratocratique » : (...) « où le corps social de l'Armée est l'instance ultime de la domination effective », le rôle du parti se réduisant à celui de « masque et (d') instrument ».

S. Thion, *Vérité historique ou vérité politique ?* (La Vieille Taupe). Plaidoyer pour la prise en considération de la démarche de R. Faurisson.

MAI

3 Création de radios locales (Lille, Mayenne, Melun) sous la surveillance d'une Commission de trois sages et d'une Commission nationale. Leur point commun ? « Le promoteur loge à l'Élysée » (*Libération*, 18 juin 1980). Suivront la création de Radio bleue (troisième âge), Radio Île-de-France et Radio 7 (jeunes).

4 Mort du maréchal Tito après une longue agonie.

13 Inauguration de la nouvelle salle des ventes de l'hôtel Drouot.

23 Festival de Cannes : B. Fosse, *Que le spectacle commence*, et A. Kurosawa, *Kagemusha*, Palme d'or ; A. Resnais, *Mon oncle d'Amérique*, prix spécial du jury.

Le Débat, n° 1, *Politique, histoire, société*. P. Nora, « Que peuvent les intellectuels ? ». Réponse : démocratiser l'exercice de leur propre pouvoir.

JUIN

3 Jean-Paul II en France célèbre une messe en plein air au Bourget devant 300 000 personnes. On en attendait plus d'un million.

6 Création de Médecins du monde (B. Kouchner, M. Récamier).

7 Mort d'H. Miller (quatre-vingt-neuf ans).

22-23 Sommet de Venise : les septs pays occidentaux les plus industrialisés s'engagent à réduire leur dépendance vis-à-vis du pétrole.

24 W. Brandt, *Nord-Sud, un programme de survie*, rapport de la Commission indépendante sur les problèmes du développement international (Gallimard, coll. « Idées »). Réunion d'experts et de politiques (O. Palme, E. Pisani, E. Heath...) internationaux pour élaborer « un nouvel ordre mondial ».

29 V. Finnbogadotir, première femme présidente de la République (Islande).

JUILLET

12 Fin du voyage de Jean-Paul II au Brésil. Il approuve « (la) pastorale sociale » d'un des clergés les plus « progressistes » mais rejette toute « politisation de l'Église ».

24 B. Börg triomphe pour la cinquième fois à Roland-Garros sans perdre un seul set.

Boycott occidental, à l'exception de la France, des jeux Olympiques de Moscou à la suite de l'occupation de l'Afghanistan.

M. Rajfuss, *Des juifs dans la collaboration. L'U.G.I.F.
1941-1944* (Édi). Préface de P. Vidal-Naquet : « La politique hitlérienne d'extermination a été facilitée par la
coopération d'une fraction des juifs – les notables singu-
lièrement – à leur propre destruction. » Choc pour la
communauté juive française.

AOÛT

2   Italie : gare de Bologne, un attentat fait 85 morts,
210 blessés. Revendiqué par les « Noyaux armés révolutionnaires » (néo-fascistes).

14   Grève des dix-sept mille ouvriers des chantiers
navals de Gdansk (Pologne). Le 16, création d'un comité
de grève inter-entreprises (M.K.S.) qui rédige un cahier
de revendications, parmi lesquelles la reconnaissance de
syndicats indépendants.

29   G. Séguy, secrétaire général de la C.G.T. : « Nous
n'avons pas connaissance d'ouvriers polonais qui solli-
citeraient la création d'autres syndicats que ceux qui
existent. »

30   Accords de Gdansk.

SEPTEMBRE

3   Dissolution de la F.A.N.E., mouvement néo-
fasciste (M. Frederiksen).

12   V. Giscard d'Estaing retient le projet de A. Fain-
silber (Prix national d'architecture, 1986) pour le musée
des Sciences et des Techniques de La Villette.

17   Fr. Truffaut, *Le Dernier Métro*. Les coulisses de
l'Occupation.

22   *Solidarité*, initialement nom du bulletin d'information (23 août) est désormais celui adopté par trente-six
syndicats indépendants. Leader : Lech Walesa.

Candidature de Coluche à la présidence de la République.

Esprit, numéro spécial : « La mémoire d'Auschwitz ». P. Vidal-Naquet réfute « l'histoire révisionniste » (« Un Eichmann de papier ») et pose le problème du statut du fait historique. « (...) ce que signifie cette méthode historique (" révisionniste "), elle est dans notre société de représentation et de spectacle une tentative d'extermination sur le papier qui relaie l'extermination réelle (...) »

Franchissement du cap de 1,5 million de chômeurs.

M. Voslensky, *La Nomenklatura*. Les privilégiés en U.R.S.S. (Belfond) : « l'aristocratie rouge ».

L. Aragon, *Le Mentir-vrai. Nouvelles* (Gallimard). L'art romanesque entre imagination et mémoire.

Medias, n° 1 (directeur-rédacteur en chef : Eudes Delafon). La présentation est en anglais : « *Medias*, the first magazine about " the other power ". »

Apparition du mot « beur » dans *Le Robert* : un « jeune Arabe de la deuxième génération né en France de parents immigrés ».

Fr. Fourquet, *Les Comptes de la puissance* (Recherches). « Histoire de la comptabilité nationale et du plan. » Aux origines de la modernisation française.

I. Wallerstein, *Capitalisme et économie-monde, 1450-1640* (Flammarion, coll. « Nouvelle bibliothèque scientifique »). Originalité et dynamique de l'espace économique moderne dans une optique braudélienne.

OCTOBRE

3 Attentat contre la synagogue de la rue Copernic : 4 morts, une vingtaine de blessés. L'attitude malheureuse des autorités politiques provoque une intense émotion dans la communauté juive : 200 000 personnes manifesteront à l'appel du M.R.A.P. (le 7).

5 É. Satie, *Parade* à la télévision, dans une version de J.-C. Averty qui utilise les effets de l'électronique.

7 Pologne : grève nationale d'une heure massivement suivie. C'est la première dans un pays de l'Est.

9 Cz. Milosz, poète et essayiste polonais vivant aux États-Unis, prix Nobel de littérature.

22 Inauguration du Théâtre musical de Paris.

G. Deleuze, F. Guattari, *Mille Plateaux. Capitalisme et Schizophrénie*, t. II, *L'Antistructure*. L'écriture rhizomatique (Éditions de Minuit, coll. « Critique »).

M. Crozier, *Le Mal américain* (Fayard). L'essoufflement d'un modèle ?

Ph. Robrieux, *Histoire intérieure du P.C.F.*, t. I (Fayard). Le commencement de la fin du secret communiste.

É. Badinter, *L'Amour en plus* (Flammarion). L'amour maternel, comportement social inventé au XVIIIe siècle.

M. Fumaroli, *L'Âge de l'éloquence. Rhétorique et « res literaria » de la Renaissance au seuil de l'époque classique* (Droz). Retour à l'histoire dans les études littéraires.

NOVEMBRE

18 Le philosophe L. Althusser étrangle sa femme au cours d'une crise de dépression.

DÉCEMBRE

9-16 Prise de contrôle d'Hachette par Matra.

21 36 000 « joggers » pour le vingtième « cross du *Figaro* » au bois de Boulogne.

29-30 Affaire de Vitry : le maire communiste empêche l'installation de travailleurs immigrés maliens en détruisant au bulldozer leur foyer d'accueil.

Critique, numéro spécial : « Le Comble du vide ». Constat dévastateur du néant des ouvrages qui occupent le devant de la scène : J. Attali, M. Clavel, B.-H. Lévy.

Cl. Pinoteau, *La Boum*. L'amour à treize ans et les nouveaux parents.

1981

1er La Grèce, dixième membre de la C.E.E.

5 Entrée du dessinateur Reiser au *Nouvel Observateur*.

18 P. Boulez, *Répons,* à Donaueschingen. L'œuvre fétiche de l'I.R.C.A.M., exploitant son potentiel technologique, et la tentative la plus avancée de Boulez pour repenser les rapports entre architecture d'ensemble et détail de l'écriture.

20 Entrée en fonction de R. Reagan, président des États-Unis.

24 Congrès du P.S. à Créteil : Fr. Mitterrand, candidat à la présidence de la République. L. Jospin, premier secrétaire.

Dallas, première diffusion en français. Le capitalisme sauvage dans le roman-photo.

B.-H. Lévy, *L'Idéologie française* (Grasset, coll. « Figures »), fait de la France le laboratoire du fascisme européen. Le livre fait l'objet de réfutations en règle (R. Aron, P. Thibaud, E. Le Roy Ladurie, P. Nora).

P. Bourdieu, *Questions de sociologie* (Éditions de Minuit, coll. « Le Sens commun »). Applications d'une théorie.

Al. Bressand, *Rapport Ramsès 1980-1981*, premier rapport annuel mondial sur le système économique et les stratégies (I.F.R.I.). « Coopération ou guerre économique » : « Synthèse annuelle des principaux aspects de la politique internationale traités à la fois sous l'angle politique et sous l'angle économique » (Th. de Montbrial).

H. Le Bras, E. Todd, *L'Invention de la France* (Le Livre de poche, coll. « Pluriel »). Les surprises de la diversité française.

Ch. Lasch, *Le Complexe de Narcisse* (Laffont, coll. « Libertés 2000 »). Le narcissisme, stade suprême de l'individualisme ?

Esprit, numéro spécial : « Pologne, un défi, un espoir » (A. Michnik, J. Kuron, Th. et N. Lowit, J. Patócka...). Le « défi » que la Pologne lance à l'U.R.S.S. concerne l'ensemble de l'Europe.

P. Vidal-Naquet, *Les Juifs, la mémoire et le présent* (Petite collection Maspero). Un historien juif face à la question juive dans sa dimension historique et contemporaine.

J. Attali, *Les Trois Mondes* (Fayard). La nature et les issues de la crise.

FÉVRIER

1ᵉʳ Diffusion en différé sur Antenne 2 du procès de la « Bande des quatre », dont la veuve de Mao, Chiang Ching.

2 Mgr Lustiger, évêque d'Orléans, archevêque de Paris.

21 Changement d'équipe à *Libération* : S. July devient directeur (numéro spécial : « *Libération*, je t'aime moi non plus »). Arrêt temporaire de la parution.

Exposition Gainsborough au Grand Palais. Pour la première fois, présentation de toiles inachevées, permettant de se rendre compte de la technique du peintre.

MARS

2 Annonce de la candidature de Valéry Giscard d'Estaing à la présidence de la République : « Je ne serai pas un président-candidat. »

14 Mort de René Clair.

21 J.-P. Liégeois, « Lettre ouverte à A. Peyrefitte, garde des Sots et des Peureux » *(L'Unité)* : « M. le Sinistre, qu'est-ce que ça fait à un être humain de prendre le risque d'être complice d'une erreur judiciaire ? » Campagne de mobilisation en faveur de R. Knobelpiess, détenu depuis 1972, alors qu'il clame son innocence (*L'Acharnement*, préface de Cl. Mauriac, Fayard).

30 Washington : attentat contre R. Reagan.

R. Faurisson, *Mémoire en défense* « contre ceux qui m'accusent de falsifier l'histoire », précédé d'un avis de Noam Chomsky (La Vieille Taupe). R. Faurisson persiste et signe : « Les prétendues " chambres à gaz " hitlériennes et le prétendu " génocide " des juifs forment un seul et même mensonge. » G. Wellers, *Les chambres à gaz ont existé* (Gallimard, coll. « Témoins »), réplique aux arguments des révisionnistes. A. Finkielkraut, *L'Avenir d'une négation* (Le Seuil), analyse le phénomène révisionniste (1982).

J.-J. Beineix, *Diva*. L'esthétisme « branché ».

AVRIL

12-14 Succès du premier vol de la navette spatiale américaine, Columbia.

26 Premier tour des élections présidentielles. Double stupeur : effondrement du P.C.F., G. Marchais obtient 15,3 % des suffrages exprimés ; la majorité sortante a un nombre de voix inférieur à 50 %.

Cl. Lefort, *L'Invention démocratique* (Fayard, coll. « L'Espace du politique »). Les limites de la domination totalitaire. L'idée démocratique reste révolutionnaire, des conseils ouvriers hongrois à Solidarité.

Fr. Furet, « Le système conceptuel de *De la démocratie en Amérique* », préface à l'édition en poche du livre de Tocqueville (Garnier-Flammarion). L'égalité, clé de la modernité.

Ouverture du premier magasin Ikéa à Bobigny en libre-service. Percée du modèle suédois.

L'Âne, le magazine freudien, nº 1. Bimestriel. Le Seuil. Le pan-lacanisme culturel.

MAI

5 Face-à-face télévisé Valéry Giscard d'Estaing et Fr. Mitterrand. Les journalistes, M. Cotta, J. Boissonnat, ont été désignés d'un commun accord. « M. Giscard d'Estaing, vous êtes un homme du passif. »

Mort de Bobby Sands, nationaliste irlandais catholique, détenu à la prison de Long Kesh où il avait entamé une grève de la faim pour obtenir la reconnaissance du statut de prisonnier politique. Des dizaines de milliers de personnes suivront son enterrement à Belfast (le 7).

6 *Le Canard enchaîné* lance l'affaire Papon. Ancien ministre de V. Giscard d'Estaing, secrétaire général de la préfecture de Bordeaux (1942-1944), il aurait avalisé la déportation de 1 690 Israélites. Il sera inculpé de crimes contre l'humanité (19 janvier 1983).

10 Fr. Mitterrand, président de la République (51,7 % des suffrages exprimés contre 48,2 % à Valéry Giscard d'Estaing). Pour la première fois, le vote des femmes est plus à gauche que celui des hommes.

Cours plancher du franc au sein du S.M.E. En quelques jours, la Bourse de Paris perd 20 %.

13 Vatican : attentat contre le pape perpétré par un militant d'extrême droite turc, Ali Agça.

Reparution de *Libération* avec une nouvelle organisation de la rédaction. S. July : « La vraie subversion
aujourd'hui, c'est l'information. » *Libération* doit devenir
un quotidien crédible. Fin 1981, les ventes dépasseront
50 000 exemplaires.

Parution de *Minute* avec, en sous-titre, la mention :
« hebdomadaire d'opposition nationale ».

14 Licenciement d'O. Todd (rédacteur en chef) de
L'Express par J. Goldsmith : la couverture dessinée du
5 mai était antigiscardienne. J.-Fr. Revel (directeur) et
M. Gallo (éditorialiste) démissionnent.

19 « Au revoir » de Valéry Giscard d'Estaing aux
Français à la télévision : « Je reste à disposition. » Plan
fixe de la caméra sur son fauteuil resté vide au moment
où éclate *La Marseillaise.*

21 Prise de fonction officielle de Fr. Mitterrand. Il
nomme Pierre Mauroy Premier ministre. Après av
remonté à pied la rue Soufflot en compagnie d'écrivains
étrangers (W. Styron, A. Miller, C. Fuentes, G. García Marquez, les veuves de S. Allende et Pablo Neruda),
il rend hommage à J. Moulin, J. Jaurès, V. Schoelcher au
Panthéon. Pl. Domingo interprète *La Marseillaise.*
L. Zitrone commente. *Libération* titre : « La République
en grandes pompes. »

22 Resserrement du contrôle des changes.

Dissolution de l'Assemblée nationale.

23-27 Premier Salon du livre : 120 000 visiteurs.

26 Suspension des expulsions d'étrangers par G. Defferre, ministre de l'Intérieur, « sauf nécessité impérieuse
de l'ordre public ».

JUIN

3 Adoption de mesures sociales : augmentation de
10 % du S.M.I.G., de 20 % du minimum vieillesse, de
25 % des allocations familiales et de l'allocation logement. Coût : 8 ou 9 milliards de francs pour 1981. Le 10,

un deuxième train de mesures sociales créera 55 000 emplois dans la fonction publique.

12-29 Remous dans l'audiovisuel : démission de M. Ulrich, P.-D.G. d'Antenne 2 ; de Cl. Contamine, président de FR 3 ; de J.-P. Elkabbach, directeur de l'information sur Antenne 2.

14-21 Élections législatives. Confirmation du recul du P.C.F. (16 % des suffrages exprimés). Le P.S. obtient la majorité absolue à l'Assemblée nationale (285 sièges). C'est « l'état de grâce ».

21 Première fête de la musique.

23 Entrée de quatre ministres communistes au gouvernement après la conclusion d'un « accord politique de gouvernement » P.C.F.-P.S.

A. Wajda, *L'Homme de fer*. De la révolte polonaise à Solidarité.

J. Lacouture, *Pierre Mendès France* (Le Seuil). La conscience de la gauche sur un piédestal.

JUILLET

18 Assassinat de six personnes à Auriol (Bouches-du-Rhône) : règlement de compte entre membres du Service d'action civique (S.A.C.), issu de l'ancien service d'ordre du R.P.F.

19 Premier télétel à Vélizy, point de départ des services minitel.

19-21 Septième sommet des pays industrialisés (Ottawa). Les États-Unis ne s'engagent pas à réduire leur taux d'intérêt.

29 Suppression de la Cour de sûreté de l'État.

AOÛT

10 Loi Lang – instauration du prix unique du livre – adoptée à l'unanimité, son application, à partir du 1ᵉʳ janvier, suscitera d'âpres oppositions (F.N.A.C., centres Leclerc).

11 Autorisation des immigrés clandestins, évalués à 300 000, à régulariser leur situation.

SEPTEMBRE

5-10 Première session du congrès de *Solidarité* (Gdansk) décrit par l'agence Tass comme « une orgie antisocialiste et antisoviétique ». Le 2 octobre (fin de la deuxième session), élection de Lech Walesa comme président.

9 Mort de J. Lacan.

22 Inauguration du T.G.V. Lyon-Paris par Fr. Mitterrand.

28 Publication du rapport de Fr. Bloch-Laîné sur le septennat de V. Giscard d'Estaing. « Un bilan balancé ».

29-30 J. Baudrillard, « L'extase du socialisme » *(Libération)* : « (...) l'état de grâce serait cela, au fond, l'assomption exorbitante d'un modèle qui a perdu sa vérité en route (...) ».

30 Suppression de la peine de mort.

Loi de finances pour 1982 : augmentation de 27,6 % des dépenses publiques ; instauration d'un impôt sur les grandes fortunes qui, à la demande de Fr. Mitterrand ne s'appliquera pas aux œuvres d'art. Déficit budgétaire évalué à 95,4 milliards de francs.

Oulipo, *Atlas de littérature potentielle* (Gallimard, coll. « Idées »).

A. Vitez, ex-secrétaire d'Aragon, professeur au Conservatoire de Paris, prend la direction du théâtre de Chaillot. Premières mises en scène : Goethe, *Faust* ; Racine, *Britannicus* ; P. Guyotat, *Tombeau pour 500 000 soldats.*

H. Hamon, P. Rotman, *Les Intellocrates* (Ramsay). Expédition en haute intelligentsia. Le néologisme fait fureur.

Fr. Gèze, A. Valladao, Y. Lacoste, *L'État du monde* (La Découverte). Publication annuelle. L'impératif extérieur.

J.-Cl. Chesnais, *Histoire de la violence* (Laffont, coll. « Les hommes et l'histoire »). La décroissance réelle de la violence dans les sociétés contemporaines, contre le fantasme de son augmentation.

H. Reeves, *Patience dans l'azur* (Le Seuil, coll. « Science ouverte »). Poésie de l'astrophysique.

S. Spielberg, *Les Aventuriers de l'arche perdue*. Résurgence d'une tradition : le film d'aventures.

OCTOBRE

2 Loi autorisant la création de radios locales. Interdiction de toute publicité sur les ondes (P. Mauroy, « Non aux radios fric »). Limitation de la puissance d'émission.

4 Réajustement monétaire au sein du S.M.E. : dévaluation du franc et de la lire de 3 %.

6 Assassinat d'A. El Sadate, président égyptien, par un groupe islamique infiltré dans l'armée, retransmis en direct à la télévision. Hosni Moubarak, vice-président, lui succède.

6-8 Décision de poursuivre le programme nucléaire français.

8 Don par M. Dassault de 26 % des parts de la société Dassault-Bréguet à l'État (qui devient actionnaire majoritaire).

12 Prise de participation majoritaire de l'État chez Matra.

15 Elias Canetti, prix Nobel de littérature.

17 Mort d'Albert Cohen.

21 Marseille : assassinat du juge Michel, spécialisé dans les affaires de drogue et de fausse monnaie.

22-23 Cancun : vingt-deux chefs d'État et de gouvernement (à l'exception du bloc soviétique) s'entendent pour ouvrir des « négociations globales » au sein des Nations unies sur un nouvel ordre économique.

23-25 Congrès de Valence du parti socialiste. Les députés demandent une radicalisation du pouvoir. P. Quilès (secrétaire national) : « Il ne faut pas non plus dire " Des têtes vont tomber " comme Robespierre à la Convention, mais il faut dire lesquelles et le dire rapidement. » Fr. Mitterrand affirme : « Il faut savoir gérer la durée. »

28 Démission de J. Ducuing, directeur général du C.N.R.S. Le 29, C. Thibault, président, démissionne à son tour.

30 Mort de G. Brassens.

L. Marin, *Le Portrait du roi* (Éditions de Minuit, coll. « Le Sens commun »), J.-M. Apostolidès, *Le Roi-machine* (Éditions de Minuit, coll. « Arguments »). La symbolique du pouvoir absolutiste.

Le cap de deux millions de chômeurs est franchi.

Fr. Jacob, *Le Jeu des possibles*, essai sur la diversité du vivant, premier titre de la collection « Le Temps des sciences » dirigée par O. Jacob chez Fayard.

J. Lesourne, *Les Mille Sentiers de l'avenir* (Seghers). Une leçon de prospective par le responsable du projet Inter-futurs.

NOVEMBRE

10 Mort d'Abel Gance.

Plan de financement de la Sécurité sociale présenté par N. Questiaux, ministre de la Solidarité nationale. Le déficit pour les exercices 1981 et 1982 est évalué à 36 milliards de francs.

16 Y. Gattaz, président du C.N.P.F. Dans une interview au *Quotidien de Paris,* il juge que la situation est « beaucoup plus grave que celle de 1936 ».

26 Abrogation de la loi « anti-casseurs ».

28 Loi de finances rectificative transforme en actions les créances de l'État sur les sociétés sidérurgiques : Usinor, Sacilor.

29 J. Delors, ministre de l'Économie et des Finances, souhaite « une pause dans l'annonce des réformes ».

G. Deleuze, *Francis Bacon. Logique de la sensation* (La Différence). Lecture d'une tentative picturale en écho aux enjeux actuels de la philosophie.

S. de Beauvoir, *La Cérémonie des adieux* suivi de *Entretiens avec J.-P. Sartre* (Gallimard), clôt la série de ses mémoires et rectifie l'image donnée par les entretiens de J.-P. Sartre avec Benny Lévy.

DÉCEMBRE

4 Y. Bonnefoy, leçon inaugurale au Collège de France, chaire d'études comparées de la fonction poétique. Dans la tradition de P. Valéry, la poésie enseignée par les poètes mêmes.

12 Colloque du Club de l'Horloge (Y. Blot, R.P.R.), « L'échec du socialisme en Europe occidentale ». La droite de la droite.

13 Proclamation de l'état de guerre en Pologne. Le général Jaruzelski préside un Conseil militaire de salut national. Arrestation de 5 000 personnes. Lech Walesa en résidence surveillée. Cl. Cheysson, ministre des Affaires étrangères, déclare sur Europe 1 que la France ne fera rien. Le 16, Fr. Mitterrand condamne « la perte des libertés ».

14 Annexion des plateaux du Golan par Israël, malgré les protestations internationales.

18 Loi sur les nationalisations après le dépôt de 1 438 amendements. Cinq groupes industriels : C.G.E. ; Rhône-Poulenc ; P.U.K. ; Thomson-Brandt ; Saint-Gobain ; deux compagnies financières : Indo-Suez ; Paribas ; trente-six banques.

20 Succès du lanceur Ariane, début de sa carrière commerciale.

23 Adoption du plan intérimaire 1982-1983 préparé par M. Rocard.

29 Appel commun d'un groupe d'intellectuels et de la C.F.D.T. : « Pour marquer leur solidarité avec le peuple polonais, la C.F.D.T. et un groupe d'intellectuels ont décidé de s'exprimer en commun. Ils sont fidèles en cela à l'esprit de Solidarnosc (...) le combat des Polonais est notre combat. » La cause polonaise abolit d'anciens clivages chez les intellectuels.

J. Le Goff, *Naissance du purgatoire* (Gallimard, coll. « Bibliothèque des histoires »), lie l'apparition d'un troisième au-delà à l'émergence d'une tierce puissance sociale : la bourgeoisie commerciale des villes.

P. Rosanvallon, *La Crise de l'État providence* (Le Seuil). Constat « deuxième gauche » des dysfonctionnements du système de redistribution ; appel à une « post-social-démocratie ».

P. Chaunu, *Histoire et décadence* (Perrin), premier volume d'une collection sous le même titre où sera publié notamment Fr. Caron, *Le Résistible Déclin des sociétés industrielles*. Sur le même thème, J. Freund, *La Décadence* (Sirey, 1984).

1981 : L'ANNÉE
DE TOUS LES PARADOXES

1. La gauche avait été donnée largement favorite aux élections législatives de 1978 ; elle les avait perdues. En mai 1981, François Mitterrand emporte l'élection présidentielle contre Valéry Giscard d'Estaing dans l'année où la plupart

des augures politiques croyaient sa carrière achevée. Impré-
visibilité de la souveraineté populaire, ou : les caprices de
Marianne.

2. *L'échec de l'actualisation du Programme commun de*
gouvernement en 1977 et la nouvelle guerre des gauches qui
en résulte n'empêchent pas les communistes de soutenir
Fr. Mitterrand au tour décisif et de faire entrer quatre des
leurs dans le second gouvernement Mauroy au lendemain
des législatives gagnées triomphalement en juin par le P.S.
Depuis 1947, on n'avait plus vu de ministres membres du
P.C.F. Le 13 décembre 1981, le coup de force du général
Jaruzelski en Pologne, proclamant l'état de guerre et enta-
mant la répression contre Solidarnosc, *démontre l'in-*
congruité de la situation française : lors de la manifestation
de soutien qui se déroule dans les rues de Paris le
14 décembre, toutes les organisations démocratiques sont
présentes, mais ni la C.G.T. ni le P.C.F.

3. *Le retour des communistes au pouvoir est dû à un*
autre paradoxe : c'est son affaiblissement même qui l'a auto-
risé. Le mauvais résultat de Georges Marchais au premier
tour de la présidentielle (15 % des voix) a rassuré une par-
tie de l'électorat flottant et déplacé ainsi des suffrages de
droite à gauche. De défaite en défaite, les communistes ont
franchi les étapes qui les ont ramenés au pouvoir.

4. *Cette victoire de la gauche se produit au moment où*
les intellectuels sont le moins disposés à soutenir la partici-
pation communiste. Depuis L'Archipel du goulag *(1974),*
la critique antitotalitaire a achevé de discréditer l'histori-
cisme marxiste-léniniste. Claude Lefort, dans L'Invention
démocratique *(1981), fustige le commerce des socialistes*
avec le P.C. offrant à celui-ci « les titres de la légitimité
démocratique, pour gagner en retour les moyens de la
force ». Max Gallo, porte-parole du gouvernement, dira
deux ans plus tard son étonnement dans les colonnes du
Monde : *mais où sont passés les intellectuels ?*

5. *Décidée à poser les jalons d'un nouvel ordre écono-*
mique, la majorité de gauche se lance dans une politique de
nationalisations. Un sondage dont les résultats sont publiés

par L'Expansion *du 2 octobre 1981 révèle que le renforcement du rôle de l'État dans l'économie est plutôt souhaité :
« Les nationalisations, on en redemande. » Dans le même
temps, Gaston Defferre, ministre de l'Intérieur, fait voter la
loi de décentralisation administrative. Est-ce l'alliance du
feu centralisateur et de l'eau libérale ? N'est-ce qu'un pâté
de cheval et d'alouette ? À ces interrogations multiples sur le
sens du nouveau septennat, François Mitterrand répond
dans une attitude de sphinx : « Laissons le temps juger. »*

*Le temps nous a permis de juger l'année 1981 capitale.
Non parce qu'elle fut, comme d'aucuns l'imaginaient, l'an 1
d'un « socialisme à la française », modèle platonicien réalisé
du collectivisme économique réconcilié avec la liberté politique, mais qu'elle a été l'année enfin venue d'une véritable
alternance. Autrement dit la substitution d'une majorité à
une autre majorité à l'Élysée et à Matignon, sans révolution,
sans coup d'État, sans remise en cause de la Constitution –
et ajoutons : d'une majorité stable, qui se maintiendra jusqu'au terme de la législature (1986). Dès lors, on peut dire
que le consensus des Français sur leurs institutions politiques a été accompli dans ces années quatre-vingt ; en ce
sens, la Révolution était enfin terminée, selon le vœu
exprimé par Barnave cent quatre-vingt-dix ans plus tôt.*

Michel Winock.

1982

13   Abaissement de la durée légale du travail à trente-neuf heures. Instauration de la cinquième semaine de congés payés.

13-16   Colloque sur la recherche et la technologie organisé par J.-P. Chevènement, ministre de la Recherche, placé sous la direction de Fr. Gros.

15   Fin de la régularisation des immigrés : 130 000 dossiers ont été traités.

16   Le Conseil constitutionnel, saisi par l'opposition, remet en question l'indemnisation des actionnaires des entreprises nationalisées. Il considère conformes à la constitution les nationalisations opérées. Adoption d'une nouvelle loi le 11 février.

17   Succès de l'opposition aux élections législatives partielles.

23   Le contrat franco-soviétique pour la livraison de huit milliards de m^3 de gaz suscite une levée de boucliers.

24   Amandine, premier bébé-éprouvette français.

27   Limitation du recours au travail temporaire et aux contrats à durée déterminée.

F Magazine, nouvelle formule (directrice : Cl. Servan-Schreiber). Du féminisme au féminin. « Aujourd'hui, le féminisme – et c'est une mesure de son succès – a été intériorisé par une majorité de femmes. L'épanouissement personnel devient, pour elles, prioritaire. »

Importantes manifestations pour le centenaire de Ch. Darwin (1809-1882) : colloque international au C.N.R.S., commémorations au Collège de France, à l'Institut Pasteur, au Muséum d'histoire naturelle.

Fr. de Closets, *Toujours plus* (Grasset) : mesurer les inégalités sociales non seulement en termes de revenus ou de patrimoine mais aussi en termes de droits acquis. Le livre dépassera le million d'exemplaires.

Colloque « J. Ferry, fondateur de la République » (École des hautes études en sciences sociales), symptôme d'un retour aux valeurs républicaines.

Le taux d'inflation atteint 14 %.

FÉVRIER

3 L'accord franco-algérien sur le gaz inaugure « un nouveau type de coopération » entre les deux pays. Prix prohibitif.

9 Soutien sans réserve de Jean-Paul II à Solidarité.

16 Introduction de la publicité dans les pages du journal *Libération* sous la forme de pleines pages. Elle ne devra pas excéder cinq pages par numéro.

17 Mort de Thelonius Monk, pianiste et compositeur de jazz.

A. Prost, *Histoire générale de l'enseignement et de l'éducation en France* (Nouvelle Librairie de France). Une histoire de l'enseignement qui est en même temps une histoire de la famille et de la société.

P. Manent, *Tocqueville et la nature de la démocratie* (Julliard, coll. « Commentaire »). Penser la démocratie pour prévenir les débordements antidémocratiques de l'idée démocratique. « Pour bien aimer la démocratie, il faut l'aimer modérément. »

MARS

3 Loi sur la décentralisation : transformation des vingt-deux régions en collectivités territoriales de plein exercice ; élection des conseils régionaux au suffrage universel en 1986.

Mort de Georges Perec.

3-5 Fr. Mitterrand, premier président de la République française à se rendre en Israël.

9 Annonce, par un communiqué officiel de la présidence, des huit « grands projets » d'urbanisme pour Paris. Rééquilibrer la ville à l'est en particulier grâce à : La Villette (cité de la musique), la reconstruction du théâtre de l'Est parisien... Mais aussi : l'Opéra de la Bastille, le transfert du ministère des Finances à Bercy pour réaliser le « Grand Louvre », l'Institut du monde arabe. Coût approximatif : dix milliards de francs.

14-27 Succès de l'opposition aux élections cantonales (49,9 % des voix).

Esprit, numéro spécial : « La Pologne emmurée » (C. Castoriadis, M. Heller, Cl. Lefort...). « Il faut dire en quoi Solidarité est un mouvement exceptionnel dans l'histoire de ce siècle dans la mesure où il est, à la fois ouvrier, démocratique et national » (A. Touraine, F. Dubet, M. Viewiorka, « Un mouvement social »). (Voir aussi A. Touraine et autres, *Solidarité, analyse d'un mouvement social* [Fayard], avril 1981.)

P. Chaunu, *La France, histoire de la sensibilité des Français à la France* (R. Laffont). L'histoire de France revient en force : P. Goubert, *Initiation à l'histoire de la France* (Fayard, 1984) ; sous la direction de Jean Favier, *Histoire de France* en 6 vol. chez Fayard, à partir de 1984 (K.F. Werner, J. Meyer, J. Tulard, Fr. Caron, R. Rémond). Y. Lequin, *Histoire des Français XIXe-XXe siècles* (A. Colin, 1984) ; G. Duby, *Le Moyen Âge*, E. Le Roy Ladurie, *L'État royal*, premiers volumes d'une *Histoire de France* prévue en quatre parties (Hachette).

Entrée de J. Joyce dans la Bibliothèque de la Pléiade.

AVRIL

8 P. Mauroy ajourne l'abrogation de la loi « sécurité et liberté ».

20 P. Mauroy, « Gouverner autrement » *(Le Monde)* tranche la polémique opposant le ministre de l'Intérieur, G. Defferre, au ministre de la Justice, R. Badinter, concernant les problèmes de sécurité.

Création du Livret d'épargne populaire.

22 Explosion d'une voiture piégée devant le siège d'un journal libanais pro-irakien, rue Marbeuf : un mort et une soixantaine de blessés.

23 P. Bourdieu, leçon inaugurale au Collège de France, chaire de sociologie « Leçon sur la leçon » : « Parabole ou paradigme, la leçon sur la leçon (...) aurait au moins pour vertu de rappeler une des propriétés les plus fondamentales de la sociologie telle que je la conçois : toutes les propositions que cette science énonce peuvent et doivent s'appliquer au sujet qui fait la science. »

U. Eco, *Le Nom de la rose* (Grasset). Best-seller international du roman historique et initiateur du postmoderne en littérature (dans la même veine, par d'autres professeurs, P. Suskind, *Le Parfum*, Fayard 1986 ; M. Pavic, *Dictionnaire khazar,* Belfond, 1988).

Apparition du four à micro-ondes sur le marché.

M. Godelier, *La Production des grands hommes* (Fayard, coll. « L'Espace du politique »). Sexualité et domination dans une société primitive.

MAI

1er-3 Manifestations en faveur de Solidarité dans plusieurs villes polonaises. Rassemblement de 50 000 personnes pour la première fois depuis le 13 décembre.

1-31 Guerre entre l'Argentine et la Grande-Bretagne à propos de l'archipel des Malouines. La défaite des Argentins entraîne le 14 juin la démission du chef de l'État, le général Galtieri. Début du processus de transition de la dictature à la démocratie.

2-27 A. Laurens, finalement, élu par l'assemblée générale des rédacteurs du *Monde* pour succéder à Jacques Fauvet à la direction du journal.

20-21 J. Delors, ministre de l'Économie, à la télévision, P. Mauroy devant la Conférence socialiste annoncent un infléchissement de la politique économique : « effort », « solidarité », « changement de vitesse », mots clefs du discours gouvernemental.

25 Congrès de Metz de la C.F.D.T. E. Maire appelle à un socialisme d'effort et de solidarité.

29 Mort de Romy Schneider.

29-30 P. Méhaignerie élu président du C.D.S.

Fr. Rosenzweig, *L'Étoile de la rédemption* (Le Seuil, coll. « Esprit »). Philosophie du judaïsme : la religion comme alternative à l'histoire.

JUIN

4-6 Versailles : huitième sommet des sept pays les plus industrialisés. Échec.

9   Conférence de presse de Fr. Mitterrand à l'Élysée :
« Nous suivons la même politique, nous gardons les
mêmes objectifs » mais « la deuxième phase du septennat » est lancée. Le mot « rigueur » n'est pas encore prononcé. On se contente de « maîtriser le budget ».

R. Goupil, *Mourir à trente ans*. La génération perdue.

10   Loi Quillot, rééquilibre les rapports entre propriétaires et locataires en faveur de ces derniers.

Mort de R.W. Fassbinder.

12   Deuxième dévaluation du franc au sein du S.M.E.
(5,75 %). Blocage des prix et des salaires jusqu'au
1er novembre.

13-18   H. Krasucki, secrétaire général de la C.G.T.
au congrès de Lille.

20   « Appel des 100 » pour une « Marche de la paix »
soutenue par les communistes.

29   Ouverture des négociations américano-soviétiques
pour la réduction des armements stratégiques
(S.T.A.R.T.).

29   Colloque : « L'Allemagne nazie et l'extermination
des juifs » à l'École des hautes études en sciences sociales.
Les historiens répondent aux révisionnistes (les actes
seront publiés dans la collection « Hautes Études », Galli-
mard/Le Seuil, 1985).

30   Suppression des tribunaux permanents des forces
armées.

JUILLET

15   Autorisation de dix-sept radios privées à Paris
(commission Holleaux). Le 20, manifestation de
2 000 personnes réclamant l'homologation de « Fré-
quence Gaie. »

18   Mort du linguiste R. Jakobson.

27 Première loi Auroux relative « aux libertés des travailleurs dans l'entreprise ». Celles concernant le développement des institutions représentatives du personnel, la négociation collective sont adoptées en octobre ; la quatrième – les comités d'hygiène et de sécurité – en décembre.

Suppression du délit d'homosexualité du Code pénal.

30 Création de la « Haute Autorité », neuf membres chargés de veiller à l'indépendance de la radio et de la télévision. C'est elle qui désignera les présidents des sociétés de radiodiffusion et de télévision. Le 22 juillet, nomination de Michèle Cotta comme présidente.

AOÛT

7 Mort du philosophe Jean Beaufret.

8-24 Élection par les Corses de la première Assemblée régionale au suffrage universel direct.

9 Attentat contre le restaurant juif Goldenberg (rue des Rosiers) : six morts, vingt-deux blessés. P. Mauroy se rend sur les lieux. G. Defferre, Fr. Mitterrand assistent le soir même à une cérémonie dans la synagogue de la rue Pavée.

Interruption par le Mexique du remboursement de sa dette. L'intervention du F.M.I. et de la Banque mondiale permet d'éviter une panique bancaire. Épisode qui porte un coup d'arrêt à l'endettement du tiers monde multiplié par cinq entre 1973 et 1982 (600 milliards de dollars). En moins d'un an, le Brésil et l'Argentine signent des accords de rééchelonnement, conditionnés par un programme de stabilisation avec le F.M.I.

A. Connes, médaille Fields de mathématiques.

SEPTEMBRE

5 P. Mauroy sur Europe 1 justifie la nécessité d'un « assainissement » de l'économie jusqu'au 1er janvier 1984, date de l'entrée en vigueur du IXe plan.

9 Le dollar franchit la barre des 7 F à Paris.

10 Mort d'Albert Soboul, historien communiste de la Révolution française.

20 Massacres dans les camps palestiniens de Sabra et Chatila perpétrés par la milice chrétienne sous les yeux de l'armée israélienne. Les images télévisées suscitent l'émotion internationale, une manifestation de protestation en Israël (le 21). Nomination d'une Commission gouvernementale d'enquête (février 1983) qui provoquera la démission d'Ariel Sharon de son poste de ministre de la Défense.

22 Ouverture du Sicob (Salon informatique, télématique, communication, organisation de bureau et bureaucratique) au C.N.I.T. de la Défense. Le microordinateur, apparu sur le marché en 1978, vaut entre 3 000 et 5 000 francs. Il fait son entrée dans les familles.

27 Le Conseil permanent de l'épiscopat français : « Pour de nouveaux modes de vie ». La déclaration suscite de vives réactions à cause de son orientation prosocialiste.

Succès des couturiers japonais, R. Kawabuto, Y. Yamamoto, qui lancent la « ligne paupériste ». Une couleur : le noir.

G. Labica, G. Bensussa, *Dictionnaire critique du marxisme* (P.U.F.). Le renouvellement d'un genre traditionnel : le dictionnaire comme forme privilégiée d'exposition du savoir, expérimentée à propos d'un marxisme « éclaté » et revendiquant son éclatement. Suivront notamment D. Huisman, *Dictionnaire des philosophes* ; A. Burguière, *Dictionnaire des sciences historiques* ; Fr. Châtelet, O. Duhamel, E. Pisier, *Dictionnaire des œuvres politiques*.

M. Augé, *Génie du paganisme* (Gallimard, coll. « Bibliothèque des sciences humaines »). Penser la religion en dehors du monothéisme.

Création de la fondation Saint-Simon (R. Fauroux, Fr. Furet). Industriels et intellectuels réunis pour une impulsion privée à la recherche sur les sociétés contemporaines.

OCTOBRE

8 Pologne : mise hors la loi de Solidarité.

13 Suppression du secteur privé dans les établissements d'hospitalisation publique.

18 Mort de Pierre Mendès France (soixantequinze ans) d'une crise cardiaque. Sa mémoire est unanimement saluée, comme en témoigne la minute de silence respectée à l'Assemblée nationale et les titres louangeurs de la presse française : « L'apôtre de la vérité » *(Le Quotidien de Paris)*, « Le dernier des justes » *(Le Nouvel Observateur)*. Le 27, une cérémonie aura lieu dans la cour du palais Bourbon présidée par Fr. Mitterrand.

21 Arrivée en France d'Armando Valladares, poète cubain emprisonné vingt-deux ans par Fidel Castro.

Les fonctionnaires acquitteront jusqu'au 31 décembre 1984 une contribution de solidarité pour le financement du chômage égale à 1 % de leur rémunération.

G. García Marquez, prix Nobel de littérature.

23 Rejet par les députés socialistes de l'amnistie, des généraux putschistes de la guerre d'Algérie, au vif mécontentement de Fr. Mitterrand. Ils finiront par s'y résigner (le 24 novembre).

Le déficit du commerce extérieur est de 73 milliards de francs (51 milliards en 1981).

Cl. Nicolet, *L'Idée républicaine en France* (Gallimard, coll. « Bibliothèque des histoires »). Fondements et expressions d'une tradition politique.

M. Hamon, P. Rotman, *La Deuxième Gauche*. Histoire politique et intellectuelle de la C.F.D.T. (Ramsay). De l'isolat catholique à la cause démocratique.

L. Boltanski, *Les Cadres* (Éditions de Minuit, coll. « Le Sens commun »). La construction d'une identité sociale.

É. Roudinesco, *Histoire de la psychanalyse en France* (Ramsay), t. I. La bataille de cent ans. Première histoire de la « situation française de la psychanalyse » par une disciple de J. Lacan. Le t. II, consacré à la période contemporaine, paraîtra au Seuil en 1986.

NOVEMBRE

4-8 Allégement des charges des entreprises.

5 Mort de Jacques Tati.

11 Mort de L. Brejnev. Youri Andropov, chef du K.G.B. lui succède au secrétariat général du P.C.U.S.

11-16 Succès du premier vol commercial de la navette américaine Columbia.

15 À Montréal, R. Debray, conseiller du président de la République, ayant parlé de « monopole arbitraire » et de « dictature » à propos d'« Apostrophes », B. Pivot lui répond. Fr. Mitterrand fera officiellement savoir qu'il n'approuve pas R. Debray.

18 Taxe sur les magnétoscopes japonais détournés sur Poitiers pour freiner les importations.

24 R. Boudon, Fr. Bourricaud, *Dictionnaire critique de la sociologie* (P.U.F.). Recense les « questions fondamentales » d'une science aujourd'hui en crise au travers des « contributions sociologiques majeures » (Pareto, Rousseau, Marx, Weber...).

Accord du C.N.P.F. et des syndicats relatif à l'assurance-chômage : réduction du montant et de la durée des allocations (décret Bérégovoy). En dix-huit mois, 600 000 personnes exclues de l'indemnisation-chômage.

25 Victoire de Marc Pajot dans la deuxième édition de la Route du rhum.

C. Rangel, *L'Occident et le Tiers Monde*. De la fausse culpabilité aux vraies responsabilités (R. Laffont). Contre le tiers-mondisme : « (L'idéologie) tiers-mondiste qui rend responsables du sous-développement les nations développées est une machine de guerre marxiste-léniniste contre les démocraties industrielles » (préface de J.-Fr. Revel).

A. Minc, *L'après-crise est commencée* (Gallimard). Pour un libéralisme de gauche : « L'après-crise sera étato-libertaire ou ne sera pas. »

R. Desforges, *La Bicyclette bleue* (Ramsay). La saga de l'Occupation. Best-seller.

J. Joyce, *Finnegan's Wake* (Gallimard). Première traduction complète, par Ph. Lavergne.

DÉCEMBRE

2-5 Arrivée à Paris de Breyten Breytenbach, peintre et écrivain afrikaner, emprisonné pendant sept ans.

17 Chadli Benjedid à Paris : première visite d'un chef d'État algérien depuis l'Indépendance.

20 Projet de réforme de l'enseignement préparé par A. Savary qui vise à une « insertion du secteur privé d'enseignement au sein du service public ».

Mort du pianiste A. Rubinstein.

24 Mort de Louis Aragon.

Intervention, n° 1 (J. Julliard), bimestriel. Comment réintroduire le débat dans une gauche au pouvoir ?

Passé-Présent, n° 1 (Cl. Lefort, Ramsay), biannuel. Thème : « L'individu ». Les problèmes du politique.

S. Spielberg, *E.T.*, une nouvelle image de l'enfant, l'ami des faibles. Un million d'entrées en moins de quatre semaines.

Remboursement de l'avortement par la Sécurité sociale.

La France, premier emprunteur sur le marché international des capitaux.

A. Wajda, *Danton*. Une réhabilitation : la Terreur revue à la lumière du socialisme réel.

L. Legrand, *Pour un collège démocratique*. Rapport au ministre de l'Éducation nationale. Ses propositions déclenchent une controverse sur les orientations de la pédagogie contemporaine.

1983

16 Capture de Ph. Augoyard, médecin français par les troupes soviétiques en Afghanistan. Il regagnera Paris le 11 juin après une parodie de procès.

Z. Sternhell, *Ni droite ni gauche* : l'idéologie fasciste en France (Le Seuil). La France, berceau de la synthèse du nationalisme et du socialisme caractéristique de l'idéologie fasciste des années trente. Cette thèse suscite une vigoureuse opposition de la communauté intellectuelle française. B. de Jouvenel, s'estimant diffamé, intente un procès à l'auteur où viendra témoigner R. Aron. Les historiens lui répondent (M. Winock, J. Julliard, S. Bernstein).

Ph. Sollers, *Femmes* (Gallimard). Le retour du « je » : de la littérature d'avant-garde à la conquête des magazines féminins. Interruption de la publication de *Tel quel* au Seuil ; publication de *L'Infini* à l'hiver 1983 chez Denoël.

M. Maschino, *Vos enfants ne m'intéressent plus* (Hachette). Le « ras le bol » d'un prof.

K. Polanyi, *La Grande Transformation. Aux origines politiques et économiques de notre temps* (Gallimard). Livre paru en 1944. Quarante ans après, un classique du XXᵉ siècle qui vient alimenter le débat français sur les liens de l'individualisme et du capitalisme.

Y. Cannac, *Le Juste Pouvoir* (J.-Cl. Lattès). La « démocratie civile » contre la « démocratie hégémonique » caractéristique de l'État français.

Économie mondiale : la montée des tensions, premier rapport du Centre d'études de prospective et d'information internationale fondé en 1978 (directeur : Y. Berthelot). Une analyse de la « crise » mondiale sur quinze ans. Suivi, en 1984, de *L'Économie mondiale : 1980-1990. La fracture* ?

J.-B. Duroselle, *L'Abîme. 1939-1945* (Imprimerie nationale) ; P. Milza, *Le Nouveau Désordre mondial* (Flammarion), Ph. Moreau-Desfarges, *Les Relations internationales dans le monde d'aujourd'hui* (S.T.H., 1981). Anciennes et nouvelles règles du jeu international.

FÉVRIER

4-8   Accord paritaire sur la retraite complémentaire à soixante ans.

5   Arrivée de K. Barbie en France après son extradition de Bolivie. Le 23, il est inculpé de crimes contre l'humanité.

15   Mort de Waldeck-Rochet.

23   Création d'un Comité consultatif national d'éthique pour les sciences de la vie et de la santé.

25   Mort de Tennessee Williams.

Fr. Héritier, leçon inaugurale au Collège de France, chaire d'étude comparée des sociétés africaines. La succession de Lévi-Strauss par une spécialiste de la parenté.

R. Rémond, *Les Droites en France* (Aubier, coll. « Historique »). Refonte et développement d'une typologie classique jusqu'à la Vᵉ République.

J.-P. Changeux, *L'Homme neuronal* (Fayard, coll. « Le Temps des sciences »). La Mettrie à l'âge des neurosciences : après l'ère « psy », le retour à la biologie du cerveau.

Fr. Wahl, M. Foucault, P. Veyne codirigent la collection « Des travaux » (Le Seuil) : « (...) le but de cette collection (...) n'est pas d'imposer des livres savants dans les circuits de la grande consommation. Il est d'établir des relations (...) de ceux qui travaillent à ceux qui travaillent (...) ». Premier titre : P. Veyne, *Les Grecs ont-ils cru à leurs mythes* ?

J. Clair, *Considérations sur l'état des beaux-arts* (Gallimard, coll. « Les Essais »). La fin des avant-gardes.

MARS

1er Commercialisation du compact-disc en France par Polygram. Écoulement des 80 000 disques mis sur le marché en moins de deux mois.

6-13 Élections municipales : recul de la gauche. La droite (R.P.R.-U.D.F.) gagne trente et une villes.

7-12 Septième sommet des non-alignés. Fidel Castro président du mouvement.

14 Première réduction officielle des prix du pétrole brut décidée par l'O.P.E.P. (29 dollars le baril).

15 Agitation dans les facultés de médecine contre la réforme des études médicales. Dans les hôpitaux universitaires, les internes et chefs de clinique font la « grève des soins ». Le gouvernement cède.

17-20 Centenaire de K. Marx, « 1883-1983 : l'œuvre de Marx un siècle après » (Colloque international du C.N.R.S. dont les actes seront publiés en 1985 sous la direction de G. Labica). Le centenaire passe largement inaperçu.

21   Dévaluation de 2,5 % du franc. Réévaluation de 4,5 % du D.M. Adoption d'un plan de rigueur. Le 25 : prélèvement de 1 % sur les revenus imposables, limitation à 2 000 F des devises pour les touristes, emprunt obligatoire sur trois ans.

22-23   Colloque « La création industrielle : design, facteur de compétitivité », après la création sous l'égide du ministre de la Culture de l'École supérieure de création industrielle.

28   Paris : premières Assises nationales des personnes âgées en présence de Fr. Mitterrand.

N. Sarraute, *Enfances* (Gallimard). « Alors, tu vas vraiment faire ça ? Évoquer tes souvenirs d'enfance... »

E. Rohmer, *Pauline à la plage.* « Comédies et proverbes » : le nouveau dialogue amoureux.

René Char, *Œuvres complètes.* Le poète entre de son vivant dans la Pléiade.

H.J. Martin, R. Chartier, J.-P. Vivet, *Histoire de l'édition française,* t. I (Promodis, 3 vol. suivront jusqu'en 1986) : du Moyen Âge à 1950. Première du genre. Une autre approche de l'histoire du livre. Les monographies se multiplient dont P. Assouline, *Gaston Gallimard* (Balland, 1984), J.-Y. Mollier, *Michel et Calmann-Lévy, ou la naissance de l'édition moderne* (Calmann-Lévy, 1984). Pour une histoire sociale : R. Chartier, *Lectures et lecteurs dans la France d'Ancien Régime* (Le Seuil).

A. Jardin, *Tocqueville* (Hachette). Première biographie de la plus grande figure du libéralisme français. L'année suivante : *Histoire du libéralisme en France* (Hachette).

AVRIL

4-9   Premier vol de la navette américaine Challenger.
22   Rétrospective É. Manet au Grand Palais.

Cl. Lévi-Strauss, *Le Regard éloigné* (Plon). La réflexion anthropologique contre les « illusions contemporaines » de la liberté.

J. Verdès-Leroux, *Au service du Parti* : le parti
communiste, les intellectuels et la culture (Fayard/
Minuit). Histoire d'un asservissement.

Premiers vidéo-clips. Création de l'Octet, agence de
promotion des clips français par J. Lang.

G. Sorman, *La Révolution conservatrice* (Fayard). Le
reaganisme-modèle.

MAI

2 Coluche : « Les pauvres sont des cons », émission
quotidienne sur R.F.M. « Faire des efforts, faire des
efforts, y nous emmerdent. Y z'ont qu'à faire des efforts
pour trouver des combines. Eux. »

20 Crise du *Matin de Paris* après le départ de
J.-F. Kahn, rédacteur en chef pendant trois mois.

28-30 Sommet de Williamsburg. Adoption par les
sept principaux pays industrialisés d'une « déclaration sur
la reprise économique ».

31 Abrogation de la loi « Sécurité et liberté ».

P. Chéreau, *L'Homme blessé* (J.-H. Anglade). Premier
film homosexuel grand public.

P. Bruckner, *Le Sanglot de l'homme blanc* : tiers
monde, culpabilité, haine de soi (Le Seuil). « Esquisse
d'un sottisier du tiers-mondisme » (préface de J.-Fr.
Revel).

G. Etrillard, Fr. Sureau, *À l'est du monde* (Fayard).
Préface de R. Barre. Le Pacifique, nouveau centre de
l'économie-monde.

JUIN

4 Élection de J. Soustelle à l'Académie française.
Élection de L. Sedar-Senghor à l'Académie française. La
« négritude » entre sous la coupole avec l'Algérie française.

5 Victoire de Yannick Noah à Roland-Garros. Ce n'était pas arrivé à un Français depuis 1946.

29-30 Loi sur l'égalité professionnelle entre les hommes et les femmes.

JUILLET

5 Abandon du projet d'exposition universelle en 1989 à Paris devant l'opposition de la mairie et de la région.

15 Attentat à Orly perpétré par l'A.S.A.L.A. devant les comptoirs de la Turkish Airlines : 8 morts, 54 blessés.

22 Le financement de la psychiatrie publique passe du département à l'État.

26 Max Gallo, porte-parole du gouvernement, « Les intellectuels, la politique, la modernité » *(Le Monde)* suivi le 27 d'une enquête de Ph. Boggio sur « le silence des intellectuels de gauche » engage un débat dont l'intitulé fera florès.

29 Mort de Luis Buñuel.

AOÛT

10 Envoi des soldats français au Tchad pour soutenir H. Habré dans sa lutte contre les rebelles de G. Oueddeï (appui libyen).

14-15 Pèlerinage de Jean-Paul II à Lourdes. Première visite d'un pape dans la cité mariale.

31 Nouvelle politique de l'immigration (Georgina Dufoix). Renforcement de la lutte contre les clandestins.

SEPTEMBRE

4 Élections municipales de Dreux : le Front national (J.-P. Stirbois) obtient 16,7 % des voix. Le 11 septembre, S. Veil prend position contre une alliance R.P.R./F.N., qui sera pourtant conclue et fera de J.-P. Stirbois le maire-adjoint de Dreux. R. Aron la juge inévitable : « Quand on fait de la politique, même à Dreux, on est finalement obligé de choisir » (*L'Express*, 16 septembre).

7 T. Kantor, *La Classe morte* par le théâtre Cricot au Centre Georges-Pompidou.

15 Explication par Fr. Mitterrand de sa politique économique au cours de l'émission « L'Enjeu » (TF 1). Il estime que les prélèvements obligatoires ont atteint un niveau « insupportable ».

F.-A. Hayek, *Droit, législation, liberté* (P.U.F.). Traduction de l'ouvrage de référence de la pensée libérale.

José Corti, *Souvenirs désordonnés* (..., 1983). Mémoires de l'éditeur légendaire de J. Gracq. Les éditeurs prennent la plume : J. Piel, le directeur de *Critique : La Rencontre et la Différence* (Fayard, 1982) ; S. Unseld, *L'Auteur et son éditeur* (Gallimard, 1983) ; V. Dimitrije-vic, le fondateur de L'Âge d'homme, *Personne déplacée* (P.M. Favre).

G. Chaliand, J.-P. Rageau, *Atlas stratégique* (Fayard). La représentation de la « géopolitique des rapports de force dans le monde contemporain ».

R. Aron *Mémoires* : cinquante ans de réflexion politique (Julliard). Après *Le Spectateur engagé*, entretiens télévisés avec J.-L. Missika et D. Wolton (1981), ce bilan-témoignage est l'occasion d'une apothéose tardive du philosophe.

M. Albert, *Un pari pour l'Europe* (Le Seuil). Construire l'Europe pour retrouver la croissance.

J.-L. Missika, D. Wolton, *La Folle du logis. La Télévision dans les sociétés démocratiques* (Gallimard, coll. « Le Monde actuel »). « L'objet le plus démocratique des sociétés démocratiques. »

V. Grossmann, *Vie et destin* (L'Âge d'homme/Julliard). Une fresque de l'U.R.S.S. stalinienne, sauvée par miracle des mains du K.G.B.

OCTOBRE

1er Fr. Kafka dans le domaine public. *Œuvres complètes* dans la Pléiade. Parution simultanée de deux nouvelles traductions du *Procès* (Garnier-Flammarion et Presses Pocket).

5 Lech Walesa, prix Nobel de la paix. Sa femme ira en Norvège chercher le prix (le 10 décembre).

10 Création du Collège international de philosophie (J. Derrida, Fr. Châtelet, D. Lecourt, J.-P. Faye). La philosophie au-delà de l'Université.

17 Mort de R. Aron d'une crise cardiaque à la sortie du Palais de Justice où il venait de témoigner en faveur de B. de Jouvenel. L'hommage est unanime (cf. le numéro spécial de *Commentaire*, « Raymond Aron, 1905-1983. Histoire et politique », n° 28-29, févr. 1985).

19 Premières élections des caisses de Sécurité sociale depuis 1962 : poussée de Force ouvrière. Échec de la C.F.D.T. et de la C.G.T.

Premier lancement commercial de la fusée européenne Ariane.

25 Intervention des États-Unis à la Grenade, « relais de la subversion soviéto-cubaine dans les pays voisins ». Embargo sur la couverture médiatique.

L. Schwartz, *Pour sauver l'Université* (Le Seuil). Cri d'alarme à contre-courant des solutions de facilité des gouvernements successifs.

G. Deleuze, *L'Image-mouvement* (Éditions de Minuit, coll. « Critique ») suivi, en 1985 de *L'Image-temps*. « Cette étude n'est pas une histoire du cinéma. C'est une taxinomie. Un essai de classification des images et des signes. »

Exposition Balthus au Centre Pompidou. Le retour de l'art figuratif.

J.-P. Sartre, *Lettres au Castor et à quelques autres* (Gallimard), publiées par S. de Beauvoir. Une autre vision des rapports Sartre-Beauvoir.

Foire internationale d'art contemporain : pour le vernissage, association de créateurs de mode et d'artistes pour un défilé unique.

Les Cahiers de l'Herne, « M. Heidegger » (dirigé par M. Haar avec R. Munier, E. Jünger, J. Derrida, J. Beaufret...) : « Nous devons tout à Heidegger. »

M. Villey, *Le Droit et les Droits de l'homme*, (P.U.F., coll. « Questions »). Un grand historien du droit sort du cercle des spécialistes.

P. Ricœur, *Temps et récit*, t. I (Le Seuil, coll. « L'Ordre philosophique », les deux tomes suivants en 1984 et 1985). Les apories de la conscience du temps et les contraintes du récit au sein de l'écriture et de l'histoire. Temps, mémoire et histoire de l'histoire au centre d'une série de livres : A. Momigliano, *Problèmes d'historiographie ancienne et moderne* (Gallimard, févr. 83), L. Ferry, *Philosophie politique*, t. II, *Le Système des philosophies de l'histoire* (P.U.F., févr. 84), Kr. Pomian, *L'Ordre du temps* (Gallimard, oct. 84), Y. Yerushalmi, *Zakhor. Histoire juive et mémoire juive* (La Découverte, oct. 1984).

NOVEMBRE

3 Inauguration du théâtre de l'Europe sous la direction de G. Strehler qui met en scène *La Tempête* de Shakespeare.

5 Mort de Reiser.

16 M. Pialat, *À nos amours*. Consécration du cinéma de l'authenticité.

28 O. Messiaen, le *Saint François d'Assise* créé par S. Ozawa à l'Opéra de Paris.

29 Niveau record de la Bourse de New York.

L. Dumont, *Essais sur l'individualisme. Une perspective anthropologique sur l'idéologie moderne* (Le Seuil). Des origines chrétiennes de l'individualisme occidental à la pathologie national-socialiste.

G. Lipovetsky, *L'Ère du vide, essais sur l'individualisme contemporain* (Gallimard, coll. « Les Essais »). Le nouvel air du temps : indifférence, séduction, humour et narcissisme.

C. Barrère, G. Kebabdjian, O. Weinstein, *Lire la crise* (P.U.F., coll. « Politique d'aujourd'hui »). Premier bilan des théories de la crise.

A. Compagnon, *La Troisième République des lettres, de Flaubert à Proust* (Le Seuil). L'histoire de l'histoire littéraire.

DÉCEMBRE

3 Manifestation de 60 000 personnes à Paris contre le racisme, aboutissement de la marche commencée le 15 octobre à Marseille par trente-deux « beurs ».

5 Ouverture d'une rétrospective Yves Saint Laurent au Métropolitan Museum de New York.

12 Mme Rozès, première femme présidente de la Cour de cassation.

14 Le dollar franchit la barre des 8 F à Paris.

21 *Le Canard enchaîné* révèle « l'affaire des avions renifleurs », détecteurs présumés de gisements pétroliers, escroquerie qui aurait coûté cent milliards de centimes à Elf (1976-1979).

25 Mort de Joan Miró.

LA GAUCHE
APRÈS « L'EXPÉRIENCE
DE GAUCHE »

Politiquement, nul doute sur la scansion la plus forte de cette année-là. On la trouve dans cette « semaine folle » de la mi-mars durant laquelle François Mitterrand, à l'Élysée, hésita entre deux chemins où conduire l'économie française : d'un côté la « rigueur » qui maintiendrait la France, au prix de sacrifices immédiats, dans le jeu stimulant de la compétition européenne, et d'autre part la sortie du « serpent » monétaire, un repli sur soi justifié par l'espoir que le pays se remusclerait, solitaire au creux d'un protectionnisme farouche. Le recul ne laisse guère d'incertitude : choisir cette seconde voie eût peut-être permis quelques beaux mouvements de menton, mais à terme elle conduisait à tous les périls d'une autarcie anémiante. L'autre fut choisie.

Ce tournant capital, qui fut de courage et de réalisme, intervint moins de deux ans après le 10 mai 1981 : environ le temps que durèrent, sous les Républiques précédentes, les trois principales « expériences de gauche » – 1924, 1936 et 1956 – avant de sombrer sous l'effet (notamment) des illusions économiques dont s'était promptement vengé le marché et qu'avait exploitées une droite trop heureuse de saisir l'aubaine.

À court terme la décision de mars 1983 annonce que va s'accélérer la baisse de popularité des socialistes et de leur chef et elle prépare le prochain départ des ministres communistes. Les adversaires de la « rigueur », à l'extrême gauche, viennent renforcer le camp des opposants de droite hostiles par principe, par réflexe et par atavisme. Oui. Mais à plus long terme, les socialistes se donnent les moyens de durer et de valoriser à leur profit l'atout nouveau que leur offrent les institutions fondées par de Gaulle. Ainsi le P.S. trouve-t-il le loisir de cette formidable autopédagogie qui amènera ses troupes à remiser les utopies, à comprendre et à agréer les règles minimales de l'économie moderne (comme précédemment il avait appris la politique étrangère à l'ère nucléaire).

Le gouvernement de gauche échappe à l'un de ces départs hâtifs qui laissent l'amertume au cœur et n'enseignent rien aux acteurs défaits, la recherche de boucs émissaires favorisant au contraire leurs mythologies. Mutation des esprits si profonde qu'au lieu d'augmenter le poids du P.C. comme force protestataire, l'événement l'affaiblit encore.

Or rapprochons tout cela de ce fameux « silence des intellectuels » sur lequel pendant l'été Max Gallo invita dans Le Monde ses lecteurs à s'interroger : leur provisoire abstention ne peut plus aujourd'hui s'interpréter comme la dérobade de clercs tirés du confort douillet de l'opposition et choisissant du coup l'abstention civique, mais plutôt comme un temps de suspens (de pudeur ?) au moment de changer d'époque, au moment où, devant l'effritement de ces mythes que tant d'entre eux, à gauche, avaient servis et illustrés, il leur faut redéfinir l'ambition et les ressorts de leurs interventions. Ainsi se rencontrent, pour colorer ce millésime, le rythme lent des mentalités et celui prompt du politique.

La tardive apothéose, cette année-là – anthume et posthume –, de Raymond Aron, qui fut de longue date le pourfendeur sagace du marxisme, à droite, et que salue la gauche elle-même, naît à coup sûr de cette conjoncture. Ce qui se prépare alors, après le délabrement des interprétations matérialistes de l'Histoire, c'est une parole nouvelle libérée du carcan des révolutions rêvées et qui revient aux sources de la morale kantienne dont s'était nourrie l'Université radicalisante de l'avant Première Guerre mondiale. L'affaire Dreyfus, soudain, se fait plus proche que le Congrès de Tours. Si gauche et droite demeurent, à vue humaine, dans les têtes et dans les faits, des notions insubmersibles, les critères de leur différence changent : ils redeviennent au premier chef culturels et moraux, à mesure que se resserre, en termes techniques, la latitude de choix des gouvernants dans la gestion interne de nos sociétés. Et de cette évolution-là la géographie des réactions que provoque le sombre épisode de Dreux donne l'excellent témoignage.

Jean-Noël Jeanneney.

1984

13 Nouvelles propositions Savary concernant la réforme de l'enseignement. C'est la « titularisation des maîtres » entraînant leur fonctionnarisation qui provoque l'opposition des responsables catholiques.

Vingtième Siècle, revue d'histoire, premier numéro (rédacteur en chef : J.-P. Rioux), trimestriel. « Que voulons-nous ? Faire une revue du contemporain... » Thème du numéro : « Histoires de l'avenir. 1984 : au rendez-vous d'Orwell. »

O. Duhamel, J. Jaffré, E. Dupoirier, E. Weil, *Opinion publique. Enquêtes et Commentaires* (Gallimard). Première des synthèses annuelles des sondages effectués par la S.O.F.R.E.S. Du sondage instantané d'information aux sondages-sources de l'histoire par leur mise en série.

Premiers « fast food » Mac Donald. Ils seront huit cents en 1986.

J.-Fr. Lyotard, *Le Différend* (Éditions de Minuit, coll. « Critique »). L'hétérogénéité des langages contre la communication rationnelle.

L.-R. des Forêts, « Ostinato », *Nouvelle Revue française*, n° 372. Un texte très personnel qui remet en lumière l'itinéraire original de l'auteur du *Bavard* et de *La Chambre des enfants*.

FÉVRIER

8 Mort de Ph. Ariès.

13 C. Tchernenko succède à Y. Andropov au secrétariat général du P.C.U.S. Il a soixante-douze ans. *Libération* titre : « L'U.R.S.S. vous présente ses meilleurs vieux. »

J.-M. Le Pen, invité de « L'Heure de vérité » (Antenne 2), remporte un grand succès médiatique.

22 « Vive la crise » (Antenne 2) : Y. Montand, en collaboration avec M. Albert, explique la crise économique à vingt millions de téléspectateurs. Explosion du phénomène Montand : *Magazine-Hebdo* lui consacre sa couverture, *Le Parisien libéré* s'écrie : « Montand, c'est la voix de la France. » Cf. J. Semprun, *Montand, La vie continue* (Denoël, 1983).

Ph. Lacoue-Labarthe, « Deux poèmes de Paul Celan », *Alea* (Christian Bourgois), reproduit le poème écrit à la suite de la visite de P. Celan à M. Heidegger à Todtnaüberg où le poète attendra vainement du philosophe la condamnation des camps de concentration. La question des rapports de Heidegger avec le nazisme resurgit.

MARS

4 Manifestation de 500 à 800 000 personnes en faveur de l'école privée (Versailles).

22 Dette extérieure de la France : 451 milliards de francs, 52 % d'augmentation en un an.

29 Plan de restructuration industrielle concernant : les chantiers navals, la sidérurgie, les chemins de fer. En Lorraine, les sidérurgistes décrètent une grève générale.

AVRIL

1er *Le Monstre*, ou *Le Monde* vu par le groupe Jalons. Suivront *Laberration, Le Loup-Garou Magazine.* Plus vrais que nature...

2 Dary Boutboul, première femme jockey à gagner un tiercé à Longchamp.

4 Fr. Mitterrand, conférence de presse « à l'américaine », debout derrière un pupitre, pour expliquer sa politique : « Je me suis trompé. » L. Fabius devient « ministre du Redéploiement industriel ». Autorisation de la publicité sur les radios libres.

25 Manifestation de plus d'un million de personnes, dont 150 000 à Paris en faveur de l'école laïque à l'appel du Comité national d'action laïque.

E. Weber, *La Fin des terroirs. La Modernisation de la France rurale 1870-1914* (Fayard). Traduction de *Peasants into Frenchmen* (1976) qui démontre le caractère très récent de l'unité française.

MAI

10 Fr. Mitterrand à *Libération* : « Nous avons mis en place une société d'économie mixte où cohabitent, par définition, secteur privé et secteur public (...). Il s'agit là d'un projet politique. »

Identification du virus du S.I.D.A. (syndrome d'immuno-déficience acquise).

J.-P. Cot, *À l'épreuve du pouvoir* (Le Seuil). Le tiers-mondisme en pratique.

Exposition Bonnard au Centre Georges-Pompidou. Avec « Vienne », une de celles qui provoqueront le plus d'affluence.

M. Olbalk, A. Soral, A. Pasche, *Les Mouvements de mode expliqués aux parents* (Laffont). La culture jeune.

JUIN

6 Commémoration du débarquement des troupes alliées en Normandie en présence de Fr. Mitterrand, R. Reagan.

7-9 Sommet de Londres des principaux pays industrialisés consacré au problème des pays en voie de développement.

14 Élection de F. Braudel à l'Académie française.

17 Élections européennes : le P.C.F. avec 11,2 % des suffrages exprimés enregistre un minimum historique ; le F.N. avec 10,9 % des voix dispose de dix élus. Il a désormais une audience nationale. Le taux d'abstention (43,2 %) est le plus élevé de la Ve République.

20-23 Fr. Mitterrand en visite en U.R.S.S. évoque « le cas du professeur Sakharov » assigné à résidence à Gorki (avril 1980) qui, depuis le 2 mai, a entamé une grève de la faim.

24 Paris : manifestation monstre, plus d'un million de personnes en faveur de l'école privée.

25 Mort de M. Foucault (cinquante-huit ans) au moment où paraît la suite très attendue de l'*Histoire de la sexualité*, *L'Usage des plaisirs* et *Le Souci de soi* (Gallimard, coll. « Bibliothèque des histoires »).

27 L'équipe de France, championne d'Europe de football.

30 Loi instaurant un titre unique de séjour pour les immigrés.

J.-Cl. Milner, *De l'école* (Le Seuil). Pour l'école : l'instruction au fondement de la démocratie française. Au même moment H. Hamon, P. Rotman, *Tant qu'il y aura des profs* (Le Seuil). Point culminant d'une vague de critiques à l'égard des courants réformateurs des vingt dernières années : J.-P. Despin et M.-C. Bartholy, *Le Poisson rouge dans le perrier* (Critérion, 1983) ; M. Maschino, *Voulez-vous vraiment des enfants idiots ?* (Hachette, 1984) ; J. de Romilly, *L'Enseignement en détresse* (Jul-

liard, 1984) ; M. Jumilhac, *Le Massacre des innocents*
(Plon, 1984).

JUILLET

12 Allocution télévisée de Fr. Mitterrand qui propose
de réviser la constitution afin d'étendre le champ du référendum aux « libertés publiques ». Polémiques. Le 14,
abandon de la loi Savary, le ministre démissionne.

17 L. Fabius, Premier ministre. Le 19, le P.C.F.
annonce qu'il ne participera pas au nouveau gouvernement.

W. Wenders, *Paris Texas*. « L'ère du vide », du paysage
aux personnes.

Explosion des messageries roses sur le minitel.

AOÛT

1er Le jugement rendu dans l'affaire Parpalaix stipule
qu'une femme peut engendrer seule avec des paillettes
de sperme anonyme à condition que les médecins soient
d'accord. Première insémination *post mortem* en France.

8 Rejet par le Sénat du projet de révision de la
Constitution concernant l'extension du champ du référendum.

12 Clôture des jeux Olympiques de Los Angeles
dominés par les sportifs américains, en l'absence de ceux
des pays de l'Est.

29 J.-P. Chevènement, ministre de l'Éducation nationale, enterre tout projet de réforme de l'école privée.

Intervention, n° 10, numéro spécial : « À l'enseigne de la République » (M. Agulhon, A. Bergounioux, P. Bouretz, F. Goguel...). « Depuis l'éclipse du socialisme, l'idée républicaine a repris du poil de la bête (...). Des trois grands acteurs de la vie politique, l'individu, le groupe social, la nation, la gauche avait outrageusement privilégié le second. Voici que le premier fait une rentrée en force dans la société civile et que le troisième impose à nouveau sa problématique à ceux qui l'avaient oublié. C'est fondamentalement cela que signifie le retour de la République » (J. Julliard, « Instantanés »).

G. Sorman, *La Solution libérale* (Fayard). Le libéralisme appliqué. Une devise : « Enrichissons-nous. »

SEPTEMBRE

15 « Télématin », premières informations de la journée sur Antenne 2.
26 Création du « Travail d'utilité collective » (T.U.C.) pour favoriser l'emploi des jeunes.

E. Kogon, H. Langbein, A. Rückerl, *Les Chambres à gaz, secret d'État* (Éditions de Minuit). Publication patronée par le Comité international des camps, éditée simultanément en France et en Allemagne. Une mise au point définitive à partir des documents d'époque.

Lettre internationale, premier numéro (directeurs : A. Liehm, P. Noirot), revue de l'Europe littéraire « de l'Atlantique à l'Oural ».

Transformation du café Costes, architecture et mobilier intérieur, par le designer Philippe Starck.

E. Sullerot, *Pour le meilleur et sans le pire* (Fayard) dénonce la pénalisation par le système fiscal et juridique des couples mariés au profit de ceux qui ont choisi de rester libres : « L'individu a gagné contre la famille. »

Autrement, « Humeur de mode » (M. Delbourg-Delphis, P. Mauriès). La mode sous toutes ses coutures : un renouveau d'intérêt que manifeste la création d'un « Musée de la mode » au pavillon de Marsan.

J. Lacouture, *De Gaulle*, t. I (Le Seuil, les t. II et III paraîtront en 1985-1986). L'unanimité sur le père fondateur de la Vᵉ République.

OCTOBRE

2 La Commission sociale de l'épiscopat français dénonce le retour de la pauvreté qui atteint même des Français moyens. En 1981, le Secours catholique a résolu 250 000 cas de détresse, 500 000 en 1983.

5 *Le Nouvel Observateur* consacre sa couverture au libéralisme : « La folie du débat de la rentrée » (M. Rocard, G. Sorman, Fr. de Closets, A. Minc). « Il nous faut aujourd'hui dénoncer l'imposture de l'ultra-libéralisme comme nous avons hier dénoncé celle du socialisme totalitaire » (J. Julliard, « Contre un libéralisme de guerre civile »).

16 Le corps de Grégory, quatre ans et demi, est retrouvé inanimé dans la Vologne (Vosges). Début de l'affaire Villemin. Elle fera l'objet d'un article de M. Duras, « Sublime, forcément sublime, Christine V. » (*Libération*, 17 juillet 1985) dont les considérations sur le crime soulèvent émotion et polémique.

M. Forman, *Amadeus*. Le film de l'opéramanie.

Desmond Tutu, président du Conseil des Églises en Afrique du Sud, prix Nobel de la paix.

17 L. Fabius. « Parlons France », première émission du quart d'heure mensuel réservé au Premier ministre sur TF 1. Le 18, seuls le P.C.F. et le P.S. utiliseront leur droit de réponse.

18 Inauguration de la statue de Pierre Mendès France au jardin du Luxembourg. Elle coïncide avec la sortie du premier volume de ses *Œuvres complètes. S'engager (1922-1983)* (Gallimard). Colloque du C.N.R.S., « Pierre Mendès France et le mendésisme », 13-15 décembre. Actes publiés sous la direction de Fr. Bédarida et J.-P. Rioux (Fayard, 1985).

21 Mort d'Henri Michaux (en fait : le 19) et de Fr. Truffaut.

23 Loi sur la presse visant à « limiter la concentration et à assurer la transparence financière et le pluralisme des entreprises de presse ».

27 Rentrée en France de J. Abouchar, journaliste Antenne 2, prisonnier en Afghanistan.

31 Condamnation, par le comité national d'éthique, des « mères porteuses ».

Le nombre des chômeurs dépasse deux millions et demi. Le taux d'inflation ne devrait pas excéder 7 %, le déficit du commerce extérieur 25 milliards de francs.

P. Nora, *Les Lieux de mémoire*, I : *La République* (Gallimard, coll. « Bibliothèque illustrée des histoires »). Comment réécrire l'histoire de France à partir de sa mémoire. Entreprise collective (R. Girardet, M. Ozouf, M. Agulhon, A. Prost...) suivie en 1986 de trois volumes sur la Nation.

G. Duby, *Guillaume le Maréchal ou le meilleur des chevaliers* (Fayard), publie sa première biographie : grand succès.

J.-P. Aron, *Les Modernes* (Gallimard). Trente ans d'avant-gardes en question.

NOVEMBRE

3 Départ de la nouvelle marche des beurs : « Convergence pour l'égalité ».

4 Première émission de Canal Plus, quatrième chaîne de télévision payante.

6   Réélection de R. Reagan, président des États-Unis.

8-14   *L'Événement du jeudi*, n° 1. Le capital du journal est constitué par appel à l'épargne publique. La « coordination » de l'équipe est assurée par J.-F. Kahn, J.-F. Held. « Papa Marx, pépé Aron, tonton Fidel, papy Reagan, excusez-nous, nous avons décidé de couper le cordon ! » (J.-F. Kahn, « Événement, mode d'emploi »). À L. Jospin interviewé : « M. Jospin, pourquoi avez-vous trompé vos électeurs ? »

13   M. Duras, *L'Amant* (Éditions de Minuit), prix Goncourt. M. Duras conquiert le grand public. Son passage à « Apostrophes », en tête à tête avec B. Pivot le 28 septembre, avait contribué à amplifier le succès d'un livre remarqué dès sa parution. Le tirage frôlera le million d'exemplaires.

13   J. Jarmusch, *Strangers than paradise*. La révélation du Festival de Cannes : le mariage insolite de l'intimisme et de l'humour noir.

P. Bourdieu, *Homo academicus* (Éditions de Minuit, coll. « Le Sens commun »), analyse de la structure du champ universitaire qui révèle « les règles du jeu mandarinal » et propose une nouvelle théorie de Mai 68, révolte des déclassés dont l'effet sacrilège aura été de menacer « l'immense socle de silence qui est au fondement de l'institution universitaire ».

M. Ozouf, *L'École de la France* (Gallimard, coll. « Bibliothèque des histoires »). Recueil d'« essais sur la Révolution, l'utopie, l'enseignement ». L'éducation dans la politique.

DÉCEMBRE

7   *Le Nouvel Observateur*, « Hourrah ! pour la République ». 65 % des Français la placent au-dessus des clivages droite-gauche ; pour 75 %, la liberté est son meilleur symbole.

8 Manifestation des « teen-agers » pour défendre la radio « N.R.J. ».

14 Fr. Mitterrand, « Parce que je suis amoureux de Paris » *(Le Nouvel Observateur)* parle de ses projets architecturaux, du Grand Louvre à la Défense : « J'ai la conviction profonde qu'il y a une relation directe entre la grandeur de l'architecture, ses qualités esthétiques et la grandeur d'un peuple. »

25 Mort de l'éditeur José Corti.

28 Réouverture du musée de l'Orangerie au public. Exposition gratuite des *Nymphéas* de Monet.

L'Autre Journal, nouvelle formule des *Nouvelles littéraires*, n° 1, mensuel (directeur : M. Butel). Subjectivisme littéraire et politique.

B. Stasi, *L'Immigration, une chance pour la France* (R. Laffont). L'ancien ministre de Valéry Giscard d'Estaing, député-maire C.D.S., défend la « cohabitation des communautés » au moment où les affiches de J.-M. Le Pen, « 2 millions d'immigrés = 2 millions de chômeurs », couvrent les murs de Paris.

1985

5 M. Polac, « Droit de réponse » : « Nous sommes tous des immigrés » (P. Perret, M. Boujenah, L. Hernandez, H. Désir...). « S.O.S. Racisme » sort de l'obscurité.

7-28 Nouvelle-Calédonie. Proposition de « l'indépendance-association » par E. Pisani, délégué du gouvernement. Instauration de l'état d'urgence devant la montée des tensions.

10 « Médecins sans frontière » annonce la création d'une fondation « Liberté sans frontière » (L.S.F.) qui, quelques jours plus tard, organise un colloque au Sénat : « Le tiers-mondisme en question », procès de l'idéologie tiers-mondiste au nom de l'universalité des valeurs démocratiques et de l'efficacité économique.

18 A. Fontaine élu directeur du *Monde*. Il va entreprendre l'assainissement de la situation financière et le redressement de l'image du journal.

Vingtième Siècle, numéro spécial : « Les guerres franco-françaises » s'interroge sur les « phénomènes de récurrence » et de « remémoration » concernant les « crises profondes » traversées par la société française : la Révolution française (M. Agulhon), « les affaires Dreyfus » (M. Winock), « Vichy » (H. Rousso). Concluant, R. Rémond affirme « les progrès du consensus ».

A. Robbe-Grillet, *Le Miroir qui revient* (Éditions de Minuit). Le retour du « je » : « Je n'ai jamais parlé d'autre chose que de moi. »

P. Rosanvallon, *Le Moment Guizot* (Gallimard, coll. « Bibliothèque des sciences humaines »). Une période oubliée de l'histoire de France : la monarchie de Juillet et la maturation de l'idée démocratique.

FÉVRIER

5 Fin du voyage en Amérique latine de Jean-Paul II qui a rappelé les principes de la doctrine sociale de l'Église.

6-20 XXVe congrès du P.C.F. à Saint-Ouen. Abandon définitif de la stratégie d'union de la gauche au profit d'un « nouveau rassemblement populaire majoritaire ».

12 Le dollar franchit la barre des 10 F à Paris.

Libération publie cinq témoignages sur les tortures pratiquées en Algérie par J.-M. Le Pen.

15 *Le Nouvel Observateur* fait sa une sur le badge « Touche pas à mon pote » de S.O.S. Racisme.

M. Heller, A. Nekrich, *L'Utopie au pouvoir* (Calmann-Lévy). La révolution de 1917, matrice du totalitarisme soviétique.

H. Bourguinat, *L'Économie mondiale à découvert* (Calmann-Lévy, coll. « Perspectives de l'économie »). La dérégulation financière internationale.

L. Ferry, A. Renaut, *Philosophie politique* (P.U.F.), t. III, *Des droits de l'homme à l'idée républicaine*. La république comme solution de l'antinomie entre libéralisme et socialisme.

M. Albert, *Le Pari français* (Le Seuil). Pédagogie de la crise.

MARS

10-13 M. Gorbatchev, cinquante-quatre ans, élu secrétaire du P.C.U.S.

10-25 Succès de la droite aux élections cantonales.

Fr. Furet, A. Liniers, Ph. Raynaud, *Terrorisme et Démocratie* (Fondation Saint-Simon, Fayard). Sous le pseudonyme de Liniers, O. Rolin, ex-responsable militaire de la Nouvelle Résistance populaire, témoigne de la tentation terroriste et de son évitement par l'extrême gauche française après 1968.

J. Beaufret, *Dialogue avec Heidegger* (t. IV, Éditions de Minuit, coll. « Arguments »). Publication débutée en 1973-1974. Recueil d'études par le principal introducteur de Heidegger en France.

Droits, Revue française de théorie juridique, n° 1, « Destins du droit de propriété », P.U.F. (directeurs : J. Combacau, St. Rials). « La science du droit a sa place parmi les sciences humaines et sociales et appartient plus largement à la culture commune. »

Collège de France, « Propositions pour l'enseignement de l'avenir », rapport au président de la République.

AVRIL

6 M. Rocard, ministre de l'Agriculture, s'explique sur sa démission du gouvernement : il est opposé à l'adoption du mode de scrutin proportionnel.

20 Fr. Mitterrand, premier président de la République à rendre visite à la Ligue des droits de l'Homme, relance le débat sur le vote des immigrés : « La participation des immigrés à la gestion locale me paraît être une revendication fondamentale qu'il faudra réaliser (...) Il faut d'abord gagner l'opinion (...) »

22 Première grille du Loto sportif.

24 Cl. Lanzmann, *Shoah*. Le document de la mémoire du génocide. Il sera diffusé en 1987 à la télévision au moment du procès Barbie.

28 Fr. Mitterrand répond aux questions d'Y. Mourousi sur TF 1, « Ça nous intéresse, M. le Président ». Nouvelle émission qui tente de casser le discours politique traditionnel.

30 Projet de loi sur l'évolution de la Nouvelle-Calédonie : découpage du territoire en quatre régions, chacune d'elles dirigée par un conseil élu au suffrage universel.

H. Müller, *Quartet*, d'après Laclos, mise en scène P. Chéreau, au théâtre des Amandiers.

M. Gauchet, *Le Désenchantement du monde* (Gallimard, coll. « Bibliothèque des sciences humaines »). Retour de la religion comme objet central de la théorie sociale et objet légitime d'une réflexion laïque.

MAI

2-4 Sommet des pays industrialisés à Bonn : la France ne participera pas à « l'initiative de défense stratégique » américaine.

5 Visite de R. Reagan au cimetière de Bitburg (Allemagne) où sont enterrés une cinquantaine de Waffen S.S. Vive polémique.

22 Enlèvement de J.-P. Kaufmann, M. Seurat à Beyrouth.

M. Rocard, interview à *Libération*, « Comment Rocard veut changer le P.S. » (P. Briançon, J.-M. Helvig, S. July) où il développe un programme social-démocrate, même s'il récuse le mot : « L'opinion perçoit intuitivement que les programmes politiques sont une denrée surréaliste. » Il reste la personnalité politique la plus populaire : 52 % des Français le jugent « sympathique ».

29 Stade de Heysel (Bruxelles). Violences des supporters anglais, « hooligans », lors de la finale de la coupe d'Europe de football : 39 morts. Retransmission en direct des événements : le match a quand même lieu. Le 2 juin, les clubs anglais sont interdits de compétition européenne.

O. Roy, *L'Afghanistan. Islam et modernité politique* (Le Seuil, coll. « Esprit »). Tradition et dynamisme révolutionnaire (en septembre, B. Lewis, *Le Retour de l'islam*, Gallimard, coll. « Bibliothèque des histoires »).

Le Mahabharata, adaptation de J.-Cl. Carrière, mise en scène de P. Brook aux Bouffes du Nord.

L. Cohen-Tanugi, *Le Droit sans l'État* (P.U.F.). Une redécouverte du modèle juridique américain.

JUIN

5 Violents affrontements entre le P.C.F., la C.G.T. et les forces de l'ordre autour de l'usine S.K.F. d'Ivry. Durcissement de l'attitude du P.C.F. par rapport au gouvernement.

6-21 Brésil : découverte du cadavre du Dr Mengele, « médecin fou d'Auschwitz ».

9 La « Convention libérale » organisée par Valéry Giscard d'Estaing à Paris réunit pour la première fois R. Barre et J. Chirac, divisés sur la question de la cohabitation.

15 Fête de S.O.S. Racisme à la Concorde : 300 000 « potes » réunis pour un concert de douze heures. Le dimanche soir, Harlem Désir est l'invité d'A. Sinclair à « 7 sur 7 ».

26 Adoption du scrutin proportionnel pour les élections législatives.

M. Grawitz, J. Leca, *Traité de science politique* (P.U.F.), quatre tomes. L'état de la recherche en sciences politiques.

E. Martineau traduit *Être et Temps* (Authentica). Édition hors commerce, c'est la première version intégrale accessible au public francophone de l'œuvre majeure de M. Heidegger. Elle rend publique la division du milieu heideggerien français puisqu'elle précède de quelques mois la traduction officielle de Fr. Vezin chez Gallimard.

P. Milza, *Les Fascismes* (Imprimerie nationale). Histoire et typologie.

JUILLET

10-26 Destruction dans un attentat du bateau de l'association écologiste Greenpeace dans le port d'Auckland (Nouvelle-Zélande). Un photographe est tué. Le 16 août, *L'Express* dévoilera la responsabilité des services secrets français. L'« Affaire » provoquera la démission du ministre de la Défense, Ch. Hernu.

17 Réunion des Assises européennes de la technologie (projet Eurêka) à Paris à l'initiative de la France.

25 La sectorisation psychiatrique reçoit un statut juridique officiel.

27 500ᵉ d'« Apostrophes » : en dix ans, l'émission est devenue une institution.

Campagne « Avenir Publicité » contre la dénatalité : « Est-ce que j'ai une tête de mesure gouvernementale ? » ; « Il n'y a pas que le sexe dans la vie ».

AOÛT

18   Réduction des dépenses de l'État et allégement des impôts de 3 % prévus par la loi de finances de 1986.

SEPTEMBRE

23   Inauguration du musée Picasso (hôtel de Sallé).

G. Sorman, *L'État minimum* (Albin Michel) : « Moins d'État, ce n'est pas à bas l'État. »

C. Beaune, *Naissance de la nation France* (Gallimard, coll. « Bibliothèque des histoires »). La cristallisation médiévale de la figure et de l'idée « France ».

Autrement, « Objectif bébé. Une nouvelle science : la bébologie ». De « l'encombrant nourrisson » du XVIIIᵉ siècle au « bébé prophète, maman disciple » de 1985.

J.-P. Toussaint, *La Salle de bains* (Éditions de Minuit). Premier roman : 60 000 exemplaires. Nouveau « nouveau roman » ?

Campagne « Avenir Publicité » : « Le 4 septembre, j'enlève le bas. » « L'afficheur qui tient ses promesses. » La publicité de la publicité.

C. Serreau, *Trois Hommes et un couffin*. Les nouveaux pères. Succès.

OCTOBRE

1ᵉʳ   Ouverture de l'exposition « La Gloire de Victor Hugo » au Grand Palais.

11-16   Congrès du parti socialiste à Toulouse. « Bad Godesberg » implicite.

17   Cl. Simon, prix Nobel de littérature.

28 *Le Figaro-Magazine* titre : « Serons-nous encore français dans trente ans ? » et prévoit que 7,9 millions d'étrangers non européens vivront en France en 2015. H. Le Bras refait les calculs et aboutit au chiffre de 800 000 (*Le Nouvel Observateur,* 1ᵉʳ novembre).

J. Julliard, *La Faute à Rousseau : essai sur les conséquences historiques de l'idée de souveraineté populaire* (Le Seuil). La crise d'identité historique de la gauche française.

A. Cohen-Solal, *Sartre 1905-1980* (Gallimard), A. Boschetti, *Sartre et les Temps modernes* (Éditions de Minuit, coll. « Le Sens commun »), J. Colombel, *Sartre, un homme en situation* (Livre de poche), un numéro spécial (n° 471) des *Temps modernes* (« Un inédit de Sartre ») marquent l'anniversaire du philosophe-écrivain.

L. Ferry, A. Renaut, *La Pensée 68 : essai sur l'antihumanisme contemporain* (Gallimard, coll. « Le Monde actuel »). Critique néo-kantienne de Derrida, Foucault, Lacan, Bourdieu.

Sous la direction de Jean Favier, *Chronique du XXᵉ siècle* (Larousse) suivie de *Chronique de l'Humanité* (1986), *Chronique de la France et des Français* (1987).

Tricentenaire de la révocation de l'édit de Nantes. Nombreuses manifestations et publications, dont E. Labrousse, *La Révocation de l'édit de Nantes* (Payot).

NOVEMBRE

12 Présentation de la réforme des lycées à la presse par le ministre J.-P. Chevènement. Il annonce pour objectif 80 % des jeunes au niveau du baccalauréat d'ici quinze ans.

19-21 Premier sommet américano-soviétique à Genève sur la limitation des armements.

20 J. Seydoux, associé à S. Berlusconi, lance la Cinquième Chaîne, première chaîne privée non cryptée.

27 Mort de F. Braudel.

Y. Lacoste, *Contre les anti-tiers-mondistes et contre certains tiers-mondistes* (La Découverte). Sauver le tiers monde du tiers-mondisme.

Globe, n° 1, mensuel (directeur G.-M. Benamou). « De la politique, mais aussi de l'esthétique... une déambulation flâneuse et grave au travers d'un paysage moderne. »

A. Varda, *Sans toit ni loi* (S. Bonnaire). « C'est pas l'errance, c'est l'erreur. »

DÉCEMBRE

4-9 Réception du général Jaruzelski par Fr. Mitterrand pendant plus d'une heure. C'est la première entrevue accordée par un dirigeant occidental. À l'Assemblée nationale, L. Fabius se déclare personnellement « troublé ». Le 9, sur Europe 1, Fr. Mitterrand justifie longuement sa position.

7 Deux attentats au Printemps et aux Galeries Lafayette : 35 blessés.

15 R. Barre à Lyon parle de « Travail, famille, patrie dans une France libre ».

18 Accord sur la création du plus vaste parc d'attractions d'Europe à Marne-la-Vallée par Walt Disney Production (ouverture en 1991).

20 Loi concernant la limitation du cumul des mandats et des fonctions électives.

21 Ouverture du premier « resto du cœur » par Coluche dans un terrain vague du XIXe arrondissement. 15 000 repas distribués dans toute la France. Quinze jours plus tard, 60 000 repas servis dans vingt-six grandes villes.

Triomphe de Th. Le Luron au Gymnase dans un spectacle antisocialiste : 400 000 spectateurs.

Raquel Welch, *En pleine forme et en beauté* (Carrère-Lafon) ; Jane Fonda, *Le Bel Âge de la femme* (R. Laffont), Sylvie Vartan, *Beauty Book* (Éditions Numéro 1) : l'image musclée de la femme de quarante ans.

1986

1ᵉʳ Entrée de l'Espagne et du Portugal dans la C.E.E.

3 Rachat du *Progrès de Lyon* par R. Hersant qui acquiert le monopole de l'information écrite dans la région Rhône-Alpes.

9 Mort de M. de Certeau.

14 Mort de Th. Sabine, D. Balavoine dans un accident d'hélicoptère sur le Paris-Dakar.

20 Accord franco-anglais pour la construction du tunnel sous la Manche.

28 Explosion en vol de la navette « Challenger » avec sept astronautes à bord.

Fr. Ewald, *L'État-providence* (Grasset). De la société de responsabilité à la société d'assurance.

É.-M. Cioran, *Aveux et anathèmes* et *Exercices d'admiration* (Gallimard, coll. « Arcades »). Découverte par un large public du moraliste discret des *Syllogismes de l'amertume* et de *L'Inconvénient d'être né*.

M. Winock, *La Fièvre hexagonale. Les grandes crises politiques, 1871-1968* (Calmann-Lévy), conclut sur l'indéniable progression du consensus français depuis le début de la République gaullienne.

P. Yonnet, *Jeux, modes et masses* (Gallimard, coll. « Bibliothèque des sciences humaines »). Tiercé, automobile, rock, jogging : visages du moderne.

FÉVRIER

3-19 Série d'attentats à Paris (galerie du Claridge, Gibert-Jeune, F.N.A.C. Sport) revendiqués par un mystérieux « Comité de solidarité avec les prisonniers politiques arabes et du Proche-Orient ».

11 Échange d'espions entre l'Est et l'Ouest. Libération d'A. Chtaransky, dissident soviétique juif, chaleureusement accueilli en Israël.

12 « Vienne 1880-1938, Naissance d'un siècle » (Centre Georges-Pompidou). Plus de 500 000 visiteurs. Un recueil d'essais de plus de sept cents pages remplace le catalogue analytique. Point culminant d'une vogue de la Vienne fin de siècle illustrée par de nombreuses traductions (Schnitzler, Zweig). La collection « 10/18 » crée une série « Fins de siècle », dirigée par H. Juin, qui reprend notamment les auteurs français de la fin du XIXe siècle.

19 Nomination de R. Badinter président du Conseil constitutionnel. Il succède à D. Mayer, qui a démissionné.

27 Loi sur la flexibilité du travail (M. Delebarre), malgré une opposition acharnée des communistes depuis décembre 1985.

28 Assassinat d'Olof Palme, Premier ministre suédois.

Signature de l'Acte unique européen. Réforme des mécanismes de décision au sein de la C.E.E. et réalisation du marché unique au 1er janvier 1993.

Premiers livres des Éditions Odile Jacob : J. Ruffié, *Le Sexe et la mort* ; J.-D. Vincent, *Biologie des passions* ; É. Badinter, *L'un est l'autre*.

C. Tilly, *La France conteste. De 1600 à nos jours* (Fayard, coll. « L'espace politique »). Panorama historique de la protestation française au travers d'exemples régionaux, révélateur de la profondeur du consensus.

J. Ranger, « Le déclin du P.C.F. », *Revue française de science politique*, engagé depuis juin 1968. « De 1979 à 1984, son influence électorale a baissé, en moyenne, de près de la moitié. »

Fr. Furet, *La Gauche et la révolution au milieu du XIXᵉ siècle. Edgar Quinet et la question du jacobinisme, 1865-1870* (Hachette) et *Marx et la Révolution française* (Flammarion). Le problème politique de l'héritage révolutionnaire.

MARS

1ᵉʳ Première émission de la sixième chaîne à dominante musicale confiée à l'agence Publicis et à la Gaumont.

4-25 Kurt Waldheim, ancien secrétaire général de l'O.N.U., candidat du parti populiste autrichien à la présidence de la République, accusé par le magazine autrichien *Profil* et le *New York Times* d'avoir eu un passé nazi.

5 Hachette majoritaire dans le capital d'Europe 1.

8 Enlèvement de G. Hansen, J.-L. Normandin, A. Cornéa, membres d'une équipe d'Antenne 2, par le Djihad islamique à Beyrouth.

13 Inauguration de la Cité des sciences à La Villette par Fr. Mitterrand.

16 Succès de la droite aux élections législatives (40,9 % des suffrages exprimés). Le R.P.R. et l'U.D.F. n'obtiennent pas la majorité absolue. Le Front national, 9,7 % des voix, remporte un important succès. Le P.C.F. continue de chuter (9,7 %) ; le P.S. réalise 31 % des voix.

17-20 Paris : série d'attentats dont celui de la galerie Point Show aux Champs-Élysées.

20 J. Chirac, Premier ministre. Éd. Balladur est « ministre d'État chargé de l'Économie, des Finances et de la Privatisation ». La « cohabitation » est en place.

F. Braudel, *L'Identité de la France*, t. I, *Les Hommes et les Choses* (Arthaud/Flammarion). Ouvrage posthume. Comment faire entrer l'histoire Annales dans l'histoire nationale ?

H. Le Bras, *Les Trois France* (Éditions O. Jacob/Le Seuil). Sous le mythe d'une nation indivisible, une France plurielle où trois structures, le catholicisme, la famille, le centralisme parisien jouent un rôle déterminant.

B. Blier, *Tenue de soirée* (G. Depardieu, M. Blanc, Miou-Miou). Le ménage à trois à l'âge homosexuel.

AVRIL

5 Vatican : nouvelle instruction sur la « théologie de la libération ». Légitimation de la lutte armée, « recours ultime » contre la tyrannie.

6 Réajustement monétaire au sein du S.M.E. Dévaluation de 3 % du franc.

11 M. Agulhon, leçon inaugurale au Collège de France, chaire d'histoire de la France contemporaine. De la sociabilité aux symboles de la République.

14 Mort de S. de Beauvoir.

15 Mort de Jean Genet.

15-16 La France se désolidarise du raid américain de représailles contre la Libye, plaque tournante du terrorisme international.

16 Interdiction à la Cinquième Chaîne de diffuser des films.

17 Mort de M. Dassault. J. Chirac prononce son éloge funèbre le 22 aux Invalides.

25 Grave accident à la centrale nucléaire de Tchernobyl. Le 28, l'U.R.S.S. est contrainte de le reconnaître
et fait état de deux morts. Une agence de presse américaine annonce 2 000 victimes.

Cl. Lefort, *Essais sur le politique. XIXᵉ-XXᵉ siècles* (Le
Seuil). Réunion d'articles parus dans les années 1980
autour des problèmes majeurs de la théorie politique
contemporaine (Droits de l'homme, révolution-totalita-
risme, État).

G. Hocquenghem, *Lettre ouverte à ceux qui sont passés
du col Mao au Rotary* (Albin Michel). Les ex-gauchistes,
« nouveaux bourgeois sans scrupules ».

J.-J. Beineix, *37°2 le matin* (B. Dalle, J.-H. Anglade).
La passion pub.

C. Castoriadis, *Domaines de l'homme* (Le Seuil). Politique, psychanalyse, science et philosophie.

MAI

1ᵉʳ Lancement par *L'Événement du jeudi* et *Télérama*
d'un « manifeste pour une télévision libre » : « Le rôle et
la mission du service public sont irremplaçables. » Plus
de 100 000 signatures à la fin du mois.

5 Fr. Léotard, ministre de la Culture, décide l'achèvement des colonnes de Buren au Palais-Royal, visées par
une campagne de presse du *Figaro*.

7 Mort de Gaston Defferre. Sa succession à la mairie
de Marseille suscite un âpre conflit.

22 Rétablissement de l'anonymat sur les transactions
or.

25 A. Devaquet, ministre délégué chargé de l'Enseignement supérieur et de la Recherche, demande l'ouverture d'une enquête administrative pour vérifier la
régularité de l'attribution du doctorat de troisième cycle à
M. Roques, dont la thèse met en doute l'existence des
chambres à gaz dans les camps de concentration nazis
(juin 1985, université de Nantes).

J. Genet, *Un captif amoureux* (Gallimard). Homosexualité et engagement dans la cause palestinienne.

Relance de *7 à Paris*, créé en 1981 et racheté par Filip-
pachi. Humour et cinéphilie.

JUIN

4 Rétablissement du scrutin uninominal à deux
tours.

8 Kurt Waldheim, président de la république autri-
chienne.

9-30 Scandale du « Carrefour du développement »,
association dépendant du ministère de la Coopération.
Le ministre, C. Nucci et son directeur de cabinet,
Y. Chalier, sont mis en cause.

18 Arrestation à Milan du psychanalyste lacanien
A. Verdiglione. Il sera condamné en février 1987 à
quatre ans de prison pour « extorsion de fonds ».

19 Mort de Coluche dans un accident de moto.

Revue française d'économie, n° 1 (Fayard). Direction :
G. Etrillard, Fr. Sureau. La recherche économique de
pointe dans le monde à portée du public cultivé.

JUILLET

5-31 Relance de la polémique sur la politique sécuri-
taire du gouvernement à la suite de deux « bavures » policières ayant entraîné la mort de Loïc Lefèvre (le 5) et de
W. Normand (le 31).

9 Modification du statut de la Nouvelle-Calédonie.
Un référendum d'autodétermination est prévu en 1987.
Renforcement des pouvoirs du Haut Commissaire.

16 Refus par Fr. Mitterrand de signer l'ordonnance
sur les privatisations. Transformée en projet de loi, elle
sera adoptée le 31.

29 Loi relative aux contrôles et vérifications d'identité.

AOÛT

5 Financement du déficit structurel de la Sécurité sociale par une augmentation de 0,4 % des prélèvements fiscaux.

7 Lois concernant la lutte contre le terrorisme et l'application des peines ; la lutte contre la criminalité et la délinquance ; les conditions de séjour des étrangers en France.

13 Loi concernant la privatisation de TF 1.

SEPTEMBRE

1ᵉʳ-30 Série d'attentats à Paris perpétrés par le Comité de solidarité avec les prisonniers politiques arabes du Proche-Orient (C.S.P.P.A.). Bilan : onze morts. Instauration de visas pour entrer en France (le 14). Le 16, offre d'une prime d'un million de francs à toute personne susceptible de fournir des renseignements sur les frères Abdallah, présumés coupables, dont la photo est affichée dans Paris.

9 Possibilité, pour les autorités administratives d'expulser tout étranger ne remplissant pas les conditions de séjour en France.

10 J. Testart, biologiste, renonce à la poursuite de ses recherches *in vitro* pour des raisons éthiques.

22 Stockholm : conférence sur le désarmement en Europe (33 pays européens, le Canada, les États-Unis). Accord sur le contrôle des armements. C'est la première fois depuis 1979.

G. Deleuze, *Foucault* (Éditions de Minuit, coll. « Critique »). La cohérence d'un itinéraire (paraissent simultanément deux numéros spéciaux : *Le Débat*, n° 41 ; *Critique*, n° 471-472).

R. Boudon, *L'Idéologie. L'origine des idées reçues* (Fayard, coll. « Idées forces »). Expliquer rationnellement l'adhésion aux idées fausses « qui nous ont fait tant de mal ».

A. Cavalier, *Thérèse*. Après le retour du tragique, le retour de la mystique.

Corpus des œuvres de philosophie en langue française, sous la direction de M. Serres. Rééditer les « textes philosophiques français du Xᵉ siècle au XXᵉ siècle ». Premiers titres : J. Bodin, *Les Six Livres de la République* ; Ed. Quinet, *Le Christianisme et la Révolution française* ; Poullain de la Barre, *De l'égalité des deux sexes*.

OCTOBRE

2 Refus par Fr. Mitterrand de signer les ordonnances relatives au découpage électoral. Adoption de la loi le 24.

14 Élie Wiesel, prix Nobel de la paix.

16 W. Soyinka, premier écrivain africain à obtenir le prix Nobel de littérature.

18 Expulsion de cent un Maliens en situation irrégulière à bord d'un charter.

Fr. Bluche, *Louis XIV* (Fayard). La réhabilitation du Roi-Soleil et le succès public de la biographie historique.

NOVEMBRE

11 Libération de deux otages français détenus au Liban.

12 Projet de loi réformant le code de la nationalité : les enfants nés en France de parents étrangers ne seraient plus automatiquement français à dix-huit ans. Fr. Mitterrand exprime son désaccord.

13 Mort de Th. Le Luron.

17 Assassinat de G. Besse, P.-D.G. de la régie Renault par Action directe.

17-30 Vague de protestation contre la politique scolaire et universitaire du gouvernement (projet Devaquet-Monory). C'est la plus importante mobilisation des jeunes depuis 1968. Ils sont 500 000 manifestants le 27. L. Pauwels commente : « ce sont les enfants du rock débile, les écoliers de la vulgarité pédagogique, les béats de Coluche et de Renaud (...) et somme toute, les produits de la culture Jack Lang (...) C'est une jeunesse atteinte du sida mental (...) » (« Le monôme des zombies », *Le Figaro Magazine*, 6 décembre 1986).

Ph. Burin, *La Dérive fasciste. Doriot, Déat, Bergery. 1933-1945* (Le Seuil, coll. « L'Univers historique »). Version abrégée d'une thèse qui fait le point sur le « fascisme français ». On ne peut guère parler que d'« imprégnation fasciste » et de « nébuleuse fascistoïde ».

Plan Seguin d'assainissement de la Sécurité sociale. 9 milliards d'économie réalisés au détriment de la couverture sociale des maladies longues et coûteuses.

Fr. Roustang, *Lacan, de l'équivoque à l'impasse* (Éditions de Minuit, coll. « Arguments »). « Pourquoi l'avons-nous suivi si longtemps ? »

P. Manent, *Les Libéraux* (Hachette, coll. « Pluriel ») et *Histoire intellectuelle du libéralisme* (Calmann-Lévy). Fondements et signification contemporaine de la tradition libérale. Cf. J.-Cl. Casanova, « Des anciens aux modernes », *Commentaire*, n° 39, automne 87.

DÉCEMBRE

1er Ouverture du musée d'Orsay consacré à la seconde moitié du XIXe siècle. Directrice : Fr. Cachin. La querelle de l'art d'avant-garde et de l'art pompier (cf. *Le Débat*, n° 44, « Orsay. Vers un autre XIXe siècle »).

6   Mort de Malik Oussekine dans les affrontements des étudiants avec les forces de l'ordre. Démission d'A. Devaquet. Retrait de la réforme de l'enseignement. J. Chirac décrète une « pause » dans les réformes gouvernementales. Le 10, 300 000 manifestants dans les rues de Paris sur le thème : « Plus jamais ça. »

6-24   Privatisation de Saint-Gobain : 1,5 million de personnes deviennent actionnaires.

11   Loi Méhaignerie sur le logement qui abroge la loi Quillot.

12   La Commission nationale de la communication et des libertés (C.N.C.L.) présidée par G. de Broglie remplace la Haute Autorité.

20-31   Grève des transports (S.N.C.F., Air France, R.A.T.P.).

Y. Lacoste, *Géopolitique des régions françaises*, 3 t. (Fayard). Une quarantaine de géographes associés à des historiens, des sociologues, des économistes offrent une nouvelle approche du paysage politique français.

1987

JANVIER

1er-16 Maintien par le gouvernement de sa politique de rigueur salariale face au mouvement de grève (S.N.C.F., R.A.T.P., E.D.F.).

19-31 Succès populaire de la privatisation de Paribas.

28 Le dollar passe au-dessous de la barre des 6 F.

Fr. Jacob, *La Statue intérieure* (Éd. O. Jacob.) Mémoires.

M. Henry, *La Barbarie* (Grasset). La destruction de la culture par la rationalisation scientifique. Le livre lance le thème de l'année.

L'État des religions (La Découverte), sous la direction de M. Clevenot.

FÉVRIER

14-16 Moscou : forum international pour un monde sans armes nucléaires. Succès médiatique. Participation d'Andreï Sakharov.

22 Accord du Louvre : engagement des principaux pays industrialisés à stabiliser les taux de change et notamment le cours du dollar.

Premier vol de l'avion européen, l'airbus A 320.

23   Réattribution de la Cinquième Chaîne à R. Hersant, S. Berlusconi et J. Seydoux ; de TV 6 à la société Métropole (P.-D.G. : J. Drucker) par la Commission nationale de la communication et des libertés. Le 28, manifestation de 5 000 jeunes contre la suppression de la chaîne musicale TV 6.

21-23   Arrestation des responsables d'Action directe.

23-28   Procès de Georges Ibrahim Abdallah, chef présumé des Fractions des armées révolutionnaires libanaises (F.A.R.L.), condamné à la réclusion à perpétuité. Le verdict va à l'encontre du réquisitoire de l'avocat général P. Baechlin qui n'avait réclamé qu'une peine mineure.

A. Bloom, *L'Âme désarmée* (Julliard). La décomposition morale et intellectuelle de l'université et de la culture américaines.

J. Rawls, *Théorie de la justice* (Le Seuil, coll. « Empreintes »). Quinze ans après sa parution aux États-Unis, un classique de la philosophie politique contemporaine : le contrat social à l'âge de la justice sociale.

MARS

5-26   Hausses record de la Bourse de Paris : plus de 15 % depuis le début de l'année.

10   Opposition de l'Église catholique à la procréation artificielle.

22   Manifestation de la C.G.T. pour la défense de la Sécurité sociale, de la place de la Nation à l'Opéra : 200 000 personnes.

29   Fr. Mitterrand à « 7 sur 7 » (Anne Sinclair, TF1), rebaptisée pour la circonstance « Un an, une heure ». Un bilan modéré de la cohabitation.

B.-H. Lévy, *Éloge des intellectuels* (Grasset). Moi d'abord.

A. Finkielkraut, *La Défaite de la pensée* (Gallimard). La technique et le relativisme contre la culture : « Une paire de bottes vaut Shakespeare. »

H. Hamon, P. Rotman, *Génération* (Le Seuil), t. I, *Les Années de rêve.* « La » génération : l'éducation politique des ténors de 68.

J. Habermas, *Théorie de l'agir communicationnel* (Fayard, coll. « L'Espace du politique »). La discussion au fondement de la raison.

M. Ferro, *Pétain* (Fayard), Fr. Kupferman, *Laval* (Balland). En octobre, H. Rousso, *Le Syndrome de Vichy* (Le Seuil). Rejeux de mémoire.

AVRIL

2 Soirée du Front national au Zénith pour protester contre les retards du texte sur le Code de la nationalité, 10 000 personnes. Le 4, à Marseille, défilé du Front national sur le thème : « Être français, ça se mérite », 20 000 personnes.

3-6 Congrès du P.S. à Lille. L. Jospin réaffirme l'ancrage à gauche du parti.

4 Privatisation de TF1 par la C.N.C.L.

25-26 Manifestations marquant le premier anniversaire de la catastrophe nucléaire de Tchernobyl partout en Europe.

26 Annonce officielle de la candidature de J.-M. Le Pen à l'élection présidentielle de 1988.

27 Privatisation du Crédit commercial de France. La banque aura plus d'un million et demi d'actionnaires le 27 avril.

Exposition de « l'horrible » au ministère de l'Intérieur. Sélection de dessins, photos, revues pornographiques, destinée à justifier une politique de censure.

29 M. Fumaroli, leçon inaugurale au Collège de France, chaire de rhétorique et société en Europe. La littérature dans l'histoire.

Lech Walesa, *Un chemin d'espoir* (Fayard). Mémoire ouvrière et conscience religieuse à l'Est.

J.-Cl. Chesnais, *La Revanche du tiers monde* (Laffont, coll. « Libertés 2000 »). Croissance ou paupérisation fatale ?

Esprit, n° spécial, « Le nouvel âge du sport » (M. Augé, R. Chartier, A. Ehrenberg, J.-Cl. Passeron, G. Vigarello). Un nouvel objet central pour la sociologie.

MAI

6 J.-M. Le Pen à « L'Heure de vérité » (Antenne 2). Déclarations fracassantes (et fausses) sur les « sidaïques »; « véritable(s) lépreux moderne(s) » et les immigrés. M. Noir, ministre R.P.R., « Serions-nous prêts à sacrifier notre âme pour ne pas perdre des élections ? » (« Au risque de perdre », *Le Monde*, 15 mai).

11-23 Privatisation de la C.G.E.

11-26 Procès de Klaus Barbie à Lyon, ancien officier S.S., responsable de la Sécurité, coupable de « crimes contre l'humanité ». Pour la première fois, les audiences sont filmées. Le 13, l'accusé décide de ne plus assister à son procès. Il sera condamné le 4 juillet à la réclusion à perpétuité.

15 Prise de position unanime par le Conseil des ministres de la Santé de la C.E.E. concernant le S.I.D.A. : condamnation comme inefficaces de tout contrôle aux frontières et de tout dépistage systématique.

23-30 Privatisation de Havas : les actions sont souscrites près de vingt fois.

Le Messager européen, n° 1 (P.O.L.). Dir. : A. Finkiel-kraut. La culture contre « l'américanisation ».

JUIN

8-14 Voyage de Jean-Paul II en Pologne qui défend publiquement l'action de Solidarité.

11 Construction de nouvelles prisons à l'aide de fonds publics et non privés comme le prévoyait le projet du garde des Sceaux, Albin Chalandon, de l'automne 1986.

13 Condamnation de Régis Schleicher, membre d'Action directe, à perpétuité.

18 Élection de G. Duby à l'Académie française.

22 Première réunion de la Commission de la nationalité, sous la présidence de M. Long (H. Carrère d'Encausse, P. Chaunu, A. Touraine). Son rapport sera publié en février 1988 sous le titre : *Être français aujourd'hui et demain* (Chr. Bourgois, coll. « 10/18 »). Intégration des étrangers et affirmation de l'identité française.

25 Réception de Kurt Waldheim par Jean-Paul II au Vatican.

27 Succès de la privatisation de la Société générale, entreprise nationalisée en 1945 par le général de Gaulle.

30 Limitation du droit de grève dans les services publics (amendement Lamassoure).

Nouvelle histoire des idées politiques, sous la dir. de P. Ory. Touchard au goût du jour.

J. Dieudonné, *Pour l'honneur de l'esprit humain. Les mathématiques aujourd'hui* (Hachette, coll. « Histoire et philosophie des sciences »). Succès inattendu d'un livre ardu.

JUILLET

12-13 A. Lajoinie, candidat du P.C.F. à l'élection présidentielle. Le 24 juillet, P. Juquin, chef de file des « Rénovateurs » démissionne du Comité central.

14 Inondation d'un camping du Grand-Bornand (Haute-Savoie) : 23 morts.

17 Rupture des relations diplomatiques avec l'Iran à la suite de « l'affaire Gordji ». Le 30, envoie du porte-avions *Clemenceau* en mer d'Oman.

AOÛT

17   Mort de Rudolf Hess, ancien secrétaire et dauphin
de Hitler, quatre-vingt-treize ans, après sa tentative de
suicide à la prison de Spandau où il était détenu depuis
1946.

26   Paris : réorganisation de la bande FM par la
C.N.C.L. Le 27 octobre, inculpation de M. Droit
membre de cette commission pour « forfaiture » pour
avoir favorisé « Radio Courtoisie ».

SEPTEMBRE

3   Baisse de la T.V.A. ramenée à 28 % sur les voitures
de tourisme et les motos ; à 18,6 % sur les disques et les
cassettes.

7   Libération de P.-A. Albertini, coopérant français
détenu depuis octobre 1986 en Afrique du Sud.

13   J.-M. Le Pen au « Grand Jury RTL-Le Monde » :
« Les chambres à gaz ?... un point de détail de l'histoire
de la Deuxième Guerre mondiale. » Le 17, manifestation
de 5 000 personnes devant l'Assemblée nationale demandant la levée de son immunité parlementaire.

Succès des anti-indépendantistes au référendum en
Nouvelle-Calédonie.

17   Fr. Mitterrand à la première émission « Le monde
en face » (TF 1, Chr. Ockrent). Omniprésence des problèmes de société : terrorisme, racisme, S.I.D.A., chômage.

21   Face-à-face de J.-M. Le Pen et d'A. Lajoinie sur la
Cinquième Chaîne.

22   Licenciement de M. Polac, producteur-animateur
de « Droit de réponse » à la suite de deux émissions mettant en cause Fr. Bouygues, P.-D.G. de TF1.

24 Ouverture de l'exposition Fragonard, dernière en date d'une série qui depuis « G. de La Tour » (1972) en passant entre autres par « L'École de Fontainebleau » (1972-1973), « Les frères Le Nain » 81978-1979), « Chardin » (1979), « Watteau » (1984-1985), a profondément renouvelé la connaissance de la peinture française des XVIIe-XVIIIe siècles.

30 Journées parlementaires du P.S. à Strasbourg. Dénonciation de la mainmise du R.P.R. sur l'économie et les finances françaises grâce aux privatisations.

A. Minc, *La Machine égalitaire* (Grasset). Les effets pervers des systèmes de redistribution.

Br. Etienne, *L'Islamisme radical* (Hachette), G. Kepel, *Les Banlieues de l'Islam* (Le Seuil). Après B. Badie, *Les Deux États. Pouvoir et société en Occident et en terre d'Islam* (Fayard) et A. Laroui, *Islam et modernité* (La Découverte) au début de l'année. Une curiosité et une inquiétude (cf. également « Islam, le grand malentendu », *Autrement*, n° 95, décembre).

C. Charle, *Les Élites de la Républiques, 1880-1900* (Fayard). « Les milieux dominants qui firent la France républicaine ».

OCTOBRE

1er Proust dans le domaine public. Trois nouvelles éditions de la *Recherche du temps perdu* paraissent simultanément : la Pléiade, Garnier-Flammarion, Bouquins chez Laffont.

V. Descombes, *Proust. Philosophie du roman* (Minuit, coll. « Critique »). « Le roman proustien est plus hardi que Proust théoricien. »

5 Transfert des cendres de René Cassin, prix Nobel de la paix, au Panthéon en présence de Fr. Mitterrand.

5-17 Succès de la privatisation de la Compagnie financière de Suez. Les actions ne sont cotées en Bourse que le 9 novembre.

19 « Lundi noir », effondrement des marchés boursiers après l'annonce des déficits records américains. Faiblesse du dollar qui le 19, puis le 26, passe au-dessous de la barre des 6 F.

21 F. Fellini, *Intervista*. Comment j'ai tourné certains de mes films.

30 J.-P. Aron, « Mon S.I.D.A. », à la une du *Nouvel Observateur*. Pour la première fois, une personnalité intellectuelle assume publiquement sa maladie.

V. Farias, *Heidegger et le nazisme* (Verdier). Renaissance d'une vieille polémique, sur la base de faits nouveaux pour les lecteurs français. Elle atteint cette fois un large public par la place que lui accordent la presse et les media.

G. Lipovetsky, *L'Empire de l'éphémère* (Gallimard, coll. « Bibliothèque des sciences humaines »). La mode et le culte du nouveau dans les sociétés démocratiques.

NOVEMBRE

9 Affaire Luchaire : vente d'armes à l'Iran sur lesquelles le P.S. aurait touché des commissions. *Le Point* parle de « Mitterrandgate ».

12-13 « États généraux » de la Sécurité sociale.

27 Libération de deux otages français au Liban : J.-L. Normandin, R. Auque.

Arrestation de Max Frérot, artificier d'Action directe.

P. Vidal-Naquet, *Les Assassins de la mémoire* (La Découverte). La vraie critique contre les illusions de l'hypercritique.

M. Gorbatchev, *Perestroïka* (Flammarion). Critique du régime soviétique par le premier personnage de l'État.

J.-M. Lustiger, *Le Choix de Dieu*. Entretiens avec J.-L. Missika et D. Wolton (Éditions de Fallois). L'Église et le monde actuel : l'itinéraire d'un converti.

DÉCEMBRE

8 Signature du traité de démantèlement des missiles intermédiaires par R. Reagan et M. Gorbatchev à Washington. Premier accord de véritable désarmement de l'ère nucléaire.

10 J.-M. Lehn, prix Nobel de chimie.

9-29 Répression par Israël des manifestations palestiniennes dans les territoires de Gaza et de Cisjordanie.

31 Records de baisse pour le dollar à Tokyo, Francfort. Fragilité des marchés financiers : Paris enregistre 30 % de baisse en un an. Francfort 36 %.

1988

7 Inauguration du Théâtre national de la Colline (J. Lavelli) avec une pièce de F.G. Lorca, *Le Public*.

9 Mort de Thierry Maulnier.

11-12 Procès des membres ou sympathisants d'Action directe – les quatre principaux dirigeants, J.-M. Rouillan, N. Ménigon, J. Aubron, G. Cipriani, condamnés à la peine maximale de dix ans d'emprisonnement.

15 Mort de Sean Mac Bride, fondateur d'Amnesty international.

18 Fin du remboursement de l'emprunt Giscard lancé en 1973. Indexé sur l'or, il avait rapporté 6,5 milliards de francs et aura coûté à l'État 55 milliards de francs.

18-21 « À l'aube du XXIᵉ siècle, menaces et promesses ». Réunion de soixante-quinze prix Nobel à Paris à l'initiative d'É. Wiesel et de Fr. Mitterrand afin de rédiger un « testament spirituel des intellectuels de la fin du XXᵉ siècle ».

26 Grande-Bretagne. Première conférence mondiale sur le S.I.D.A. (148 pays).

É. Chatilliez *La vie est un long fleuve tranquille*. Du clip publicitaire au cinéma.

27 Succès de la privatisation de Matra.

Exposition des *Demoiselles d'Avignon* appartenant au musée d'Art moderne de New York au musée Picasso à Paris.

28 Mise en liquidation du *Matin de Paris*. Le 29, organisation d'une « journée nationale de la presse écrite » pour inciter les Français à lire davantage de journaux : le nombre de quotidiens nationaux est tombé de 26 à 12 depuis 1945.

Réception de G. Duby à l'Académie française au fauteuil de M. Arland. Il est accueilli par A. Peyrefitte.

A. Robbe-Grillet, *Angélique ou l'enchantement* (Éditions de Minuit) ; Cl. Simon, *L'invitation* (Éditions de Minuit). Le retour à l'autobiographie.

FÉVRIER

7 Ouverture de la vidéothèque de Paris au Forum des Halles. La mémoire audiovisuelle de la capitale.

18-15 Confirmation par une commission d'historiens du passé nazi du président autrichien K. Waldheim. La « conscience tranquille », il refusera de démissionner.

11 *Libération*, premier numéro du « Cahier des livres », sous la direction d'A. de Gaudemar.

15 Constitution, par C.E.P. Communication et Générale occidentale, du « groupe de la Cité », représentant 20 % du marché du livre.

17 Mort d'A. Savary, ancien ministre socialiste.

19 Mort de R. Char.

23-25 Adoption de deux lois assurant une plus grande transparence dans le financement de la vie politique française.

E.P. Thompson, *La Formation de la classe ouvrière anglaise* (Gallimard-Le Seuil). Un classique du marxisme ouvert.

P. Birnbaum, *Un mythe politique : la « République juive »*. *De Léon Blum à Pierre Mendès France* (Fayard). L'intrégation des juifs, matrice d'une nouvelle forme d'antisémitisme.

Devant l'histoire. Les documents de la controverse sur la singularité de l'extermination des juifs par le régime nazi (Éditions du Cerf, coll. « Passages »). La querelle des intellectuels allemands (J. Habermas, E. Nolte, E. Jächel, C. Meier...) sur le nazisme.

S. Weil, *Œuvres complètes*. *Premiers écrits philosophiques* (Gallimard). Présentation de G. Kahn, R. Kühn.

Marceau Long, *Être français aujourd'hui et demain* (Éditions 10/18). Rapport de la Commission de la nationalité réunie du 22 juin au 7 janvier 1988, qui a procédé à une série d'auditions publiques. Dans la grande tradition française, associer une meilleure intégration des étrangers et l'affirmation de l'identité nationale.

MARS

4 Inauguration par Fr. Mitterrand de la pyramide de verre de l'architecte Ieoh-Ming Pei dans la Cour carrée du Louvre.

16 Inauguration par Fr. Léotard du Palais de l'image et du son au Palais de Tokyo regroupant la Cinémathèque, le Centre national de la photographie, la F.E.M.I.S.

22 Première autorisation d'une souscription publique pour le Louvre afin d'acquérir le *Saint Thomas* de G. de La Tour (32 millions de francs).

Déclaration officielle de la candidature de Fr. Mitterrand à l'élection présidentielle (journal de 20 heures, Antenne 2).

29   Assassinat de Dulcie September, représentante en France du Congrès national africain (A.N.C.), principale organisation sud-africaine d'opposition au régime d'apartheid.

30   Mort d'Ed. Faure.

Esprit, numéro spécial, « La France en politique 1988 » (P. Avril, G. Grunberg, P. Hassner, B. Manin, J.-Cl. Chesnais, O. Mongin, J.-L. Pouthier...) : « ... dresser chaque année un état de la démocratie française. Il ne s'agit ni d'un " annuaire ", ni d'une " année politique ". Mais d'un repérage des grandes questions révéles ou occultées par les événements récents. »

Th. Pavel, *Le Mirage linguistique. Essais sur la modernisation intellectuelle* (Éditions de Minuit, coll. « Critique ») ; *L'Univers de la fiction* (Le Seuil, coll. « Poétique »). Grandeur et décadence du structuralisme.

J.-B. Moraly, *Jean Genet. La vie écrite. Essais* (La Différence). Genet sans mythe.

E. Goffman, *Les Moments et leurs hommes* (Le Seuil, Éditions de Minuit). Textes recueillis et présentés par J. Winkin. La genèse d'une œuvre.

Commentaire, n° 41. L'Europe et la France. Essais. Dixième anniversaire de la revue. « La question qui devrait dominer la réflexion politique est celle du déclin possible de l'Europe » (J.-Cl. Casanova).

AVRIL

11-13   Rachat de l'éditeur Grolier et du groupe de presse américain Diamandis par Hachette qui devient le troisième éditeur mondial et le premier concernant les magazines.

14   Retrait des troupes soviétiques d'Afghānistān.

24   Premier tour des élections présidentielles : Fr. Mitterrand, 34,09 % des suffrages exprimés ; J. Chirac, 19,9 % ; J.-M. Le Pen se félicite du « tremblement de terre politique » provoqué par ses 14,3 %.

25 Condamnation à mort de John Demjanjuk, « Ivan le Terrible », bourreau du camp de Treblinka, par le tribunal spécial de Jérusalem.

27 L. Besson, *Le Grand Bleu*. Le monde merveilleux d'une génération.

28 Face-à-face télévisé entre MM. Mitterrand et Chirac. Une audience record – 30 millions de téléspectateurs. Un affrontement qui met fin à la cohabitation.

S. Freud, *Œuvres complètes,* sous la direction d'A. Bourguignon, P. Cotet (P.U.F.). Création d'une commission terminologique par J. Laplanche, Fr. Robert. Freud en français ou en freudien ?

G. Noiriel, *Le Creuset français. Histoire de l'immigration. xixᵉ-xxᵉ siècle* (Le Seuil, coll. « L'univers historique »). Nos « ancêtres » immigrés.

MAI

4 Libération des otages français au Liban, M. Carton, M. Fontaine, J.-P. Kauffmann détenus depuis trois ans par des extrémistes chiites pro-iraniens.

5 Nouvelle-Calédonie. Prise d'assaut par des militaires et des gendarmes français de la grotte de l'île d'Ouvéa où vingt-sept otages sont retenus par le F.L.N.K.S. Dix-neuf morts du côté des indépendantistes, dont A. Dianou, chef présumé du groupe. Deux militaires tués. Mise en cause de B. Pons et du général Vidal par le capitaine Ph. Legorjus (*Le Monde*, 22-23 mai). Le 30, J.-P. Chevènement, ministre de la Défense, reconnaît que des « actes contraires à l'honneur militaire et des négligences ont été commis ».

8 Réélection de Fr. Mitterrand à la présidence de la République avec 54,1 % des suffrages exprimés (contre 45,9 % à J. Chirac).

12 Formation du gouvernement M. Rocard. Échec de l'« ouverture ». Deux ministres U.D.F. seulement – M. Durafour, J. Pelletier.

14 P. Mauroy, premier secrétaire du parti socialiste. Dissolution de l'Assemblée nationale par Fr. Mitterrand.

J. Capdevielle, R. Mouriaux, *Mai 1968 : l'entre-deux de la modernité* (F.N.S.P.) ; H. Weber, *Vingt ans après : que reste-t-il de Mai 68 ?* (Le Seuil) ; R. Martelli, *Mai 68* (Messidor) ; L. Joffrin, *Mai 68 : histoire des événements* (Le Seuil) ; D. Cohn-Bendit, *Nous l'avons tant aimée, la révolution* (Le Seuil). Entre histoire et célébration : incertitudes de la commémoration.

J. Habermas, *Le Discours philosophique de la modernité* (Gallimard). La contestation de la philosophie française des sixties.

R. Hilberg, *La Destruction des juifs d'Europe* (Fayard). Le bilan exhaustif du génocide.

JUIN

5-12 Élections législatives. Pas d'obtention de la majorité absolue pour le P.S. et ses alliés (275 députés).

13 U.R.S.S. Réhabilitation de G. Zinoviev, L. Kamenev, I. Piatakov et K. Radek condamnés sous Staline. Le 4 février avaient été réhabilités N. Boukharine et A. Rykov.

15 A. Vitez administrateur général de la Comédie-Française où il succède J. Le Poulain décédé le 1er mars. J. Savary le remplace à la direction de Chaillot.

18 Concert de S.O.S.-Racisme sur l'esplanade du château de Vincennes. Trois cent mille personnes venues écouter Johnny Clegg, Bruce Springsteen. Concert retransmis par satellite à New York et à Dakar.

22 Décision du Conseil d'État. La 5 et M6 devront respecter les quotas annuels d'œuvres françaises (50 %) et européennes (60 %).

A. Juppé, secrétaire général du R.P.R.

23 L. Fabius, président de l'Assemblée nationale.

24 Échec de l'O.P.A. du holding français Cérus (C. de Benedetti, A. Minc) sur la Société générale de Belgique, désormais contrôlée par Suez et ses alliés belges.

28 Formation du deuxième gouvernement Rocard. Une « double ouverture » vers le centre – J.-P. Soisson, J.-M. Rausch – et vers la « société civile ».

Excommunication de Mgr Lefèbvre, intégriste, pour avoir ordonné quatre évêques au séminaire d'Écône (Suisse). Premier schisme dans l'Église catholique depuis 1870.

30 V. Giscard d'Estaing, président de l'U.D.F.

Exposition « Années cinquante » au centre Georges-Pompidou.

JUILLET

1ᵉʳ Première conférence du P.C.U.S. depuis 1941. Entérine les réformes politiques proposées par M. Gorbatchev visant l'instauration d'un « État socialiste de droit ». La « perestroïka » et la « glasnost » sont à l'ordre du jour.

5-7 Difficultés de l'« ouverture ». P. Arpaillange, garde des Sceaux, qui propose de mettre fin à l'isolement systématique des détenus politiques, désavoué par M. Rocard. Démission de L. Schwarzenberg, ministre délégué à la Santé, à la suite de déclarations intempestives.

13 Projet de loi instaurant l'impôt sur la fortune et le revenu minimum d'insertion.

14 Annonce par Fr. Mitterrand de la construction de « la plus grande et la plus moderne bibliothèque du monde » en direct de l'Élysée (TF 1).

21 71,9 % de candidats reçus au baccalauréat. C'est le meilleur résultat depuis 1968 (81,2 %).

31 Attentat contre les bureaux du mensuel *Globe*.

Esprit, numéro spécial, « Paul Ricœur » (R. Chartier, J. Greisch, D. Sallenave, L. Giard, J.-M. Ferry...). Le bilan d'une œuvre.

AOÛT

6 Mort d'H. Frenay, fondateur du mouvement de résistance « Combat ».
Mort de Fr. Ponge.
20 Mort de J.-P. Aron.
25 Mort de Fr. Dolto.
29 Inculpation d'André Balland, éditeur du livre anonyme *Trois cents médicaments pour se surpasser intellectuellement et physiquement.*
31 Nomination de Pierre Bergé, P.-D. G. d'Yves Saint-Laurent, à la direction du Nouvel Opéra de Paris regroupant le palais Garnier, l'Opéra de la Bastille et la salle Favart.

SEPTEMBRE

9 Passage de Fr.-O Giesbert de la direction du *Nouvel Observateur* à celle du *Figaro.* But : refaire du *Figaro* un quotidien d'information en isolant les polémiques dans une page « Opinion ».
13-14 Réception de Y. Arafat, chef de l'O.L.P., par le groupe socialiste européen en présence de R. Dumas. Vives protestations de la part d'Israël et des organisations juives de France.
17 → 2 oct. XXIᵉ Jeux Olympiques à Séoul.
23 Autorisation de la commercialisation de la pilule abortive (RU 486) mise au point par Roussel-Uclaf qui, sous la pression des adversaires de l'avortement, décidera de la retirer du marché (26 octobre). L'intervention du gouvernement l'obligera à revenir sur sa décision (28 octobre).

25 → 2 oct. Élections cantonales. Un taux d'absten-tion record : plus de 50 %.

26 Début de la grève des gardiens de prison. Reprise du travail le 8 octobre après obtention d'augmentation salariale.

Fr. Furet, J. Julliard, P. Rosanvallon, *La République du Centre* (Calmann-Lévy, coll. « Liberté de l'esprit »). « La fin de l'exception française. »

G. Deleuze, *Le Pli. Leibniz et le baroque* (Éditions de Minuit, coll. « Critique »). Numéro spécial du *Magazine littéraire* : « Il y aurait donc une ligne baroque qui passe-rait exactement selon le pli et qui pourrait réunir archi-tectes, peintres, musiciens, poètes, philosophes. »

J.-Fr. Sirinelli, *Génération intellectuelle. Khâgneux et normaliens dans l'entre-deux-guerres* (Fayard). Thèse. Une nouvelle catégorie historique de l'histoire culturelle.

C. Schmitt, *Théologie politique, 1922-1969* (Galli-mard) ; *Parlementarisme et démocratie* (Le Seuil) ; M. Weber, *Sociologie du droit* (P.U.F., coll. « Recherches politiques ») ; Ph. Reynaud, *Max Weber et les dilemmes de la raison moderne* (P.U.F., coll. « Recherches poli-tiques ») ; W. Dilthey, *L'Édification du monde historique dans les sciences de l'esprit* (Éditions du Cerf, coll. « Pas-sages »). Actualité de la pensée allemande.

OCTOBRE

3 Chute de prix du baril de pétrole au-dessous de 10 dollars à cause de l'indiscipline régnant au sein de l'O.P.E.P.

5-10 Algérie. Sanglante répression – 161 morts offi-ciellement – des émeutes suscitées par la vie chère.

6-24 Grève des infirmières. Reprise du travail après des concessions du gouvernement.

11 S. Spielberg, *Roger Rabbit*. Une prouesse tech-nique : le mariage du film réaliste et du dessin animé.

12 Adoption du revenu minimum d'insertion
(R.M.I.). 570 000 foyers concernés à partir de février
1989. Coût : 9 milliards de francs.

13 N. Mahfouz, Égyptien. Prix Nobel de littérature.

15 *Fin de partie*, de S. Beckett, au répertoire de la
Comédie-Française. La pièce sera jouée dans le respect
du « droit moral » de l'auteur qui s'était opposé à la mise
en scène de G. Bourdet dont le nom disparaît de l'af-
fiche.

18 J.-J. Annaud, *L'Ours*. Si les animaux avaient une
âme ?

19-24 Échec de l'O.P.A. lancée par G. Pébereau
(Marceau Investissements) sur la Société générale.

20 Début de la grève de la fonction publique.

Adoption de l'amendement Coluche par l'Assemblée
nationale instaurant une réduction fiscale pour les dona-
teurs en faveur des associations d'aide humanitaire.

22 Incendie criminel du cinéma Saint-Michel proje-
tant *La Dernière Tentation du Christ* (M. Scorsese), jugé
scandaleux par les traditionalistes. Le 24, manifestation
de quinze cents personnes à l'appel du P.C. et du P.S. en
faveur de la liberté d'expression. Inculpation de neuf
militants intégristes les jours suivants.

25 Trentième anniversaire de la Vᵉ République.
Nouvelle pièce de 1 franc à l'effigie de Ch. de Gaulle.

28 Lancement du satellite français TDF-1 permettant dès le début de 1989 de diffuser cinq programmes de
télévision captables par presque toute l'Europe et une
partie du Maghreb.

H. Mendras, *La Seconde Révolution française, 1965-
1984* (Gallimard, coll. « Bibliothèque des Sciences
humaines »). Le choc social de trente ans de croissance.

Fr. Furet, M. Ozouf, *Dictionnaire critique de la Révolution française* (Flammarion), Fr. Furet, *La Révolution
française, 1770-1880* (Hachette). Pour une histoire politique de la Révolution sans célébration ni condamnation.

G. Soria, *Grande Histoire de la Révolution française* (Bordas), M. Vovelle, *L'État de la France pendant la Révolution française* (La Découverte). Défense et illustration d'une tradition jacobine.

A. Breton, *Œuvres,* vol. I, dans la Pléiade.

NOVEMBRE

3 Plan gouvernemental de lutte contre le S.I.D.A. Augmentation des crédits consacrés à la recherche (150 millions de francs) et à l'éducation pour la santé (100 millions de francs).

5 Mort accidentelle de J.-P. Stirbois, secrétaire général du Front national.

6 Référendum sur la Nouvelle-Calédonie. Abstention record en métropole (63,1 %). Victoire des oui (France : 79,9 % des suffrages exprimés ; Nouvelle-Calédonie, 57,2 %).

8-30 Extension des grèves dans le secteur public (P.T.T. ; R.A.T.P. ; R.E.R.). Réquisition de camions militaires pour transporter les banlieusards. Reprise du travail de 21 décembre.

9 Transfert des cendres de J. Monnet au Panthéon en présence de Fr. Mitterrand et des chefs d'État et de gouvernement des pays de la C.E.E.

10 Refus par E.M. Cioran du prix Paul Morand – 300 000 francs –, décerné par l'Académie française.

É. Orsenna, *L'Exposition coloniale* (Le Seuil). Prix Goncourt.

18 R. Hossein, *La Liberté ou la Mort* (Palais des Congrès). Une mise en scène du procès de Louis XVI qui ouvre la célébration du Bicentenaire de la Révolution.

24 Élection de J. de Romilly et de J.-Y. Cousteau à l'Académie française.

25 J. Kaspar, secrétaire général de la C.F.D.T. (congrès de Strasbourg).

R. Rémond, *Pour une histoire politique* (Le Seuil, coll. « L'univers historique »). Permanence ou retour ?

DÉCEMBRE

10   Palais de Chaillot. Quarantième anniversaire de la Déclaration des droits de l'homme en présence de Fr. Mitterrand, L. Walesa, A. Sakharov.

13   Allocution de Y. Arafat, président du comité exécutif de l'O.L.P., à la tribune de l'O.N.U. à Genève. Il condamne le terrorisme et propose aux Israéliens la « paix des braves ». Le 14, G. Schultz annonce l'ouverture d'un « dialogue substantiel » entre l'O.L.P. et les États-Unis.

22   Création d'un Conseil supérieur de l'audiovisuel (C.S.A.) en remplacement de la C.N.C.L.

26   La « Terre », planète de l'année pour le magazine *Time* afin d'attirer l'attention sur les risques qui la menacent.

30   Hausse de 65 % de l'indice C.A.C. de la Bourse de Paris sur onze mois.

Mort de Iouri Daniel, poète soviétique.

31   Présentation des vœux de Fr. Mitterrand depuis Strasbourg, « capitale de l'Europe ».

Aujourd'hui

1986 et l'alternance, 1988 et la réélection triomphale d'un homme, François Mitterrand, sans le triomphe de son parti. Le retour apparemment irrésistible du balancier à droite, et deux années après, l'installation de la gauche au pouvoir pour une durée que la désagrégation du camp adverse rend apparemment indéfinie. Il s'est passé beaucoup de choses au cours de ces trois dernières années dont le défaut de recul empêche de mesurer l'exacte portée au milieu des contradictions et de la confusion. Car rarement se sera-t-on trouvé devant une situation aussi ouverte.

L'extrême droite est devenue le paramètre paralysant pour la droite. À l'inverse, la gauche socialiste n'a cessé jusqu'ici de bénéficier du déclin du parti communiste qui avait joué pendant si longtemps pour elle un rôle analogue de handicap insurmontable. Mais voici qu'avec la poussée des Verts arrive une force qui va de nouveau au moins compliquer le jeu et, qui sait ? peut-être l'équilibrer. L'avenir sera-t-il à la simplification ou bien à la complication ?

Il n'y a pas eu finalement de conversion en profondeur de la société française au libéralisme. La fortune de ses thèmes aura été essentiellement négative. C'est la critique d'une certaine pathologie de l'État qui leur a donné relief et audience sans pour autant provoquer de véritable changement de philosophie collective. Quelles perspectives, dès lors, pour la droite, si elle n'a pas de doctrine crédible de rechange quand, par ailleurs, son répertoire national traditionnel a épuisé une grande part de ses effets ? Mais bien malin qui saurait définir le contenu du socialisme qui gère aujourd'hui. Il n'y a pas eu d'aggiornamento doctrinal en bonne et due forme. Mais l'immobilisme sera-t-il longtemps possible entre la nostalgie du grand dessein et la routine prosaïque du pouvoir ?

Est-ce que la fin de la crise et le lent retour sur les rails de la croissance que nous prédisent les meilleurs augures ont déjà refermé la trappe sur les interrogations auxquelles la société française avait fini par se résoudre sur son propre compte ? Les vraies transformations ne viendront-elles pas insensiblement des contraintes de l'insertion européenne ? Nous ne pouvons terminer que sur des questions. Mais nous voudrions ajouter à ces interrogations générales quatre réflexions d'ordre plus proprement intellectuel sur les évolutions fortes que rétractent les dernières années de notre chronologie. Nous ne les donnons pas pour les seules significatives ; elles comptent assurément parmi les plus spectaculaires : la réhabilitation de la problématique religieuse, la promotion de la culture scientifique, la réanimation d'une réflexion politique au travers de laquelle il y va peut-être d'un changement de paradigme pour les sciences de l'homme et de la société, la quête, enfin, d'une esthétique littéraire hors des voies militantes de l'avant-garde.

Dans chacun de ces domaines, on pourrait être tenté de parler superficiellement d'un « retour » qu'il serait facile d'interpréter comme une régression : retour au scientisme des belles années du rationalisme républicain ; retour au cléricalisme traditionnel ; retour aux naïvetés prémarxistes de la philosophie politique classique, retour aux facilités éprouvées du récit. Ce que ces quatre brèves analyses voudraient ensemble faire ressortir, c'est qu'il n'en est rien. Bien au contraire, il est frappant de constater à quel point le renouement de continuité s'opère en pleine connaissance de cause des acquis de l'âge du soupçon. La relégitimation du problème religieux s'enracine à l'opposé des principes d'ordre et d'autorité qui caractérisaient la tradition catholique dominante en France. La nouvelle culture scientifique fonctionne à tous égards aux antipodes du catéchisme positiviste de la fin du XIXᵉ siècle. La ressaisie historico-philosophique des problèmes du fondement politique s'accomplit à distance égale de la conviction étroite des libéraux et de la foi aveugle des révolutionnaires. Le renoncement à une esthétique de la rupture formelle n'empêche pas l'intégration de ses acquis. Comme quoi le vide apparent de l'heure, souligné par nombre d'observateurs, pourrait bien n'être qu'un effet de passage, gros en réalité d'un futur fécond.

I. RELÉGITIMATION
DU RELIGIEUX

Le moins frappant n'est pas que ce soit des milieux les plus extérieurs à la réalité catholique française traditionnelle et à sa dominante contre-révolutionnaire que soit venu le réveil aux enjeux de la tradition religieuse : des juifs, des dissidents, des révolutionnaires convertis, des émancipés de la colonisation. La C.I.A. qui gouvernait l'Iran avait dûment enregistré tous les militants et tous les opposants, mais pas Khomeyni – comment imaginer que ce soient les religieux qui puissent faire la révolution ?

S'il fallait trouver une date au phénomène, c'est sans doute à la guerre des Six Jours qu'il faudrait le faire remonter. En quelques jours, en quelques heures, le sentiment de solidarité que beaucoup d'intellectuels juifs rangés d'évidence dans le camp progressiste se sont senti pour Israël a enclenché un long mouvement de redécouverte et d'affirmation d'identité qui les a menés, loin du sionisme émancipateur de la gauche laïque, jusqu'à la traduction du Talmud et l'émergence d'un continent culturel oblitéré par la tradition assimilationniste. Le terrain a été préparé, en France, par l'arrivée massive des juifs d'Afrique du Nord, beaucoup plus proches des pratiques et de la tradition, et qui ont donné son véritable sens de « communauté » à une collectivité sans identité communautaire. Les menaces successives sur Israël, le choc du Kippour, l'émotion de Munich, la montée de l'Is-

lam, l'intériorisation du péril permanent qui pèse sur Israël et qui le déchire lui-même n'ont fait que renforcer la certitude d'une implication active du destin juif dans le destin d'Israël. Ce mouvement a recouvert la conjonction de deux générations de déçus du socialisme : la gauche stalinienne et la génération gauchiste, Annie Kriegel par exemple et Benny Lévy.

L'aspect qui nous intéresse ici n'est pas la prégnance de la question juive sur fond de problème israélien, mais, d'une part, la centralité du problème religieux à l'intérieur du judaïsme et, d'autre part, la diffusion de ce souci proprement religieux très au-delà de la communauté et sa valeur d'exemple et même de modèle dans le mouvement de la culture. Il est significatif à cet égard qu'il ait fallu attendre 1982 pour voir la Bible au centre des intérêts du Congrès des intellectuels juifs de langue française. 1977 : Le Récit de la disparue de Schmuel Trigano. 1979 : Le Testament de Dieu de Bernard-Henri Lévy. 1980 : Le Juif imaginaire d'Alain Finkielkraut. La chronologie exprime bien trois étapes de cette diaspora de la pensée juive. Un effort pour réenraciner la philosophie juive au cœur d'elle-même, en deçà de son acculturation occidentale, jusqu'à Maimonide, la réassise de la tradition éthique de l'Occident sur l'Ancien Testament, l'affirmation d'un « bonheur juif » vécu qui rompait brusquement avec la négativité doloriste.

De ce point de vue, la consécration d'Emmanuel Lévinas apparaît comme l'apogée philosophique du mouvement. Une pensée jusqu'alors marginalisée, forte de sa seule réputation auprès des connaisseurs, a pris une dimension centrale, au milieu d'une constellation qui a vu réapparaître les fondateurs de son type de pensée dans la tradition allemande, Rosenzweig, Mendelssohn et, plus généralement, le bouillon de culture de langue allemande entre Vienne et Berlin. Les entretiens de Lévinas avec Philippe Nemo, en 1978, montrent bien la conjonction d'une philosophie purement juive avec un converti du maoïsme par la grâce de Maurice Clavel.

L'écho qu'a un moment rencontré Édouard Kouznetsov

en France exprime de son côté clairement le lien entre la question juive et la dissidence, laquelle a été fondamentale dans la réhabilitation du religieux. On savait bien que Siniavski comme Soljenitsyne, pour prendre des extrêmes opposés, étaient profondément religieux. Mais on ne voyait pas là un trait essentiel de leur œuvre et de leur entreprise politique. Il a fallu attendre le relais polonais, l'élection de Jean-Paul II et la découverte du rôle de l'Église catholique dans le mouvement de résistance antitotalitaire pour que la revendication spirituelle exprimée par les grands dissidents puisse apparaître dans tout son relief, comme indissociable de leur refus politique. C'est à la lumière de ces événements qu'est apparu aussi dans toute sa force le rôle progressiste et libératoire de la religion dans la lutte contre les dictatures d'Amérique latine, en particulier au Brésil et au Chili. De là à considérer que la seule vraie force capable de mettre en échec l'invasion totalitaire de gauche comme de droite était la force de la religion, il n'y avait qu'un pas. Il a été obscurément décisif, non point pour la réanimation de la foi, ou du sentiment religieux, ou de la pratique religieuse, mais pour la relégitimation de ce que l'on pourrait appeler la culture de la religion : le droit et l'éthique, conjoints dans la notion de Droits de l'homme. Éthique : thème ambiant, mot qui marquera l'époque, comme d'autres « mots-moments » ici analysés ont marqué la leur, depuis les rééditions des ouvrages de Jankélévitch aux derniers ouvrages de Foucault, thème qui draine dans son sillage la revitalisation d'une longue tradition française qui va du kantisme à Alain. Il faut faire une place, dans cette constellation, à l'impact de l'œuvre de René Girard. En même temps qu'elle se présente comme une grande synthèse critique de l'héritage des sciences humaines, elle les tire du côté de l'esprit du temps en y logeant ce qui y paraissait étranger, la réconciliation de la science et du christianisme, l'esprit de la recherche et le souci moral.

La personnalité de Jean-Paul II et le phénomène Lustiger sont certainement pour beaucoup dans la réapparition active d'une intelligentsia catholique et fière de l'être, dégagée de *l'opprobe et du sectarisme traditionnels qui pesaient sur les « talas ». L'un et l'autre incarnent en effet dans « le choix de Dieu » la conciliation possible de l'ouverture lucide et informée sur le siècle et d'un conservatisme théologique sûr de lui-même. Ils représentent ce qu'il peut y avoir de moderne dans l'ancrage dans la religion.*

Au centre de cette constellation, dans le Landernau parisien, le personnage de Maurice Clavel. Quand il entre en politique à gauche, en 1967, au moment de l'affaire Ben Barka, il est a-typique par son gaullisme et son catholicisme. Il l'est toujours dans son enthousiasme pour Mai 68. Mais c'est par son catholicisme qu'il va peu à peu prendre dans les années soixante-dix son épaisseur de gourou intellectuel. Personnage séminal auquel on doit sans doute dans ces années la forte injection du religieux dans le politique, via le gauchisme et via Lip, qui a fait le joint entre la « mort de l'homme » et la résurrection de Dieu, la critique du sujet et le « retour à Kant ». Il a rendu tolérable une certaine pensée réactionnaire – pensons à ses positions sur la morale sexuelle –, au cœur de l'intelligence de gauche la mieux pensante.

Ce qu'il est convenu d'appeler l'affaire de l'école libre, au printemps 1984, a bien fait ressortir la mutation des attitudes collectives à l'égard du problème religieux. Elle a signalé le désamorçage définitif du préjugé laïque à l'égard du cléricalisme de la réaction. Les institutions laïques voyaient une société encore sur la défensive à l'égard d'une puissance identifiée à la quintessence de la droite. Il leur a fallu constater que, dans l'image sociale, la crainte avait changé de camp et que l'Église ne faisait plus peur. Davantage, qu'elle avait cessé d'être liée à la légitimation de l'ordre établi, à la bénédiction de tous les pouvoirs, voire à l'essence de la contre-révolution. Elle s'est brusquement ressourcée au titre de force de résistance et d'instrument des droits fondamentaux. Elle a cessé d'être perçue comme institution garante de la prééminence de l'ordre collectif sur les atomes sociaux, mais comme le sanctuaire des droits imprescriptibles de la conscience individuelle.

Le « *Retour de l'Islam* », enfin – *pour emprunter l'expression de Bernard Lewis* –, conspire sur le fond au même résultat, à savoir le rétablissement du religieux dans une position de facteur social déterminant, mais sous un signe politiquement inverse. À ses débuts, la révolution iranienne, en 1978-1979, est encore vécue dans un premier temps comme l'exemple de l'insurrection des consciences. Ce sera la dernière occasion pour un certain nombre d'intellectuels occidentaux d'exprimer leurs espoirs révolutionnaires, à l'enseigne cependant déjà significative de la « *spiritualité politique* ». Mais, très vite, le régime de Khomeyni a dissipé les espérances placées sur lui pour devenir le symbole d'un cléricalisme fanatique, obtus et sanglant dans la meilleure tradition caricaturale du cliché occidental, mais avec une capacité à soulever les masses qui lui confère une aura incomparablement menaçante. Régis Debray ne dira-t-il pas que l'Islam est le seul totalitarisme à avoir les moyens de son ambition ? Le phénomène remarquable, c'est que le religieux est réhabilité dans la meilleure tradition idéaliste comme un moteur de l'histoire indépendant du développement des forces productives, mais à la différence du christianisme occidental, ou orthodoxe, comme la seule vraie grande menace sur la civilisation des libertés.

L'Afghanistan a obligé à compliquer le tableau, puisque, là, l'Islam s'est trouvé au service d'une identité nationale et de la résistance antitotalitaire. À travers le combat contre l'envahisseur soviétique, l'islam afghan a rejoint le catholicisme polonais ou irlandais, pour être, comme eux, facteur d'affirmation nationale et d'identité collective.

Dans tous les cas, si différents soient-ils, l'ensemble des données va dans le même sens. Elles obligent à reconnaître le facteur de religion comme une puissance d'entraînement aujourd'hui fondamentale et impossible à négliger dans la compréhension du destin des sociétés.

Mais voilà qu'au moment où s'opère, du côté laïc, ce travail de conversion mentale, plusieurs indices viennent éveiller des craintes et contredire cette mutation générale : l'affaire Rushdie, l'affaire Scorsese, l'affaire du carmel

---

d'Auschwitz, ou le durcissement théologique de l'Église à l'occasion du bicentenaire de la Révolution. Ces conflits vont-ils ranimer les oppositions traditionnelles et les réinscrire dans les termes les plus classiques d'un combat qu'on croyait dépassé, les lumières contre le fanatisme et l'intolérance ?

Pierre Nora.

II. LA SCIENCE DANS LA CULTURE

Succès de La Recherche *dont le niveau élevé aurait dû pourtant, conformément à une opinion répandue, limiter le nombre de lecteurs ; succès aussi de son concurrent direct,* Pour la Science, *version française de* Scientific American. *Multiplication des collections dont les titres indiquent clairement les intérêts :* Science ouverte *(Éd. du Seuil), qui approche de son soixantième volume,* Le Temps des sciences *(Fayard), qui en alignera bientôt une trentaine et, plus récente,* L'Espace des sciences *(Payot) ; parallèlement la nouvelle collection* Épistémè *(Christian Bourgois) remet en circulation les classiques de l'histoire des sciences introuvables sur le marché depuis des décennies, et les éditions Belin lancent une série de biographies des savants. Présence de plusieurs livres écrits par des scientifiques pour exposer les résultats de leurs recherches ou décrire leurs itinéraires personnels, sur les listes de best-sellers et leur entrée dans les éditions de poche. Participation des hommes de science dans les débats publics, politiques et philosophiques. Attente de la part de l'opinion des effets des recherches scientifiques, en premier lieu des thérapies efficaces contre le cancer et contre le* S.I.D.A.

Tous ces faits, faciles à constater, deviennent parlants quand on rappelle que Les Atomes, *ancêtre direct de* La Recherche, *avait la diffusion d'un bulletin semi-confidentiel ; que la tentative de lancer il y a vingt ans une*

*revue consacrée aux problèmes de la science (*L'Âge de la
Science, *Dunod) s'est soldée par un échec après quelques
numéros à peine ; que les éditeurs qui ont essayé à cette
époque et même plus tard de publier des collections de livres
à contenu scientifique mais destinés à des non-spécialistes se
sont vus rapidement contraints d'arrêter les frais et que les
très rares collections de ce type apparues au tout début des
années soixante-dix et qui se sont maintenues – par exemple
les* Recherches interdisciplinaires *de Pierre Delattre
(Maloine) – n'ont jamais réussi à percer. La conclusion
s'impose : depuis une dizaine d'années, nous assistons à un
changement de la place de la science dans la culture française. À sa sortie du ghetto.*

*Effet de surface ? Pour mesurer la profondeur du change-
ment en cours, tournons-nous vers la philosophie dont l'attitude à l'égard de la science est particulièrement révélatrice
de la place qu'assigne à celle-ci la culture d'une époque et du
rôle qu'elle y joue. Il apparaît alors que, depuis une dizaine
d'années, à côté du courant heideggerien, toujours dominant, une tendance se dessine, orientée vers les Anglo-
Saxons d'adoption ou de naissance. Avec un retard de quarante ans parfois, on a traduit enfin les œuvres de Wittgenstein et de Popper, quelques livres de Carnap, certains
textes représentatifs de la philosophie analytique ; c'est heu-
reusement avec des délais bien plus brefs que sont traduits
les auteurs actifs aujourd'hui dans la philosophie américaine, de Feyerabend à Searle, en passant par Rorty et Hof-
stadter. Et il ne s'agit pas en l'occurrence d'une simple
curiosité pour les nouveautés en provenance de l'étranger,
qui serait au demeurant d'autant plus louable qu'on ne l'a
pas toujours manifestée. À preuve le nombre croissant de
travaux français consacrés aux problèmes d'épistémologie et
de logique, à la philosophie des sciences, à la bio-éthique, à
l'intelligence artificielle, et dont les auteurs sont en général
au début de leur carrière.*

*Le contraste est grand sous ce rapport avec la période
immédiatement précédente où – Jules Vuillemin et Gilles
Gaston Granger mis à part – la philosophie universitaire*

française n'a pas manifesté d'intérêt pour les sciences, surtout pour les sciences contemporaines, les travaux de
Georges Canguilhem et ceux d'Alexandre Koyré auxquels
on reviendra étant concentrés sur les XVIe-XVIIIe siècles. La
pensée de Sartre est toujours restée foncièrement littéraire,
Merleau- Ponty se focalisait sur le monde de la perception et
la Sorbonne cultivait l'éthique, la théorie des valeurs et la
métaphysique, sans se sentir troublée par la question, pourtant retentissante : « Pourquoi des philosophes ? » et sans se
soucier outre mesure de ce qu'avaient à dire les mathématiciens, les physiciens et autres biologistes. Ni la cybernétique
de Wiener, ni la théorie de l'information de Shannon, ni
même l'épistémologie génétique de Piaget ne semblent avoir
suscité en France de débat philosophique important. Les
années soixante, malgré la vogue du structuralisme dont les
grands promoteurs, tel Claude Lévi-Strauss, avaient une
vraie culture scientifique, n'ont pas rompu dans ce domaine
avec une tradition qui, pour être récente, n'en était pas
moins incarnée dans de puissantes institutions.

Sous le double et étrangement convergent patronage de
Heidegger d'un côté et de Lénine appuyé par Mao de l'autre,
la fin de cette décennie a même vu s'aggraver dans certains
quartiers le sentiment de supériorité des philosophes par
rapport aux hommes de science. Obnubilés par l'étant au
point de ne plus entendre la question de l'être, ceux-ci, selon
les adeptes du premier, sont, sans le savoir, au service d'un
arraisonnement du monde par la technique, si bien que
leurs théories n'ont rien à dire aux philosophes. Et, selon les
séides des deux autres, ils ne sont capables que d'une « philosophie spontanée », ce qui oblige les matérialistes dialectiques à leur apporter la conscience de l'extérieur, comme
l'intelligentsia russe l'apportait jadis aux moujiks afin d'en
faire une force révolutionnaire. Cette injection de la
conscience aux scientifiques était réalisée par les maoïstes et
les gauchistes, rejoints sur ce point par les tenants d'un radicalisme écologique, comme une contestation principielle du
savoir démasqué en tant qu'un pseudo-savoir dont le rôle
effectif est celui de l'instrument que des savants auto-

proclamés utilisent pour asseoir leur domination qui est en même temps celle de l'impérialisme américain. De vaillants assistants, devenus depuis des mandarins dignes de leurs maîtres, faisaient, armés de ces idées, des révolutions dans les laboratoires, cependant qu'une partie influente de l'opinion intellectuelle imputait à la science, sans le moindre discernement, la responsabilité de tous les malheurs de notre temps, en escamotant ainsi le vrai problème de la responsabilité sociale et éthique des hommes de science pour l'usage fait de leurs théories, des techniques qu'ils ont mises au point et des choses dont ils ont rendu la production possible.

Les années soixante semblent aujourd'hui très lointaines. Plus lointaines, pour ce qui est de l'attitude à l'égard de la science, que les trois premières décennies du siècle quand elle était au cœur de la problématique explorée par la philosophie française. C'est dans la Revue de métaphysique et de morale *que Poincaré discutait alors avec Russell et Couturat de la logique et des fondements des mathématiques, en des articles qui, réunis en recueils, ont acquis dans la philosophie le rang des classiques. C'est dans la* Revue de philosophie *qu'ont paru à l'origine les chapitres successifs de cet autre classique,* La Théorie physique, son objet, sa structure *(1906) de Duhem, réédité en 1981, encore un signe du temps, pour la première fois depuis 1914. Un mathématicien, dira-t-on, et un chimiste. Et Bergson, alors ? Ce métaphysicien pur et resté parmi les plus grands n'a-t-il pas fait preuve d'une profonde connaissance de la biologie de son temps, dont il a utilisé – ou, si l'on veut, extrapolé – les données dans son* Évolution créatrice *(1907) ? Et, après avoir assimilé dans sa jeunesse les résultats et maîtrisé la démarche intellectuelle de la physique mécaniste, n'a-t-il pas fait des efforts pour pénétrer dans le nouvel univers de la relativité et des quanta ?*

Qu'il n'ait pas réussi, peu importe. N'oublions pas qu'en 1905, quand Einstein publiait son article révolutionnaire sur l'électrodynamique des corps en mouvement, Bergson avait quarante-six ans et qu'il en avait plus de soixante en 1922, pendant la visite d'Einstein à Paris et la discussion mémorable à la Société française de philosophie. Reste qu'il a essayé, comme en témoigne Durée et simultanéité *(1922), et que ses curiosités scientifiques n'en faisaient nullement un isolé parmi les philosophes français de son temps. Boutroux et Brunschvicg, auteur des remarquables* Étapes de la philosophie mathématique *(1912), Couturat aujourd'hui totalement et injustement oublié, Émile Meyerson, Abel Rey, Édouard Le Roy – une liste complète de philosophes qui abordaient les problèmes de la science serait certainement beaucoup plus longue. Le Bachelard de l'*Essai sur la connaissance approchée *(1928) a été jusqu'au début des années cinquante –* L'Activité rationaliste de la physique contemporaine *date de 1951 – le dernier représentant éminent de cette tradition.*

À partir des années trente, un nouveau climat commence à s'instaurer dans la philosophie française. Impossible d'en étudier ici les causes. Le fait est qu'à l'exception du seul Louis de Broglie, les Français, physiciens et philosophes, sont absents des grands débats de la physique théorique qui ont eu une si grande importance pour la philosophie du XXe *siècle; le montre entre autres l'œuvre de Popper. D'autre part, une suite de tragédies: mort de Herbrand, mort de Cavaillès, mort de Lautman – les deux derniers, résistants, furent tués par les nazis – a rompu après 1940 et pour longtemps le contact entre la philosophie française et l'évolution de la logique. Ce qui a eu pour effet un relâchement, pour ne pas dire une rupture, des liens auparavant très forts entre la philosophie française et les mathématiques qui pourtant, en France même, subissaient, à partir des années trente précisément, un profond renouvellement dû au travail de Nicolas Bourbaki.*

La chose est d'autant plus étrange que les philosophes français se sont intéressés assez tôt à l'œuvre de Husserl: dès 1911, Victor Delbos présentait les Logische Untersuchungen *aux lecteurs de la* Revue de métaphysique et de morale *et en 1929 Husserl lui-même a fait à la Sorbonne quatre conférences dont sont issues les* Méditations cartésiennes. *Dans l'allocution prononcée à cette occasion,*

*Xavier Léon soulignait l'affinité de la pensée husserlienne
avec l'objectif « de rapprocher science et philosophie » que la
Société française de philosophie s'est donné depuis sa création. Et il illustrait l'influence de la philosophie de Husserl
sur « le développement des théories physiques dont l'essor
merveilleux est un des plus grands spectacles de notre
temps », en citant Hermann Weyl et Werner Heisenberg.
Mais Xavier Léon était à l'époque un vieux monsieur et ses
paroles étaient le chant du cygne d'une génération qui quit-
tait la scène. Car de quelques husserliens français de la première heure, seul Alexandre Koyré s'est orienté, après un
long passage par l'histoire de la philosophie, vers l'histoire
des sciences conçue comme une histoire de la raison européenne en train de s'émanciper du donné sensible, et concen-
trée de ce fait sur la révolution scientifique des XVIe-
XVIIe siècles. Les autres, de même que la majorité des jeunes,
ont choisi la direction opposée : celle d'une philosophie qu'il
est loisible de pratiquer comme si les résultats de la connaissance scientifique n'avaient rigoureusement aucune importance.*

*Un livre serait nécessaire pour répertorier tous les symp-
tômes de cet état d'esprit chez les représentants de la génération qui entrait dans la philosophie à la fin des années vingt
et qui se définissait, dès cette époque, comme la génération de
l'entre-deux-guerres. Mentionnons d'abord la renaissance de
l'hégélianisme, qui, de Jean Wahl à Jean Hyppolite, en passant par Kojève, a grandement contribué à préparer le terrain à la réception des messages, à la fois contradictoires et
complémentaires, de l'existentialisme et du marxisme. De
l'existentialisme parce qu'il mettait l'accent sur le malheur
de la conscience bien plus que sur le savoir absolu, et sur la
lutte entre le maître et l'esclave bien plus que sur la média-
tion. Du marxisme parce qu'il privilégiait l'histoire au
détriment de la nature, et qu'il la faisait tendre vers un état
final où les conflits seront dépassés au sein d'une synthèse.
Mentionnons ensuite le surréalisme et ses prolongements, tel
le Collège de sociologie où Hegel était d'ailleurs en odeur de
sainteté mais où l'on s'intéressait aussi à un Freud plus*

*proche de l'écriture automatique que de la neurologie ;
Jacques Lacan a commencé sa navigation dans ces eaux-là.
Et mentionnons enfin l'entrée de Heidegger dans le champ
de vision de la philosophie française, moins à travers ses
écrits, au départ peu lus et encore moins compris, qu'à travers L'Être et le Néant (1943), œuvre emblématique de la
nouvelle orientation qui se donnait désormais pour objet de
réflexion non la science – absente à un degré stupéfiant de la
pensée de Sartre – mais l'existence quotidienne, et qui, toujours chez Sartre, remplaçait par les exercices d'imagination
romanesque, présentés comme des descriptions phénoménologiques, les raisonnements susceptibles de prétendre à une
validité universelle.*

*La génération de l'après-guerre, celle de Louis Althusser,
Gilles Deleuze, Jacques Derrida, Michel Foucault, s'est
opposée à maints égards à ses aînés. Mais dans le secteur
dont il est question ici la continuité a été préservée : la
science, quand elle n'était pas simplement ignorée, faisait
l'objet d'un soupçon systématique. Justifié en faisant appel
tantôt à Heidegger, dont l'influence sur la philosophie française allait croissant, et à Nietzsche, tantôt à une psychanalyse qui a rompu tout lien avec la médecine, tantôt à un
Marx léninisé, ce soupçon érigé en méthode conduisait toujours, dès qu'on le poussait à ses conséquences ultimes, à voir
dans la science exclusivement un instrument de domination.
Même si les philosophes ne le disaient pas aussi crûment,
leurs lecteurs se chargeaient de tirer eux-mêmes un tel corol-
laire. La sociologie de la science l'énonçait pour sa part
explicitement. Et elle s'appliquait à monter le rôle déterminant de la lutte pour le pouvoir et le prestige dans le choix
des stratégies de recherche, le poids dans celle-ci des facteurs
institutionnels et le caractère irrationnel du consensus dans
la communauté scientifique, produit de la seule pression
sociale. La* Structure des révolutions scientifiques *de Thomas S. Kuhn et* La Double Hélice *de James Watson ont
fortement contribué à propager une pareille image de la
science, nourrie au demeurant par des faits incontestables de
la menace nucléaire et d'autres utilisations de la recherche à*

*des fins militaires, et, plus tard, par l'angoisse qu'ont susci-
tée les manipulations génétiques.*

*Le succès des livres de François Jacob et de Jacques
Monod, qui ont touché, l'un et l'autre, un public beaucoup
plus large que le cercle habituel de lecteurs d'ouvrages scientifiques, et qui ont provoqué, surtout le second, un vif débat,
semble, vu à distance, avoir été le premier signe d'un retour
de l'intérêt pour la science en tant que porteuse d'une vision
du monde et d'une problématique qui exige réflexion. Puis
vint la théorie des catastrophes de René Thom. Son livre
majeur,* Stabilité structurelle et morphogenèse *(1972), est
passé d'abord relativement inaperçu en France, en dehors
des mathématiciens et de quelques marginaux. Mais ceux
qui l'ont lu, même s'ils n'en ont pas toujours compris l'armature mathématique, ont eu, d'emblée, le sentiment
d'avoir affaire à une pensée qui renouvelle d'un même coup
le regard posé sur le monde visible et le répertoire de questions fondamentales. Deux ans après ce livre-événement,
Christian Bourgois publiait courageusement en « 10/18 »
un recueil d'articles de René Thom qui commençait petit à
petit à être connu des économistes, des historiens, des lin-
guistes, des sémioticiens et des philosophes, tandis que ses
idées et les mots qu'il a lancés – et d'abord celui de catastrophe – pénétraient petit à petit dans l'air du temps. Dans
les mêmes années, on assiste aussi à la diffusion, en dehors
du milieu de spécialistes, de la thermodynamique des processus irréversibles d'Ilya Prigogine dont* La Nouvelle
Alliance, *écrite en collaboration avec Isabelle Stengers, sera,
en 1979, un succès d'édition.*

*Que s'est-il passé ? Deux ordres de faits peuvent être
invoqués pour expliquer le changement d'attitude à l'égard
de la science, qui s'est produit dans le courant des années
soixante-dix et dont nous venons de noter quelques symp-
tômes. Le premier c'est le mécanisme qui, dans la culture
européenne, fait se succéder des périodes « positivistes » et
des périodes « romantiques » et dont la description nous
entraînerait trop loin. Contentons-nous de constater simplement qu'après la reprise de plusieurs thèmes présents dans*

le procès intenté à la science par les romantiques et les sym-
bolistes, on en revient à des positions plus proches de celles
du rationalisme et de l'empirisme. Le second, c'est la muta-
tion de la science elle-même ; après une période qui a duré
depuis la fin de la guerre et durant laquelle elle semblait
avoir été une « science normale », occupée à résoudre les
problèmes à l'intérieur d'un cadre préétabli, elle commence
de nouveau à remettre en question son cadre même. D'où le
sentiment aujourd'hui assez répandu qu'une nouvelle pro-
blématique est en train d'émerger. Elle se caractérise par un
intérêt porté aux discontinuités et une orientation de la
recherche vers les données de l'expérience usuelle, les tenta-
tives de décrire et de rendre intelligible le monde tel qu'il
apparaît, en comblant ainsi le fossé entre les données de l'ob-
servation et celles de la perception. Pour confirmer une telle
opinion, on se réfère au développement de la physique des
solides, à la théorie des catastrophes, à l'embryologie ou à la
biologie du développement, tous ces domaines représentant
un pôle opposé à celui de la physique des particules, de la
logique ensembliste ou de la biologie moléculaire. Le pro-
blème du rapport entre ces deux pôles, et donc entre les
niveaux macro- et micro-scopique, acquiert désormais une
importance d'autant plus grande que les tentatives réduc-
tionnistes se sont soldées globalement par des échecs. C'est ce
qui entraîne un renouveau de la curiosité philosophique
pour ce problème dans ses divers avatars, et notamment
pour la question du déterminisme, qui est une des manières
de l'énoncer, de même que – dans une autre perspective – la
question des rapports entre les variations continues et les
discontinuités. Le changement en train de s'opérer dans la
philosophie universitaire traduit ce retour de la curiosité
pour les problèmes posés par la science, cependant que l'inté-
rêt grandit pour l'histoire des sciences et, en particulier,
pour celle de la science récente, des XIX* et XX* siècles.

La science n'a certes pas retrouvé son statut indiscutable
de l'époque d'avant la bombe. Et elle ne le retrouvera sans
doute jamais plus. Elle fera d'une part l'objet d'un débat
éthique commencé en 1945, ravivé et renouvelé par la

découverte des manipulations génétiques quelque trente ans plus tard et qui devient maintenant encore plus envenimé du fait de l'impact des travaux récents en embryologie (mères porteuses, transplantation d'embryons, clonage). Et elle fera d'autre part l'objet d'un débat épistémologique remettant en cause certaines orientations et leurs acquis. Reste que c'est à travers de tels débats que la science provoque les philosophes, suscite des curiosités profanes et s'intègre de nouveau à la vie de la cité et à la culture en général dont elle semblait un temps avoir été définitivement séparée.

Krzysztof Pomian.

III. CHANGEMENT
DE PARADIGME
EN SCIENCES SOCIALES ?

L'organisation intellectuelle *du champ des sciences sociales au plus haut de leur rayonnement, fin des années soixante, début des années soixante-dix, pourrait être schématiquement décrite comme un système à trois grands termes : une discipline modèle, la linguistique, porteuse de l'espérance d'une sémiologie unificatrice ; deux disciplines-reines au plan des applications, la sociologie et l'ethnologie ; et deux théories de référence, le marxisme et la psychanalyse. Un même paradigme hégémonique assure l'articulation de l'ensemble : le paradigme* critique.

Il a son expression philosophique dans les pensées du soupçon. *Par essence, le discours explicite est travestissement, la conscience des acteurs est mystifiée. La démarche scientifique consiste donc dans le contournement ou la mise hors jeu de ces apparences et dans le dévoilement d'un arrière-monde qui seul compte et commande. L'ethnologie joue le rôle d'une sorte de surmoi au sein de cette économie de la méfiance généralisée, puisqu'elle est apprentissage de la méfiance envers soi, à l'échelle collective de l'Occident moderne, appel au décentrement de nos évidences aveugles, exercice ascétique et conversion au point de vue de l'autre. L'important est dans l'opération critique, plus que dans sa teneur stricte. Ce pourquoi, si les infrastructures selon Marx et l'inconscient selon Freud constituent des références naturelles et omniprésentes, leur usage est le plus souvent insoucieux d'orthodoxie. Elles sont exemplaires plus qu'elles n'engagent d'adhésion. Le modèle le plus fascinant, le plus attractif, celui qui donnera précisément aux philosophes le moyen d'une pensée de la destitution du sujet dans le discours ou l'écriture, est apporté par la linguistique. Parce que le langage est le lieu par excellence, au plus près de soi-même, de l'illusion de la conscience. La victoire des contraintes de l'ordre profond sur le pseudo-maître des idées et des mots en devient archétypique. Qui plus est, et là est l'essentiel, la notion de structure, comment qu'on la comprenne, ouvre la possibilité, non pas seulement d'une mise en cause des pouvoirs de la réflexion, mais de leur mise entre parenthèses pure et simple au profit des lois d'un système fermé sur lui-même et autosuffisant, dont le sujet apparent n'est qu'un épiphénomène ou un effet. D'où sur cette base le moyen de développer par exemple une radicalisation linguistique de la psychanalyse (le lacanisme). Le structuralisme est logiquement l'expression suprême, l'illustration achevée du paradigme critique. On discerne enfin comment une histoire quantitative attachée aux grandes masses économiques et sociales s'intègre sans difficulté dans cet ensemble sans y jouer de rôle moteur. Elle a l'équivalent en son sein des principes généraux de méthode qui le définissent : l'anonymat des grands nombres contre le point de vue des acteurs privilégiés, les pesanteurs de la longue durée et les limites de l'organisation matérielle contre la trompeuse liberté de l'action. À sa façon, elle vérifie le modèle et contribue à sa crédibilité.*

L'hypothèse qu'on voudrait ici brièvement et brutalement avancer, c'est qu'il s'est produit en fait depuis une dizaine d'années un changement radical de paradigme qui a affecté aussi bien la place que les démarches et le contenu de l'ensemble des disciplines. En termes d'organisation (intellec-

*tuelle, encore une fois, et non pas forcément institu-
tionnelle), sa manifestation la plus claire réside dans la centralité acquise par l'histoire aux dépens de la sociologie et de
l'ethnologie hier maîtresses. Sur le fond, on pourrait le
caractériser en parlant de « retour de la conscience », ou de
façon moins sujette à l'éternel quiproquo des « retours », de
réhabilitation de la part explicite et réfléchie de l'action.
Ainsi le retrouve-t-on dans le déplacement des intérêts de la
linguistique vers les questions de la pragmatique, les problèmes de l'énonciation et des actes de langage. Le système de
la langue fait moins modèle qu'on n'est sensible à ce que
révèlent sa mise en œuvre et ses usages. Ainsi observe-t-on
ses effets en sociologie, avec la réévaluation du rôle de l'acteur individuel et de ses capacités de calcul stratégique. C'en
est fini en tout cas de la figure de l'aliénation : sans aller
jusqu'à prêter aux agents l'appréciation rationnelle de leurs
intérêts, on s'accorde au moins pour refuser désormais de les
enclore dans la mystification et l'ignorance relativement aux
motifs qui les meuvent. Mais on pourrait de même montrer
comment en psychopathologie, terre d'élection de l'inconscient, le problème irrésolu de la psychose conduit insensiblement à ramener l'attention des dynamiques cachées vers
la thématique explicite des formations délirantes et hallucina-
toires. L'exemple aurait d'ailleurs la vertu d'écarter le
malentendu : ici moins que partout ailleurs, à l'évidence, il
ne saurait s'agir de restaurer la conscience dans la plénitude
de sa souveraineté d'antan, en déclarant la découverte de
l'inconscient nulle et non avenue. Bien plutôt s'agit-il de la
mise en évidence d'une strate du fonctionnement humain
plus « profonde » que le conscient et l'inconscient « classiques », avec ce paradoxe que, pour être plutôt saisissable par
l'entrée de la conscience, elle est davantage opaque que les formations ordinaires de l'inconscient. « Le mystère en pleine
lumière. » Sans doute le politique, tel que nous commençons
à le redécouvrir, relève-t-il, au niveau collectif, d'un sem-
blable statut : à la fois immédiatement accessible ou
« visible », et bien davantage dérobé, en sa faculté d'englobe-
ment, que n'importe quelle autre dimension du social.*

Le problème organisateur était celui du dépassement du
contemporain ; *il est devenu celui de* l'identité historique.
*Qu'il soit bien clair qu'on n'évoque pas ici on ne sait quelle
prise de pouvoir des historiens qui les mettrait en posture
d'imposer leurs questions aux autres disciplines. Le déplacement des perspectives ne s'impose pas moins à eux qu'aux
autres, bouscule autant leurs habitudes de réflexion et de
méthode, et les contraint peut-être même davantage encore à
de déchirantes révisions de principes. Si l'interrogation du
passé, en un mot, s'installe au premier plan, c'est moyennant un renouvellement entier du questionnaire et des voies
d'approche.*

*Il est commode, pour la clarté du propos, de distinguer
deux étapes et trois strates au sein du phénomène. Il y a eu
d'abord le grand succès public de l'histoire, étroitement
contemporain de l'entrée dans la crise au cours des années
soixante-dix, sous le signe de l'anthropologie et des mentalités. Comme si le blocage de la croissance avait été l'occasion
d'une diffusion et d'un approfondissement de la conscience
du devenir, par la mesure d'un côté du chemin parcouru,
du déracinement accompli, et par le sentiment de l'autre côté
du caractère général des transformations intervenues, affec-
tant jusqu'à l'identité des personnes et leurs manières d'être
quasi biologiques. D'un côté donc, un sens renouvelé de
l'éloignement du passé, de son étrangeté, de sa « sauvage-
rie » (anthropologique). De l'autre côté, la découverte que
« tout est historique », l'amour et la mort, mais aussi bien le
rêve et les larmes (mentalités).*

*Mais, seconde strate, c'est une mutation beaucoup plus
profonde encore de la figure du devenir qui s'accomplit à
l'intérieur de cette évolution du regard et sous son couvert.
On expose ailleurs les raisons qui justifient de parler à son
sujet d'un nouvel âge de la conscience historique (cf., ci-
contre, « Totalitarisme, libéralisme, individualisme »
parmi les Mots-Moments). La crise lui offre l'occasion
d'une cristallisation au travers des deux dimensions qu'elle
impose à l'attention : imprévisibilité radicale du futur
proche et pesanteur formidable des déterminismes à l'œuvre.*

Projetées dans le passé, cela veut dire d'un côté une victoire de la longue durée au-delà même de ce que ses promoteurs pouvaient imaginer, jusqu'à la prise en compte de contraintes et de continuités millénaires. Et cela signifie de l'autre côté, à l'intérieur de ce temps profond, la possibilité néanmoins de bifurcations radicales et de discontinuités majeures. Il est frappant de constater, pour qui croit à la prégnance de ces problématiques organisatrices, que les scientifiques produisent au même moment une série de modèles compliquant le déterminisme classique par l'association de l'action continue des causes et de la discontinuité des résultats (la théorie des catastrophes de René Thom en est l'illustration la plus connue).

Or, seconde étape et troisième strate, cette figure générale d'un devenir fait de nécessités longues et de réorientations contingentes va trouver aussitôt à s'investir dans un objet privilégié : l'histoire politique occidentale. Cela, en fonction du choc provoqué non tellement par la « découverte » des réalités du totalitarisme stalinien que par un dévoilement brutal de leurs conséquences de fond. L'avenir révolutionnaire s'évanouit : notre société capitaliste-libérale ne porte en elle aucune logique qui la promettrait au dépassement dans une forme supérieure. Mais avec la destination normale, c'est la provenance plausible qui change de visage. Si l'économie de marché et la démocratie formelle ne sont pas destinées à être surmontées dans le communisme, elles n'étaient pas davantage vouées à sortir nécessairement de la féodalité et du servage. La réconciliation valorisante avec leur efficacité ou leur légitimité s'accompagne d'un sentiment croissant de leur improbabilité historique. Pas de loi d'airain du développement des forces productives, mais un miracle européen de la liberté et de la richesse. Plus nous sommes portés à reconnaître une validité universelle aux principes de la modernité occidentale, moins nous sommes en mesure de les ancrer dans une histoire du progrès dont ils représenteraient l'aboutissement. Le problème fondamental devient par conséquent d'élucider la nature intrinsèque et les racines de la bifurcation énigmatique qui a permis le déploiement de cet univers entièrement original par rapport aux autres systèmes de civilisations connus. Mais il ne saurait plus s'agir de chercher derrière la pellicule trompeuse des règles avouées et des valeurs proclamées les vraies lois cachées du fonctionnement collectif. L'individu, les droits de l'homme, la république ne sont pas les masques trompeurs de la domination de classe, mais la réalité de nos sociétés – réalité en effet très éloignée des idéaux théoriques du fait des inégalités de classe, mais pas pour autant mensongère en sa teneur. C'est de leur explicite juridique et politique qu'il faut partir pour comprendre la dynamique, les contradictions et les crises des sociétés contemporaines. Mieux vaut autrement dit pour s'y repérer connaître les pensées qui se sont attachées à en définir les principes et à en établir les fondements. Réflexion politique et théorie du droit ont plus de portée explicative que des démarches critiques, si justifiées soient-elles, recensant indéfiniment les exceptions à la règle, mais ne permettant guère d'éclairer les tenants et les aboutissants de celle-ci.

Ce n'est aucunement dire que la bonne vieille étude des grandes œuvres et des philosophies classiques recouvre enfin la plénitude de son autosuffisance, comme si la connaissance de Montesquieu et de Rousseau pouvait avantageusement se substituer à l'analyse de la Révolution française, ou comme si elle pouvait dispenser de l'examen des conditions qui ont permis l'émergence de pareils systèmes de pensée. Tout au contraire : ici encore, l'apparent retour de tradition porte en fait l'exigence d'une réorientation profonde. Ce qui est en jeu, c'est un renouvellement entier de l'« histoire des idées » par son intégration dans l'histoire des sociétés, et un renouvellement symétrique de l'histoire tout court par l'incorporation systématique de l'histoire intellectuelle. Le problème est de trouver le mode d'insertion permettant d'associer intimement Montesquieu et Rousseau à la marche du processus politique d'Ancien Régime en sauvant intégralement l'explicite de leur propos, sans réduction la moindre à la vérité cachée du jeu des forces sociales (les Lumières, programme inconscient de la bourgeoisie montante). Il est, en sens inverse, d'utiliser ces développements de la pensée de la liberté et de la souveraineté pour éclairer les contradictions fondamentales inhérentes au déploiement de l'absolutisme monarchique. La clé de l'opération réside dans une intelligence élargie de la nature du politique. Bien loin de se réduire à cette part superficielle et transparente du fonctionnement des sociétés sur laquelle on croyait tout savoir, le politique constitue le niveau le plus englobant de leur organisation, niveau non pas souterrain, mais voilé dans le visible, si l'on peut dire, masqué dans l'ampleur de sa puissance effectuante au milieu de son exposition même. Tout le déplacement que nous vivons tient au fond dans cette réévaluation : ce n'est pas dans le caché, mais dans le manifeste que se situe le plus opaque et le plus déterminant. C'est du point de vue de la forme politique que la cohérence hiérarchique de l'ordre social et matériel d'Ancien Régime se révèle le mieux. Comme c'est seulement du point de vue du pouvoir et de son histoire que les fractures majeures initiées par sa logique, tant sur le plan directement politique que sur le plan des phénomènes induits, comme la séparation de l'économie, deviennent pleinement lisibles. En fonction de l'arrière-fond ainsi reconstitué, on peut rendre la révolution à sa vérité vécue de révolution politique. Elle est d'abord, elle est essentiellement avènement d'une société des individus contre la société des corps ; elle est expérience inaugurale de la souveraineté collective contre l'hétéronomie incarnée dans le roi sacré – et c'est à l'intérieur de ce cadre qui la déborde de toutes parts que se glisse la domination bourgeoise. La révolution, en d'autres termes, est ce que les acteurs qui la font pensent qu'ils font, bien plus encore qu'ils ne le pensent. Car il ne s'agit pas de retourner à la fiction de la conscience claire. Simplement, il ne s'agit pas tant d'une conscience mystifiée que d'une conscience partielle ou limitée. La tâche n'est pas de la démasquer. Elle est plutôt d'apprécier l'étendue de son bien-fondé, en la replaçant dans le cadre dont elle porte un élément au jour et dont nous avons rétrospectivement à expliciter l'ensemble. C'est le pensable à l'intérieur duquel s'insèrent les pensées d'une époque qu'il

*s'agit de reconstituer, bien plus que de débusquer l'*impensé
qui les commanderait.

En un mot, ce qui semble se dessiner au bout de la problé-
matisation de l'originalité occidentale moderne, c'est une
recomposition du dessein d'une histoire totale. Selon deux
axes : par accession, au travers du politique, à une clé nouvelle pour l'architecture de la totalité, et par absorption, en
fonction de cette ouverture, de la part réfléchie de l'action
humaine, des philosophies les plus élaborées aux systèmes de
représentations les plus diffus. Il est clair ainsi que l'histoire
des religions est destinée à prendre dans ce dispositif une
place éminente. Elle offre le terrain rêvé pour l'arrachement
à la vieille alternative du matérialisme et de l'idéalisme qui
constitue l'enjeu de fond de ce déplacement : les idées n'en-
gendrent pas plus la réalité historique qu'elles ne sont sécré-
tées par elle, elles sont dans l'histoire, exactement aussi agies
et actives que ses autres composantes, le problème étant de
déterminer la façon dont elles s'ajustent au mécanisme efficace du tout en mouvement. L'histoire religieuse est par ailleurs, du reste, un domaine privilégié pour l'examen d'un
des problèmes cruciaux qu'ouvre cette redéfinition du mode
sous lequel saisir une société comme ensemble, à savoir le
problème de l'articulation entre les productions de l'esprit les
plus méditées, la théologie la plus rigoureuse, et les traits de
« mentalité » les plus obscurs, pratiques rituelles ou
croyances traditionnelles. Il est à cet égard un domaine
intermédiaire dont les développements récents sont particulièrement typiques : le domaine de l'histoire symbolique.
Le domaine, autrement dit, d'une histoire pensée sans être
clairement conçue, telle qu'exposée dans les emblèmes, les
cérémonies ou les monuments. Si l'on entend faire par
exemple une histoire du pouvoir, si l'on veut saisir la mutation radicale de la fonction monarchique dont l'Ancien
Régime a été le théâtre sous couvert de continuité de la
royauté sacrale, il est indispensable de passer, entre l'histoire
matérielle de l'État et la succession des théories de
la souveraineté, par le décryptage minutieux de la mise en
scène et du cérémonial du pouvoir. Ce n'est qu'à ce niveau,

par le déchiffrement des symboles, *que devient lisible le parcours qui, du roi-médiateur entre ciel et terre de l'âge féodal, a conduit au roi-lieutenant d'un Dieu absent de l'âge absolutiste, c'est-à-dire qui a changé de fond en comble la* fonction symbolique *du souverain. Une fois cette clé de voûte dégagée, on peut opérer la jonction entre l'histoire de fait du développement de l'État, et l'histoire intellectuelle de la pensée des fondements de la légitimité. L'objet lui-même de cette histoire à l'entre-deux de la pensée claire et des pures données factuelles est on ne peut plus représentatif : ces symboles ne relèvent pas d'un inconscient à psychanalyser, ils sont des produits éminemment intentionnels, destinés à signifier, à manifester un message – sur un mode simplement non réfléchi et appelant une explicitation. Ils sont l'expression sensible, énigmatique ou muette, mais non travestie, du processus social non pas le plus enfoui, mais le plus enveloppant, et par cela le plus invisible : la mise en forme politique de l'espace collectif.*

Mais ce déplacement d'intelligibilité n'intéresse pas que l'ordre collectif. On en a l'homologue exact dans le registre du sujet individuel. On cherchait les soubassements affectifs occultes de la vie mentale. Avec le cognitivisme, on revient à l'étude du fonctionnement intellectuel. Mais dans le domaine même des processus affectifs, on en arrive à soupçonner, à la lumière des troubles les plus graves de la fonction subjective, que le plus organisateur est peut-être moins l'affaire d'une autre scène que celle de ces structures à la fois plus directement lisibles et plongeant plus profond que paranoïa ou schizophrénie portent au jour. C'est une nouvelle perception cohérente du phénomène humain qui se met en place.

Marcel Gauchet.

IV. LITTÉRATURE :
UN RÉEL INÉDIT

Les media ne parlent de littérature qu'à l'occasion des morts illustres ou, ce qui revient au même, à celle de l'entrée dans la Pléiade. Et c'est alors toujours la même antienne, celle du « dernier des grands écrivains », qu'on avait entendue à la mort de Sartre, puis de Barthes, de Michaux ou de Yourcenar – en attendant, qu'ils nous pardonnent, celle de Blanchot, de Leiris, de Beckett ou de Simenon et de quelques autres... La littérature est-elle réellement menacée ? Il est vrai, nous sommes frustrés, depuis une bonne dizaine d'années, d'écoles, de groupes, de mouvements aisément étiquetables, que public et critique ont toujours consommés avec boulimie. Dans cet espace sans repère, sans exclusion et sans exclusive, tout est redevenu possible ; mais y a-t-il encore, pour le lecteur, une production désirable ?

Il serait naïf de croire que l'on est passé d'un coup à un univers radicalement différent. Si les uniformes idéologiques des avant-gardes ont été raccrochés, leur travail théorique, avec ses avancées comme avec ses impasses, leurs réflexions avaient ensemencé le champ littéraire. Aux tentatives extrêmes, aux expérimentations souvent illisibles succèdent des œuvres qui s'inscrivent dans leur prolongement mais sur un tout autre registre, et surtout selon des sensibilités qui ne sont plus celles d'un groupe mais d'un individu irréductible. Tenter d'organiser ce nouvel espace pour mieux le décrire, c'est courir le risque de rapprochements intempestifs. Les noms cités, les œuvres envisagées le seront donc à titre d'exemples indicatifs, de simples balises.

Deux tendances, à première vue contradictoires, occupent le devant de la scène littéraire. La première correspondrait à un effacement de l'auteur dans ce que l'on pourrait considérer comme un recours à la Bibliothèque : du côté de Borges ou de l'Oulipo [1] c'est le mode de la récriture généralisée, parodie des genres, des styles, des langages, des œuvres. Des termes proposés naguère par l'avant-garde, c'est l'intertexte qui s'est imposé. Écriture savante, ironique, qui implique chez le lecteur une fréquentation assidue d'une bibliothèque identique – mais aussi écriture critique, qui fait voir les ressorts et les ficelles, qui traite la littérature comme un organisme en perpétuel devenir, mythe transhistorique dont l'œuvre actuelle n'est que la réalisation du moment, l'auteur que le porte-parole d'un texte qui n'en finit pas de s'écrire. Ce qui engendre, tout naturellement, un fantastique de l'érudition dont l'œuvre d'Umberto Eco est la meilleure illustration, elle qui n'emprunte les voies de l'enquête policière que pour mieux relancer l'interrogation sémiologique. Ce qui s'y éprouve c'est toujours une histoire de la langue, une écriture de l'Histoire, une histoire de la littérature elle-même, prise au miroir. Sur les rayons de la « Bibliothèque impossible deux fois » [2] se retrouvent les livres fictifs d'écrivains réels ou inventés : le Savignol de Raymond Roussel y côtoie le Bréhier de Nathalie Sarraute (mais tous deux ont écrit des Fruits d'or), et le Vernier de Georges Perec le Mark Ambient de Henry James. Ce n'est pas un hasard si Pessoa, et ses jeux d'identités multiples, se voit enfin reconnaître en France une place digne de lui, alors que de tels jeux d'hétéronymie [3] laissaient de glace quinze ans plus tôt la critique et le public.

La vague autobiographique qui emporte jusqu'aux maîtres du Nouveau Roman (Sarraute, Duras, Robbe-Grillet) et de l'avant-garde des années soixante-dix (Barthes, Sollers) apparaît comme un phénomène exactement inverse : à la dis-

---

1. Oulipo : abréviation de Ouvroir de littérature potentielle, groupe fondé par R. Queneau et Fr. Le Lionnais (entre autres), qui se proposait des exercices d'écriture soumis à des contraintes d'ordre linguistique et mathématique. La récriture par transformation est l'un des exercices les plus pratiqués. G. Perec et J. Roubaud ont fait partie de ce groupe.

2. Jacques Jouet, « La Bibliothèque impossible deux fois », *L'Infini*, été 1987.

3. Par exemple, les *Églogues* de Renaud Camus, Denis Duparc, Tony Duparc, Jean-Renaud Camus et Denis Duvert.

solution de l'auteur qui s'opère dans la récriture s'oppose son exaltation comme sujet, personne bien réelle avec un nom, une histoire, tout un univers référentiel. Mais tout n'est pas si simple. S'il est vrai qu'une partie de ces textes [4] *se présente comme un retour vers la parole vraie, non fictionnelle, presque hors littérature, la plupart vont au contraire questionner la traditionnelle distinction du texte de fiction et du texte autobiographique : le mensonge et la vérité ne sont pas nécessairement là où on avait coutume de les voir. Le temps des catégories et des typologies est révolu, les leçons de la psychanalyse imprègnent la réflexion aussi bien que les pratiques. D'ailleurs les psychanalystes eux-mêmes* [5]*, après les récits de cas (modernes récits), en viennent eux aussi (tout comme les historiens, les prêtres de campagne ou les travailleurs immigrés), à publier récits d'enfance et de formation (les leurs) : faut-il s'étonner qu'on ne trouve guère dans ces textes les inventions d'écriture qu'on aurait pu attendre de spécialistes du souvenir-écran et du débusquage des labyrinthes de l'ego ?*

Pour cette interrogation, le Roland Barthes *par* Roland Barthes *(1975) fait figure de livre fondateur au même titre que le* W *ou le souvenir d'enfance de Georges Perec paru la même année. Le premier, qui s'installe délibérément dans l'ambiguïté inévitable des rapports entre fiction et autobiographie, le second pour indiquer le blanc de l'alternance comme le lieu invisible, inexplicable, irracontable, de leur articulation. À leur suite, on voit un Sollers (du côté de la fiction à clés), un Robbe-Grillet (du côté de l'autobiographie minée par le travail du fantasme) s'engager à leur tour dans l'exploration de ces marges où fonctionne le* Je *créateur. La vérité n'est qu'un effet d'écriture. L'autofiction (telle que Doubrovsky la nomme dans son récit* Fils *où la psychanalyse mène la triple danse de la cure, de l'herméneutique et du travail du signifiant) gagne du terrain : imaginaire et mémoire ont partie liée. Faut-il repartir du*

4. *La Place* d'Annie Ernaux, par exemple.
5. Dolto, Pontalis, Mendel, Perrier, etc.

Mentir vrai *d'Aragon* et du travail de Modiano qui, *dès ses premiers livres, se construisait une mémoire à travers les jeux d'une parodie irrepérable à force d'être généralisée ?*

Un autre critère définissait le projet autobiographique traditionnel : la présence d'un aveu. Il n'en reste plus grand-chose après les reculs successifs des tabous. Certes de grands anciens ont su écrire le meilleur de leur œuvre (Gracq, Yourcenar) sur une résistance à un tel aveu, mais d'autres y avaient cédé non sans une déperdition de tension littéraire (Green, Jouhandeau). Le succès de L'Amant montre cependant que certains lieux sont encore fascinants d'être demeurés interdits : racisme, collaboration, inceste. Mais l'impact du livre était aussi dû à d'autres éléments : écriture dépouillée, et surtout choix très sûr du moment capital, celui à partir duquel s'organise le tressage du texte : à la fois naissance à la sexualité et au désir d'écriture. Duras donnait là son livre premier, celui qui justifie et fonde tous les autres. Elle confirmait la voie qui semble bien être devenue la voie majeure des récits autobiographiques actuels (Gracq, Yourcenar, Sarraute avec Enfance) : faire revivre la période clé d'une existence, celle où s'est formé un imaginaire, où s'est instauré un choix d'écriture. Ce projet n'est plus réservé à l'âge du bilan : l'écriture rétrospective à la première personne intéresse des écrivains beaucoup plus jeunes, elle devient une forme littéraire parmi d'autres, sinon la forme dominante [6]. Plus curieux encore : le Journal, autre forme de la première personne, et jadis réservé à l'intimité ou à la publication posthume, devient, lui aussi, un des modes de l'œuvre en train de se faire [7]. Les jeux avec l'autobiographie peuvent aussi devenir des jeux avec le Je : autobiographie d'un autre [8], autobiographie à la deuxième ou à la troisième personne, autobiographie dialoguée, les vieilles adéquations sont brisées, le décoratif l'emporte sur le fonctionnel.

6. Guibert, *Mes parents* ; A. Denis, *Une vie*, etc.
7. R. Jaccard, R. Camus.
8. Fr. Bott.

Le Journal est l'un des modes – le plus évident – de la fragmentation, autre trait dominant de la décennie. La récente célébrité – célébration – d'un Cioran et de son écriture du désastre et de la catastrophe en serait une marque éclatante. L'époque s'intéresse davantage aux esquisses qu'aux œuvres achevées, au devenir qu'à l'advenu. Le chef-d'œuvre imposant n'est plus de ce temps (certaines réévaluations, certaines redécouvertes iraient dans ce sens), il nous faut le mouvement du texte en train de se faire, ou, mieux, de se défaire. Le récit contemporain dira la contemplation fascinée pour le grand livre du passé [9], *qu'il devient alors vain de tenter d'imiter, ou la remémoration de toute une vie autour d'un livre qui ne s'écrira pas* [10] : *se rejoignent dans ce genre de texte toutes les formes que nous avons mentionnées – journal, première personne, parodie, etc.*

Il faut rattacher à cette mouvance la renaissance et la relégitimation de la biographie. Non plus la biographie « à l'ancienne », linéaire et sûre de ses assertions, mais des récits de vie en éclats, fragmentés, réfractés à travers l'autoportrait du biographe ; première et troisième personne entrelacées. Le retour à Morand – au Morand de Fouquet *qui dit Morand tout autant que le grand intendant –, ou la sympathie entre un modèle, un style, et une écriture : c'est* La Bruyère *ou* Marin Marais, *une réflexion sur le fragment, et l'écriture de Pascal Quignard* [11] ; *Van Gogh, la scansion, Pierre Michon ; ou bien : Glenn Gould, la variation, Michel Schneider* [12]. *Le succès fait en France au* Perroquet de Flaubert *de Julian Barnes va tout à fait dans le même sens : livre-enquête, livre de voyage, autoportrait en forme de biographie critique. La littérature se cherche en s'affrontant à elle-même et aux autres arts : le jazz, la photo.*

---

9. *Les Démons* de Doderer lu par le héros d'*Une découverte* d'Ariel Denis.
10. *Le Grand Incendie de Londres* de J. Roubaud.
11. *Une certaine gêne à l'égard du fragment ; La Leçon de musique.*
12. Pierre Michon. *La Vie de Joseph Roulin ;* Michel Schneider, *Glenn Gould piano solo.*

La peinture devient la référence constante et les textes des peintres de « Cobra » [13] *redeviennent terriblement actuels.*

La plupart des écrivains que nous avons rencontrés avaient participé de près ou de loin aux remous des années soixante et soixante-dix (exceptons-en les « biographes » dont nous venons de parler). Mais il est une autre génération qui aborde avec plus de franchise et de sérénité aux rivages de la littérature. Bien sûr ils ont beaucoup lu eux aussi, et notamment ces aînés. Mais une hypothèque est levée, celle-là même de la littérature et de son plaisir. Leur euphorie est bien loin des prétextes idéologiques derrière lesquels s'abritaient leurs prédécesseurs, toujours un peu honteux : « À quoi sert la littérature ? » est une question que l'on ne pose plus. Il est difficile de se lancer dans le roman après Proust, après Céline, après Beckett mais ils le font cependant. Il y a les desperados insensés qui prétendent inventer une langue [14]. *Il y a les autres, ceux qui entreprennent de dire le monde comme ils le voient, comme ils l'entendent. La vogue du récit de voyage n'est pas qu'un phénomène d'édition* [15] : *il correspond à une nécessité et à une envie qui rejoint les autoportraits indirects évoqués précédemment.*

Parmi les romanciers, certains entreprennent de donner voix aux exclus, aux paumés, à ceux qui ne fréquentent pas la bibliothèque [16]. *D'autres, plus nombreux, se rangent du côté de Perec, le Perec de La Vie mode d'emploi, ce roman de romans où l'auteur, sans souci des diktats de l'époque, sonna la charge et revint au récit, aux biographies imaginaires, au plaisir de raconter des existences cocasses ou insolites (et son maître en la matière, comme en d'autres, fut Raymond Queneau, Raymond la science qui savait si bien dissimuler la complexité de ses architectures sous la nonchalance amusée). Dans cette voie s'engouffrent des romans à la fois compliqués et brefs, provocants, tragi-*

13. Alechinsky, Dotremont.
14. Novarina.
15. Fogel, Rondeau, les Rolin.
16. Bon, Luc Lang, Leslie Kaplan, Echenoz, Redonnet.

comiques, récits graves d'épisodes insignifiants, intrigues policières à peine faussées, détails infimes grossis mille fois, à cent lieues de la scène et du pathos. Art à la fois minimaliste et baroque, qui veut surprendre à tout prix. Mais parfois [17] *la réussite est là, qui fait sentir le dérisoire pathétique de l'existence dans un monde trop complexe, incohérent, où l'instant précaire peut renfermer la vie aussi bien que la mort. Épopées minuscules du monde réel qui, en disant la perte du sens, permettent peut-être de partir à sa recherche.*

Ainsi donc, vingt ans après, le travail sur le signifiant alourdi de tous ses enjeux idéologiques laisse place à un subtil jeu des signes. Sémiologie séduisante, sociologie qui aurait trouvé son style, la littérature reconquiert un territoire. En effet, si les écrivains des années soixante ne cessaient de pourfendre l'illusion référentielle, c'est-à-dire les dogmes du réalisme, la littérature que nous venons d'évoquer, à demi-mot, loin de toute recherche théorique, semble trouver sa voie dans la référence, c'est-à-dire, comme l'écrivait Perec, dans un « réel inédit ». Des fragments du monde et du moi seront ainsi recensés, saturés jusqu'à l'exhaustivité, et l'on s'explique la vogue presque irrésistible des biographies, des récits de voyage, des « lieux écrits », de toutes les formes de mémoires.

Nous n'avons voulu parler que des récits : c'est là, nous semble-t-il, que s'amorcent des reclassements, des transformations notables. Mais l'abandon des théories du Texte rend aux poètes leur espace : les recenser ne nous apprendrait rien puisque chacune de ces voix, par définition, est unique.

Jacques Lecarme.
Bruno Vercier.

---

17. Echenoz, *Cherokee* ; Deville, *La Longue-vue* ; Toussaint, *La Salle de bains, L'Appareil-photo* ; Belletto, *L'Enfer.*

Pierre Nora
Marcel Gauchet

Mots-moments

Les cinq langages
de l'esprit du temps

Existence

Personne ne sait plus aujourd'hui si c'est l'essence qui précédait l'existence ou l'inverse, mais on n'oubliera pas de sitôt cette année 1945 où « l'existence » a fondu sur la France comme la célébrité sur Jean-Paul Sartre pour faire de lui beaucoup plus qu'un écrivain, une manière nouvelle d'être au monde. Comme si l'*En-soi* et le *Pour-soi* entraient tout à coup dans les chaumières. La fortune du mot est venue soudain de l'accord entre le petit homme explosif et la Libération qui le découvrait à quarante ans, déjà fort d'une œuvre incroyablement diverse, romans, nouvelles, théâtre, critiques, essais, philo. Découverte enivrante de *la liberté* qui, mêlée à la révélation du tragique et au sentiment de l'absurde, allait être le dernier cri de la philosophie et le premier mot du quotidien. Existence, parce que chacun se sentait à nouveau exister.

Ce modèle choc, auquel la formule « L'existentialisme est un humanisme » a servi de ralliement, Sartre l'incarnait par sa façon brutale et cavalière d'avoir fait coucher ensemble l'exercice des mots et le travail de la pensée, la littérature et la philosophie, en les anoblissant toutes les deux tout en les subvertissant l'une et l'autre. On imagine mal aujourd'hui, rétrospectivement, l'étrangeté de ce coup d'audace, aussi neuf, dans le registre intellectuel, que pouvait l'être, dans le registre politique, la réunion, par de Gaulle, de la tradition autoritaire et militaire et de la tradition légaliste et républicaine. Il y avait jusque-là la littérature, activité de chic, suprêmement incarnée par la N.R.F. ; et la philosophie, aux mains d'universitaires et de spécialistes, presque une science, faite à l'époque en tout cas d'une réflexion sur la science. Mais les deux domaines – on le mesure également mal aujourd'hui – étaient à prendre. Sartre, avec son garçon de café, son regard par-derrière, sa petite amie qu'il fallait ou non faire avorter, son être-pour-la-mort, bousculait d'un coup sec l'académisme et le ghetto universitaires, Alcan, Vrin et les colonnes du Panthéon, les progrès de la conscience et le conflit des devoirs. Mais ce pied-de-nez au ronron sorbonnard s'accompagnait d'une dose roborative de philosophie plus haute et plus dure, la phénoménologie, et même un cocktail tout personnel de phénoménologies, puisqu'il mélangeait celle de Hegel à travers Kojève, et celle de Husserl à travers Heidegger. Côté littérature, Sartre avait la chance que Céline se soit mis hors jeu, et que Proust soit encore déconsidéré pour mondanité. Restaient le provincialisme académique et psychologisant de Mauriac, le moralisme mou de Gide maintenant vieux, les fins de parties répétitives des surréalistes ; Malraux, le seul concurrent possible, était devenu ministre et allait vaticiner sur l'art ; et le reste s'était plus ou moins compromis pendant la guerre, Jouhandeau, Morand, Montherlant, Cocteau. Sartre, finalement, n'a pas eu trop de mal à casser la baraque et à relever le drapeau. Contre la philosophie, et sa tradition scientiste, rationaliste et positiviste, il faisait vibrer le pathos de la responsabilité, de l'engagement, de l'être-en-situation, de la mauvaise foi, tous thèmes illustrés d'exemples quotidiens et vécus : marcher dans la rue, se regarder dans la glace, emmerder les « salauds ». Là où Pascal disait élégamment : « Vous êtes embarqué », Sartre jetait : « Nous sommes faits comme des rats » et l'on sentait que c'était vrai. Contre la

littérature, il vous lançait dans les pattes le « behavio-
risme » américain, Dos Passos contre Mauriac ; et contre
l'*Antigone* d'Anouilh, des formules à frisson comme
« l'enfer c'est les autres ». Par ce double coup d'État,
Sartre se trouvait tout d'un coup occuper une place
imprenable et centrale : il avait littératurisé la philosophie et métaphysisé la littérature. L'existence, l'ek-
sistence, dont l'après-guerre faisait un frémissement
autant qu'une doctrine, ranimait la flamme de deux traditions devenues frigides, et mélangeait de manière déto-
nante la vie de la pensée et la pensée de la vie. Le « terrorisme » sartrien date de là, et sa radicalité a fait le reste.

Car l'irruption de « l'existence » comportait deux
conséquences de longue portée, et qui n'ont fini qu'aujourd'hui seulement – et encore – d'épuiser leurs effets.
« L'existence » impliquait d'une part une totalisation
spontanée du champ ou du mode d'intervention de
l'« intellectuel » – seul mot capable de couvrir ces deux
bâtardes qu'étaient devenues et la littérature et la philosophie. Elle impliquait d'autre part une clôture constituante et valorisante de la *situation* de l'intellectuel, qui
s'installait dans une position marginale, dominante et critique, accusatrice et dénonciatrice de tout ce qui prospé-
rait sur le mensonge et la mauvaise foi : la société, la
bourgeoisie, et soi-même y compris. Les deux mouvements sont complémentaires. De la minute où l'existence
n'était plus une substance, une essence, une conscience,
mais une projection-vers, un rapport-à, un déjà-là, une
conscience-de, bref une intentionnalité pure, elle avait
vocation à s'annexer instantanément tout et n'importe
quel objet de conscience, et s'éprouvait le plus intensément dans les plus triviaux : on n'existait jamais plus
qu'en se lavant les dents. Qui n'a pas découvert avec
transport ces tranches de « vies » qu'ont tout de suite
publiées *Les Temps modernes*, prostituées, délinquants,
schizophrènes et qui en apprenaient plus sur « l'existence » que la lecture de Husserl ? Mais cet éclatement
permanent de l'existence faisait en même temps à son

chef d'orchestre comme une obligation intrinsèque à sa propre musique de la jouer sous toutes les formes et sur tous les tons ; et l'existentialisme sartrien a pétrifié par son aptitude à passer sans heurt du traité au roman, du théâtre à la chanson, à l'essai, au reportage, à l'analyse existentielle, avec une plasticité qui faisait de tout ce qui n'était pas Sartre du sous-Sartre ; philosophe, comme Merleau-Ponty, critique, comme Blanchot, essayiste, comme Bataille. Le seul fait pour Sartre de les reconnaître pour ses pairs le confirmait lui-même dans sa supériorité. Sartre a excellé toute sa vie dans cette fausse démocratie de l'intelligence, en homme supérieur « qui vaut n'importe qui et que vaut n'importe qui » – vrai par principe, faux dans la réalité.

On pourrait même soutenir que la radicalisation politique, en quoi Sartre a paru progressivement s'enfermer et se résumer (à Benny Lévy qui lui demandait, au moment de ses soixante-dix ans, ce qu'il regrettait le plus dans la vie, la réponse vint : « N'avoir pas été assez radical »), découle elle-même tout entière du parti pris de l'existence et de sa définition. Sartre est venu très tard à la politique, et par le biais de la philosophie et de la morale. C'est la radicalisation antibourgeoise de l'*existence* qui l'a amené à se recycler dans la politique. De la révolte à la révolution : c'est l'itinéraire surréaliste *redivivus*, mais sans plus rien de l'audace subversive et de la gaieté d'espérance qui fascinaient à l'époque héroïque Breton et même Aragon. Un sérieux fondamental et une prosternation devant les masses. Mais c'est pourtant le même radicalisme existentiel qui a commandé chez ce révolutionnaire tous azimuts deux attitudes dont on sentait bien après-guerre ce qu'elles avaient de libératoire et ne voyait pas encore ce qu'elles avaient de contradictoire : un individualisme utopique et libertaire et, sur fond d'Armée Rouge, une révérence d'intellectuel masochiste devant la puissance et la violence.

Le dynamisme interne à « l'existence » a engendré enfin un phénomène très nouveau dans la culture fran-

çaise : sa capacité à devenir une manière de vivre,
presque une pratique sociale. Le moralisme gidien avait
certainement déterminé des vocations, le lyrisme mal-
rausien avait certainement jeté dans la Résistance des
jeunes gens bien nés. Mais ces influences sont restées
individuelles, et par nature, limitées. L'existentialisme
sartrien s'est traduit par un tout autre effet : une vraie
mode, large, diffuse, indifférenciée, portée par une génération tout entière et contribuant elle-même à la définir,
s'incarnant dans un genre de vie, un vocabulaire, des
lieux, une manière de regarder les autres et soi-même,
des partis pris vitaux.

C'est d'ailleurs par là qu'il a survécu à l'après-guerre.
Sartre aura beau produire encore et toujours plus,
occuper toujours davantage et pendant trente ans le
devant de la scène, dès les années 1953-1954, le modèle
est atteint. « Le fantôme de Staline » et « Les communistes et la paix » ont fait douter de son jugement politique. La montée de la croissance et l'avènement d'une
réflexion empirique et technique sur l'évolution de la
société a imposé la légitimité d'une autre approche,
moins excitante mais plus réaliste. Le Nouveau roman a
périmé soudain le *remake* de Manhattan Transfer qu'a-
vait représenté l'esthétique du *Sursis*. Et dès qu'elle a
commencé à penser, dans ces années 1953-1955, la génération de Foucault pense contre Sartre. Freud, Marx,
Nietzsche, Saussure, un autre Heidegger, les Annales et
Lévi-Strauss ont fait oublier ce que « l'existence » suffi-
sait à exprimer et à résoudre. Mais le modèle complété
par la saga du couple Sartre-Beauvoir a perduré sur une
ou plusieurs générations et peut-être jusqu'à aujourd'hui,
à travers des thèmes et des réflexes viscéraux plus essentiels à l'existence que toute forme de théorie. Si tant de
jeunes gens ont préféré dès l'adolescence et pour toujours
le vivre au faire, l'œuvre à la carrière, le salut par l'acte
au salut par l'éternité, la fécondité créatrice à la fécondité
familiale, la transparence illusoire du rapport humain et
la vérité entre hommes et femmes à l'enlisement dans

le mensonge social, l'intensité transcendantale de l'instant à la survie chimérique de la postérité, bref, ont préféré *s'assumer* plutôt que se soumettre et se répéter, c'est à « l'existence » à la Sartre qu'en le sachant ou sans le savoir ils le doivent, avec ce qu'elle avait, pour le meilleur ou pour le pire, de juvénile et de décapant. Au fur et à mesure que « l'existence » perdait sa signification intellectuelle, la vie de Sartre devenait elle-même un objet-fétiche. L'œuvre se vidait au profit de son auteur. Étrange transfert, promis lui-même à un bel avenir. La pensée de l'existence ne comptait plus, mais Sartre était devenu lui-même un modèle d'existence.

P. N.

Aliénation

Le moment de l'aliénation, c'est la cristallisation d'une sensibilité sociale large, diffuse et spontanée – qui correspond aux effets massifs de la croissance et aux transformations rapides de la société française –, sous l'aiguillon d'une pointe avancée de la critique intellectuelle, élaborée dans de petits laboratoires relativement indépendants les uns des autres et tous plus ou moins occupés à travailler sur la décomposition de l'héritage orthodoxe de la tradition marxiste-léniniste. Autrement dit, la fine fleur de la révolution poussée sur une terre vidée de la perspective même de la révolution. D'où une datation assez précise : 1956-1968.

Ce continent culturel a d'abord en effet émergé comme une critique de la société de consommation (expression dont il serait utile de préciser l'apparition et la diffusion) et des effets pervers et démobilisateurs qu'elle entraînait sur les masses à vocation prétendue jusque-là révolutionnaire. Bagnole, téloche, et H.L.M. Métro-boulot-dodo. Elle coïncide donc avec l'accéléra-

tion de l'exode rural, la naissance des villes nouvelles et
des banlieues en couronne, l'augmentation brutale du
niveau de vie, l'apparition d'une « nouvelle classe
ouvrière », l'avènement du loisir et le succès du Club
Méditerranée, l'effroi devant les ravages humains de la
civilisation industrielle et technique. Bref, le violent arrachement de la France à son cadre encore traditionnel,
l'anesthésie de la lutte des classes liée à la généralisation
de la classe moyenne et la conscience qui est apparue
soudain aux Français en deux ans, de 1954 à 1956
(encore faudrait-il bien la détailler), d'une seconde et
silencieuse nouvelle révolution française, imposée par ce
que Fourastié devait baptiser plus tard « les Trente Glorieuses » de la croissance. Croissance : ce mot de source
banale mériterait aussi son exacte généalogie. Il n'y a pas
une date, pas un livre de notre chronologie qui ne
viennent confirmer ce caractère d'époque. Pour ne
prendre que quelques repères : de *La Technique ou l'enjeu du siècle* de Jacques Ellul (1954) à *La Société du spectacle* de Guy Debord (1967), en passant par l'arrivée des
traductions américaines, *L'Homme de l'organisation*, de
Th. Whyte Jr. (1958) et *La Foule solitaire* de David Riesman (1964), significativement pourvue d'une préface
d'Edgar Morin. Et au beau milieu de la période, *Les
Choses* (1965) de Georges Perec, le roman même de
l'aliénation.

Sur ce fond de démarrage économique et d'ébranlement social, la séquence politique intervient pour déposer ses sédimentations, avec ses grosses charnières et ses
conséquences lourdes. C'est d'abord la plaque tournante
de 1956-1958, inaugurée pour la gauche par un double
coup de gong qui a valeur de coup de grisou : la crise de
l'orthodoxie communiste ouverte officiellement par le
rapport Khrouchtchev et la révolte de Budapest qui inau-
gurent la grande diaspora des intellectuels communistes
et rend inévitable la révision en grand du marxisme-
léninisme ; et le vrai démarrage du problème algérien,
déclenché par la mobilisation du contingent. C'est tout le

décor qui tourne sur lui-même. Deux thèmes de fond que le virage à droite, l'arrivée du général de Gaulle et la guerre d'Algérie proprement dite vont mettre au premier plan : révisionnisme, colonialisme. C'est le moment où parallèlement, le réformisme va conquérir sa légitimité intellectuelle sur l'écho rencontré par *La Société bloquée* de Michel Crozier. Colonisation-décolonisation : le thème va devenir central, programmatique, urgent ; et, la guerre d'Algérie terminée, se replier avec le drapeau sur l'Hexagone pour devenir de toute nécessité intérieure, et s'appliquer au vécu de tout un chacun : *Critique de la vie quotidienne*, écrira Georges Lefebvre en un titre qui capte l'essentiel. Décoloniser les rapports des hommes et des femmes, les rapports des hommes entre eux, et avec eux-mêmes, décoloniser le travail de l'homme chosifié. D'autant que progressivement, l'appesantissement d'un gaullisme pachydermique, la lourde mainmise sur l'appareil d'information, le flamboiement destructeur du pompidolisme industrialiste ne font que confirmer ce que le million de voix communistes « volées » par de Gaulle aux communistes dès 1958 avait annoncé clairement : il n'y aura pas de révolution, la société française n'est pas révolutionnaire, le capitalisme est capable de surmonter ses contradictions, il n'y aura pas de Grand Soir, remplacé par la prétention à « une grande ambition nationale ». Et si tout va pour le mieux, c'est que le mal de l'homme est encore plus profond qu'on ne l'avait cru. On va troquer un monde où l'on cesse de mourir de faim pour un monde où l'on va mourir d'ennui. L'aliénation, ce sera, somme toute, la version intellectuelle et sophistiquée de la phrase de De Gaulle : « Les Français sont des veaux. » Ce n'est donc pas seulement et simplement le bouleversement radical des rapports de production qui émancipera l'homme de lui-même, c'est le bouleversement de son rapport à lui-même, à son être essentiel, à son sexe, à son travail, à son langage et même à son inconscient. N'est-ce pas alors que se répand le thème de « la fin des idéologies » ? On ne mesure peut-être encore que mal l'ébranlement en profondeur et le remaniement global de la conscience qu'ont provoqués conjointement, en ces années soixante, la croissance, à tant d'égards libératrice, de l'âge gaullien, et l'effondrement, à tant d'égards également libérateur, de l'axe organisateur de la révolution. Ils expliquent assez que tant de secteurs de l'opinion, et si divers, aient pu être touchés : les émancipés du stalinisme, mais aussi les frustrés de la croissance, la jeunesse communiste, un large milieu chrétien, qui trouve là, comme les réactionnaires de droite, le moyen de réinvestir une vieille hostilité à l'évolution du monde moderne. Ce sont les solidarités communautaires traditionnelles qu'ébranlent de façon décisive la pénétration consommatrice et le système technicien – une sensibilité profonde donc, large et radicale, qui appelait des réponses non moins profondes, larges, radicales. Elles ne pouvaient venir, ces réponses, que de petits cercles avancés de l'intelligence et de la réflexion qui les élaboraient de leur côté, à partir de ce sentiment général : aliénation, aliénation.

Du point de vue strictement intellectuel, l'aliénation est un mot carrefour où est venu se fondre – dans une osmose qui est également la marque d'une époque où la disparition de l'embrayage intellectuel sur le militantisme de masse favorisait l'échangisme et le frottement de petits groupes d'intellectuels – le travail opéré à partir de trois références clefs : Marx, Freud, Heidegger. Distinction schématique, mais clarificatrice.

Marx : la crise de l'orthodoxie communiste, à partir de 1956, s'est traduite, intellectuellement, non par l'abandon du marxisme, mais par la recherche autour de Marx, au-delà de Marx, et même et d'abord par la recherche ou par la découverte d'un autre Marx, éclairé par l'exploitation, en particulier, des « œuvres de jeunesse » et des « manuscrits de 44 » : un Marx désaliéné lui-même du marxisme et de la perversion lénino-stalinienne. Un Marx revu par Gramsci, et surtout par Lukács, et le recentrement de la pensée de Marx sur la notion de *réifi-*

cation qui a connu à ce moment sa belle heure. 1955-
1956 : on ne peut qu'être frappé par la publication
presque simultanée d'œuvres venues d'horizons différents mais qui, chacune à leur manière, convergent : *Le
Dieu caché*, de Lucien Goldmann, l'importante biographie de Marx du père Calvez, et les *Questions de
méthode* de Sartre. La problématique typique du révisionnisme marxiste est en place. Et à partir de ces livres clefs,
des groupes clefs, *Socialisme ou Barbarie*, de Lefort et
Castoriadis, *Arguments*, de Morin, Duvignaud, Axelos.
Les premiers plus confidentiels et plus radicaux, fondamentalement révolutionnaires, et concentrant leurs
coups sur la dénonciation du totalitarisme stalinien. Les
seconds plus révisionnistes, pas encore totalement désespérés d'une transformation interne du P.C., et plus attentifs à l'analyse des phénomènes nouveaux de la société
contemporaine. Mais les deux sur la même longueur
d'onde : l'homme prétendu nouveau aliéné par le
bureaucratisme stalinien, l'homme réellement nouveau
aliéné par la « culture de masse » ; encore un mot qui fait
son apparition.

Freud : à peine son nom prononcé qu'éclate l'absurdité
d'une distinction trop tranchée, puisqu'un des traits les
plus nets du moment de l'« aliénation » a précisément
été, avec Reich et surtout Marcuse, la vogue du freudo-
marxisme, ces noces de l'Histoire avec la libido sous le
signe de l'aliénation. À quoi bon faire la révolution si
c'est pour être sexuellement malheureux ? Mais comment être sexuellement heureux si l'on n'a pas fait la
révolution ? Questions triviales mais cruciales, qui ont
fait le fond de l'air de ces années où trouvait également
de l'écho l'*Éros et Thanatos* de Norman Brown. Années
qui connaissent aussi l'essor du lacanisme, où l'aliénation
est présente à tous les niveaux : aliénation de l'homme à
sa propre image – c'est le fameux « stade du miroir » –,
aliénation de l'homme au langage – « structuré comme
un inconscient » –, et plus généralement encore, désaliénation d'une psychanalyse à l'américaine, adaptative,

normative et purement thérapeutique contre laquelle le
« retour à Freud », lancé par Lacan, est apparu comme le
fer de lance de la subversion.

C'est à ces deux matrices de transformations intellectuelles que Heidegger a fourni le joint et le lien. Étrange
réemploi de cette pensée à tout penser en France depuis
la guerre ! Il y avait eu le Heidegger phénoménologue
qui avait ranimé par le vécu le scientisme exsangue de la
philosophie universitaire. Il y avait eu l'ontologie heideggérienne qui avait ramené tout l'« Étant » à l'interrogation essentielle de l'Être. Il y a surtout, en ces années-là,
le Heidegger penseur de la Technique et contempteur de
la modernité : l'homme du retour à l'« authentique » et
de la coïncidence de l'homme avec lui-même. À un révolutionnarisme en mal de révolution, à une société en
pleine crise de croissance industrielle et technique, Heidegger apportait une garantie philosophique et un instrument critique autrement plus profonds, plus englobants,
plus principiels que toute forme de théorie de l'histoire et
de psychologie de scientificité douteuse. Une condamnation radicale du monde moderne, tel qu'on le voyait évoluer et une ontologie d'application immédiate. C'est là
que s'est nouée, entre Heidegger et l'intelligentsia française, l'alliance essentielle et perverse dont le divorce
éclate aujourd'hui, quand l'exhibition-résurrection du
Heidegger nazi rend insupportable l'idée rétrospective de
cette union inconsidérée et son ancienne fécondité : une
pensée venue de la révolution conservatrice, bien pis, du
monde d'Auschwitz, avait pu nourrir la pensée de réin-
venteurs de gauche de la révolution !

C'est à ce conglomérat effervescent que l'« aliénation »
a servi un moment de catalyseur et de précipité
chimique. Mai 1968 en aura été le chant du cygne, l'apothéose et le déclin, le feu d'artifice et le principe de dissolution. Un instant s'est opéré, dans l'incandescence, « le
renversement d'un monde renversé ». Cette formule-
programme des situationnistes, qui ont su donner à la
fête improvisée quelques-unes de ses images les plus

magiques, incarne à la fois ce qui aura été le point
d'orgue de la désaliénation de l'aliénation, et son point de
retournement. Après quoi, le thème n'aura plus qu'à se
raplatir en sociologie.

C'était peut-être sa vocation, et son seul débouché
naturel. Car le radicalisme intrinsèque de l'aliénation
comportait sa propre contradiction, et son impasse au
bout. Si aliénation radicale de l'homme il y avait, qu'elle
était constitutive de l'ordre social et une réalité en fait
insurmontable, à quoi bon la révolution ? Il ne restait
qu'à étudier sous toutes ses formes et à traquer dans les
plus secrets, les plus subtils, les plus savants, ou même les
plus évidents de leurs retranchements, les mille et un
détours par lesquels les hommes qui font l'histoire ne
savent pas l'histoire qu'ils font. L'eschatologie révolutionnaire sans débouché effectif devait fatalement se
convertir en réalisme anthropologique. En ce sens
l'émergence et l'évanouissement du thème ont préparé,
accompagné, sous-tendu le bel âge des « sciences
humaines », en particulier dans le secteur le plus exposé
à l'analyse accusatrice du monde contemporain, la sociologie, dont ces années ont précisément vu grandir le statut et grossir les effectifs.

Il n'empêche qu'entre ces trois pôles – le marxisme
comme horizon indépassable de notre temps, la révolution comme fin ultime de l'histoire et l'analyse réaliste
du processus social-historique – s'est jouée une partie
d'échecs, de poker, de cache-cache, de main chaude, de
taquet, dont le fil conducteur et explicatif aura bien été
l'« aliénation ». Et qu'il n'est si visible et si tendu que
parce que les deux môles où il s'attache, 1956 et 1968,
ont été, en France et en France seulement, si lourdement
surinvestis de poids et de significations. De l'une à l'autre
des deux dates, et entre les générations qui les ont le plus
intensément vécues – mettons les révisionnistes et les
situationnistes – la différence indique le parcours : pour
les premiers, intellectuels critiques, l'« aliénation » a été
le moyen de se désaliéner de la révolution pour accéder à

un réalisme sceptique. Légèrement désespérés, mais sympathiques quand même à la révolte et parfois un moment encore attachés au monde du marxisme et à sa promesse d'une histoire vivante et marchante. Mais pour leur progéniture soixante-huitarde, la réduction de la cible révolutionnaire à l'« aliénation » fournissait le moyen d'être radicalement révolutionnaire et de révolutionner l'aliénation elle-même sans marxisme, sans parti, sans classe, sans organisation, sans programme, sans rien. Avec l'imagination. Quelque chose d'essentiel est passé dans ce double itinéraire. De la révolution pour les uns à la considération du réel tel qu'il est. De la distance pour les autres envers l'héritage lénino-stalinien à l'assaut enragé du réel. Les jeunes ont aujourd'hui l'âge qu'avaient leurs aînés. Et sans doute les uns et les autres s'accorderaient-ils pour reconnaître à l'« aliénation » ce qu'elle offrait : un chemin pour sortir de la révolution à tous ceux qui rêvaient de la réinventer.

P. N.

Discours, structure

La fortune du structuralisme au cœur des années soixante aura correspondu d'abord à un mirage d'unification des savoirs. Un instant, on aura pu croire euphoriquement que les grandes nouveautés disciplinaires de la connaissance de l'homme au xxᵉ siècle, linguistique, psychanalyse, ethnologie, étaient en train de converger et de se fondre au sein d'une science unique. Mais les disciplines plus traditionnelles, comme l'histoire ou les études littéraires, paraissaient emportées par la même force d'attraction. Davantage : l'art lui-même, la littérature *pratiquée*, comme la peinture en acte ou le cinéma se faisant, ou la musique s'écrivant, n'étaient-ils pas en train de rejoindre ces terres émergentes, grâce à une défétichisation du prétendu acte créateur, rendu à sa vérité de travail formel et rapproché ainsi de la conscience critique. Un pas de plus encore, et la science fondamentale des sociétés, le matérialisme historique, grâce à la refonte althussérienne, allait apporter à ce massif intellectuel le principe de sa jonction avec le mouvement révolutionnaire des masses et le parti du prolétariat.

Art, science, politique : une seule et même praxis. Quel lettré eût pu résister au rêve d'élever son bagage traditionnel aux dignités neuves de la *scientificité*, tout en accédant dans l'opération même de son discours – de sa *pratique théorique* – à la modestie du travailleur et au suprême orgueil de compter parmi ceux dont l'anonymat sublime fait l'histoire ? L'existentialisme déniait à la science le pouvoir de saisir l'effectivité de l'expérience – réaction de clerc qui défend l'autonomie de son domaine. Le structuralisme, lui, s'empare de la science jusqu'à prétendre au monopole *épistémologique* de sa définition – la meilleure défense, c'est l'attaque. L'engagement imposait une subordination vulgaire de l'intellectuel à une instance extérieure à son travail. La pensée du *texte* ou de l'*écriture* lui apporte l'inestimable délivrance d'être un acteur politique et historique dans le quotidien même de son labeur sur le *signifiant* ou le discours. Entre 1965 et 1970, acmé d'un mouvement préparé de longue main, la vogue et la fascination structuralistes auront été faites de ce fantasme d'une impossible synthèse qui se trouvait promettre une issue providentielle aux préoccupations et aux passions traditionnelles des intellectuels français.

Ce n'est pas dans la réunion en effet impraticable des œuvres fortes qu'il faut en chercher le secret. C'est dans ce qui faisait l'évidente compatibilité de Lévi-Strauss, Lacan, Derrida, Foucault, Barthes, Althusser *aux yeux de leurs lecteurs*. C'est dans les lieux où se cherchait et s'élaborait leur mode d'emploi commun – et à cet égard, le chic éclectique de *Critique*, le parisianisme esthète de *Tel Quel* ou l'inimitable arrogance normalienne des *Cahiers pour l'analyse* renseignent bien davantage que les contri-

butions techniques des spécialistes. Tout l'effet d'optique
de ces années aura résidé dans les croisements qui sem-
blaient s'ouvrir de toutes parts. Le décentrement de la
conscience occidentale opéré par l'ethnologie n'est-il pas
l'homologue du décentrement du sujet psychologique
conduit par la psychanalyse ? La sortie de la métaphysique comme tâche de la philosophie n'en représente-
t-elle pas d'ailleurs l'équivalent au plan de l'histoire spéculation ? Marx, Nietzsche, Freud, le capital, la volonté
de puissance, l'inconscient, n'appellent-ils pas de sem-
blables stratégies du soupçon ? Avec le symbolique, ne
tient-on pas aussi bien les structures élémentaires du
social que l'ordre ultime de l'inconscient, en passant par
l'ensemble des formes de la représentation ? Il n'est pas
jusqu'au code génétique qui ne paraissait pouvoir s'inter-
pénétrer avec le code linguistique. Peut-être le sommet
de ces espérances est-il marqué par un texte-événement
de l'hiver 68-69, paru dans *Tel Quel* au plus fiévreux du
ralliement au P.C.F. où le choc de Mai l'avait conduit
avec une bonne part de l'avant-garde intellectuelle :
« Numismatiques » de Jean-Joseph Goux. Le bonheur et
l'*hybris* de la synthèse imminente y sont à leur
paroxysme : l'échange selon Lévi-Strauss et l'échange
selon Marx, la monnaie et le père, l'or et le phallus, la
structure selon Lacan et l'écriture selon Derrida, y sont
fondus dans l'homogène d'une histoire entendue comme
« procès de symbolisation ».

On n'allait pas tarder à s'apercevoir qu'on n'étreignait
en vérité qu'une chimère. Le partage des disciplines a
repris le dessus, la spécificité des problématiques les a
éloignées les unes des autres, tandis que la critique technique faisait ressortir l'inanité de rapprochements basés
sur des analogies hâtives. Surtout, s'est défaite comme
d'elle-même, sur le fond, l'assimilation du réel aux signes
qui justifiait les attentes investies dans la superscience
qu'eût constituée une sémiotique authentiquement générale. Car c'est en somme à cette chose étrange qu'a tenu
l'espoir structuraliste : une sorte d'idéalisme linguistique

qui s'est pensé comme un matérialisme (« le matérialisme du signifiant »). Hallucination d'une caste littéraire s'efforçant de ressaisir un monde qui lui échappe en l'identifiant à ce qu'elle maîtrise ? L'explication est trop hâtivement utilitaire pour suffire. Même fausse, elle a le mérite de faire ressortir ce qui reste à comprendre : l'exorbitant de cette conviction de clerc que le monde est fait pour aboutir à un livre, que la société est un Texte, que l'Écriture est Histoire, le Discours Praxis et l'Être Langage. Ce genre de foi est par essence fugace. Elle ne triomphe que pour aussitôt s'effacer, tant les déplacements de la société, les contraintes de la politique, comme les réquisitions sensibles de l'acte de langage se chargent promptement d'en déborder la fiction. Dès 1971, les signes du reflux sont là. Passé l'année suivante, ce sera la débandade.

Reste que ce structuralisme à la française, ou « poststructuralisme », comme disent les Anglo-Saxons pour différencier la méthode structurale des fondateurs de ses ressaisies spéculatives, n'a pas rayonné sur le monde pour rien. Il y a eu un attracteur intellectuel intense au foyer de ce mouvement, un schème de pensée monotone, mais puissant, et remarquablement accordé par ailleurs à une sensibilité de l'époque. Brutalement dit : Saussure relu à la lumière de Heidegger, l'idée de structure linguistique appropriée au dessein d'une critique ou d'une déconstitution de la subjectivité. Ce ne sont pas les opérations conscientes et volontaires du sujet parlant qui livrent le secret de l'ordre de la langue. Celui-ci se définit de manière purement interne par un jeu d'oppositions ou un réseau de différences qui bouclent le système sur lui-même. Aubaine pour le philosophe en quête d'une excentration de la conscience ci-devant souveraine. *Ça* parle, le prétendu parleur est détrôné. C'est le discours qui règne, délivré de l'imposture de son pseudo-maître. La mort de l'homme au bout du sacre des mots.

La force complète du modèle va être obtenue moyennant son interprétation dynamique. Soit, au lieu d'une

structure statique, un processus auto-engendrant, se
poursuivant tout seul par la relance indéfinie de la différence toujours en différence d'avec elle-même, justement, qui en forme l'élément unique et le moteur suffi-
sant : alors le sujet n'est pas seulement mis entre
parenthèses, hors-jeu, au profit de « formations dis-
cursives » qui ne s'expliquent que selon leurs lois du
dedans, il est activement dissous dans cette chaîne ou ce
flux qui en se déployant ne cesse de l'abolir. Dans « le
procès sans sujet », formule exemplaire par laquelle
Althusser croit pouvoir dissocier Marx de Hegel, il faut
entendre le procès *contre* le sujet, le processus engloutis-
sant, effaçant la possibilité d'une ressaisie subjective par
son expansion de processus. Mais « la chaîne signi-
fiante » de Lacan ne dit pas autre chose, au travers de
variantes locales. Ce qui se présente comme sujet est
effet de la structure, comme la signification est effet du
signifiant. La tâche analytique est de le faire accéder à
la vérité relativement à l'illusion de sa propre réalité.
Son but : soumettre le « parlêtre » à l'épreuve du
« désêtre ». Mais l'écriture selon Derrida, raturant la
conscience dans l'avancée de la trace, annulant la présence dans le déploiement de la « différance », défaisant
le propre par la dissémination, répond rigoureusement à
la même figure de pensée. Ultime avatar de grand retentissement : les flux des « machines désirantes » de
Deleuze et Guattari, dissolvant les identités *macro* et
leur emprise *répressive* dans la schize moléculaire et
mobile du *micro*.

Tout ceci eût pu rester spéculation ésotérique. La difficulté des écrits les destinait normalement à la confiden-
tialité. Or, en dépit de leur caractère abscons, violemment avant-gardiste, barbelé de préciosités, ils ont
soulevé une étonnante curiosité de masse, un studieux et
pathétique désir de déchiffrement – les inoubliables
séminaires de « lecture de Lacan » de l'après 68 trouveront bien quelque jour leur Flaubert. C'est qu'au-delà des
barrages de la forme, l'hyperabstraction apparente de ces

invocations récurrentes du discours contre le sujet, de la structure contre le soi, parlait droit à une passion antisubjective alors très active au sein de l'esprit du temps et qui demeure à distance l'une des énigmes de ces années. En politique, l'exaltation des masses anonymes qui font l'histoire contre l'individu qui n'est rien. En littérature, la dénonciation inlassable du mythe bourgeois de l'« auteur », le culte de l'impersonnalité formelle, la célébration de l'effacement de l'écrivain dans le livre. Et contre la psychanalyse à l'américaine et sa stratégie stupide de renforcement adaptatif de l'ego, la réorientation lacanienne vers la pureté radicale d'une entreprise de « destitution subjective ». Ce qui s'écrivait dans les revues et les livres se vivait chez les auteurs et dans leur public sous les espèces d'un sérieux masochiste et d'une pente à l'abnégation qui n'annonce certes pas l'enthousiasme libertaire du libido-gauchisme. De ce point de vue, le tournant s'accomplit avec *L'Anti-Œdipe* en 1972. Il réactive avec éclat une dernière fois le schème fondamental et nourricier, mais c'est au service d'une apologie émancipatrice du désir porteuse d'autres aspirations que le vœu d'annulation de soi sur fond duquel il s'était initialement imposé. La théorie antisubjective à l'appui de la sacralisation anarchisante de la pulsion individuelle. La rencontre fait choc, elle permet de ratisser large, mais elle explose à peine la surprise passée. Fin d'une époque. Les désirants se verront tout de suite autrement qu'en machines. Revoici l'haïssable « je » et sa suite, d'autant plus loquace, exhibitionniste et dévergondé que longtemps retenu. La barrière du purisme et de l'ascèse dénégatrice une fois enfoncée, les « retours » en tous genres ne cesseront plus, bientôt, de déferler.

Il y aura eu entre-temps pour compliquer le tableau la greffe réussie de la « déconstruction » sur les études littéraires américaines. C'est au pays de l'individu-roi que le décentrement structural et la dissolution discursive trouveront un épanouissement dont la conversion au « souci de soi », concédé *in extremis* par Foucault, les a privés sur leur sol natal. Malin qui nous expliquera comment la francité quintessentielle de cet hybride aura pu devenir un moment l'idiome messianique des campus.

M. G.

Désir, pouvoir

Il y a eu *le* livre du désir, *L'Anti-Œdipe* (1972), et *le* livre du pouvoir, *La Volonté de savoir* (1976), chacun source et centre d'une formidable inflation de désir et de pouvoir, vocables magiques concentrant l'un la force de la subversion et résumant l'autre le maléfice de l'oppression. Ils ramassent ensemble le moment où la poussée libertaire issue de 68 arrive à domination sur la scène intellectuelle. L'explosion des ambiguïtés du gauchisme culturel dont ils auront couvert le règne les privera de leur rayonnement.

L'effet immédiat de Mai a été une invasion de marxismes en tous genres, orthodoxes et vulgatiques, comme révisionnistes et hérétiques. Là était l'autorité sous laquelle il fallait d'une manière ou d'une autre se placer. Si les étudiants avancés se partagent de préférence entre les diverses obédiences gauchistes, leurs enseignants inclinent plutôt vers le réalisme adulte et la puissance rassurante du P.C.F. L'idylle structuralo-communiste fait les beaux jours de la *Nouvelle Critique* et de *La Pensée*. Sollers et Faye s'étripent à propos de Mallarmé dans les colonnes de *L'Humanité*. Le Texte et le Prolétariat, le Discours et le Travail, la signification et la production se promettent éternelle fidélité. Pour mesurer la profondeur du besoin de s'abriter derrière l'Histoire, les Masses et leur doctrine éponyme, il faut songer à ce croisement tératologique d'anarchisme et de maoïsme qu'aura constitué la Gauche prolétarienne – le plus normalien, le plus parisien, un temps, de nos groupuscules, celui qui allait séduire nos penseurs les plus prestigieux, Sartre et

Foucault. La volonté de coller aux aspirations les plus radicalement antiautoritaires de 68, mais pour les couler dans l'ultra-collectivisme stalino-rural du Grand Timonier. L'aberration de ce populisme sacrificiel greffé sur l'instinct nu de révolte situe l'ampleur onirique d'une dénégation. Ce n'est que lentement, au milieu de cette frénésie d'abnégation à la Cause et au Dogme que le plaisir et le rire de Mai acquièrent considération et droit de cité. Dérision à la *Hara-Kiri*, contre-culture planante, dérèglement des sens et libération des corps se développent en dehors de la cour des grands. Et puis autour de 1970, la gangrène petite-bourgeoise atteint les militants, contraints de « vouloir tout » pour diriger un peu. Freud l'emporte décidément sur Marx, l'antipsychiatrie prend figure de contestation par excellence. La question sociale comme question sexuelle, le mouvement des femmes et le mouvement homosexuel achèvent d'imposer le nouveau cours. Au lendemain de l'enterrement d'Overney, Deleuze et Guettari sacrent le vocable de la ressaisie de soi contre le dévouement mortifère au Peuple. La révolution doit découler du mouvement du désir, puisqu'aussi bien seul le désir est réellement révolutionnaire et producteur, puisque seul il peut pousser le « décodage des flux » capitaliste jusqu'à la pleine effectivité schizophrénique.

Libido, révolution, folie : le mélange était fait pour détoner, mais il était éminemment instable. Il l'était intellectuellement, dans sa mise en œuvre théorique, mais il l'était aussi socialement, chez tous ceux que ce cocktail de subversion, et d'analyse, de jouissance et de voyage avait des motifs d'hypnotiser, très indépendamment des constructions philosophiques de l'*Anti-Œdipe*. On a souligné déjà l'équivoque majeure de l'ouvrage : il prête voix au nouveau avec le langage de l'ancien. Il prône l'implication subjective et il magnifie l'assouvissement sans entraves, mais c'est en les comprenant dans l'appareil conceptuel de la destitution de la subjectivité. La vérité du désir, c'est-à-dire la libération moléculaire de ses flux, contre les illusions répressives de l'identité. Le vulgaire « être soi-même » ne pouvait s'avancer mieux masqué. N'empêche que c'est lui qui l'a emporté. Par une ruse assez ordinaire la revendication triviale a promptement débordé le cache élégant qui a servi à la légitimer. L'heure des candidats à la dissolution était passée, et la « schizo-analyse » qui devait les initier à cette émancipatoire dispersion anonyme a fait long feu.

Le livre, pour s'attacher toujours au révélateur de son formidable succès, arrivait d'autre part chargé de toutes les équivoques relatives à la nature et au statut de la psychanalyse. Celle-ci s'est diffusée en France, intellectuellement parlant, comme chacun sait, via Lacan, à l'enseigne « critique », sinon subversive. Critique de la psychanalyse américaine et de ses répugnantes tendances adaptatives à une *way of life* sans âme. Critique d'une psychanalyse médicale enfermée dans l'investigation du symptôme, quand la guérison ne peut venir que « par surcroît », au terme d'une psychanalyse pure, exclusivement dévouée à la vérité de l'inconscient – double bénéfice, associant agréablement la dignification intellectuelle et l'extension du marché potentiel. La culture de la révolte a naturellement incorporé comme l'un de ses emblèmes et ingrédients cette *libération du discours* qu'on lui disait promise par le dispositif freudien. L'antipsychiatrie est apparue comme le prolongement logique de cette entreprise d'émancipation, l'explosion radicale de subjectivité que serait la folie étant accueillie, accompagnée, laissée libre de se déployer jusqu'au bout, au lieu d'être réprimée et réduite au silence par la raison et par la norme. C'est sur ce fond que la psychanalyse a pu devenir explicitement un instrument politique, jusqu'à procurer son drapeau à la plus entreprenante des tendances du mouvement des femmes. *L'Anti-Œdipe* et sa religion politique du désir arrivent au dernier moment heureux de cet improbable mariage. Dès 1973, le *psychanalysme* de Robert Castel ouvre le procès qui mènera au divorce : la psychanalyse dépolitise. Mais les psychanalystes eux-mêmes, mis à la question, sommés de se définir, en viennent vite à accorder que le but poursuivi au travers de la libre parole de « l'analysant » n'est pas en effet avènement d'une personnalité intégralement désaliénée ou libérée, si tant est qu'un tel objectif soit concevable et souhaitable. La loi et l'interdit rentrent en grâce pour leur fonction structurante, comme la « clinique » reprend le dessus du côté de la psychose et de sa dramatique vacillation de la fonction subjective. L'élection présidentielle de 1974 et la montée en puissance du parti socialiste installent dans le paysage la perspective d'une issue à gauche qui parle certes de « changer la vie », mais qui marque en fait le retour « réformiste » à une politique cantonnée dans son ordre et laissant à chacun le soin de sa vie. Le quidam en quête de son propre épanouissement est prêt à l'entendre ainsi, d'ailleurs. Somme toute, point n'est besoin de Marx et de Freud pour accéder aux joies de l'existence quand l'ouverture giscardienne entérine la mutation des mœurs. L'hédonisme tranquille remplace la subversion désirante. On se contentera du plaisir, de la fête et de la forme – retrouvailles du corps avec la grande entrée dans l'âge du sport. L'exploration de l'inconscient est une chose, la transformation de la société en est une autre, et la culture de soi encore une troisième. Schizo-analyse il y a bien eu, sous l'aspect d'une dissociation du conglomérat soixante-huitard dont le désir constituait l'anneau central, assurant la conduction à haute intensité entre le bouleversement libératoire de la personne et le renversement de l'ordre établi. Il n'y aura pas d'homme total, au fait de son désir, à même par cela d'aller au bout de l'assouvissement de son désir, et dont le désir eût été folie et révolution ensemble en son effectuation même. Comment employer encore le nom sacré pour couvrir de triviales satisfactions privées, de prosaïques engagements publics ou la fastidieuse anamnèse de l'autre en soi ?

En 1976, le changement est consommé. Foucault est aussi sévère pour la prétendue science de la sexualité que pour le discours de la prétendue libération. *La Volonté de savoir* est tout entière conçue pour prendre à revers d'un seul mouvement l'illusion de la connaissance psychanalytique et l'erreur de cible de la revendication libertaire, l'une et l'autre semblablement piégées par le mirage de faire parler le désir. Or ce leurre est la résultante d'une histoire par laquelle le pouvoir s'est introduit jusque dans l'intimité des corps par le canal du savoir. Mais l'impact du livre a beaucoup moins résidé dans ce désaveu du vecteur subversif d'hier que dans l'illuminante redéfinition de l'adversaire qu'il a imposé. *Pouvoir* a nommé enfin l'ennemi, cristallisé une quête diffuse, révélé à une protestation aussi véhémente qu'incertaine son véritable enjeu. Deleuze et Guattari en étaient restés au capitalisme. Le pouvoir tel que le dessine Foucault consacre le changement de terrain. Il enregistre et absorbe l'irréductibilité du politique fortement plaidée par des voix minoritaires depuis le début des années soixante-dix (le *Machiavel* de Lefort en 1972, *La Société contre l'État* de Clastres en 1974). En second lieu, il fait droit et procure une traduction apparemment adéquate à l'un des thèmes favoris que la contestation oppose depuis 68 à l'étroitesse de l'idée classique de révolution. Il ne suffit pas de s'emparer de la production et de l'État pour transformer le monde, car le pouvoir est partout, entre hommes et femmes, entre parents et enfants, entre « petits chefs » et exécutants. Il est dans la famille et dans l'école au même titre que dans des institutions tenues pour marginales ou secondaires par l'orthodoxie marxiste, comme l'asile ou la prison. Il est dans la texture même des *savoirs*, ajoute Foucault, d'un redoublement qui fera fureur. L'œuf de Colomb enfin trouvé d'une ambition critique que la disqualification « bourgeoise » et la réduction aux intérêts de classe laissaient insatisfaite. Foin ici de la mécanique du reflet et de la paranoïa de l'instrument. Ce pouvoir à la fois généralisé et miniaturisé est producteur de savoir dans son opération même, comme les savoirs sont, non pas au service des pouvoirs, mais pouvoirs en acte dans leur organisation et leur expression mêmes. D'où la faculté d'irradiation de ce doublet conceptuel fait pour s'étendre à tout et pour requérir partout, dans le sexe, la langue ou la mort, le recul et le retournement du soupçon. Carrière inépuisable : le secret du pouvoir à débusquer et à extraire de l'œil transparent des savoirs.

Mais tout ceci ne se conçoit en outre, à sa date, que dans le cadre d'une stratégie défensive où il y va du sauvetage de la radicalité critique. La bataille est en vérité sur deux fronts. La substitution d'un pouvoir-relation, immanent à l'ensemble des rapports sociaux, à un pouvoir-substance, identifié à un appareil spécialisé, n'est pas seulement le moyen de déborder la vulgate de la domination de classe et de son renversement. Elle est aussi le moyen de parer aux incidences déstabilisatrices de la comparaison entre systèmes de domination. Or, en 1976, la question est devenue pressante. *L'Archipel du Goulag* a fait surgir en lettres de sang la figure d'une machinerie concentrationnaire au regard de laquelle les plus farouches contempteurs du bagne capitaliste se sentent obligés de relativiser leurs anathèmes. En fait d'assaut du ciel, la Grande Révolution Culturelle Prolétarienne est ramenée à ses sinistres proportions de bataille féroce pour *le* pouvoir – mais qu'est-ce donc que ce pouvoir-là ? – entre les maîtres d'un système d'oppression que les ruses de notre propre contrôle social ne rappellent malgré tout que d'assez loin. On peut, certes, faire de l'enfermement l'essence même de l'Occident et des camps la vérité aboutie d'une histoire de la raison – une façon de rester « marginal-critique » sans concessions, en enveloppant la pseudo-démocratie et le totalitarisme réel dans une égale réprobation. Seulement, y compris dans ce cas de figure, il faut bien expliquer comment ont pu sortir du même tronc, métaphysiquement parlant, deux branches présentant d'aussi intéressantes différences empiriques. Mais si l'on accepte d'entrer dans cette distinction du mal relatif d'une domination limitée et du mal radical d'une domi-

nation absolue, alors c'en est fait du principe de radicalisation qui soutenait et donnait son sens à l'entreprise de
dévoilement, par exemple des disciplines sous les libertés
ou de la société de surveillance au milieu de la société du
suffrage. La déglobalisation du pouvoir, sa désétatisation,
fourniront le nerf d'une sortie désespérée pour rompre
cet encerclement. En brouillant l'évaluation des macro-
pouvoirs, en la vidant de sa pertinence. Et en permettant
de garder à l'endroit des micro-pouvoirs la même distance critique sans mélange qui seule procure tenue,
relief et âme à l'analyse. Ainsi parviendrait-on idéale-
ment à conjurer les conséquences de la question totalitaire pour le tour ou pour le style de la réflexion tout en
assumant le vif de son apport – la priorité de l'assujet-
tissement sur l'exploitation.

Voilà quel a été le ressort spécifique de la fortune ful-
gurante et fugace du *pouvoir* au crépuscule de la pensée
de la révolte : il a servi d'arme dans un ultime combat de
retardement contre les effets déstructurants, en termes
d'*ethos* intellectuel, de la contrainte à se situer dans l'opposition démocratie-totalitarisme. Car le point à noter,
c'est que la résistance la plus virulente au problème ne
correspondait à aucun attachement aux modèles du
socialisme réel. Elle venait, pour le plus significatif, de
gens parfaitement prêts à l'assumer en pratique mais pas
en théorie. Ce n'est pas le deuil de l'espérance révolutionnaire ou de l'idéal historique qu'il était difficile de
faire, mais celui d'une certaine image de soi, d'un système profond d'attitudes, d'une façon de se situer *a priori*
au sein de la réalité. L'insupportable, c'est la relativisa-
tion de la cible qui vous procurait simultanément pureté
morale, rigueur de la démarche et profondeur de l'enjeu.
Ce sont la modération du jugement, le chèvre et chou du
réformisme, la pensée molle du demi-mal et du moitié-
bon. C'est une identité en perdition qui a tenté de se
défendre sur la barricade du pouvoir. On conçoit les nos-
talgies incurables qu'elle a laissées. Et il est vrai que son
évanouissement a créé un vide. On ne retourne pas au

commandement de la radicalité facile des postures à l'égard du réel aux laborieuses exigences d'une compréhension radicale du réel.

M. G.

Totalitarisme, libéralisme, individualisme

Soudain, dans l'espace d'une année, quelque part entre 1976 et 1977, les coups assenés depuis si longtemps dans le vide en direction du communisme soviétique se mettent à vraiment porter. Car il ne faut pas majorer rétrospectivement la promptitude de l'effet Soljenitsyne. Il a mis du temps à maturer. Et puis, brutalement, il opère. Le problème totalitaire s'impose. Encore le véhicule impur des « nouveaux philosophes » qui le propulse au-devant de la scène suscite-t-il une querelle de légitimité dont les éclats masquent le fond. Le prêt-à-penser vrai aura raison de la vraie pensée fausse. Au milieu des protestations contre le règne abusif de l'intellectuel médiatique, un décrochage sans retour d'avec le marxisme s'accomplit, de concert avec le basculement vers un antisoviétisme résolu. On découvrira en 1981 ce que la bonne résistance du P.C.F. aux législatives de 1978 avait dissimulé : qu'il ne s'agissait pas d'un phénomène cantonné à l'intelligentsia, mais d'une authentique cassure sociale. La dissolution, peut-être, de l'autarcie du système politico-intellectuel français. Aussi bien la redécouverte du politique, de la démocratie, des droits de l'homme, en un mot, la recomposition d'une autre idée de soi consécutive à cette rupture d'allégeance s'effectueront-elles sur fond de la vague conservatrice internationale et du tournant libéral des économies, dramati-

sés en France par la politique à contre-courant des socialistes et le revirement de cap de 1983. De même, c'est en
fonction de l'expérience très concrète et fort inattendue
de la démobilisation du peuple de gauche, de la désertion
des militants ou de la désaffection du peuple chrétien
que la question de l'individualisme acquerra une crédibilité théorique nourrie d'abord de désarroi pratique. En
ces années, c'est l'actualité, sans catastrophe ni drame,
qui aura dicté directement sa loi à l'intelligence.

L'un des aspects les plus frappants de cette réorientation, c'est le changement de *style* dont elle se sera
accompagnée. Pour la première fois depuis longtemps, et
en tout cas depuis 1945, le mouvement des idées cesse de
se définir et de se légitimer par rapport aux évolutions du
champ esthétique. La littérature et la recherche littéraire, au premier chef, disparaissent littéralement de la
scène intellectuelle proprement dite. Référence forma-
trice, enjeu déterminant pour la génération de Foucault,
Deleuze, Derrida, elles ne comptent plus, elles ne
peuvent plus compter, faute de support, dans les préoccupations des nouveaux venus. Sur la durée, l'ampleur
du bouleversement est saisissante, avec ses quasi-
disparitions : à un bout, l'effacement du vecteur théâtral,
si glorieusement cultivé par les Sartre, Camus et autres
Beckett, à l'autre bout, la marginalisation du genre
majeur et surmoi suprême que représentait la poésie. Et
qu'on ne parle pas de déplacements ou de transferts : le
cinéma qui, dans les années soixante, pouvait effectivement faire figure de substitut moderne à des genres vieil-
lis n'a pas moins perdu la portée expérimentale ou la
faculté exploratrice qu'on lui attribuait hier. La crise du
principe d'avant-garde, qui assurait une communication
harmonieuse entre les tâches de l'art et celles de la pensée, en fonction d'une même attitude face à l'histoire, a
provoqué un divorce dont la suite dira s'il est irrémé-
diable. La perte de sens du projet de dépassement critique de la tradition le rend aujourd'hui très sensible. Au
regard d'un travail de réflexion tourné vers la reconstruc-

tion d'une identité historique à base d'assomption d'un
devenir long et d'un avenir ouvert, les enseignements
d'entreprises artistiques figées dans la rupture des langages et la déconstruction des formes sont sans plus de
pertinence. Mais peut-être est-ce seulement parce que
nous ne discernons pas encore, entre les crispations et les
reniements des avant-gardes d'hier, les œuvres nouvelles
où cette réinscription dans le temps commence à trouver
sa traduction esthétique.

Il paraît y avoir eu, à l'origine du séisme, croisement
de deux séries de facteurs, les uns spécifiquement français, les autres de diffusion beaucoup plus large si ce n'est
mondiale. Du Cambodge à Cuba, le socialisme réel s'est
chargé, il est vrai, d'ajouter quelques leçons de choses à
son édifiant répertoire. Mais l'expérience prouve justement que ces enseignements venus du dehors n'ont
jamais eu qu'une portée démonstrative restreinte. C'est
du dedans que le regard a changé. La conscience s'est
imposée que la stabilisation de la démocratie était un fait
acquis en France et que nous étions sortis de l'orbite
révolutionnaire. La solution au problème séculaire de la
République apportée par les institutions gaulliennes et la
social-démocratisation consécutive à la secousse de 68
ont conjoint leurs effets pour rendre patent que la bataille
ouverte en 89 avait trouvé son issue. C'est ce sens très
actuel que revêtait le constat formulé par François Furet
en 1978 : « La Révolution française est terminée. » Mais
cette réconciliation tardive avec le régime de la liberté
représentative se passait alors qu'était partout en cours
une mutation de la conscience collective du devenir qui a
puissamment ajouté à son impact. Ses motifs sont
complexes. La crise économique a sûrement contribué à
sa cristallisation. Mais elle correspond à un développement intrinsèque du sentiment de l'histoire. En bref :
plus nous sommes conscients au présent d'être en train
de la produire, plus elle apparaît ouverte, plus l'avenir
devient infigurable. L'âge des idéologies, entendues précisément comme sciences de l'avenir, n'aura représenté

qu'un premier moment, naïf, de la conscience historique.
Il s'est défait. Nous entrons dans un nouvel âge, où nous
ne pouvons plus tenir que pour outrecuidantes puérilités
aussi bien l'idée de fin de l'histoire que l'idée d'une rupture radicale et délibérée avec le passé, soit les deux
orientations fondamentales du dessein révolutionnaire
dans sa version hégéliano-marxiste canonique. La représentation d'une forme achevée de la société humaine,
fût-elle le communisme, a perdu toute espèce de sens, au
même titre que l'ambition de casser l'histoire en deux,
grâce à la volonté et à la réflexion de l'instrument appro-
prié, le Parti. Entre la lourdeur pluriséculaire des problèmes fondamentaux, la lenteur et les surprises des évolutions sciemment conduites et la puissance de
nouveauté infinie du futur, les paramètres implicites de
l'action collective se sont complètement transformés.
C'est cette mutation culturelle invisible et décisive qui a
fait brutalement surgir l'incongruité monstrueuse de la
domination stalinienne, et la vacuité de la prétention
révolutionnaire – jusqu'au cœur probablement des appareils totalitaires, inexorablement gagnés par cette
recomposition des évidences organisatrices. C'est elle qui
a fait naître une nouvelle race de réformistes, de démocrates et de libéraux. Enfermés depuis deux siècles dans
l'imaginaire d'une révolution à finir, imaginaire encore
renforcé par le legs exemplaire de la révolution d'Octobre, les Français étaient faits pour en ressentir l'impact
avec une intensité particulière. D'un coup, ils se voyaient
arrachés à leur autochtonie. À quoi il faut ajouter que le
choc se devait d'être spécialement dévastateur, en dehors
de la politique, pour une intelligentsia entièrement
commandée dans son travail par le même paradigme
temporel, au travers du patron contraignant de l'avant-
garde. De la sortie de la métaphysique à l'arrachement au
réalisme bourgeois, en passant par la destitution du cadre
de la représentation, c'est toute une attitude à l'égard de
la tradition, réputée parvenue à l'époque de sa clôture et
appelant un effort pour la surmonter en totalité, qui s'est

vue secrètement délégitimée. Désorientation majeure : une façon d'être, de juger, de faire, un instinct de la nouveauté fixé depuis des décennies perd subitement, sans démenti visible, sa raison d'être intérieure.

Commence alors, l'opposition démocratie-totalitarisme une fois installée au poste de commandement, un travail de réacculturation, de réinvention des références, de reconstruction généalogique. La philosophie politique reprend lustre et dignité. Réhabilitation du grand désavoué : Aron monte au zénith quand disparaît le petit camarade qui l'avait toute sa vie éclipsé par l'éclat de sa radicalité. Renaissance des classiques, reconnaissance des pionniers : Hobbes, Rousseau ou Fichte, Guizot, Tocqueville et Constant, Strauss, Arendt et Lefort – mais un Michel Villey, aussi bien, contempteur érudit du droit des modernes et éclaireur incomparable de son histoire. Car si l'opposition à la tentative totalitaire de dépasser la politique « formelle » et le droit « abstrait » veut dire quelque chose, alors ce sont également le problème de l'État et la question du Droit qui demandent réélaboration. Il n'est pas d'ailleurs jusqu'aux ennemis déclarés de « l'homme » (en tout bien tout honneur théorique), qui n'en arrivent à reconnaître la nécessité néanmoins des « droits de l'homme », tant la notion acquiert d'aura emblématique.

Arrive là-dessus la vague libérale. De l'élection de Mme Thatcher à celle de Reagan et à la réaction contre la politique engagée par les socialistes en 1981, elle répond à des motifs qui ont peu à voir avec la logique intellectuelle d'un retour sur les fondements de la liberté des modernes. Ses succès tiennent à des considérations plus terre à terre : englument des thérapeutiques keynésiennes de la crise dans la stagflation, alourdissement de l'État-providence faisant ressortir ses dysfonctionnements, sans oublier le retour de balancier autoritaire et conservateur après le règne de l'idéal de permissivité. Reste que, très au-delà même de l'adhésion aux thèses libérales, cette vaste réorientation de l'action publique

que les impératifs de l'heure ont, à des degrés divers, à
peu près partout imposée a fortement contribué à enra-
ciner au quotidien la perception neuve des voies du devenir en train de se mettre en place. Ainsi l'a-t-elle concré-
tisée en diffusant le scepticisme envers les possibilités
transformatrices de la commande centrale. Mais on n'a
pas assez remarqué, à ce propos, le paradoxe crucial de
cette reviviscence de la foi des fondateurs. La séduction
vraie de la perspective du marché et de l'abandon des
intérêts et des acteurs à leur libre jeu tient à ce qu'elle
apparaît comme le seul moyen d'une prise efficace de la
société sur elle-même. Au bout de quarante ans de paix
et de stabilité, la sédimentation des acquis, l'enchevêtre-
ment des règles, l'opacité des rouages sont devenus tels
que le marché, la concurrence et l'ajustement spontané
restent les seuls canaux par lesquels introduire une lisibi-
lité des systèmes, débloquer les immobilismes et conduire
le changement. Le libéralisme est devenu l'instrument de
la transformation sociale et il n'est en fait légitime que
dans cet emploi, comme d'imprudents doctrinaires, trop
imbus d'une victoire mal comprise, se le sont vu rude-
ment rappeler. Ironie d'une situation en trompe l'œil : la
critique du volontarisme est ici le vecteur d'un dessein
activiste. La production de la société par elle-même, simplement, passe désormais par d'autres voies et suppose
d'autres moyens. Probablement le phénomène relève-t-il
d'ailleurs d'un de ces retournements de cycles qui, depuis
le XVIIe siècle au moins, scandent le double processus de
libéralisation et d'étatisation de nos sociétés. L'acquis du
dernier demi-siècle en matière d'organisation de l'espace
collectif fournit le socle des attentes dorénavant dépla-
cées vers l'initiative indépendante des individus. La revitalisation de la figure de l'entrepreneur constitue une
autre de ces exemplifications de la mutation de l'avenir.
Il est l'accoucheur d'un futur dont aucune loi ne livre la
clef, auquel seul l'appréciation des opportunités et la
décision singulière permettent de se mesurer. L'optique
sur la taille idéale de l'acteur s'en trouve modifiée ; ce ne

sont plus les technostructures et leur rationalité collective, ou les masses et leur puissance anonyme qui font l'histoire, ce sont des responsables petits et grands mais toujours identifiés, qui jugent et qui tranchent de manière irréductiblement personnelle et risquée. L'individualisation de l'acteur est induite par le mode de temporalisation de l'action. Point d'illusion par conséquent sur le « retour à Adam Smith ». Il s'agit d'un réemploi qui, s'il renoue avec le modèle d'origine de *La Richesse des nations*, l'adapte simultanément à des nécessités et à des rôles pour lesquels il n'avait certes pas été conçu.

Le livre qui attire l'attention sur la problématique de l'individualisme, *Homo æqualis* de Louis Dumont, date de 1977. Le thème est présent et actif, en ce sens, depuis le début de la séquence. Ce n'est que progressivement, cependant, qu'il a pris son relief spécifique, selon deux voies. Comme instrument d'analyse le plus adéquat, tout d'abord, pour appréhender une gamme de faits et de comportements de plus en plus manifestes au sein de la vie sociale, repli sur le privé, montée tous azimuts de la culture psychologique, narcissisme des personnalités, etc. C'est par ce biais que le vocable s'est popularisé, quand l'attente des militants et des responsables après 1981 s'est décidément brisée sur le roc de l'indifférence citoyenne, mais indifférence farouchement défensive, et les a contraints de se pencher sur ces « individus sans appartenance » avec lesquels il fallait composer. Mais parallèlement, et plus conformément à l'usage qu'en fait Dumont, le concept d'individualisme s'est chargé du sentiment de la singularité du destin occidental. Expression directe ici encore, du changement de paradigme historique : le déploiement de la modernité capitaliste et démocratique, la séparation de l'économie et la souveraineté des égaux, ne se situent pas au bout du développement nécessaire de l'ensemble des modes de production et des systèmes politiques. Ils représentent une bifurcation entièrement originale qui oppose l'organisation de notre monde au reste des ordres sociaux connus.

Aucune logique de l'histoire n'y conduisait, mais cela ne signifie pas qu'elle a surgi par création instantanée : seule une très longue durée, au contraire, intégrant par exemple la spécificité native du christianisme peut permettre d'en concevoir la genèse. Cette prise de conscience diffuse de la particularité occidentale est au cœur de la conversion si frappante à l'idée européenne qui conduit les intellectuels critiques d'hier à se découvrir les héritiers privilégiés d'une communauté millénaire de destin. Aussi bien modifie-t-elle le regard sur l'extérieur : plus d'arrogance de civilisé à l'égard des moins développés, mais plus de honte ou de culpabilité non plus devant le tiers état du monde – le devoir d'aider n'implique pas l'obligation de se renier. Les conséquences intellectuelles lourdes commencent à se profiler du côté de la discipline historique, qui n'a pas acquis pour rien une centralité à la fois savante et publique au cours de la période. Mais cette fortune globale recouvre en réalité trois vagues bien différentes. Il y a eu le triomphe tardif, avec l'histoire du capitalisme selon Braudel, d'une science austère et quantitative des infrastructures économiques et sociales. Mais c'est sous le signe d'une anthropologie attachée à faire saillir l'étrangeté du passé et de mentalités établissant l'universelle historicité de l'humanité vivante, enfance, amour et mort, que la discipline a significativement d'abord percé – les profondeurs multiples du devenir se substituant à l'assurance linéaire du développement. C'est d'autre chose encore qu'il s'agit dorénavant, quand il faut éclairer la provenance de ces dimensions politiques, juridiques, intellectuelles qui font notre identité originale de modernes. Cela demande d'évoluer dans des durées qui bousculent le cloisonnement académique des époques et des spécialités. Cela exige de nouer des paramètres dont l'intrication transgresse le mieux établi de nos partages, celui qui scinde la matérialité des faits de l'idéalité des représentations.

Un mouvement est parti qui n'est pas près de s'interrompre. La figure de l'histoire sur laquelle nous nous reposions depuis qu'il y a pensée de l'histoire s'est dérobée sous nous. Bon gré, mal gré, en conscience ou sans le savoir, nous ne couperons pas à la tâche d'en reconstruire une. Nous avons à réinventer une manière d'habiter le temps, d'assumer la durée, de nous situer dans le devenir, politiquement, personnellement, esthétiquement. L'entropie fatale qui dégrade ces catégories fétiches, investies de trop d'espérances explicatives, n'emportera pas moins, et bientôt, les mots qui furent ceux de ce moment qu'elle n'a relégué leurs devanciers dans l'ombre du démodé. Mais la fracture que leur surgissement au premier plan aura signalée n'a pas fini de faire sentir ses effets.

M. G.

Composition Imprimerie Hérissey
et impression Bussière à Saint-Amand (Cher),
le 12 octobre 1989.
Dépôt légal : octobre 1989.
Numéro d'imprimeur : 9837.
ISBN 2-07-032535-0./Imprimé en France.